ISBN 978-1-332-66814-4
PIBN 10373034

1 MONTH OF
FREE
READING

at

www.ForgottenBooks.com

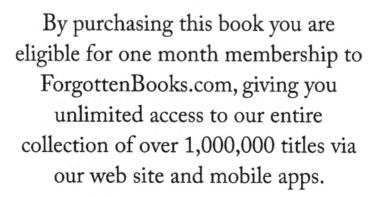

By purchasing this book you are eligible for one month membership to ForgottenBooks.com, giving you unlimited access to our entire collection of over 1,000,000 titles via our web site and mobile apps.

To claim your free month visit:

www.forgottenbooks.com/free373034

English
Français
Deutsche
Italiano
Español
Português

www.forgottenbooks.com

Mythology Photography **Fiction**
Fishing Christianity **Art** Cooking
Essays Buddhism Freemasonry
Medicine **Biology** Music **Ancient
Egypt** Evolution Carpentry Physics
Dance Geology **Mathematics** Fitness
Shakespeare **Folklore** Yoga Marketing
Confidence Immortality Biographies
Poetry **Psychology** Witchcraft
Electronics Chemistry History **Law**
Accounting **Philosophy** Anthropology
Alchemy Drama Quantum Mechanics
Atheism Sexual Health **Ancient History**
Entrepreneurship Languages Sport
Paleontology Needlework Islam
Metaphysics Investment Archaeology
Parenting Statistics Criminology
Motivational

LE SERVICE MILITAIRE EN FRANCE
A LA FIN DU RÈGNE DE LOUIS XIV

RACOLAGE
ET
MILICE

(1701-1715)

PAR

GEORGES GIRARD

DOCTEUR ÈS LETTRES

PARIS

LIBRAIRIE PLON

PLON-NOURRIT et Cⁱᵉ, IMPRIMEURS-ÉDITEURS

8, RUE GARANCIÈRE - 6ᵉ

A LA GLORIEUSE MÉMOIRE

DE MON FRÈRE

HENRI GIRARD

Élève de l'Institut National Agronomique,

Caporal au 106ᵉ de ligne,

passé sur sa demande de la cavalerie dans l'infanterie,

Mort pour la France

au combat des Éparges,

le 26 avril 1915.

PRÉFACE

Un de nos maîtres avait jadis coutume de dire que nous connaissions mieux l'histoire des armées grecque et romaine que celle de notre armée de l'ancien régime — boutade qui n'est point tant paradoxale.

Car il ne suffit pas d'être instruit de l'histoire des guerres pour connaître l'armée d'antan, il faut être au fait des institutions militaires. Or, il est malheureusement trop vrai que celles-ci demeurent encore bien ignorées; nous n'avons sur elles que de vagues notions une fois pour toutes énoncées et qui auraient grand besoin d'être sérieusement revisées. Elles n'ont pas, en général, été scientifiquement étudiées.

La faute en est, il faut le reconnaître, aux historiens qui les ont inexplicablement négligées, abandonnant leur examen à des gens animés à coup sûr des meilleures intentions, mais sans éducation historique et ne s'en effrayant pas : car tel qui conques n'oserait sans connaissances préalables écrire un livre de médecine ou de chimie trouve tout naturel d'écrire un livre d'histoire, c'est un fait.

C'est pourquoi nous avons tant d'histoires de « l'armée à travers les âges » qui, toutes, se répètent et pas une histoire critique de l'armée française.

Or, celles-ci ne peuvent remplacer celle-là et leur titre pompeux ne doit pas faire illusion. Elles n'ont de commun avec elle que le tour encyclopédique et général, commandé nécessairement par l'insuffisance de leur documentation : il est certes plus aisé de traiter en trois cents pages l'histoire de toute l'armée française ou encore de l'armée de l'ancien régime que celle d'un détail de son organisation à une époque précise.

Mais qu'est-ce que l'armée de l'ancien régime, par exemple? Celle d'Henri IV ou de Richelieu, de Louis XIV ou de Louis XVI? N'y a-t-il donc aucune différence entre les bandes de la guerre de Trente ans et les régiments de Louvois, entre les soldats de Rocroy et ceux de Fontenoy? A quelques années de distance même, croit-on que les troupes qui ont fait la guerre de Hollande aient été recrutées, équipées, armées, habillées, nourries, conduites au feu comme celles des guerres de la Ligue d'Augsbourg ou de la Succession d'Espagne? Mais il y a autant de différence entre elles qu'entre l'armée de 1914 et celle de 1920, et c'est en vérité une étrange aberration que de considérer l'armée comme une institution immuable, alors que c'est peut-être celle qui est le plus sujette à transformations.

Ce sont ces transformations successives, les étapes de son histoire, qu'il faut étudier en détail avant d'entreprendre des exposés généraux. En l'état actuel de nos connaissances, vouloir faire œuvre de synthèse, c'est proprement vouloir bâtir une maison sans fondations, ou, comme on dit, mettre la charrue avant les bœufs.

Commençons donc par amasser des matériaux et contentons-nous d'abord de monographies documentées et restreintes dans une période bien définie à tout ou partie des institutions militaires. Il y en a relativement peu pour l'histoire de l'armée : la première (et qui laisse bien à désirer) fut l'histoire de Louvois de Camille Rousset; le

modèle du genre est l'histoire de Le Tellier, par M. André.
Quand il y en aura beaucoup du même genre, on pourra
tenter sans témérité une étude d'ensemble. Notre contribution est ce modeste essai sur le recrutement de l'armée
française à la fin du règne de Louis XIV, exactement pendant la guerre de la Succession d'Espagne.

Au choix de ce sujet et de cette époque, diverses
raisons.

Le sujet. Curiosité de savoir la condition des soldats
d'autrefois. On nous parle surtout de leurs chefs et certains
de ceux-ci l'ont eux-mêmes souligné : « C'est faire une
injustice aux soldats quand on donne au capitaine toute la
louange, comme s'il falloit attribuer aux yeux seulement
toute la gloire d'un combat, parce qu'ils ont les premiers
remarqué l'endroit où il faut frapper l'ennemi et qu'on ne
dit rien aux mains qui ont porté les coups et qui ont gagné
la victoire (1). » Parlant d'eux, on emploie le plus souvent
un terme collectif; on ne dit pas encore le « matériel
humain », on dit : le soldat. Qui sont-ils donc?

Nous avons chance d'en avoir une idée en voyant où et
comment ils se recrutent et il n'est pas indifférent de le
savoir, car en définitive les vrais artisans de la gloire de
Louis XIV, ce sont ces humbles et ces obscurs que Catinat
appelait « ses chers fantassins » et qui arrachaient à Villars
ce cri d'admiration : « Je ne connois plus la nation que
dans le soldat : sa valeur est infinie. »

L'époque. Pourquoi pas tout le règne? D'abord parce
que pour les périodes antérieures, le sujet a été en partie
traité : il n'y a pas à revenir sur l'étude de M. André;
l'armée de Turenne est l'objet d'une étude en préparation;
le capitaine Sautai, enfin, a exposé l'histoire de la milice

(1) GUIGNARD, l'École de Mars, I, p. 694.

sous Louvois et Barbezieux. A l'époque de la guerre de la
Succession d'Espagne, au contraire, le sujet n'a pas été
effleuré. Nous croyons pouvoir affirmer que c'est l'époque
où il est le plus intéressant. La France connaît alors un
danger qu'elle ne connaissait plus depuis l'année de Corbie
et qu'elle ne reverra pas avant 1792. Ces dix années sont une
période de crise terrible pour elle. Menacée par une coali-
tion formidable, faisant front de trois côtés à la fois, son
tcrritoire envahi, elle doit lutter désespérément : son existence est en jeu.

La situation lui a imposé un effort militaire considérable, qu'il n'est pas sans intérêt de comparer à ceux qui ont
été fournis à d'autres époques critiques de notre histoire et
qu'il a peut-être inspirés. Nous avons tenté de définir cet
effort et de montrer ce qu'il a *réellement* été.

Les ordonnances royales n'en donnent aucune idée.
Pour savoir la vérité, il faut consulter la correspondance
des intendants ou des officiers avec le secrétaire d'État,
ces admirables archives de la Guerre, où finira bien par se
rénover notre histoire militaire. Là on trouve du document
vivant.

On peut objecter, il est vrai, qu'il faut l'utiliser avec
prudence. La correspondance ne traite que de cas
exceptionnels; quand tout se passe normalement, on
n'éprouve pas le besoin d'en écrire au ministre. Ne connaissant que les faits anormaux, ne risque-t-on pas alors
d'en grossir l'importance, de se faire une idée d'ensemble
inexacte? Ce serait possible si les faits étaient épars et
isolés. Mais, en ce qui concerne notre travail, nous tenons
à affirmer que la multiplicité des mêmes faits, à toutes les
époques de la guerre, sur tous les points du territoire et
dans tous les régiments, permet de croire que l'impression
qui s'en dégage est exacte.

Dans le cas présent, l'effort réalisé n'en est que plus beau.

Il nous reste, et c'est un devoir agréable, à remercier tous ceux qui au cours de nos recherches nous ont aidé et encouragé : notre maître, M. Émile Bourgeois, qui nous a initié autrefois à la méthode historique et dont les conseils nous ont été précieux; M. Ernest Denis, qui avait approuvé ce travail et à la mémoire duquel nous adressons un hommage ému et reconnaissant; MM. Tuetey et Brun, archivistes du ministère de la Guerre; M. Hallynck, chef des Archives administratives du même ministère, dont on ne lasse jamais l'amicale complaisance; notre ami, enfin, M. André Ganem, agrégé d'histoire. Que tous veuillent bien trouver ici l'expression de notre profonde gratitude.

SOURCES ET BIBLIOGRAPHIE

On trouvera ci-dessous mention des principaux documents et ouvrages utilisés ou consultés pour la rédaction de cette étude. Seuls seront signalés ici ceux qui ont un rapport étroit avec le sujet, les autres devant être cités en note.

On a jugé utile de les présenter méthodiquement en indiquant pour les sources les instruments de travail dont on dispose et en donnant sur les ouvrages mentionnés de brèves appréciations.

I

SOURCES

1° Archives historiques du ministère de la Guerre, archives anciennes, série « correspondance ».

Source d'un intérêt capital. On a là toute la correspondance des autorités civiles et militaires du royaume avec les secrétaires d'État de la Guerre. Les recherches dans ce fonds sont facilitées par l'existence d'un inventaire sommaire, complété par des tables encore manuscrites donnant la liste alphabétique des signataires et des principales matières (1). Nous avons consulté les pièces des ministères Chamillart et Voysin et particulièrement les volumes numérotés :

1489, 1492, 1497, 1498, 1499, 1503, 1504, 1517, 1522, 1524, 1525, 1526, 1533, 1549, 1550, 1551, 1552, 1556, 1559, 1561, 1562, 1564, 1565, 1566, 1570, 1572, 1574, 1579, 1581, 1583, 1585, 1586, 1588, 1592, 1594, 1595, 1604, 1605, 1608, 1609, 1610, 1611, 1612, 1614, 1644, 1647, 1656, 1666, 1667, 1674, 1683, 1684, 1690, 1700, 1701, 1704, 1741, 1743, 1759, 1760, 1766, 1768, 1775, 1776, 1789, 1792, 1798, 1800, 1801, 1802, 1830, 1831, 1832, 1840, 1856, 1857, 1861, 1862, 1878, 1895, 1896, 1897, 1898, 1900, 1901, 1902, 1903, 1904, 1905, 1935, 1943, 1950, 1955, 1965, 1966, 1971, 1974, 1982, 1985, 1986, 2044, 2045, 2102, 2130, 2131, 2132, 2133, 2134, 2136, 2140, 2141, 2142, 2144, 2145, 2184, 2187, 2265, 2266, 2269, 2270, 2299, 2337, 2338, 2339, 2340, 2341, 2342, 2343, 2345, 2346, 2347, 2370, 2400, 2404, 2408, 2413, 2417, 2418, 2419, 2420, 2421.

(1) *Ministère de la Guerre. Inventaire sommaire des archives historiques (Archives*

Un certain nombre de pièces intéressant seulement la conduite des opérations ont été publiées jadis dans le recueil suivant : *Mémoires militaires relatifs à la Succession d'Espagne sous Louis XIV extraits de la correspondance de la cour et des généraux* par le lieutenant-général de Vault, revus, publiés... par le lieutenant-général Pelet. Paris, Imprimerie royale (puis impériale), 1835-1862, 11 volumes in-4°.

Cet ouvrage contient très peu de renseignements sur l'organisation de l'armée.

2° Autres dépots d'archives.

A Paris, aux *Archives nationales*, la série G⁷ (Correspondance des intendants avec les contrôleurs généraux des provinces) renferme d'assez nombreux documents relatifs à la milice et à la police générale des troupes. Nous avons pu constater que les plus intéressants avaient été publiés dans le bel ouvrage de :

Boislisle (A. de), *Correspondance des contrôleurs généraux des Finances avec les intendants des provinces...* Paris, Imprimerie nationale, 1874-1892, 3 vol. in-4°.

Un autre ouvrage a été fait avec des documents de la même série, glanant les fonds de carton pour l'histoire du faux-saunage en Bourbonnais :

Delvaux (Roger), *Gabeleurs et faux-sauniers sur les confins du Bourbonnais et de l'Auvergne*, 1691-1713. Moulins, Crépin-Leblond, 1909, in-8°, 145 pages.

Comme archives de province, nous avons vu de près celles de la Dordogne et de l'Hérault.

Aux archives départementales de la Dordogne, la série C est inexistante. Dans un fonds de famille (série E), nous avons eu la bonne fortune de trouver une série de lettres dont nous parlerons plus loin.

Les archives de l'Hérault (série C) donnent peu de documents originaux. Par contre, les archives municipales de Montpellier (série EE) possèdent un certain nombre de pièces relatives à la milice, notamment des états de répartition des contingents annuels.

D'une façon générale, les archives départementales sont très pauvres en documents militaires de l'époque de Louis XIV, ou bien ceux que l'on y trouve, ce sont les circulaires ou ordonnances de l'autorité royale. Celles-ci méritent d'être signalées à part.

3° Collections d'ordonnances militaires.

Il en est de privées et d'autres officielles.

Les recueils factices datent du dix-huitième siècle et renferment,

anciennes. *Correspondance*). Paris, Imprimerie nationale, 1898-1915, 5 vol. in-8° parus à ce jour. L'auteur de ce beau travail est un archiviste du ministère de la Guerre, M. Félix Brun, qui a droit à la profonde gratitude des historiens.

outre les ordonnances, quantité de pièces, manuscrites ou imprimées, ayant trait à l'histoire militaire. Les deux plus importants sont :

a) COLLECTION CANGÉ (*Bibliothèque nationale, département des imprimés*).

Recueil précieux, bourré de lettres et de mémoires. Il en existe un inventaire fort détaillé (1) mais à peu près inutilisable pour le chercheur, car il ne mentionne que les pièces manuscrites, les pièces imprimées devant figurer « dans les catalogues publiés par le département des imprimés ». C'est fort gênant.
Volumes consultés : 6, 35, 36, 37, 38, 39, 40, 59, 60, 61.

b) COLLECTION DU MARQUIS DE SAUGEON (*Bibliothèque du ministère de la Guerre*).

Cette collection est beaucoup moins complète que la précédente, dont elle a copié de nombreuses pièces.
Volumes consultés : nᵒˢ 31 à 36.

Un grand recueil officiel, le seul :

c) *Règlemens et ordonnances du roy pour les gens de guerre*. Paris, Frédéric Léonard, 1680-1706, 15 vol. in-12.

Suite chronologique de toutes les ordonnances militaires de 1660 à mai 1706. A cette date, la série est malheureusement interrompue. Chaque volume contient deux tables, l'une chronologique, l'autre méthodique. Ce recueil est le plus complet et le plus sûr.
On en a fait des abrégés. Nous en citerons deux :

d) SPARRE (lieutenant-colonel, baron DE), *Code militaire ou compilation des règlemens et ordonnances de Louis XIV faites pour les gens de guerre depuis 1651 jusqu'à présent*. Paris, Mariette et Delespine, 1709, in-12, 602 pages.

c) MICHEL, *Ordonnances militaires du roy réduites en pratique et appliquées au détail du service*. Paris, Mariette, 1714, in-12, 371 pages.

Le meilleur de ces abrégés est celui de Sparre. Un choix des ordonnances essentielles y est fait ; il les résume en quelques lignes et les présente méthodiquement. Les deux ouvrages, d'un format commode et portatif, forment si l'on veut un aide-mémoire des gradés.
Signalons une dernière collection, bien postérieure aux autres :

f) BRIQUET, *Code militaire ou compilation des ordonnances des rois, concernant les gens de guerre*. Paris, veuve Gandoin, 1747, 5 vol. in-12 ; 2ᵉ édition, Prault, 1761, 8 vol. in-12. — La bonne édition est la deuxième, celle de 1761. Les ordonnances classées par ordre de

(1) PRÉVOST (M.), *Inventaire sommaire des documents manuscrits contenus dans la collection Châtre de Cangé au département des imprimés de la Bibliothèque nationale*. Paris, Champion, 1911, in-8°, 258 pages.

matières sont rarement données in extenso ; on en trouve seulement
des extraits ou des résumés. Le dernier volume contient une bonne
table alphabétique des matières. Ce recueil est pratique mais il faut
le consulter avec prudence, car il présente des lacunes et contient des
inexactitudes. En particulier, se méfier du libellé des extraits.

Enfin, en ce qui concerne les ordonnances relatives à la milice, il en
existe une bonne table manuscrite :

g) MERLET, *Recherches analitiques et examen général des ordonnances
du roy concernant la milice, aujourd'hui nommée « troupes provinciales », commençant par le règlement du 9 novembre 1688, époque de
la création de ce genre d'infanterie, et finissant par l'ordonnance du
17 février 1782* (Bibliothèque nationale, *Manuscrits*, ms. fr. 11297).
— L'auteur, ancien inspecteur général des milices, avait dressé cette
liste de toutes les ordonnances intéressant l'institution, pour les
besoins de sa fonction. Il ne se contente pas d'indiquer brièvement le
sujet de chaque ordonnance : il note aussi en regard les réflexions
qu'elles lui inspirent et cela fait un document précieux.

4° CORRESPONDANCES ET MÉMOIRES CONTEMPORAINS.

a) *Documents officiels.*

Ce sont ceux qui fournissent le plus de renseignements sur les institutions militaires. Voir notamment :

DEPPING, *Correspondance administrative... sous le règne de Louis XIV.*
Paris, Imprimerie impériale, 1850-1855, 4 vol. in-4°.

BOISLISLE (A. DE), *Mémoires des intendants sur l'état des généralités.... I. Mémoire de la généralité de Paris.* Paris, Imprimerie nationale, 1881, in-4°.

COTTIN (Paul), *Rapports inédits du lieutenant de police René d'Argenson,
1697-1715...* Paris, Plon, 1891, in-16.

b) *Documents privés.*

Les plus connus sont chiches de renseignements. Ils parlent en effet
de tout autre chose que du soldat.

Si SAINT-SIMON, en ses *Mémoires* (édition Boislisle, t. XIII), dit
quelques mots de la milice, c'est qu'ils lui sont prétexte à dénoncer un
mensonge des courtisans au roi.

Ce qu'il nous faudrait pour cette époque — et qui nous manque — ce
sont des lettres familières ou des récits d'officiers de troupe, cadets
perdus dans le rang et disant simplement ce qu'ils ont vu. Nous con-
naissons trois documents de ce genre qui font regretter qu'il n'y en ait
pas davantage ; ce sont les :

Mémoires du chevalier de Quincy, publiés par L. LECESTRE, Paris, Lau-
rens, 1898-1903, 3 vol. in-8°.

Lettres d'un cadet de Gascogne sous Louis XIV, François de Sarraméa,
capitaine au régiment de Languedoc, publiées par M. Fr. Abadie. Paris,
Champion, 1890, in-8°, xix-90 pages.

Lettres du chevalier de Sainte-Mesme, officier au 2ᵉ bataillon du régiment
de Noailles (1699-1709), conservées aux archives de la Dordogne
(Fonds Chevalier de Cablan, E⁴², E⁴³).

Ces lettres tout à fait vivantes d'un modeste officier à sa famille
constituent un document fort intéressant, que nous utiliserons au cours
de ce travail. La dernière lettre a été écrite quelques jours avant sa mort
à Malplaquet.

5° Histoires militaires anciennes.

L'une d'elles est célèbre :

Daniel (le Père), *Histoire de la milice françoise et des changemens qui*
s'y sont faits depuis l'établissement de la monarchie dans les Gaules
jusqu'à la fin du règne de Louis le Grand. Paris, Coignard, 1721, 2 vol.
in-4°.

Du point de vue auquel nous nous plaçons, c'est cependant la moins
intéressante. Bien préférable est celle-ci :

Guignard (lieutenant-colonel de), *l'École de Mars ou mémoires ins-*
tructifs sur toutes les parties qui composent le corps militaire en France
avec leurs origines et les différentes manœuvres auxquelles elles sont
employées. Paris, Simart, 1725, 2 vol. in-4°. — Cet ouvrage est précieux
parce qu'émaillé des réflexions et conseils pratiques dictés à l'auteur
par son expérience de la vie militaire.

II

BIBLIOGRAPHIE

Beaucoup d'ouvrages à mentionner ; bien peu qui vaillent qu'on s'y
arrête.

1° Ouvrages généraux sur l'histoire de l'armée.

Susane (général), *Histoire de la cavalerie française.* Paris, Hetzel, 1874,
3 vol. in-18. — *Histoire de l'artillerie française. Idem,* in-18. — *His-*
toire de l'infanterie française. Paris, Dumaine, 1876, 5 vol. in-18.

Ouvrage fort connu et un des plus anciens (1ʳᵉ édition en 9 vol. in-8°
avec atlas : 1849-1853). Sans grande valeur scientifique. En ce qui
concerne le service militaire, rien de précis.

Citons encore :

[AUMALE (duc D')], *les Institutions militaires de la France. Louvois, Carnot, Saint-Cyr.* Paris, Lévy, 1867, in-18, 281 pages. — Rien à relever.

BABEAU (Albert), *la Vie militaire sous l'ancien régime.* I. *Les soldats,* II. *Les officiers.* Paris, Firmin-Didot, 1890, 2 vol. in-18. — Ouvrage d'une lecture agréable mais qui, insuffisamment documenté, fourmille d'inexactitudes.

BELHOMME (lieutenant-colonel), *Histoire de l'infanterie en France.* Paris et Limoges, Lavauzelle, 1893-1902, 5 vol. in-8°. — Vaste et consciencieuse compilation des ordonnances et règlements militaires énumérés dans l'ordre chronologique.

JABLONSKI, *l'Armée française à travers les âges.* Paris et Limoges, Lavauzelle, 1890-1894, 5 vol. in-12. — Ouvrage de seconde main, mais très clair et de beaucoup le meilleur de ceux-ci.

MENTION, *l'Armée de l'ancien régime de Louis XIV à la Révolution.* Paris, May, 1900, in-8°, 317 pages. — Ouvrage documenté mais trop sommaire.

Dans tous ces ouvrages, il y a vraiment bien peu de choses sur le service militaire. Ils nous dispenseront de citer la longue liste des études de vulgarisation faites le plus souvent d'après eux.

2° ÉTUDES RELATIVES AU RECRUTEMENT DES TROUPES RÉGLÉES.

Il n'y a pas d'études spéciales sur le recrutement de l'armée.

ROMANET (vicomte DE), *le Service militaire sous l'ancien régime.* Paris, Nouvelle Librairie nationale, s. d., in-8°, 54 pages. — Cet ouvrage bien documenté porte un titre trompeur : il ne traite que de l'arrière-ban dans la province du Perche.

On ne peut citer en outre que pour mémoire les deux plaquettes suivantes :

AGAUCHE (Guy D'), *Histoire du recrutement de l'armée française.* Mayenne, 1894, in-8°, 32 pages.

LACOULOUMÈRE, *le Recrutement de l'ancienne armée.* Vannes, imprimerie Lafolye, 1898, in-8°, 8 pages.

Pour la période du règne de Louis XIV antérieure à celle que nous étudions, force est de recourir à deux ouvrages généraux, dont l'un de première importance :

ANDRÉ, *Michel Le Tellier et l'organisation de l'armée monarchique.* Paris, Alcan, 1906, in-8°, 699 pages. — Le chapitre V est relatif au recrutement et épuise la question.

« L'armée du Roi, 1674 : I. Le recrutement : les soldats », articles anonymes parus dans la *Revue d'Histoire rédigée à l'état-major de l'armée*, mars-mai 1914.

Par ailleurs, il convient de signaler quelques articles de revue, traitant de questions de détail :

DELANNOY, « Procès criminels dans la Marche. Épisodes relatifs au recrutement des armées sous Louis XIV [1691-1712] », *Mémoires de la Société des sciences naturelles et archéologiques de la Creuse*, t. XIX, 1ᵣₑ partie, 1915, p. 287-328.

HERLAUT (capitaine), « les Abus du recrutement au dix-huitième siècle », *Revue du dix-huitième siècle*, juillet-septembre 1913.

Le côté pittoresque du racolage a enfin attiré l'attention des curieux et cela nous a valu deux études iconographiques sur les affiches de recrutement, parues la même année.

DEFRÉAUX (Albert), *les Affiches de recrutement du dix-septième siècle à nos jours*. Paris, Leroy, 1911, in-8º, 95 pages (48 planches). — Le texte n'apporte rien d'original, mais les planches en couleurs sont magnifiques. L'auteur eût pu aisément réunir un plus grand nombre de documents. Ceux qui figurent dans notre livre par exemple et qui sont des plus anciens proviennent des archives de la Guerre et sont signalés dans leur inventaire.

ESQUIEU, *l'Armée d'autrefois. Le racolage et les racoleurs*. Lille, Lefebvre-Ducrocq, 1911, in-8º, 55 pages (extrait de : *le Vieux Papier*, 1910 et 1911). — Cet ouvrage n'a d'intérêt qu'au point de vue iconographique. Il contient des illustrations en noir, hors texte et dans le texte. Le commentaire est absolument insuffisant ; en ce qui concerne la milice notamment (p. 8), il n'y a pas un mot d'exact.

3º ÉTUDES RELATIVES A LA MILICE.

a) *Histoires générales.*

Trois ouvrages essentiels, deux sur la milice sous l'ancien régime, l'un sur la milice de 1688 à 1697.

GÉBELIN (Jacques), *Histoire des milices provinciales (1688-1791). Le tirage au sort sous l'ancien régime*. Paris, Hachette, 1882, ɪᴠ-295 pages — C'est le meilleur travail ; il a le défaut d'être fait surtout avec les ordonnances, cependant l'auteur a connu bien d'autres documents.

HENNET (Léon), *les Milices et les troupes provinciales*. Paris, Baudoin, 1884, in-8º, ᴠɪɪɪ-347 pages. — Ouvrage précis, mais fait exclusivement avec les ordonnances : ne donne pas de ce fait une idée exacte de l'institution.

Sautai (capitaine), *les Milices provinciales sous Louvois et Barbezieux* (1688-1697). Paris, Chapelot, 1909, in-8°, 317 pages. — Fait avec les archives de la Guerre, mais a le défaut de présenter les documents chronologiquement, ce qui expose à des redites et crée une certaine confusion.

b) Histoires locales.

Il est rare que les ouvrages consacrés à l'étude d'une province ou d'une généralité ne réservent pas un chapitre aux affaires militaires et, dans ce chapitre, quelques pages ou quelques lignes à la milice. L'exposé qu'ils donnent de l'institution est forcément sommaire (1).

Quant aux études locales tout entières consacrées à la milice dans telle ou telle région, elles sont malheureusement fort rares. On peut citer cependant quelques monographies de valeur inégale :

Babeau (Albert), *le Recrutement territorial sous l'ancien régime. Etude sur la milice dans la Champagne méridionale* (extrait de la *Revue de Champagne et de Brie*). Paris, Menu, 1877, in-8°, 45 pages. — Bien superficiel.

Clérembault (de), « les Milices de Tours de l'origine à 1871 », dans *Bulletin trimestriel de la Société archéologique de Touraine*, 1914, XIX, 2ᵉ série, t. III, p. 332-381, 406-478. — Très sommaire.

Labouche, *les Milices béarnaises avant le dix-neuvième siècle*. S. l. n. d. (Pau, 1890-1891). In-8°. — Bon travail.

Favé (Abbé Antoine), « la Milice et les garnisons du pays de Carhaix sous Louis XIV », dans *Bulletin de la Société archéologique du Finistère*, 1898, t. XXV, p. 378-421. — Très bon travail fait avec un registre de délibérations de la communauté.

---

(1) Voici pour mémoire la liste des ouvrages de cette sorte, où il est traité des institutions militaires :

Godard (Ch.), *les Pouvoirs des intendants sous Louis XIV, particulièrement dans les pays d'élections de 1661 à 1715*. Paris, Larose, 1901, in-8°, xv-543 pages.

Thomas (Alexandre), *Une province sous Louis XIV. Situation politique et administrative de la Bourgogne de 1661 à 1715, d'après les manuscrits et les documents inédits du temps*. Paris, Joubert, 1844, in-8°, xxiv-458 pages.

Monin (H.), *Essai sur l'histoire administrative du Languedoc pendant l'intendance de Basville (1685-1719)*. Paris, Hachette, 1884, in-8°, 430 pages.

Marchand (J.), *Un intendant sous Louis XIV. Étude sur l'administration de Lebret en Provence (1687-1704)*. Paris, Hachette, 1889, in-8°, x-380 pages.

Dubuc (Pierre), *l'Intendance de Soissons sous Louis XIV, 1643-1715*. Paris, Fontemoing, 1900, in-8°, 504 pages.

Beaucorps (Charles de), *Une province sous Louis XIV. L'administration des intendants d'Orléans de 1686 à 1713 : Jean de Creil, André Jubert de Bouville, Yves de La Bourdonnaye*. Orléans, Marron, 1911, in-8°, xviii-460 pages.

GÉBELIN, « les Milices provinciales de Nîmes d'après les archives nîmoises. Le tirage au sort à Nîmes au dix-huitième siècle », dans *Nemausa*, 1886, t. III, p. 75-128. — Modèle du genre. Il serait à souhaiter que nous possédions beaucoup d'études aussi consciencieuses et fouillées.

Nous ne mentionnons que pour mémoire et à cause de son titre l'ouvrage suivant, entièrement consacré aux levées de la Révolution et qui traite de la milice en... sept pages :

FLOCON (commandant), *Milices et volontaires du Puy-de-Dôme. Etude sur le recrutement de l'armée*, 1688-1793. Paris, Berger-Levrault, 1911, in-8º, 119 pages.

Citons enfin deux communications de MM. DUJARRIC-DESCOMBES et BAYLE à la *Société historique et archéologique du Périgord* (*Bulletins* de mars-avril 1904 et mai-juin 1914), soulignant l'intérêt des documents conservés dans les archives notariales et un document de cette provenance, publié dans une revue spéciale :

GOULARD, « Notice sur le recrutement d'un soldat de la milice royale à Soignolles-la-Bué en 1702 », dans *Carnet de la Sabretache*, 1910, p. 627-629.

ABRÉVIATIONS

D. G. : archives du dépôt de la Guerre.

Cangé : collection d'ordonnances militaires de Cangé.

Ces abréviations sont suivies du numéro du volume (vol.) et de la pièce dans le volume (p.).

LE SERVICE MILITAIRE EN FRANCE
A LA FIN DU RÈGNE DE LOUIS XIV

PREMIÈRE PARTIE
LE SERVICE VOLONTAIRE

CHAPITRE PREMIER
LE RECRUTEMENT DES TROUPES RÉGLÉES

C'est une tâche singulièrement décevante qu'un essai d'évaluation des forces de l'armée royale. Point dans les archives de ces périodiques situations d'effectifs, orgueil des scribes de nos états-majors modernes, mais une série de renseignements épars et imprécis, d'états partiels, limités à une armée, une région ou une place.

Les comptes ne sont pas toujours numériques, mais le plus souvent exprimés en quantité d'unités tactiques : régiments, bataillons ou escadrons. Et ceci crée une complication embarrassante, car les régiments n'ont pas tous le même nombre de bataillons ou d'escadrons, ceux-ci le même nombre de compagnies et les compagnies le même nombre d'hommes (1).

---

(1) Le supplément PréVal (D. G.) a bien la prétention de nous fournir des données précises pour l'effectif des armées à certaines époques, mais il ne donne au vrai qu'une liste de chiffres, dont on ignore la proVenance et que leur trop grande précision rend justement suspects. Les historiens militaires ne satisfont

Il est possible toutefois, grâce aux renseignements fournis par les ordonnances, de préciser le détail de l'organisation intérieure de chaque corps, partant de calculer le total théorique de son effectif. Mais dans quelle mesure ce total correspond-il à la réalité? Il faut tenir compte des déchets quotidiens de l'armée, de son usure, de ses renforts, toutes questions sur lesquelles les données sont très fantaisistes. Lors même que l'on trouve des chiffres, il est prudent de s'en défier : ils peuvent être volontairement grossis, — ou bien fournis de bonne foi, mais sur des renseignements inexacts. Que de passe-volants figurent sur des extraits de revues, dont on justifie ensuite la disparition sur des états de pertes également falsifiés !

En un mot, on peut arriver à savoir à peu près combien l'armée doit avoir de soldats ; on ne sait jamais exactement combien elle en a.

A la fin du dix-septième siècle, elle se divise en deux armes : les troupes à pied et les troupes montées.

L'infanterie comprend des régiments français et étrangers et des corps spécialisés (nos modernes formations d'artillerie et de génie) groupés en compagnies d'ouvriers et de canonniers et en deux régiments : Royal-Artillerie et Royal-Bombardiers.

Les troupes montées se composent de la cavalerie proprement dite et des dragons, qui sont, eux, des fantassins à cheval.

En dehors de ces troupes, il y a enfin la maison du roi, — avec des corps des deux armes, — des unités non enrégimentées (compagnies franches, compagnies de garnison, etc.) et un nombre variable d'unités territoriales ne faisant pas campagne.

L'effectif du temps de guerre est naturellement plus fort

pas davantage notre curiosité. La fâcheuse habitude de ne jamais indiquer de sources interdit tout contrôle des renseignements fournis par le général Susane. Le général Pajol (*les Guerres sous Louis XV*, t. VII) donne, sans dire non plus ses sources, des chiffres d'apparence plus sérieux : toutes les fois que nous avons pu les vérifier, nous en avons constaté l'incertitude. La question des effectifs n'a été scientifiquement traitée que par M. Émile Bourgeois (*Relation de Spanheim*, p. 501-514, notes) pour la guerre de la Ligue d'Augsbourg.

que celui du temps de paix ; d'autre part, le nombre des régiments croît, pendant une campagne, à proportion des besoins,
par création de nouvelles unités ; mais la plupart sont, après
la paix, *réformés*, c'est-à-dire licenciés et on ne conserve qu'un
noyau de vieux corps, toujours les mêmes.

Pendant la guerre de la Ligue d'Augsbourg, le roi entretient
un effectif formidable : entré en campagne avec 100 000 combattants et autant à l'intérieur, il ne cesse d'accroître ce
nombre de soldats pendant la guerre et garde un certain temps
après la paix 150 000 fantassins et plus de 30 000 cavaliers (1).

La réforme qui suit la paix de Ryswick s'opère en effet dans
des conditions spéciales. Saint-Simon nous la révèle « très
grande et faite très étrangement », sans doute parce qu'il y perd
son régiment. De fait, un certain arbitraire dans le choix des
corps à licencier justifie en partie sa mauvaise humeur. Mais si
l'on s'élève au-dessus de mesquines considérations d'intérêts
personnels, on voit que cette réforme, caractérisée par sa prudence et sa lenteur, se réalise suivant un plan fort étudié (2).

Peu avant la paix, en octobre 1697, on casse tous les régiments de milice (3). Au lendemain de la paix, le roi se contente
de diminuer les compagnies de ses régiments de toutes armes
de cinq hommes : il n'entend pas désarmer prématurément,
voulant attendre la ratification du traité par l'empereur (4).

En décembre cependant, on réforme 4 compagnies dans les
régiments de cavalerie, dits de gentilshommes, qui sont à
12 compagnies (5).

Le licenciement ne commence vraiment qu'en février 1698,
mais le roi l'ordonne par échelons, « tant pour voir, nous dit

---

(1) Cf. BOURGEOIS, *Relation de Spanheim*, p. 501-514, notes, et LAVISSE,
Histoire de France, VIII, 1re partie, p. 59.

(2) *Saint-Simon*, éd. Boislisle, **X**, p. 52 et notes. Sourches se plaint aussi
que cette réforme se soit faite « sans observer de rang ni d'ancienneté, mais seulement suivant le bon plaisir du roi » (*Mémoires*, VI, p. 17).

(3) *Journal* de DANGEAU, VI, p. 200 (30 septembre 1697).

(4) Ordonnance du 4 novembre 1697. — Cf. *Journal* de DANGEAU, VI, p. 234-
235 (28 novembre 1697).

(5) Ordonnance du 8 décembre 1697. Seuls, 14 régiments de cavalerie et autant
de dragons restent à 12 compagnies. — Cf. *Journal* de DANGEAU, VI, p. 250
(21 décembre 1697).

Dangeau, ce que font ses voisins, que pour éviter le désordre que tant de gens, réformés à la fois, pourroient faire » (1).

En février, on ne supprime donc que 20 régiments d'infanterie, 20 de cavalerie, 14 de dragons, les hussards et la moitié environ de l'effectif des auxiliaires suisses et allemands.

En mai, c'est le tour de 5 autres régiments de cavalerie, 5 de dragons et de 100 compagnies d'infanterie de garnison ; de 12 régiments de la même arme en juillet. L'armée est encore forte, puisqu'en septembre, au seul camp de Compiègne, on réunit une soixantaine de mille hommes (2).

Un dernier échelon comprend enfin, en novembre-décembre, 6 régiments de cavalerie, 5 de dragons, 24 d'infanterie et 300 compagnies de garnison (3).

Un an plus tard, exactement en décembre 1699, le roi licencie encore 40 000 hommes environ, sans supprimer un régiment : il se contente d'entretenir des régiments squelettes, en réduisant les compagnies d'infanterie à 35 hommes et celles de cavalerie et de dragons à 20 maîtres, tout en conservant les officiers. En outre, 20 régiments de cavalerie sont réduits à leurs compagnies mestre-de-camp et lieutenant-colonelle (4).

Cette organisation, qui a l'avantage de conserver à l'armée un cadre permanent, permettra, le moment venu et sans création de nouvelles unités, un recomplètement rapide des effectifs ; il commencera un an plus tard.

Le 3 octobre 1700, se répand à la cour le « bruit sourd que le roi va augmenter ses troupes et l'on croit la santé du roi d'Espagne entièrement désespérée » (5).

Le 4, l'ordre est lancé d'augmenter les compagnies d'infanterie française de 10 hommes, « ce qui étoit une recrue très

(1) *Journal* de DANGEAU, VI, p. 282 (22 janvier 1698).
, (2) SAINT-SIMON, éd. Boislisle, V, p. 348.
(3) Pour toute cette réforme, cf. DANGEAU, VI, p. 282, 295, 316, 340, 344 et 367, et les *Mémoires* de SOURCHES, VI, p. 13, 17, 22, 30, 45, 49, 56, 90, 98.99. Ces renseignements sont parfaitement résumés dans l'édition Boislisle des *Mé-. moires* de SAINT-SIMON (t. X, p. 52, note 2).
(4) Cf. *Journal* de DANGEAU, VII, p. 204, 208 et 211 (3, 11 et 16 décembre 1699) et aussi ordonnances des 15 décembre 1699 et 10 février 1701.
(5) *Journal* de DANGEAU, VII, p. 386-387.

considérable et très difficile à faire en ce temps-là, où il y avoit une cruelle désertion parmi toutes les troupes » (1) ; mais l'on se met à l'ouvrage et en février 1701, les compagnies françaises ainsi recomplétées atteignent l'effectif de guerre de 45 hommes (2), avec lequel elles entrent en campagne et qu'elles conservent presque jusqu'à la fin des opérations ; par assimilation, les compagnies de Royal-Artillerie sont, en mai, portées au même effectif (3). Les compagnies des corps d'élite et des régiments étrangers — qui ont un statut spécial — sont en général plus fortes. On trouvera plus loin le détail de leur effectif en janvier 1702.

Pour la cavalerie et les dragons, la mise des compagnies sur pied de guerre connaît plus de flottements. Les 20 régiments réduits à leurs compagnies de tête sont recomplétés à 8 compagnies dès le mois de février 1701. Récemment augmentées de 10 hommes, les compagnies de l'armée comptent alors 30 maîtres (4). A la fin de l'année, on décide une nouvelle augmentation de 5 hommes, à réaliser en février 1702, époque à laquelle toutes les compagnies de troupes montées atteignent leur effectif définitif de 35 maîtres (5).

Quarante-cinq hommes dans la compagnie d'infanterie française, 35 dans celle de cavalerie, tel est l'effectif certain de la plus petite unité administrative.

En janvier 1702, l'armée française, toutes forces réunies, compte un effectif total de 220 502 hommes, dont 185 362 fantassins répartis en 310 bataillons et 35 140 cavaliers formant 293 escadrons, — effectif d'entrée en campagne formidable, si l'on songe qu'en 1667, le roi ne commençait la guerre qu'avec 72 000 hommes, dont 35 000 combattants seulement et avec 120 000 hommes en 1672.

Les forces de l'armée se décomposent ainsi (6) :

(1) *Mémoires* de SOURCHES, VI, p. 291 (5 octobre 1700).
(2) Ordonnance du 20 mars 1701.
(3) Ordonnance du 29 mai 1701.
(4) Ordonnances des 25 janVier 1701 et 10 féVrier 1701.
(5) Ordonnance du 8 noVembre 1701.
(6) D. G., vol. 1579, p. A. *Memoire des trouppes que le roy a sur pied* [janVier 1702].

INFANTERIE

CORPS	NOMBRE de bataillons	NOMBRE de compagnies	EFFECTIFS de la COMPAGNIE	TOTAUX
			Hommes.	Hommes.
Gardes françaises	6	32	124	3 968
Gardes suisses..............	4	12	200	2 400
Régiment du Roy	4	52	50	2 600
Royal-Artillerie............	4	60	{ 56 cᶦᵉˢ à 45 / 4 — 90 }	2 880
Royal-Bombardiers....:......	1	15	{ 13 — 45 / 1 — 90 / 1 — 60 }	735
Cent huit régiments français.	151	1 963	45	88 335
Milices....................	70	910	45	40 950
Compagnies franches........	[10]	130	45	5 850
Huit régiments suisses à trois bataillons	24	72	200	14 400
Royal-Roussillon, Nice, Thoy.	4	24	{ 3 cᶦᵉˢ à 200 - / 21 — 110 }	2 850
Cinq régiments allemands (d'Alsace, Greder, Zurlau-ben, Furstemberg et Sparre).	11	66	100	6 600
Régiment Royal-Italien......	1	12	50	600
Royal-Montferrat...........	1	12	70	840
Régiments italiens de Mon-roux, Pery et Saint-Second.	3	12	60	2 160
Régiment wallon d'Isanghien.	1	12	50	600
Huit régiments irlandais.....	8	12	50	600
Une compagnie détachée du régiment d'Alsace.........			100	
Compagnie de fusiliers de la Croix			200	
Compagnie de fusiliers de Mé-lard....................			100	
Compagnie de fusiliers de Mo-naco...................	1		50	635
Compagnie de fusiliers de Sommery................			35	
Compagnie de fusiliers de So-nemberg-Suisse			100	
Compagnie de fusiliers de Reynold-Suisse...........			50	
Trois compagnies des Galliotes.		3	260	260
Compagnies d'Invalides......	5	61	50	3 050
Compagnies de Mineurs......		3	249	249
Deuxième bataillon du régi-ment de Sparre qui se lève.	1		600	600
TOTAUX	310			185 362

CAVALERIE

CORPS	NOMBRE d'escadrons	NOMBRE de compagnies	EFFECTIFS de la compagnie	TOTAUX
			Hommes.	Hommes.
Gardes du corps	8	»	»	1 440
Gendarmes et chevau-légers..	4	»	»	400
Mousquetaires	4	»	»	520
Gendarmerie................	8	»	»	840
Grenadiers du Roy	1	»	»	130
Quatorze régiments de cavalerie à douze compagnies..	42	168	30	5 040
Régiment Royal de carabiniers................	10	40	20	800
Soixante-dix-huit régiments de cavalerie à huit compagnies.	156	624	30	18 720
Sauvegardes du Roy.........	»	»	»	50
Vingt régiments de dragons à douze compagnies........	»	240	30	7 200
TOTAUX................	293			35 140

*
* *

Ces forces ne cessent de s'accroître au cours des opérations, soit par création de nouveaux régiments, soit par augmentation de l'effectif des unités existantes.

Ces deux systèmes avaient été éprouvés dans les campagnes précédentes. Louvois tenait pour le second (1) ; le duc de Saint-Simon également, qui nous en donne les raisons : « On donna aussi, dit-il, quantité de régiments à lever, ce qui fit une foule étrange de colonels et d'états-majors à payer, qui fut d'un grand préjudice, au lieu de donner un bataillon et un escadron de plus aux régiments déjà faits, qui en auroient bientôt pris l'esprit et n'auroient point eu l'inconvénient des nouvelles troupes et des petits régiments qui, par leur peu de nombre, se détruisent promptement (2). »

(1) Camille ROUSSET, *Histoire de Louvois*, III, p. 316.
(2) *Saint-Simon*, éd. Boislisle, XIII, p. 170.

Le tort du pouvoir fut de n'avoir pas d'idées nettes sur la question et d'hésiter entre les deux systèmes. On crée des régiments nouveaux, mais au moment même qu'on les lève, il semble qu'on s'en repente : on suivra plus loin ces tâtonnements révélateurs d'une politique militaire incertaine. En fait, les créations l'emportent et sont considérables. La naissance des troupes nouvelles n'est pas le fait des seules circonstances : elle se produit suivant un plan d'ensemble et à deux époques principales, dont l'une correspond au début de la campagne et l'autre à son milieu.

L'année 1701 s'était écoulée à remettre sur pied de guerre les unités de toutes armes ; la levée de 6 régiments de dragons à 12 compagnies est, cette année-là, plutôt qu'une création, la réapparition normale de formations temporairement dissoutes (1).

Les levées importantes commencent en 1702 : à la fin de l'année, le nombre des régiments nouveaux est de 107, dont 97 d'infanterie, un de cavalerie et 9 de dragons (2). Cette disproportion entre les armes s'expliquera plus loin.

Pendant le quartier d'hiver 1705-1706, autres levées intéressant cette fois toutes les armes : en quelques mois, naissent 24 régiments d'infanterie, 10 de cavalerie et 3 de dragons (3).

C'est donc l'apparition, au cours de la guerre, de 144 régiments de toute nature, que nous pouvons affirmer.

Les unités existantes ont, par contre, subi peu de modifications. On n'a jamais augmenté le nombre des bataillons des régiments d'infanterie : l'adjonction de seconds bataillons, provenant de la milice à 70 d'entre eux, réalisée au début

(1) Ordonnances du 5 février 1701 et du 25 août 1701. Cf. *Journal* de DANGEAU, VIII, p. 22 (24 janvier 1701) et p. 31 (6 février 1701) ; *Mémoires* de SOURCHES, VII, p. 8 (25 janvier 1701).

(2) Cf. *Journal* de DANGEAU, VIII, p. 286, 293, 298, 410, 417, et *Mémoires* de SOURCHES, VII, p. 181-184, 237, 281, 291, 322, 327, 397. — La liste de ces régiments est dans les *Mémoires* de SOURCHES, VII, p. 442-446. « On a beaucoup parlé pendant toute la présente année, dit-il, des régiments nouveaux que le roi avoit levés..., mais comme on ne les a pas marqués tous exactement, on a jugé à propos d'en mettre ici la liste, afin que le lecteur n'ait rien à désirer. »

(3) *Mémoires* de SOURCHES, IX, p. 409, 412, 413, 418, 420 ; X, p. 22-23, 26. — *Journal* de DANGEAU, X, p. 471, 475-476, 482 ; XI, p. 22-23.

de 1702, ne correspond pas à une augmentation d'effectifs mais à un regroupement des unités en service.

Dans l'artillerie, un bataillon nouveau s'ajoute en 1706 aux quatre de Royal-Artillerie et à l'unique de Royal-Bombardiers (1). Il en va différemment dans la cavalerie : si le roi ne crée dans cette arme qu'un régiment nouveau en 1702, c'est que, plutôt que de lever de nouveaux corps, il préfère augmenter un certain nombre de régiments d'un escadron ; 45 d'entre eux passent alors à l'effectif de 12 compagnies, distribuées en 4 escadrons (2).

En janvier 1702, il y avait donc, outre les 35 escadrons de la maison du roi et environ 150 compagnies détachées, 112 régiments d'infanterie française, 31 d'infanterie étrangère, 92 de cavalerie et 20 de dragons, soit 255 régiments.

Les créations faites au cours de la guerre donnent un total de 399 régiments.

Si l'on tient compte des pertes, des regroupements et des licenciements (3), on peut en moyenne évaluer le nombre des régiments sur pied à 350, — sans préjudice des nombreuses formations non enrégimentées échappant au contrôle.

Dans les troupes d'élite ou unités spécialisées, le nombre des bataillons ou escadrons est variable.

Dans l'infanterie, les gardes françaises ont, par exemple, 6 bataillons et 32 compagnies ; le régiment du Roy, 4 bataillons et 52 compagnies ; Royal-Artillerie, 4 puis 5 bataillons ; Royal-Bombardiers, 1 puis 2 (4).

Les autres régiments d'infanterie française — à l'exception

(1) Général Susane, Histoire de l'artillerie, p. 155 et 158.
(2) Cangé, vol. 35, p. 132.
(3) Il y eut des cassations de régiments au cours de la campagne ; 10 bataillons de l'armée de Tallard furent ainsi dissous, après Hochstaedt : 3 du Régiment Royal, un de Chabrillant, un de Bandeville, 2 de Zurlauben qui furent incorporés dans Greder-Allemand ; un d'Albaret, dans Nice ; 2 de Saint-Second dans Montroux (Mémoires de Sourches, IX, p. 77-78, 20 septembre 1704).
(4) Tous ces renseignements sont extraits et du tableau reproduit plus haut et de l'ordonnance du 20 septembre 1710 (Cangé, vol. 38, p. 36).

des dix plus anciens (1), qui ont trois bataillons — comptent un ou deux bataillons.

En 1710, entre Malplaquet et Denain, c'est-à-dire à une époque où les levées de corps nouveaux sont terminées, où l'armée a fourni son effort maximum, outre les régiments cités plus haut, 90 ont deux bataillons et 33 un bataillon. Ces bataillons sont à 13 compagnies.

Dans la cavalerie, 59 régiments sont à 4 escadrons, formant en tout 12 compagnies. Les autres ont 8 compagnies, divisées en 3 escadrons.

Les 20 plus vieux régiments de dragons ont aussi 12 compagnies.

L'effectif des compagnies ne change pas dans la cavalerie et les dragons pendant cette guerre : il reste de 35 maîtres.

Par contre, la constatation d'une infériorité numérique du bataillon français vis-à-vis du bataillon ennemi, qui compte plus de 600 combattants, fait envisager à la fin de la guerre un relèvement de l'effectif des compagnies d'infanterie.

Les inspecteurs sont donc chargés en août 1708 d'étudier le projet « d'une nouvelle disposition dans l'infanterie », avec ordre de le tenir rigoureusement secret. L'augmentation envisagée porte, pour les troupes de campagne, à la fois sur l'effectif du bataillon, qui de 13 passerait à 15 compagnies, et sur celui de la compagnie qui, augmentée de 5 hommes, aurait 50 soldats ; elle paraît réalisable par réforme de 57 nouveaux régiments. Les troupes de garnison formeraient des régiments de 2 bataillons à 13 compagnies l'un, chacune sur le même pied de 50 hommes (2).

Ce projet fut abandonné : on en retint pourtant le principe de l'augmentation des effectifs de la compagnie. Cette aug-

---

(1) Picardie, Champagne, Navarre, Piémont, Normandie, la Marine, Royal, Dauphin, la Reine, Royal-des-Vaisseaux.

(2) « Lettre et mémoire circulaire à messieurs les inspecteurs généraux d'infanterie pour leur demander avis sur l'augmentation que Sa Majesté Veut faire dans les bataillons de campagne, du 16 août 1708 » (Cangé, vol. 37, p. 32). — « Ordonnance du roy pour mettre à 50 hommes les compagnies des bataillons d'infanterie française destinez à serVir dans ses armées, du 20 septembre 1710 » (Cangé, vol. 38, p. 36).

mentation, dont le délai de réalisation est fixé à trois mois, est décidée par ordonnance royale du 20 septembre 1710 : les compagnies d'infanterie française ont désormais 50 combattants (1).

Tel est en ses grandes lignes le mouvement des effectifs pendant cette guerre.

En résumé, l'armée française, déjà très forte en 1701, croît en nombre, sinon en qualité, au cours de la campagne. A ses vieux corps, s'ajoutent de nouveaux régiments.

La moyenne des régiments d'infanterie est de un ou deux bataillons, le bataillon de 13 compagnies, la compagnie de 45 hommes jusqu'en 1710, de 50 depuis 1711.

Les troupes montées ont, par régiment, 4 escadrons, formant 12 compagnies ou 3 escadrons, divisés en 8 compagnies. L'effectif d'un régiment est donc :

Dans l'infanterie, pour les corps à 2 bataillons, de 1 170 hommes avant 1710, de 1 300 hommes ensuite ; pour les régiments à un bataillon, de 585 hommes avant 1710, puis de 650 hommes ;

Dans la cavalerie et les dragons, pour les régiments à 4 escadrons, de 420 maîtres et de 280 pour les autres.

Nous voici loin des gros effectifs de nos corps modernes : seul, le régiment du Roy, avec ses 52 compagnies, en approche, qui eut, après 1710, 2 600 hommes.

Si l'on tient compte des indisponibles, on constate que les unités tactiques sont numériquement très faibles. Feuquières s'en est inquiété et critiquant l'organisation de l'armée à cette époque, trouve qu'il y a trop de régiments n'ayant qu'un bataillon, que les bataillons devraient avoir 15 ou 16 com-

(1) *Cangé*, vol. 38, p. 36. — Nous saisissons ici l'hésitation du pouvoir à créer de nouvelles unités. Une réaction se dessine contre cette habitude dans le projet de 1708, puisque celui-ci prévoit la suppression de 57 régiments nouveaux pour augmenter les anciens. En 1705, il s'en faut de peu que la mise des compagnies à 50 hommes ne soit réalisée, au détriment sans doute des levées. Le bruit court de l'augmentation de 5 hommes par compagnie en novembre (SOURCHES, IX, p. 413) ; Dangeau la donne même comme certaine (X, p. 471). Or, elle ne se fait pas : au dernier moment, sans doute, on préféra créer de nouvelles unités.

pagnies au lieu de 13 et les compagnies 50 ou 55 hommes, « comme elles avoient été réglées en 1672 ». Dans la cavalerie, il voudrait 4 à 5 escadrons par régiment et les compagnies à 50 maîtres (1).

Trop d'éléments nous manquent pour calculer l'effectif total de l'armée à la fin de la guerre. Nous ne le ferons que pour une catégorie de troupes, sur laquelle nous avons des renseignements sûrs : celle des régiments d'infanterie française. Au nombre de 108 en 1702, ils comptaient 88 355 hommes. En 1710, ils étaient 143 et avaient un effectif de 142 155 soldats avec leurs compagnies à 45 hommes.

On peut donc, sans exagération, évaluer approximativement le total théorique des combattants pendant la guerre à 250 000 ou 300 000 hommes, — effectif non encore atteint jusqu'alors et imposé par le nombre des coalisés, leur force et leur dispersion sur de nombreux fronts d'opérations. Il est bien certain que l'effectif théorique n'a existé que sur le papier et qu'en fait les régiments ont rarement atteint leur complet, même à la fin des quartiers d'hiver ; les pertes par le feu, la maladie et la désertion ont été énormes ; au lieu de 400 hommes, bien des batailllons n'en ont eu que 2 ou 300 et parfois moins encore ; bien des compagnies ont été réduites à une poignée de soldats (2). Il n'en reste pas moins que pendant cette guerre, la France s'est imposé un formidable effort militaire. Dès 1702, le bon conseiller qu'est Chamlay proclamait la nécessité de cet effort : « Pour l'avenir, dit-il, il faut bien à quelque prix que ce soit que Sa Majesté fasse de nouvelles troupes de toute espèce, sans quoi, vu le nombre des forces des ennemis et la grande étendue des pays qu'il y a à

---

(1) FEUQUIÈRES, *Mémoires*, éd. 1750, t. Ier, p. 173-177.
(2) Voir à ce sujet les pièces annexes des *Mémoires militaires relatifs à la Succession d'Espagne*, qui fournissent des chiffres édifiants. Pour ne citer qu'un exemple, Marcin en juin 1706 écrit de Flandre : « Le délabrement de l'infanterie ... est tel qu'aVec un grand nombre de bataillons sur le papier on n'en a pas suffisamment pour garnir les places menacées » (VI, p. 501) ; et le duc d'Orléans, en septembre, d'Italie : « Les bataillons les plus forts et les plus en état d'agir qui soient dans l'armée n'ont pas plus de 250 hommes et... il y en a qui n'en ont pas 100 » (VI, p. 314).

garder, Elle ne pourroit pas absolument soutenir la guerre ou du moins Elle la soutiendroit avec bien du désavantage. » Et encore : « Le roi a présentement sur les bras une guerre très dangereuse et très violente ; l'intérêt de Sa Majesté est de mettre tout en usage pour l'abréger le plus qu'il sera possible. Le moyen de l'abréger, c'est de mettre au plus tôt sur pied suffisamment de troupes de toute espèce pour opposer de tous côtés aux ennemis pour leur faire voir leur impuissance et l'inutilité des grands desseins qu'ils ont formés contre la France et l'Espagne. Si l'on y peut parvenir, leur état et leur situation étant au moins aussi forcés que les nôtres, il ne faut pas douter qu'ils ne se portent d'eux-mêmes à finir la guerre ainsi qu'ils ont fait dans les guerres qui ont précédé celle-ci.

« Après cela, il faut que l'expédient que je propose et sur lequel je ne prétends rien apprendre de nouveau au roi puisse s'accorder avec l'état présent des finances de Sa Majesté. Je souhaite de tout mon cœur que cela soit ainsi et qu'on puisse surmonter toutes sortes de difficultés à cet égard ; qu'il plaise cependant toujours au roi de s'arranger sur le nombre de troupes qu'il faut précisément pour soutenir avec honneur la présente guerre (1). »

Cette impérieuse nécessité d'alimenter sans cesse des effectifs toujours croissants domine toute la politique de recrutement de l'époque et explique notamment la nouvelle utilisation de la milice que nous étudierons plus loin.

Voyons auparavant quel est le mode normal de recrutement des armées du roi.

* *

« Le roi défend très expressément à tous ses sujets, de quelque qualité et condition qu'ils soient, quelque dignité, titre d'office et charge qu'ils aient dans le royaume, d'entreprendre, faire ou faire faire aucunes levées ou assemblées de gens de guerre, soit de cheval ou de pied, à son de tambour,

(1) Mémoire de Chamlay du 11 mai 1702, in *Mémoires militaires relatifs à la Succession d'Espagne*, II, p. 780-785.

par enrollement ou de quelque sorte que ce soit, sous quelque prétexte qu'ils puissent prendre, *sans exprès commandement de Sa Majesté*, porté par ses lettres patentes, signées de sa main et scellées de son grand scel, *sur peine d'être punis et châtiés comme rebelles et criminels de lèze-majesté au premier chef,* duquel crime Sa Majesté a déclaré et déclare atteints et convaincus tant ceux qui commanderont, ordonneront ou avoueront les-dites levées que les autres qui les entreprendront et conduiront et les soldats qui s'enrolleront et marcheront en icelles (1). »

Cette ordonnance de Henri III, en date du 26 décembre 1583, est la véritable charte de recrutement de l'armée de l'ancien régime.

Personne ne peut lever de troupes sans l'autorisation du roi, qui a le contrôle exclusif des forces de son armée. Cette autorisation est naturellement acquise de plein droit aux officiers en service pour leur propre corps.

Elle doit être expressément accordée chaque fois qu'il se lève une unité nouvelle.

C'est la seule intervention du pouvoir en matière de recrutement : il ne fournit en principe aucun homme à ses officiers ; sous réserve de son approbation et sous sa surveillance, c'est à ceux-ci d'en trouver.

Nous allons donc voir d'abord comment se forme un régiment de nouvelle levée, puis la façon dont les régiments sur pied se procurent les renforts qui leur sont nécessaires pour se recompléter.

En temps de guerre, le roi fixe lui-même le nombre des régiments à lever dans chaque arme (2).

Dès qu'il l'a fait connaître, — parfois même avant, dès que le bruit se répand de ces levées, — il est assailli de demandes ; pour eux ou leurs enfants, les gens de condition

---

(1) Cf. BRIQUET, *Code militaire*, V, p. 282-283.

(2) « Plusieurs autres gens de condition ont demandé des régiments, mais le roi a déclaré qu'il n'en donneroit pas davantage pour à présent. » DANGEAU, X, p. 475-476 (21 novembre 1705). — A M. de Mursay, recommandant en 1702 un capitaine de dragons, il est répondu : « Il n'y a plus de régiment à lever ; tout est remply » (D. G., vol. 1592, p. 9).

se disputent les régiments nouveaux (en 1702, il se présente 72 postulants pour 18 régiments) (1) et, comme c'est le roi qui choisit les colonels, ils mettent en jeu toutes les influences qui leur sont favorables : tel capitaine se fait recommander par M. de Vendôme (2), tel autre se recommande de lui-même par sa parenté avec quelque favorite (3).

Ces recommandations ne sont pas superflues, non certes que le roi ne tienne compte des services et du mérite : il arrive qu'il donne des régiments à des colonels réformés, des capitaines (de cavalerie, surtout), voire à des lieutenants-colonels (4). Mais le plus souvent, ils vont aux officiers de sa maison ou à de jeunes gentilshommes aux parents fortunés et bien en cour. Et la façon dont se lèvent les troupes nouvelles pendant cette guerre oblige en réalité le roi à donner la plupart des régiments à la faveur : généralement en effet, ils se font, non pas à ses frais, mais à ceux du colonel.

C'est chose courante pour les corps levés en 1702 ; les quelques régiments faits par le roi sont alors composés aux moindres frais de soldats tirés des compagnies franches en service dans les châteaux (5). En 1706, sans doute par réaction, les régiments d'infanterie se font aux dépens du roi, mais il leur choisit des colonels capables de faire les dépenses nécessaires : ce sont en particulier le duc et le maréchal de Noailles, les ducs du Maine et de Toulouse, les maréchaux de Boufflers et de Chamilly, le marquis de Ségur, le comte de Grignan (6). Sa subvention est alors de 900 livres par compagnie (7). Elle

(1) *Journal* de DANGEAU, VIII, p. 410 (11 mai 1702).
(2) Capitaine de Marciliac, octobre 1702 (D. G., vol. 1592, p. 35).
(3) Marquis de Roussille, neVeu de la duchesse de Fontanges (*Mémoires* de SOURCHES, VII, p. 281, 29 mai 1702).
(4) Le roi donne des régiments à diVerses personnes de qualité, « même à des lieutenants-colonels » (*Mémoires* de SOURCHES, X, p. 22-23, 2 féVrier 1706).
(5) « On a beaucoup parlé pendant toute la présente année des régiments nouVeaux que le roi aVoit leVés, soit en donnant de l'argent aux colonels, soit en les obligeant à les faire à leurs dépens » (*Mémoires* de SOURCHES, VII, p. 442 et notes des pages suivantes).
(6) Cf. *Journal* de DANGEAU, X, p. 471, 475-476, 482 ; XI, p. 22-23. — *Mémoires* de SOURCHES, X, p. 22-23.
(7) *Journal* de DANGEAU, XI, p. 23.

est de 250 francs par homme pour le régiment de cavalerie accordé au fils du duc de Beauvilliers (1). Mais quand les régiments se font aux dépens des colonels et « sans qu'il en coûte rien au roi » (2), son choix est influencé par de fort prosaïques raisons : il lui faut des gens, qui trouvent rapidement les 600 hommes nécessaires au plus petit régiment d'infanterie ; or, c'est là chose plus facile au fils de quelque grand seigneur provincial qu'à un militaire toujours errant. Accordant en 1702 un régiment d'infanterie au jeune chevalier de Saint-Germain, le roi observe « que c'estoit proprement au père qu'il donnoit cet agrément parce qu'estant gouverneur de la Marche, il aura plus de facilité à lever un régiment » (3).

Or, même si l'on trouve des soldats, il faut de l'argent pour les enrôler ; tel s'est engagé à fournir un régiment, qui, ayant trop présumé de ses moyens, est obligé d'y renoncer en février 1702, le roi donne au marquis de Rannes le régiment de dragons de Saint-Sernin, dont 9 compagnies seulement sont sur pied, « le colonel n'ayant pas eu la force de faire la compagnie-colonelle et les deux autres qui restoient à lever » (4).

A pareille entreprise, les meilleurs titres militaires valent moins qu'une forte provision d'écus et les jeunes courtisans sont davantage prisés que des soldats de fortune, comme les lieutenants-colonels, plus riches de campagnes que d'argent.

Le roi tente bien d'éviter les abus : il refuse un jour de donner un régiment au comte de Montmirail, qui eût été un colonel de treize ans et demi (5) ; néanmoins, la distribution des nouveaux corps ne se fait pas toujours « au mérite et à la capacité ». M. de Guignard constate tristement que bien des régiments furent donnés « à des avanturiers sans nom et sans expérience qui obtenoient ces récompenses sous le prétexte qu'ils levoient

(1) Dangeau, X, p. 469.
(2) *Journal* de Dangeau, VIII, p. 417 (21 mai 1702).
(3) *Ibid.*, p. 298 (6 janvier 1702).
(4) *Mémoires* de Sourches, VIII, p. 16 (1er février 1702).
(5) *Mémoires* de Sourches, IX, p. 413 (19 novembre 1705). En 1703, il refuse aussi au comte d'Armentières de lever un régiment d'infanterie à ses dépens, sans doute, dit Sourches, parce qu'il a fait sept ans de prison pour duel (*Mémoires*, VIII, p. 10).

des régimens à leurs dépens ; en quoi je puis dire et même certifier que les intentions du roy ont été fort mal remplies, étant certain qu'il en a infiniment plus coûté à Sa Majesté que s'il eût payé ces levées le triple du prix ordinaire, puisqu'il n'y a aucunes mauvaises manœuvres qui n'ayent été employées pour cet effet par quelques-uns, que Messieurs les inspecteurs connoissent bien et, qui pis est, pour piller impunément les malheureux officiers de leurs régimens » (1).

Lorsqu'un colonel lève son régiment à ses frais, il ne reçoit du roi que l'armement et le *quartier d'assemblée* (2).

Le « quartier d'assemblée » est une autorisation de séjour dans une ville de la province où se lèvera le régiment : le colonel ou les officiers y reçoivent pour eux et leurs hommes le gîte et la nourriture pendant un temps déterminé, aux frais du roi (3).

Pendant cette guerre, le quartier d'assemblée semble être au choix du colonel puisque M. de Guignard nous dit les conseils que lui suggère son expérience de la vie militaire : il juge imprudent de le demander dans « une ville en plat pays ou en un lieu ouvert », où l'on est sujet « à avoir beaucoup de monde un jour et le lendemain personne ». Le meilleur endroit à son avis est une place de guerre, dont les portes sont toujours gardées et où il est donc moins aisé aux recrues de s'égailler (4).

Une fois au quartier d'assemblée, les futurs capitaines se mettent au travail. Ils sont choisis par le colonel, qui ne peut vendre leurs charges. Le contraire est cependant chose courante jusqu'en 1705 ; l'interdiction en est faite alors. Il est peu probable qu'elle ait été strictement observée (5). Il va

(1) Guignard, *l'École de Mars*, I, p. 611.
(2) *Journal* de Dangeau, VIII, p. 410.
(3) Cf. « l'armée du roi, 1674 » (*Revue d'histoire rédigée à l'état-major de l'armée*, 1914, p. 373).
(4) Guignard, *l'École de Mars*, I, p. 611-612.
(5) « Le bruit couroit... qu'il [le roi] lèveroit de nouveaux régiments d'infanterie, qu'il donneroit à des gens de condition qui ne vendroient aucune des charges, comme avoient fait ceux qui en avoient levé à leurs dépens les années précédentes » (*Mémoires* de Sourches, IX, p. 413, 17 novembre 1705).

sans dire qu'un bon nombre de capitaines sont choisis parmi
les voisins et amis du colonel (1) à l'exclusion sans doute de
toute considération de valeur militaire. Or, tant vaut le chef,
tant valent ses auxiliaires. L'encadrement des nombreux régiments formés au début de la guerre l'a bien prouvé. Pressé
d'aboutir, on ne s'est pas inquiété de la qualité des gentilshommes qui s'offraient à servir et il s'est introduit alors dans
le corps des officiers bien des éléments de médiocre valeur
militaire et surtout morale, à tel point qu'on a pu dire que
les créations de 1702 ont été « la ruine de l'infanterie » (2).
Plus tard — trop tard — on s'est préoccupé de n'avoir plus
que de bons cadres ; et c'est pourquoi les régiments levés en
1705-1706 n'ont été donnés qu'à de grands personnages, ceci
sur le conseil de Chamlay qui, examinant après Hochstaedt
le moyen de *rétablir* l'infanterie, repousse l'idée de créer de
nouveaux régiments de troupes réglées : « A moins que ce ne
fussent Monseigneur, Messeigneurs ses enfants, Monseigneur
le duc d'Orléans, Messeigneurs les princes du sang et les grands
seigneurs du royaume et particulièrement ceux qui ont des
gouvernements de province, qui se fissent un plaisir et une
affaire de les faire, auquel cas ils pourraient être bons, cela
serait inutile et de nul service, particulièrement de la part
des officiers qu'on aurait peine à trouver de la qualité
requise. »

Et il conclut :

« Encore une fois, si le roi veut faire lever des régiments
tout à fait nouveaux dont il puisse tirer un bon et prompt
service, il ne saurait à mon sens mieux faire que de les faire
lever à commencer par Monseigneur jusqu'aux grands et particulièrement par ceux qui commandent les armées et qui ont
des gouvernements de provinces, *parce qu'ils attireront dans*

---

(1) Le chevalier de Saint-Germain par exemple « choisit ses officiers parmi les
gentilshommes de la Marche, du Limousin et du Berry, ces deux dernières provinces limitrophes de ses terres ». Son major est un de ses voisins (R. DROUAULT,
l'Habillement et l'équipement du régiment de Saint-Germain-Beaupré, 1909, in-8°,
p. 4).

(2) SUSANE, H*istoire de l'infanterie française*, I, p. 214.

le service beaucoup de bons officiers qui sont retirés (1). »

Nous avons vu que son avis a prévalu. La question est évidemment sérieuse puisque ces régiments improvisés ne valent que ce que valent leurs officiers.

Nous savons le jugement sévère de M. de Guignard sur certains chefs de corps. Il est vrai qu'il « s'en est trouvé, dit-il ensuite, d'un très rare mérite et d'une capacité distinguée, comme il y a paru par les bons services qu'eux et leurs regimens ont rendus partout où ils ont été employés » (2).

C'est dire que leur valeur est très inégale et cela même renforce les arguments de ceux qui se déclarent ennemis de ces troupes nouvelles.

Mais peut-on juger de la valeur d'un corps sur son origine ou ses apparences? Un officier rendant compte de l'état d'un régiment nouveau dit un jour qu'il était bon et beau : « Pour beau, cela est possible, lui répondit Turenne, mais pour bon, attendons pour pouvoir en juger que la quatrième partie ait vu tuer les trois autres : après quoi, il se pourra faire que le reste sera passable » (3).

Les armées d'autrefois ignorent le jeu des réserves : isolées du pays, sans *arrière* ni dépôt où puiser les indispensables renforts, elles doivent se suffire à elles-mêmes ; au bout de quelques mois de campagne, pendant lesquels elles ont perdu des hommes sans jamais en récupérer, leurs effectifs sont naturellement très bas et un temps d'accalmie leur est nécessaire pour se reposer et se reformer.

Cette nécessité est une des raisons de l'interruption périodique des hostilités pendant les guerres de l'ancien régime : à une époque d'activité intense correspondant aux mois de printemps ou d'été, succède, avec la mauvaise saison, une

(1) Mémoire de Chamlay du 22 août 1704, in *Mémoires militaires relatifs à la Succession d'Espagne*, IV, p. 932.

(2) GUIGNARD, *l'École de Mars*, I, p. 611.

(3) Histoire que M. de Guignard se souvient « avoir ouï raconter à nos vieux guerriers » (*l'École de Mars*, I, p. 612).

sorte de trêve, caractérisée par une suspension ou plutôt un sensible ralentissement des opérations et que les belligérants mettent à profit pour reconstituer leurs forces.

Il est exceptionnel que le recrutement des régiments se fasse pendant les mois d'opérations ; l'autorisation peut en être accordée toutefois pour certains corps sans doute très éprouvés : le fait se produit par exemple d'avril à juin 1703 pour le régiment d'Auxerrois, en mars la même année pour le régiment du Maine, pendant l'été de 1705 pour le régiment de Chartres qui délègue des officiers à Paris, en avril et mai 1709 pour une compagnie détachée du régiment de Piémont (1).

En règle générale, c'est pendant le *quartier d'hiver* annuel, c'est-à-dire pendant les six mois qui vont d'octobre à avril, que s'opère le recrutement des régiments au repos à l'intérieur du royaume ou cantonnés sur leurs positions. Dans les premiers jours de septembre — du 1er au 15 pendant la guerre de Succession d'Espagne (2) — paraît l'ordonnance royale qui règle le semestre.

C'est un congé accordé à un certain nombre d'officiers dans chaque corps pour faire leurs recrues et en même temps vaquer à leurs affaires.

L'ordonnance ne vaut pas toujours pour toute l'armée : en 1702, il n'y a pas de congés de semestre pour les officiers de l'armée d'Italie (3). Les nécessités militaires priment tout : la garnison de Bonn en est privée en 1702, parce que l'on redoute l'investissement de la place et que les officiers recruteurs ne puissent revenir à temps ou soient faits prisonniers (4).

---

(1) Lettres de MM. de Seguiran, 18 mars 1703 (D. G., vol. 1647, p. 91) ; Chamillart à d'Artaignan, 21 mars 1703 (D. G., vol. 1647, p. 124) ; d'Arpajon, 14 août 1705 (D. G., vol. 1857, p. 220) ; capitaine Lamoignon de Curty, 3 juin 1709 (D. G., vol. 2134, p. 230).

(2) Les 1er septembre 1707, 1708, 1711, 1712 et 1713 ; 2 septembre 1705 ; 4 septembre 1701 et 1706 ; 10 septembre 1702 ; 12 septembre 1703 ; 15 septembre 1704, 1709 et 1710 (*Ordonnances*).

(3) On leur donne des congés individuels. — Lettre à Montgon, 6 octobre 1702 (*Cangé*, vol. 35, p. 128).

(4) Lettre de M. d'Alègre, 1er décembre 1702 (D. G., vol. 1577, p. 206).

En pareil cas, le roi pourvoit au recrutement des corps par l'envoi de miliciens.

Pour les corps jouissant du semestre, le recrutement est assuré par les officiers et se fait par compagnie. C'est que la compagnie est la véritable unité militaire administrative, le bataillon, l'escadron et le régiment n'étant que des unités tactiques, groupant, en vue du combat, un certain nombre de compagnies.

Dès que l'ordonnance de semestre est arrivée, il est procédé, dans chaque régiment, à la désignation des officiers partants (1). Dans les premiers jours d'octobre pour l'infanterie, dans les derniers pour la cavalerie, les officiers des troupes de campagne se réunissent chez les colonels ou commandants de bataillon, avec la permission de leurs généraux ; ceux des troupes de garnison, chez le commissaire des guerres, avec l'autorisation du gouverneur ou du commandant de place. Dans la cavalerie, les officiers conviennent entre eux de ceux qui partiront ; dans l'infanterie, les bénéficiaires du congé sont désignés « à la pluralité des voix », tous les officiers votant (2).

Le contingent de recruteurs est arrêté à un tiers des capitaines et un tiers des lieutenants ou cornettes dans la cavalerie, 5 capitaines, 5 lieutenants et 5 lieutenants réformés par bataillon d'infanterie, un tiers des officiers de chaque grade, à proportion de leur effectif, dans les troupes de garnison.

Ne sont pas éligibles les officiers qui ont été en semestre l'année précédente, non plus que le capitaine et le lieutenant d'une même compagnie, l'un d'eux devant toujours être présent au corps pendant le quartier d'hiver. De même, le lieutenant-colonel et le major ne peuvent s'absenter simultanément.

Les officiers subalternes désignés sont tenus, avant leur

---

(1) Pour tout ce qui suit, cf. les ordonnances de semestre.
(2) Au début du règne, les officiers partants étaient désignés par le général en chef (cf. ANDRÉ, *Michel Le Tellier...*, p. 241). La désignation par Vote date probablement de la guerre de la Ligue d'Augsbourg ; elle existe en 1690.

départ, de *faire leur soumission* d'amener au corps, avant la fin de mars, « les hommes de recrue qu'ils se chargeront de lever » ; s'ils s'y refusent, leur nomination est annulée et ils sont remplacés par d'autres qui acceptent de prendre cet engagement.

Au départ, les officiers recruteurs touchent une première avance de 400 livres et, pendant le quartier d'hiver, ils reçoivent de leurs capitaines l'argent nécessaire, prélevé sur la part du fonds de l'*ustensile* réservée au rétablissement des troupes.

Cet ustensile est une contribution en argent, payée par les provinces du royaume aux troupes qui hivernent sur leur territoire.

Cette contribution est également acquise à celles qui séjournent en pays ennemi et sur les frontières.

Levée pendant cent cinquante jours, elle est de 10 livres par jour pour les compagnies d'infanterie française qui ont servi aux armées la dernière campagne et marcheront encore la suivante, de 100 sols par jour seulement pour celles qui iront au feu pour la première fois.

Acquittée, sous la surveillance de l'intendant, entre les mains des commis du trésorier de l'extraordinaire des guerres, elle est due pour l'infanterie par les habitants des villes dans les régions qui n'ont pas de troupes à loger, pour la cavalerie par ceux du reste de la généralité, à proportion de la taille. Dans chaque compagnie, l'indemnité journalière est divisée en deux parts : l'une, d'environ 20 sols, est distraite au profit des officiers subalternes (ils ne la touchent pas entièrement pendant l'hiver ; une partie en est retenue pour leur être payée pendant la campagne), l'autre va au capitaine « pour en disposer ainsi qu'il en jugera à propos pour rendre sa compagnie complette et en état de bien servir ».

Il doit également l'employer à fournir ses hommes de tentes ; si l'on défalque cette dépense, on voit qu'il lui reste une certaine somme pour le recrutement de sa troupe (1).

---

(1) Pour l'ustensile, cf. les ordonnances annuelles promulguées au début du quartier d'hiVer et « portant règlement pour le payement des troupes de Sa

En outre, le roi veille particulièrement à ce que la solde soit ponctuellement payée, tous les dix jours, pendant le quartier d'hiver ; une prime supplémentaire en argent récompense les capitaines qui ont les compagnies les plus fortes. Ils touchent, en plus de leurs appointements, des *payes de gratification.*

Le taux de ces primes est de 5 sols par jour pour l'infanterie française, de 6 à 7 sols pour les régiments étrangers.

Leur nombre varie et ne cesse de s'élever au cours de la guerre. Primitivement, le tarif des payes de gratification est ainsi établi : 3 payes pour 45 hommes ; 2 pour 42 hommes ; une pour 39 hommes. En 1704, il est augmenté : à 45 hommes, on touche 5 payes de gratification, 4 de 40 à 45 hommes et 2 de 37 à 40 hommes ; en 1705 enfin, il monte à 7 payes pour 45 hommes, 5 de 40 à 45 hommes, 3 de 37 à 40 hommes (1).

Au-dessous de 37 hommes, les capitaines n'ont droit à aucune prime.

Le même tarif est en vigueur pendant la campagne et récompense les officiers qui arrivent à maintenir un effectif convenable.

Lorsque enfin le roi décide une augmentation des effectifs de compagnie, obligeant ainsi les capitaines à des dépenses supplémentaires, il les en indemnise : en janvier 1701, quand la cavalerie et les dragons doivent avoir 5 hommes de plus par compagnie, Sa Majesté paye 150 livres par cavalier et 135 par dragon (2).

En somme, les officiers ont mauvaise grâce à se plaindre de ne pas toucher de sommes suffisantes pour le rétablissement

Majesté pendant l'hyver prochain ». Il semble bien que les sommes allouées aient été insuffisantes. M. Crenan écrit d'Italie à Chamillart, le 3 janvier 1702 ; « J'adjouteray ici la pure vérité, Monseigneur, en parlant au secrétaire d'Estat de la Guerre et non au controlleur général ; je vous diray que ce qui a maintenu l'infanterie pendant les guerres passées, ç'a esté pendant le quartier d'hiver les tromperies que les capitaines ont faites aux commissaires des guerres ou les grâces que lesdits commissaires ont jugé à propos de faire, rapport au service. Ce n'a jamais esté l'ustancile seul qui aye contribué au retablissement des troupes, ny donné moyen aux officiers de subsister » (D. G., vol. 1585, p. 3).

(1) Ordonnances des 1er octobre 1703, 12 février 1704, 1er mars 1705.
(2) Ordonnances du 25 janvier 1701.

de leurs compagnies. Théoriquement, elles couvrent largement la dépense ; on sait par contre combien les troupes furent irrégulièrement payées à la fin de la guerre.

Avant le départ, une dernière formalité reste à accomplir : les majors des régiments doivent dresser des procès-verbaux des officiers désignés pour le semestre (1), en expédier un double au secrétaire d'État de la Guerre et des copies aux gouverneurs ou commandants des places où les troupes séjourneront ou aux intendants dans les départements desquels elles se trouveront.

Les officiers des troupes de garnison doivent en outre prendre verbalement congé du gouverneur, « à moins que pour éviter cette peine aux officiers, il ne leur ait fait dire à l'ordre, ainsi qu'il se pratique ordinairement » ; sinon, faute de l'avoir fait, ils sont à leur retour passibles de prison (2).

Aux armées, les officiers désignés partent dès qu'ils en ont reçu l'autorisation des généraux. On prévient ainsi les jalousies, en faisant partir tous les recruteurs en même temps, évitant de paraître favoriser les uns au détriment des autres. Une circonstance exceptionnelle justifie parfois l'obtention d'un tour de départ spécial : en septembre 1701, le régiment de Touraine est tellement « décimé par la désertion et autres accidens » qu'on l'autorise à envoyer à Paris un capitaine et deux lieutenants, avant que le gros des officiers ne s'abatte sur le pays, « car, si on ne les prévient pas, ledit régiment ne se restablira asseurément point avec les recrues ordinaires » (3).

Chaque compagnie est représentée en semestre par un de ses officiers qui travaille pour elle : ceux qui restent au corps n'ont donc aucune excuse à n'avoir point une troupe complète pour le printemps.

Ils ont en outre bien des moyens de se procurer des soldats. S'ils sont actifs, ils peuvent travailler à recruter des hommes

---

(1) Cf. un de ces procès-verbaux régimentaires pour l'année 1696 dans la curieuse brochure de M. DROUAULT, le Régiment de Limoges offert par la ville à Louis XIV, p. 53.

(2) GUIGNARD, l'École de Mars, I, p. 149-150.

(3) Lettre de M. de La Badie, 22 septembre 1701 (D. G., vol. 1495, p. 88).

autour de leurs cantonnements ou pendant les courts congés de quinze jours qui leur sont accordés à titre de compensation.

D'autre part, les officiers en semestre travaillent pour l'ensemble du corps ; il est bien entendu que la somme de 400 livres qu'ils touchent au départ doit être employée au recrutement « tant de leurs compagnies que des autres du bataillon (1) ».

Le recrutement par compagnie donne sans doute des mécomptes, en raison de son caractère exclusif ; l'usage s'établit donc dans quelques régiments d' « envoyer des officiers en recrue pour tout le corps afin de suppléer au défaut de réussite de ceux qui en sont chargez pour chaque compagnie en particulier ».

M. de Guignard reconnaît que cette manière de procéder a du bon, mais ne conseille d'y recourir « que quand la troupe est si foible qu'il faut nécessairement employer toutes sortes de voyes pour tâcher de la rétablir ». En fait, c'est ce qui se produit : c'est parce que le régiment du Maine est en pitoyable état qu'en mars 1703, les capitaines en Flandre et Picardie, le colonel et quelques officiers et sergents à Paris travaillent à lever des hommes pour l'ensemble du corps, à frais communs (2). Il est recommandé alors de n'employer que « des mains sages... parce qu'autrement ce seroit de la marchandise très chère et il pourroit même arriver... que l'on n'auroit rien pour beaucoup d'argent » (3).

Mais le recrutement collectif d'un corps est l'exception ; la tradition veut que le recrutement se fasse par compagnie. Les officiers qui restent au corps peuvent toutefois s'entendre avec des camarades qui partent en congé ; ils leur remettent quelque argent, ou bien à des bas-officiers qu'ils envoient en

(1) « Quand il a été réglé de faire payer 400 livres à chacun des capitaines qui iroient en semestre, ç'a été en intention qu'ils travailleroient aux recrues *tant de leurs compagnies que des autres du bataillon* » (Chamillart à d'Artaignan, 1702. — *Cangé*, vol. 35, p. 131).
(2) Lettre de M. de Seguiran, 18 mars 1703 (D. G., vol. 1647, p. 91).
(3) GUIGNARD, *l'École de Mars*, I, p. 609.

recrue à leurs frais, à charge de leur ramener un nombre de soldats convenu. Il n'est pas sans péril d'avancer de l'argent à la légère : tantôt c'est un lieutenant, qui, démissionnaire au cours de son congé, néglige de renvoyer à son capitaine les 100 livres qui lui ont été confiées, pour enrôler quatre hommes (1) ; ou bien un sergent indélicat, qui, nanti de 200 livres, trouve l'occasion bonne de déserter en chemin (2) ; un caporal encore, qui pendant sa mission meurt à l'hôpital, où les directeurs confisquent l'argent dont il est porteur, prétendant l'employer « en œuvres pies, suivant l'intention du défunt » (3).

Tous ces désagréments font que certains officiers, de préférence à leurs camarades, s'en remettent à leur famille du soin de leur trouver des recrues. Ils s'adressent à leurs proches parents : tel capitaine marié prie son épouse de lui enrôler des soldats, comme, négociant, il la chargerait d'acheter de l'étoffe. C'est à son père que François de Sarraméa demande de lui procurer des hommes (4) et le chevalier de Sainte-Mesme à son frère : « S'il se présente quelque homme, vous me fairés plaisir de me l'engager... Si vous trouvés quelques hommes, engagés les, je vous prie... S'il se présente quelques hommes, je vous prie de les engager, ma compagnie étan fort courte. » Cette phrase revient comme un refrain à la fin de ses lettres (5).

Un autre s'adresse à sa mère, un autre à sa sœur et, comme en pareil cas l'enrôlement est signé au nom de l'officier par

---

(1) Lettres du capitaine de Rouquerolle du régiment de Luxembourg et de l'intendant d'Alençon, M. d'Angervilliers, 11 aVril et 12 mai 1703 (D. G., vol. 1704, p. 187-188). L'officier prétend garder l'argent parce qu'on le lui doit sur ses appointements. *Apostille* : « N'estant pas retourné au régiment après son semestre ou congé, il ne luy est rien dû audit régiment et il doit payer lesdits 100 liVres. »

(2) Lettre de M. Marrotty, capitaine au régiment de Limousin, 19 mars 1709 (D. G., vol. 2132, p. 93).

(3) Lettre du commissaire Raguenet, 31 janVier 1703 (D. G., vol. 1703, p. 12).

(4) « S'il Vous tomboit quelque bon soldat entre les mains, Vous me feriez plaisir de me l'enVoyer, mais ne donnez point d'argent à moins qu'il ne soit de cognoissance » (*Lettres d'un cadet de Gascogne sous Louis XIV*, publié par F. ABBADIE, p. 81, 17 juillet 1715).

(5) Lettres à son frère des 23 et 29 août 1702, 17 juillet 1708 (*Archives départementales de la Dordogne*, E⁴ᵈ).

celui qui le conclut, il peut très bien porter le nom d'une femme (1). Ce métier de racoleur convient bien à certaines. Le maréchal de Chamilly, parlant de la demoiselle Marie Sarrau, sœur d'un capitaine du Dauphin-Infanterie, est contraint de reconnaître « qu'il n'y a tour qu'elle ne sçache pour luy engager des soldats » (2).

Le rôle de ces recruteurs se borne à enrôler des hommes ; ils n'ont pas à les conduire à leurs régiments ; il leur suffit, selon les indications des intéressés, de les remettre à des officiers amis, qui les joignent à leur propre recrue et se chargent de les amener à leur capitaine (3).

Nous pouvons aisément imaginer l'heureuse disposition d'esprit de l'officier qui part en semestre : à la joie de revoir les siens s'ajoute la perspective d'un peu de bien-être et de plaisirs et il rêve sans doute à tout autre chose qu'à recruter des hommes pour sa compagnie. M. de Sainte-Mesme, partant en congé, recommande à son frère de lui « conserver quelque perdrix pour pouvoir avoir le plaisir d'en tuer, et de faire acomoder son fusil ». Le 3 septembre 1709, il lui laisse entendre qu'il est possible qu'il soit désigné pour le semestre et, son-

_____

(1) Cf. une affaire d'enrôlement à Paris en 1705 où la dame de Carnazé joue un rôle suspect (Lettre de d'Argenson, 26 août 1705. — D. G., vol. 1898, p. 468 ; vol. 1900, p. 176-178). Le capitaine Irland du régiment de Beaufremé emploie sa femme à lui faire des recrues ; de même le colonel de Courville (D. G., vol. 1856, p. 154 ; vol. 1898, p. 262).

(2) Lettre du maréchal de Chamilly, 10 mai 1705 (D. G., vol. 1897, p. 113). Voici l'acte d'engagement : « Moy, Marie Sarrau, certifie avoir engagé pour mon frère, capitaine au régiment Dauphin, le nommé Jantalelot, de la parroisse de Lornie, province de Poitou, de sa propre volonté. En foy de quoi, il a signé le présent engagement de sa marque, un M.

« Fait à la Rochelle, le unze avril 1705.

        « Marie Sarrau, pour mon frère.
        « M. (marque dudit Jantalelot). »

(3) Lettre du chevalier de Sainte-Mesme à son frère (octobre 1707) lui demandant « que »s'il se procuroit quelque homme, il le remette à des recrues qui passeront par Périgueux. Il y en passera plusieurs pour nostre régiment » (Archives départementales de la Dordogne, E⁴³).

geant sans doute aux chaudes veillées d'hiver devant la claire flambée de la haute cheminée périgourdine, le charge de prévenir un ami que s'il vient, il se promet bien de « ne luy pas laisser ganier une partie d'eschecs ». Il ne devait jamais tenir sa promesse, une balle l'ayant couché sur le champ de bataille de Malplaquet quelques jours après (1).

Cette belle insouciance ne doit pas faire croire que le recruteur néglige son devoir ; il sait bien qu'il lui sera relativement facile de trouver des volontaires dans son pays et que les métayers ou fermiers de ses parents feront moins de difficulté de s'engager à lui qu'à un inconnu. Il n'a pas tort d'avoir confiance : après Malplaquet, à une époque mauvaise, le chevalier de Quincy trouve cependant moyen de faire « vingt-huit bons hommes dans Quincy et aux environs » (2).

L'officier recruteur a donc avantage à se rendre chez lui (3). C'est si vrai qu'il en sollicite l'autorisation comme une faveur, quand il en est empêché. M. de Taunus, capitaine au régiment de Champagne, ayant eu à un de ses congés le malheur de séduire une jeune fille, est décrété de prise de corps par le lieutenant-criminel de Castelnaudary. Désolé de ne pouvoir revenir en Languedoc, il supplie Voysin de lui accorder un « sauve-conduit » pour y aller recruter sa troupe, « s'offrant de subir toutes les punitions imaginables, si les raisons qui l'empêchent de paroître dans sa province sont autres que celles qu'il expose ». Après un mois et demi de correspondance avec Bâville à son sujet, Voysin lui accorde la levée du décret de prise de corps pour la durée de son congé. C'est ainsi qu'en 1712, le secrétaire d'État de la Guerre faisait passer le bien du service avant les réparations dues à l'honneur outragé (4).

---

(1) Lettres à son frère des 23 août 1702 et 3 septembre 1709 (*ibid.*).

(2) QUINCY, *Mémoires*, II, p. 390.

(3) Il serait intéressant de connaître les régions où l'on trouve le plus de volontaires ; les documents consultés ne nous renseignent malheureusement pas à cet égard. Notons cependant une lettre de M. de Mursay signalant comme *bonne* la Provence, « là où l'on trouve des hommes plus facilement qu'ailleurs » (3 octobre 1702. — D. G., vol. 1592, p. 9).

(4) Lettres de MM. d'Aubigné et Bâville, 29 janvier, 21 février et 15 mars 1712 (D. G., vol. 2371, p. 363, et vol. 2417, p. 121 et 122).

Tout cela n'empêche pas un certain nombre d'officiers de s'abattre à Paris et dans les grandes villes du royaume, où ils savent se procurer facilement des hommes par les moyens que nous dirons plus loin (1).

Il est difficile aux recruteurs de n'avoir personne pour les aider dans leur travail ; on tolère donc qu'ils emmènent avec eux quelques soldats ; Chamillart leur reconnaît en décembre 1702 le droit d'en emmener deux par compagnie, à condition de les faire inscrire chez le commissaire des guerres pour que, durant leur absence, il les porte présents à l'effectif (2). Lorsque, en 1703, cette autorisation est renouvelée, le secrétaire d'État spécifie que ces hommes ne doivent être employés qu'à la levée et à la conduite des recrues (3). Il vise évidemment quelque abus, qui se reproduit, puisque, en 1712, l'inspecteur Duverger prétend refuser aux officiers recruteurs la liberté de se faire accompagner de soldats, contre quoi le commissaire Ragueneau proteste, en invoquant précisément la dernière autorisation de Chamillart (4).

Certaines aventures montrent que ces hommes sont parfois plus embarrassants qu'utiles. Ils sont souvent perdus pour leurs officiers, soit qu'ils désertent ou se laissent débaucher, soit que leur mauvaise conduite ou leurs infractions à la gabelle les fassent emprisonner (5). Plus d'un capitaine dut se repentir de n'avoir pas mieux choisi ses

(1) En 1705, M. d'Arpajon écrit au sujet du régiment de Chartres : « L'officier qui traVaille à Paris pour les recrues dudit régiment me mande qu'il trouVe beaucoup de facilité à faire des hommes » (D. G., vol. 1857, p. 200).

(2) Chamillart à MM. d'Artaignan et d'Andrezel, 2 et 4 décembre 1702 (D. G., vol. 1566, p. 206, et vol. 1595, p. 173).

(3) Chamillart à Barentin, 11 septembre 1703 (D. G., vol. 1656, p. 243). Ces hommes ne doiVent point partir aVec les officiers « mais seulement après que la première reVue aura esté faite à la garnison. »

(4) Lettre du commissaire Ragueneau, 1er janVier 1712. (D. G., vol. 2400, p. 134).

(5) Lettres du lieutenant Fromentin, du régiment de Cordes, et du capitaine Fouquerol, du régiment de Dampierre, 16 mars et 15 décembre 1705 (D. G., vol. 1830, p. 309 et vol. 1840, p. 311-312). Le soldat du premier est débauché ; celuï du second, emprisonné pour contrebande de tabac ; sur rapport de Bignon, Chamillart ordonne sa mise en liberté. Cf. requête analogue du capitaine Menou, 17 février 1704 (D. G., vol. 1801, p. 231).

auxiliaires avant son départ, car il ne peut compter que sur eux pour assurer l'enrôlement et la conduite de ses nouveaux soldats.

Tout le temps de leur semestre, les officiers jouissent d'une indépendance qui ne laisse pas que d'être fâcheuse. M. de Guignard conseille bien au colonel soucieux du bon état de son régiment d'inviter les recruteurs à « l'informer tous les quinze jours au moins des progrès qu'ils y font, affin que s'il s'appercevoit que le rétablissement d'une ou de plusieurs compagnies fût douteux, il put y pourvoir en y faisant travailler assez promptement pour être sûr qu'elles soïent rétablies à temps » (1). Cela n'empêche pas, qu'en fait, l'officier recruteur échappe à tout contrôle efficace de ses supérieurs. Les menaces platoniques ne l'atteignent pas ; les humiliations d'amour-propre le laissent indifférent. Il faut donc à son travail des sanctions.

Il est astreint à trois obligations : rejoindre son corps dans un délai fixé, ramener un minimum de recrues propres au service et avoir sa compagnie complète à l'entrée en campagne, sous peine d'être frappé pécuniairement et disciplinairement.

La date de son retour est fixée par l'ordonnance qui règle le semestre : c'est généralement la fin du mois de mars ; des prolongations sont parfois accordées par le roi, elles reportent l'expiration du semestre en avril, voire en mai et sont toujours motivées par une circonstance exceptionnelle (2). La rentrée au corps est obligatoire : averti en 1704 que certains officiers demandent des congés avec l'intention bien arrêtée de ne pas revenir, Chamillart les prévient que le roi ne veut pas « les obliger à servir par force », mais que, si ceux qui ont donné leur parole de « continuer pendant cette guerre » ne

---

(1) GUIGNARD, l'École de Mars, I, p. 608.
(2) Déplacement des troupes pendant le quartier d'hiVer ; Versement tardif de l'argent des recrues, etc. Cf. Lettres de Chamillart, 22 janVier 1701, de MM. de La Badie, 18 mars 1702, de Surbeck, 30 mars 1702, du commissaire Pilles, 5 avril 1709 (D. G., vol. 1497 ; vol. 1561, p. 145 et 277 ; vol. 2132, p. 338). — Ordonnances des 10 aVril 1705 et 19 aVril 1710.

reviennent pas, il les fera mettre en prison et déshonorer (1).

En dehors des prolongations accordées, aucun retard non motivé n'est toléré : les coupables encourent autant de jours de prison qu'ils ont de jours de retard, avec confiscation de leurs appointements pendant la durée de leur incarcération (2). Une grande sévérité est recommandée sur ce point aux directeurs et inspecteurs de l'armée ; on leur rappelle par circulaire, en 1705, de n'avoir pas à accorder « de relief » à ces officiers, « quand bien même ils amèneroient des recrues ».

Une seule excuse est admise : la maladie, et encore sous condition de produire une attestation des commandants des provinces ou des intendants (3).

A l'officier donc de prendre ses dispositions pour rejoindre son régiment en temps voulu. Sa subsistance et celle de ses hommes est assurée en chemin, grâce à la *route*.

C'est un billet numéroté, indiquant l'itinéraire qu'il doit emprunter, le nombre d'hommes qu'il emmène et sur présentation duquel on doit lui fournir aux lieux d'étapes désignés le logement et les vivres.

Au début de la guerre, l'acheminement des recrues sur leurs corps ne se fait pas toujours dans de bonnes conditions. Il ressort d'instructions données à Dubourg en 1702 que les officiers de cavalerie en recrue ne reçoivent de routes qu'exceptionnellement, sur demande de leur colonel (4). C'était leur fournir un prétexte facile à ne point ramener d'hommes : ils l'invoquent à tort ou à raison (5). Tous n'ont certainement pas la mauvaise foi du sieur de Montigny, lieutenant au régi-

---

(1) Lettre au maréchal de Tessé, 30 noVembre 1704 (D. G., vol. 1789, p. 221 *bis*.)

(2) GUIGNARD, *l'École de Mars*, I, p. 250.

(3) Circulaire du 29 noVembre 1705 (*Cangé*, vol. 36, p. 40).

(4) Chamillart à Dubourg, 26 septembre 1702 (D. G., vol. 1570, p. 57).

(5) Parfois on se rend à leurs raisons : les lieutenants du 2e bataillon du régiment de Lorraine ayant eu en 1702 leurs appointements du semestre retenus pour n'aVoir point ramené de recrues remontrent qu'on ne leur a point donné de routes et Chamillart, reconnaissant en effet que le roi n'a pas « jugé à propos de leur en faire déliVrer », ordonne de leur restituer leurs appointements, « quoyqu'ils n'ayent point amené de recrues, sans tirer à conséquence pour l'aVenir ». Lettre à Bagnols, 2 septembre 1702 (*Cangé*, vol. 35, p. 119).

ment de la Force, qui refuse d'accepter une route de son lieutenant-colonel, pour le compte duquel il va travailler à Paris,
lui disant : « Je n'en ai pas besoing... J'ay assés des amis au
bureau pour en avoir une. » Pendant l'hiver, il prévient son
chef qu'il lui a trouvé quatre beaux soldats, mais, quand vient
le moment du retour, il l'avertit que, n'ayant pas de route,
il a dû renvoyer ces hommes, et, prévenant toute surprise,
l'accuse d'avoir vendu la route au lieu de la lui donner. Son
supérieur n'admettant pas « qu'il soit permis à un officier
d'escrire un pareil discours à son lieutenant-colonel de trente-
cinq années de commission », instruit Chamillart que « c'est
une très mauvaise excuse pour un homme qui a passé tout
l'hyver à sa campagne et qui n'a jamais pensé à faire un seul
homme ». Cet indélicat recruteur fut cassé (1).

Que de semblables abus aient pu se produire, cela néces-
site l'établissement d'un contrôle sérieux sur la délivrance
et l'utilisation des routes. Les dispositions de l'ordonnance du
25 juillet 1705 marquent un réel effort dans ce sens. Tout
officier partant en semestre a désormais droit à deux routes.
Au début du quartier d'hiver, les majors des régiments et
aides-majors des bataillons détachés les demandent au secrétaire d'État de la Guerre, en lui indiquant le lieu d'étapes
d'où elles partiront et le nombre d'hommes qui sera nécessaire à chaque officier pour recompléter sa compagnie « sur le
pied de la dernière revue qui en aura esté faite ».

Établies par les bureaux de la guerre, les routes sont expédiées aux majors et aides-majors, pour, après en avoir pris
un « contrôle exact », être distribuées aux seuls officiers de
leur régiment, « sans qu'ils en puissent délivrer à aucun autre,
sur peine d'être cassez et privez de leurs charges ».

A la fin du quartier d'hiver, le contrôle de chaque corps,
portant le nombre de recrues ramenées, est renvoyé au
secrétaire d'État, qui peut ainsi se rendre compte du
travail des racoleurs ; on y joint de plus les routes non uti-

(1) Lettre du lieutenant-colonel Griffeuille du régiment de la Force,
15 mars 1705 (D. G., vol. 1830, p. 301).

lisées (1). Il est donc indispensable que le major soit au courant de tous les enrôlements qui se font au titre du régiment : les officiers sont tenus, à leur retour, de lui présenter les nouveaux soldats, qu'il inscrit, « distinguez par compagnie », sur son registre des enrôlements.

Le même contrôle est tenu par chaque capitaine pour sa compagnie ; il écrit sur ce livre le nom, l'âge, le pays et le signalement de chacun de ses hommes. Quand il quitte le service, ce registre est transmis à son successeur et sert donc d'archives à la compagnie ; si on vient à l'égarer, il est facile de le reconstituer avec celui du major (2).

Pendant leur absence, les appointements des officiers recruteurs ont été retenus ; ils ne les touchent qu'à leur rentrée et ces appointements sont diminués de moitié pour les officiers des troupes de garnison qui ne ramènent pas « au moins quatre bons hommes avant la fin de mars ».

Une somme de 30 livres en argent comptant, prélevée sur « le fond de l'ustencile et des recrues des compagnies » leur est en outre acquise à leur arrivée pour chaque homme bon pour le service. Le chevalier de Guignard juge cette prime insuffisante à les indemniser et conseille de « ne pas s'y arrêter si précisément que cela puisse leur être à charge, attendu que c'est bien assez qu'ils ayent employé les soins et les peines extrêmes qu'on sçait qu'exige ce rude et difficile métier, sans que, de plus, il leur en coûte leur argent. Ainsi, on doit au moins les défrayer et même grassement, de crainte de les rebuter ou d'empêcher leurs parens de continuer à les aider » (3).

Le retour des recruteurs est suivi d'une revue générale des troupes, passée par les commissaires des guerres, et permettant de constater leur état. La date de cette revue varie avec celle de la fin du semestre ; ordinairement en avril, elle se fait parfois en mai (4).

(1) Ordonnance du 25 juillet 1705.
(2) GUIGNARD, l'École de Mars, I, p. 704 et 679-680.
(3) Ibid., p. 609.
(4) Ibid., p. 220.

Cette revue a une réelle importance : c'est la seule sanction réelle du travail des recruteurs:

Elle porte à la fois sur la qualité et la quantité des recrues. Bien qu'ils se soient obligés, au départ, à ramener « une *bonne* recrue », les officiers se montrent davantage préoccupés du nombre que de la valeur de leurs nouveaux soldats.

Le premier soin du commissaire des guerres est donc d'examiner l'état des hommes qu'on lui présente. Ils sont souvent inacceptables : en 1705, par exemple, sur quatorze recrues destinées à une compagnie détachée du régiment d'Auvergne, deux seulement sont « assés bons » ; deux autres ont atteint la soixantaine, les dix derniers ne sont que des « enfans fors petits » (1).

Cet examen vaut une première punition au recruteur peu scrupuleux sur le choix de ses hommes : chaque soldat refusé par le commissaire coûte 20 livres de retenue à son capitaine et est renvoyé chez lui aux frais de celui-ci, sur les appointements duquel on prélève en outre cinq sols par journée de marche de sept à huit lieues (2).

Le nombre d'hommes inaptes à faire campagne est tel dans certains régiments que les commissaires hésitent à les renvoyer, pour ne pas décimer les troupes. En 1702, le commissaire Malon se contente d'admonester sévèrement les officiers des régiments des Flandres, qui ont de pitoyables recrues (3). En 1706, le commissaire Dubois n'ose prendre sur lui de réformer les 92 mauvais soldats qu'il trouve dans le régiment de Vieuville et attend que Chamillart lui écrive, d'ordre du roi, de casser « tous les soldats qui sont dans ce régiment, absolument hors d'état de servir » (4).

Cette élimination faite, le commissaire compte les hommes présents à l'effectif du corps et établit un *extrait de revue* en triple exemplaire, l'un destiné au secrétaire d'État, l'autre à

---

(1) Lettre de M. Quantin Turbilly, 19 février 1705 (D. G., vol. 1830, p. 193).
(2) Ordonnances du 23 décembre 1680 et 15 mars 1686.
(3) Lettre du commissaire Malon, 31 mars 1702 (D. G., vol. 1549, p. 107).
(4) Chamillart au commissaire Dubois, 7 août 1706 (*Cangé*, vol. 36, p. 83).

l'intendant du département, le troisième au trésorier chargé du paiement des troupes.

Ces états mentionnent, par régiment, le nombre des bataillons ou escadrons, celui des compagnies et l'effectif de chaque compagnie. Celui qui est adressé au secrétaire d'État est généralement accompagné d'une lettre résumant l'impression du commissaire sur l'aspect des troupes qu'il a inspectées (1).

La paye des troupes se fait d'après l'extrait de revue. Ceci est la véritable sanction du travail des recruteurs et vraisemblablement celle qui leur est le plus sensible.

Toutes les compagnies doivent atteindre l'effectif réglementaire. Celles qui sont complètes jouissent d'un traitement de faveur : en 1701, le roi accorde une gratification de 500 livres aux capitaines de cavalerie et de dragons, dont les compagnies sont à plein effectif au 1er mai (2). A la date du 22 décembre 1702, il décide que les compagnies d'infanterie française qui seront complètes en mars toucheront désormais un rappel de solde de quatre mois, comme si elles avaient eu leurs 45 hommes du 1er novembre au 1er mars ; les capitaines auront droit en outre au rappel des payes de gratification pour le même temps (3).

Si le roi récompense les bons officiers, il ne craint pas de frapper les mauvais : ceux dont la compagnie est incomplète à la revue n'ont droit à aucun rappel de solde ; on ne les paye que pour les hommes présents. En outre, on leur retient sur l'ustensile un mois de solde dans la cavalerie, 150 livres dans l'infanterie et si à une revue précédant immédiatement l'entrée en campagne ils n'ont pas complété leur troupe, ils sont cassés de leur grade et emprisonnés jusqu'à complet remboursement de l'ustensile touché pendant l'hiver (4).

(1) Ordonnance du 14 juillet 1703. Cf. un modèle d'extrait de revue dans GUIGNARD, *l'École de Mars*, I, p. 216.
(2) Circulaire aux commissaires des guerres du 9 aVril 1701, leur recommandant de compter exactement les hommes présents et de n'en pas annoncer daVantage, par complaisance, sous peine de punition sévère (D. G., vol. 1481).
(3) Ordonnance du 22 décembre 1702.
(4) Une ordonnance du 12 féVrier 1704 décida même qu'en cas de besoin on

Voilà qui n'est pas pour rassurer les recruteurs paresseux ou malheureux. Leur seule idée est d'éviter le châtiment qui les attend, donc de présenter une compagnie complète à la revue.

Les officiers supérieurs ont un moyen bien simple de se procurer les soldats qui leur manquent. Bien peu certes ont l'audace de ce colonel du régiment de Foix, qui, abusant de son autorité, prélève sur chacune des compagnies de son second bataillon un homme habillé de pied en cap pour recruter la sienne et la rétablir ainsi « sans s'incomoder » (1). Mais beaucoup ne se font pas scrupule de prendre des soldats dans les compagnies vacantes de leur régiment, usage expressément interdit par les ordonnances et auquel M. de Guignard fait une allusion et un blâme (2).

Les autres officiers n'ont qu'une ressource : tromper le commissaire sur l'effectif réel de leur compagnie.

Le corrompre, en effet, il ne faut guère y songer. Ce n'est pas un personnage qu'ils puissent facilement atteindre. Représentant du pouvoir civil aux armées, il vit en dehors d'eux et sa mission de contrôle entretient sans doute ses préventions contre les militaires. Serait-il tenté de les écouter que la crainte du châtiment suffirait à le retenir : il ne risque rien de moins, en cas de complaisance avérée, que l'emprisonnement et « la perte réelle » de son office de commissaire, qui est confisqué

---

retiendrait sur les appointements des capitaines d'infanterie la somme nécessaire pour recruter leurs compagnies. Le 12 juin, les dispositions de cette ordonnance furent étendues à la caValerie.

(1) Plainte de M. Deschamps, commandant le 2ᵉ bataillon du régiment de Foix, 1ᵉʳ décembre 1702 (D. G., vol. 1573, p. 311). — Le roi trouVe ce procédé « fort mauVais » et ordonne au colonel de rendre les soldats.

(2) DeVoirs du mestre-de-camp : « Il ne doit... prendre des hommes dans des compagnies Vacantes pour mettre dans la sienne » (l'École de Mars, I, p. 600). L'ordonnance du 4 octobre 1683 l'interdit formellement. Cependant le roi donne l'exemple en recrutant les corps spéciaux dans les régiments ordinaires, en prenant les fusiliers de Royal-Artillerie ou des compagnies de bombardiers dans l'infanterie, les gardes du corps dans la cavalerie, les grenadiers d'un régiment parmi les soldats d'élite de toutes les compagnies. Il est Vrai qu'il fait Verser une indemnité aux capitaines lésés. Cf. prélèVements de caValiers pour les carabiniers, de fantassins pour les grenadiers et bombardiers (ordonnance du 14 aVril 1701, ordres de 1711, etc. *Saugeon*, vol. 31, p. 21. *Cangé*, vol. 38, p. 63 et 88).

au profit du roi ; et cette peine est plus sévère certes que la cassation et les six mois d'emprisonnement dévolus au corrupteur (1).

Le commissaire n'a donc aucun intérêt à témoigner de l'indulgence aux officiers dont les compagnies sont en mauvais état.

Or, ceux-ci ont un intérêt réel à lui faire croire que leur troupe est complète. Ils le trompent donc en grossissant leur effectif de *passe-volants*.

Le passe-volant est un « faux soldat et non-enrollé qu'un capitaine fait passer aux revues pour montrer que sa compagnie est complette ou pour en tirer la paye à son profit » (2). Moyennant rétribution, les officiers trouvent toujours quelques gaillards de bonne volonté pour figurer à l'inspection et disparaître après le départ du commissaire. Sans chercher pour cet office des hommes étrangers à l'armée, ils emploient fréquemment les gens qui accompagnent la troupe : leurs propres valets, qui ne sont pas des soldats mais des domestiques à leurs gages, ou bien des fraters, « soy-disans chirurgiens » (3) et aussi barbiers, qui sont attachés à chaque compagnie. Les jours de revue, quoi de plus facile que de les affubler d'un uniforme et de les présenter sur les rangs, quand la compagnie est trop faible ?

Grâce à cet expédient, il n'y a plus de troupes incomplètes ; et les plus mauvaïs recruteurs peuvent impunément jouir des avantages consentis aux meilleurs officiers.

La supercherie n'est pas facile à découvrir, mais le pouvoir la connaît de longue date et prend ses dispositions pour en réduire les conséquences..

Son action préventive est à peu près nulle ; il se borne à bien définir la situation ambiguë des valets et des fraters. De nombreuses ordonnancés rappellent que seuls les lieutenants en pied ont droit à un soldat pour domestique et qu'il est

(1) Ordonnance du 21 janVier 1705.
(2) *Dictionnaire* de Furetière.
(3) Ordonnance du 18 août 1671.

interdit aux autres officiers, sous peine de cassation et de privation de charge, de faire figurer leurs gens aux revues. Pour éviter toute équivoque, il leur est même prescrit d'habiller ces hommes d'une autre façon que les soldats de la compagnie (1).

La répétition fréquente des mêmes ordres indique surtout leur inefficacité. En fait le pouvoir ne peut guère user que d'intimidation. Toutes les fois que ses représentants découvrent un passe-volant, ils n'hésitent donc pas à faire un exemple sévère, beaucoup plus propre à intimider les recruteurs que des menaces forcément platoniques.

Le commissaire des guerres tient à honneur de se distinguer dans la chasse aux passe-volants ; il y a aussi un intérêt évident, prévenu qu'il est que le roi le rendra responsable de toute nonchalance (2).

Avant les revues, il lit aux troupes le texte des ordonnances contre les passe-volants et se déclare prêt à recevoir les dénonciations. Il a charge d'en vérifier la véracité et de punir les coupables, s'il y a lieu.

Les punitions prévues frappent à la fois les officiers, et les hommes qui ont accepté d'endosser l'uniforme sans y avoir droit.

Pour les capitaines coupables, le châtiment est la cassation et la privation de charge (3) ; tout au moins l'emprisonne-

(1) Cf. ordonnances des 22 juin 1671, 18 août 1671, 22 noVembre 1671, 6 janVier 1677, 20 noVembre 1679, 14 féVrier 1692.

(2) Circulaire aux commissaires des guerres, 27 janVier 1703 : « Monsieur, le roy a été informé que les officiers de ses troupes ont toujours des passevolans dans leurs compagnies et qu'ils continuent à faire passer des Valets dans les reveues qui en sont faites, au préjudice des deffences qu'elle a faites et réitérées là-dessus, et comme cela ne peut proVenir que de la nonchalance des commissaires des guerres à l'empêcher, je suis obligé de Vous dire que Vous ne deVez jamais manquer à publier dans toutes vos reveues lesdites ordonnances et à faire le ban auquel Vous êtes obligés contre les passevolans et les Valets que les officiers pourraient présenter en revue pour des soldats, n'y ayant rien que Vous ne deViez faire pour l'empescher, *parce que ce sera à vous que Sa Majesté s'en prendra* (*Cangé*, vol. 35, p. 149).

(3) Ordonnances des 20 septembre 1668, 1er juin 1676, 14 juin 1702, etc. Exemples de cassation d'officiers : Chamillart à Bignon, 25 mars 1704, Voysin au commissaire du Pujet, 17 mars 1710, aux commissaires Chauvreulx et Macaire,

ment, surtout pour les officiers supérieurs. C'est la peine qui frappe, en 1705, le colonel du régiment de Chalmazel et le colonel de Montsoreau, dénoncé par « un sergent mal intentionné » comme ayant trois passe-volants dans sa compagnie.

M. de Montsoreau, dont le régiment est à Ypres, reçoit alors l'ordre d'aller passer six mois à la Bastille.

Ce châtiment est l'occasion d'une démarche de tous les colonels de la garnison d'Ypres, qui rédigent et envoient au secrétaire d'État une lettre où s'exprime leur sentiment de l'honneur militaire.

M. de Montsoreau, lui disent-ils, est un vieil officier, « homme de condition et de mérite », dont le père fut tué au service du roi, à la tête du régiment de Bourgogne. « Sans que nous ayons ici aucun dessein de le vouloir justifier, l'on peut dire cependant qu'il est plus malheureux que coupable. Il se tient comme déshonoré de ce qu'on le tire d'Ypres, au moment que cette place est menacée de siège et de ce qu'il se trouve par là hors d'estat de servir, au cas qu'elle vint à estre attaquée par les ennemis, ce qui lui fait une augmentation de desplaisir et de peine. » L'intervention est touchante de ces seize colonels, qui, voulant éviter à leur camarade la honte de quitter son régiment en présence de l'ennemi, sollicitent pour lui comme une faveur de faire sa prison sous le feu, espérant par leur démarche collective obtenir cette grâce, disent-ils, « pour cest ancien officier, dont le malheur nous a touchés » (1).

Les officiers punis se voient en outre confisquer l'équipement et les armes qu'ils ont fournis à leurs soldats d'occasion (2). Nous verrons plus loin que ce n'est pas le seul dommage pécuniaire qu'ils souffrent.

---

13 octobre 1713 (D. G., vol. 1741, p. 177 ; *Cangé*, vol. 38, p. 10 ; vol. 39, p. 107).

(1) Lettre des colonels de la garnison d'Ypres, 1er septembre 1709 (D. G., vol. 2138, p. 199).

(2) Ordonnances citées. La confiscation de l'armement et de l'équipement est au début du règne le seul châtiment de l'officier (*Règlement* du 25 juillet 1665, art. 49-51).

Quant aux passe-volants, ils sont traités avec une extrême rigueur. Pendant longtemps, on leur avait infligé le supplice de la flétrissure, les faisant, après fustigation, marquer au fer rouge sur la joue par l'exécuteur de la haute-justice. Ce châtiment est aggravé par la suite : depuis 1676, on leur coupe le nez (1). Sans doute, hésite-t-on parfois à leur faire subir cette peine barbare : en 1710, le secrétaire d'État écrira au commissaire du Pujet que le roi entend que l'on applique l'ordonnance « en son entier » à deux passe-volants du régiment de Lorraine (2). A la fin du règne, la mutilation est parfois remplacée par un emprisonnement de quelques mois, et l'enrôlement d'office du passe-volant (3).

La répression de la fraude étant basée sur la dénonciation, il va de soi que le roi accorde de fortes récompenses aux délateurs. Il les encourage à parler, en leur promettant, outre leur congé absolu, une prime de dix louis d'or quand ils sont fantassins, de cent écus s'ils servent dans la cavalerie et les dragons. Cette somme est retenue sur les appointements des capitaines qu'ils ont dénoncés et les trésoriers qui ont l'imprudence de la porter au compte du roi peuvent être rendus pécuniairement responsables (4).

Le pouvoir veille à ce que les délateurs soient aussi exactement récompensés que les coupables punis. Le secrétaire d'État recommande lui-même, une fois, à un commissaire de donner

(1) Ordonnance du 1er juin 1676 : « Sa Majesté ayant reconnu que la punition qu'elle a cy-devant ordonnée contre les passevolans d'estre marquez d'une fleur de lys au visage n'a pas été assez puissante pour empêcher la continuation d'un abus si préjudiciable à son service et voulant y remédier par un châtiment plus sévère, Sa Majesté a ordonné et ordonne que désormais tout passevolant... aura le nez coupé sur-le-champ sans rémission par l'exécuteur de la justice... » Cf. lettre du major Massiac, 1709. (D. G., vol. 2134, p. 93-94.)
(2) 17 mars 1710 (Cangé, vol. 38, p. 10).
(3) Deux et quatre mois de prison en 1712 et 1713 par exemple (Cangé, vol. 39, p. 11 et 79).
(4) Ordonnances citées. Cf. Voysin au commissaire Briquet, 3 septembre 1713 : « Sur quoy, je vous diray que c'est toujours aux depens du capitaine que cet argent se donne et que la retenue luy en doit être faite par le commis du trésorier général de l'extraordinaire des guerres, que s'il est arrivé qu'en pareil cas aucuns desdits commis en ayent employé la dépense sur le compte du roy, comme vous me le marquez, elle sera rayée sans difficulté et le trésorier coure risque de la perdre » (Cangé, vol. 39, p. 101).

à des dénonciateurs leur congé et leur prime, et de lui rendre compte de l'exécution de cet ordre (1).

De tels avantages — dont le moindre n'est assurément pas la libération du service — rendent les dénonciations assez fréquentes.

Certaines s'expriment sous forme de lettres au commissaire des guerres, voire au secrétaire d'État (2), lettres généralement anonymes, surtout lorsqu'elles accusent à tort, et sans doute par vengeance, un officier d'avoir des passe-volants dans sa compagnie (3).

Les dénonciateurs ont besoin de se sentir soutenus, car il leur faut un certain courage, quand ils sont simples soldats, pour accuser sur les rangs leurs capitaines. Mais le roi ne leur marchande pas sa protection. En janvier 1713, trois soldats du régiment de Saint-Léger, ayant fait découvrir des passe-volants, s'en retournent chez eux, munis de leurs congés, quand, à une demi-lieue d'Huningue, ils sont assassinés par des inconnus. On ne doute pas une minute que ce soient les officiers ou sergents du régiment qui aient voulu se venger. Le roi prescrit une enquête et, après avoir interdit, pour un temps, le commissaire des guerres de Riaucour, convaincu de n'avoir remis à ces hommes que 30 livres au lieu de 100, « voulant faire un châtiment qui serve d'exemple », il ordonne la dissolution du régiment que cet assassinat a déshonoré. Cinq compagnies sont incorporées dans le Royal-Dauphin, quatre dans le régiment d'Auxerrois, quatre dans celui de Leuville : le 8 janvier 1713, le régiment de Saint-Léger n'existe plus (4).

(1) Vous aurez soin de faire remettre aux dénonciateurs lesd. deux cens livres avec des congez pour se retirer chez eux et de m'en informer. » Voysin au commissaire Cheverry, 7 avril 1713 (*Cangé*, vol. 39, p. 79).

(2) Lettre à Chamillart du 1er mai 1705 : « Je ne vous dict pas toutes les voleries qui se font dans le regimant... Celuy qui vous escris ses mos et qui se plain s'apelle Perpesa, vous trouvera quatre témoin et dis s'il le falloit » (D. G., vol. 1831, p. 139).

(3) Lettre du capitaine Maillé, 18 avril 1706, répondant à une dénonciation en envoyant un extrait des enrôlements de tous ses soldats (D. G., vol. 1982, p. 48-49).

(4) Voysin à Desroberts, 7 janvier 1713 ; circulaire aux commissaires des guerres, 2 février 1713 (*Cangé*, vol. 39, p. 64 et 70).

***

« Par une règle établie en France, nous dit M. de Guignard, un capitaine n'y est considéré qu'autant ou à proportion que sa compagnie est belle ou nombreuse : sans cette clause, on fait très peu de cas de lui, quelque perfection ou bonnes qualitez qu'il ait d'ailleurs. » Et il recommande aussi aux colonels de retenir pour leurs commandants de compagnie futurs, les officiers subalternes qui travaillent bien aux recrues (1).

Cette insistance est symptomatique : elle nous révèle que tous les officiers ne sont pas de bons recruteurs.

Il paraît incontestable que beaucoup d'officiers, soit paresse, soit insouciance, soit qu'ils préfèrent consacrer à leurs plaisirs l'argent du roi, négligent de parti pris le *rétablissement* de leur compagnie. Que dire de celui qui en arrive un jour à commander une compagnie à l'effectif de cinq hommes (2)?

Cette indifférence se manifeste surtout chez ceux qui vont quitter le service (3) ; elle est telle qu'une ordonnance de 1705 décide qu'aucun officier ne pourra se retirer sans avoir fait certifier par les directeurs, inspecteurs ou commissaires des guerres le bon état de sa compagnie et prévient ceux qui la laisseraient dépérir qu'on les arrêterait, « l'intention de Sa Majesté estant qu'ils tiennent prison jusques à ce qu'ils y ayent entièrement satisfait » (4).

Un relâchement général se constate également, lorsqu'en 1710, les plénipotentiaires du roi partent pour la Hollande. S'imaginant la paix prochaine, les officiers ne recrutent

---

(1) GUIGNARD, *l'École de Mars*, I, p. 600 et 679. (« Du capitaine »).

(2) Chamillart à Bernage, 8 mars 1704. — « Le roy, ne voulant pas souffrir que les officiers de ses troupes détruisent impunément les compagnies qu'on leur confie », ordonne son arrestation (D. G., vol. 1759, p. 94).

(3) Les capitaines qui veulent se retirer du service et vendre leur compagnie — et on ne les y autorise que s'ils sont « absolument hors d'état de servir » — sont tenus de présenter leurs successeurs dans les trois mois qui suivent l'ouverture du quartier d'hiver. Si au 1er janvier ils ne l'ont pas fait, on peut donner leur compagnie d'office pour l'exemple (Chamillart à M. de Montgon et réponse, 2 et 23 octobre 1702 (D. G., vol. 1592, p. 5 et 110).

(4) Ordonnance du 15 mai 1705.

plus et Chamillart doit prier les intendants de leur rappeler que « c'est dans le temps qu'on parle de la paix qu'il est nécessaire de faire de plus grands efforts, sans quoy les ennemis tireroient de l'état où nous serions de plus grands avantages pour la continuation de la guerre ». Il les prévient aussi que « Sa Majesté, lorsqu'il s'agira de faire quelque réforme, aura toujours grande attention et considération pour ceux qui auront eu leurs troupes et compagnies complettes et en bon état pour les conserver sur pied préférablement à ceux qui auront marqué moins de zèle pour le service » (1). La menace fit son effet, fort heureusement, puisque la guerre reprit.

Mais ces faits d'un déplorable exemple sont isolés. Il est évident qu'il y a une majorité d'officiers qui, par goût, par sentiment du devoir ou crainte du châtiment, s'efforcent de recruter le plus d'hommes possible.

S'ils n'y parviennent pas toujours, ils ne doivent pas en porter l'entière responsabilité. Celle-ci incombe en partie au principe même du recrutement : le recrutement par voie d'enrôlements volontaires, qui est bien le moins propre à l'entretien de gros effectifs.

(1) Lettre à d'Ormesson du 9 février 1710, probablement enVoyée en circulaire à tous les intendants, car Turgot en accuse réception le 14 (D. G., vol. 2265, p. 227, et vol. 2266, p. 77 *bis*).

CHAPITRE II

LES RÈGLES DE L'ENROLEMENT

La réunion des ordonnances militaires du règne de Louis XIV forme un recueil copieux. Leur abondance n'a d'égale que leur monotonie : à quelques années de distance, visant les mêmes faits, répétant les mêmes formules, elles nous accablent de leur nombre et de leur minutie.

Celles qui concernent l'enrôlement font exception à la règle. Très dispersées, s'attardant à des détails, elles ne s'avisent jamais de résumer clairement les droits et les devoirs des recruteurs. A part les quelques prescriptions d'ordre général qu'on peut en dégager, elles ne fournissent aux officiers aucune directive et leur laissent la plus grande liberté pour le choix de leurs futurs soldats ; elles leur disent plutôt ce qu'il ne faut pas faire que ce qu'il faut faire.

Encore qu'il ne soit exprimé qu'une fois, en 1692, le principe essentiel du recrutement est que l'engagement doit être volontaire. Point d'enrôlement valable qui ne soit volontairement contracté (1).

Cette règle a des conséquences fâcheuses : le sort de l'armée se trouve dépendre uniquement de l'humeur guerrière des habitants du royaume ; si favorable qu'elle soit, suffit-elle à procurer au roi les milliers de soldats qui lui sont annuellement indispensables? Il est permis d'en douter. Or, le roi ne peut, en théorie du moins, contraindre ses sujets au service militaire : ses officiers doivent donc se contenter comme recrues des seuls volontaires qui se présentent à eux.

(1) Ordonnance du 8 février 1692.

Il ne leur est même pas permis d'accepter tous les volontaires : pour éviter la désertion, on leur interdit d'engager les
gens qui ont servi, s'ils ne leur présentent un congé signé de
leur ancien chef, et au moins en théorie les hommes « mariez
ou habituez » dans les lieux où leurs troupes sont en garnison (1).

Quant aux autres, ils ne peuvent les engager que s'ils remplissent certaines conditions.

Pour s'engager dans un régiment français, il faut d'abord
être Français. Les étrangers n'y sont pas admis et s'ils y sont
découverts, on les verse d'office dans les corps étrangers à la
solde du roi.

Aucune limite d'âge n'est imposée, mais les recrues doivent
présenter les aptitudes physiques nécessaires (2). On fait alors
très attention à la *taille* des hommes ; cependant aucune
ordonnance ne la réglemente, sauf pour les gardes françaises,
qui ne doivent pas avoir moins de cinq pieds quatre pouces (3).
Toute liberté d'appréciation sur la *beauté* ou la *bonté* des recrues
est donc laissée aux officiers. Il leur est simplement recommandé de ne pas encombrer leurs compagnies « de gens
infirmes », de vieillards ou d'enfants (4) : les commissaires ont
ordre de n'accepter que les hommes *bien faits*. Les enrôlés ne
doivent jamais déguiser leur identité : ils doivent à leurs officiers la vérité sur leur état civil et leurs antécédents, étant
libres d'adopter ensuite un nom de guerre (5). Cette règle
semble bien mal observée, puisque des femmes ont pu, à l'insu

(1) Ordonnances des 12 octobre 1661 et 19 février 1689. « Cet article n'a jamais
été observé » (BRIQUET, *Code militaire*, V, p. 294).

(2) Ordonnance du 15 mars 1686, « pour empêcher que les officiers des troupes
qui font des recrues ne se chargent point de gens qui soient hors d'estat de servir ».

(3) Règlement du 8 décembre 1691, art. CIV et CV. Les hommes qui veulent
s'enrôler aux gardes françaises doivent chausser des pantoufles spéciales « afin
de voir sans supercherie s'ils sont de la taille réglée par Sa Majesté ».

(4) Ordonnance du 23 décembre 1680, constatant que souvent les officiers
enrôlent des hommes incapables de servir « soit à cause de leur extrême jeunesse
ou de leur grand âge ».

(5) Ordonnance du 19 décembre 1666, « portant que les cavaliers et soldats de
ses troupes qui, en s'enrollant, déguiseront leurs noms et les lieux de leur naissance seront condamnez aux galères ». Cette ordonnance a pour but de faciliter
la recherche des déserteurs.

de tous, se faire accepter dans les troupes. Est-ce bien ina-
perçue que Thérèse Gaumé accompagne, en 1709, le régiment
de Vaudemont, travestie en homme? Nous ne saurions en
répondre, et M. d'Harouys, qui l'y découvre, se montre assez
embarrassé de dire si elle y sert Bellone plutôt que Vénus (1).
Mais Geneviève Grondar, dite *Saint-Louis*, fait à vingt-trois
ans et pendant dix mois service de dragon au régiment de
Rannes (2), mais Jeanne Bensa, dite *Joly-Cœur*, fait réellement
campagne au régiment de Bourbon.

Curieuse aventure que celle de cette jeune Auvergnate, jolie
brune à l'air « fort doux et timide », qui, élevée par son frère
et sa belle-sœur dans les principes de la religion prétendue
réformée, abjure un jour sur les conseils de dévotes voisines.
Battue par sa belle-sœur, inquiète de la vie qui l'attend, elle
vole donc un habit de son frère et, costumée en garçon, part
pour Bordeaux, toute sa fortune en poche : soit douze livres.
Chemin faisant, elle rencontre un lieutenant d'infanterie, qui
la loue comme valet, puis passe ensuite au service d'un capitaine de cavalerie, qu'elle accompagne à la bataille de Spire,
aux sièges de Kehl et de Landau ; il lui accorde un congé de
quatre mois pour aller chez elle ; mais l'hiver est rude et la
route est longue : à la première étape, Jeanne Bensa lie connaissance avec un grenadier du 2e bataillon du régiment de
Bourbon, qui la décide à prendre parti dans la compagnie de
Lastanelles. Surnommée Joly-Cœur, elle sert un an à l'armée
d'Italie, se distingue à toutes les affaires, particulièrement au
siège de Suze. Elle vit dans le rang, sans que ses camarades
soupçonnent son sexe : si elle n'a pas eu le courage de se couper
les cheveux, elle les a si bien serrés en un filet qu'ils n'attirent

---

(1) Lettre de M. d'Harouys, 5 avril 1709 (D. G., vol. 2187, p. 37). Thérèse
Gaumé est la femme d'un lieutenant du régiment de la Marche. On a vainement
cherché à l'arrêter.

(2) Lettre du commissaire Tixier, 9 janvier 1711 (D. G., vol. 2299, p. 22).
« Le nommé Saint-Louis, âgé d'environ 23 ans, dragon depuis dix mois
dans la compagnie de Genestoux du régiment dragons de Rannes, en garnison
dans cette ville [Philippeville], m'est venu demander son congé absolu pour se
retirer à Meudon, attendu qu'il n'estoit garçon ny homme, mais une femme, ce
qui s'est trouvé véritable. »

pas l'attention ; en se rendant « officieuse » à ses chefs, elle trouve moyen de loger seule, et quand elle est obligée de coucher avec les hommes de sa compagnie, ne dort guère, « apprehendant d'estre reconnue et qu'on ne lui fît quelque insulte ». C'est un soldat accompli.

En novembre 1704, elle tombe malade et est évacuée sur l'hôpital royal d'Antibes, où l'aumônier la voit « tous les jours comme les autres soldats malades, sans rien soubçonner », mais non sans remarquer l'embarras de ce jeune et timide soldat. Il n'y attache pas d'attention. Le 22 novembre, le père gardien du couvent des Observantins est arrêté, dans une rue d'Antibes, par un soldat, qui lui narre tout un roman d'aventures ; il n'hésite pas un instant : cet homme est ivre ou se moque de lui, et il s'en débarrasse. En désespoir de cause, Joly-Cœur s'en va trouver une vieille demoiselle, qui soigne les blessés ; celle-ci est bien forcée de la croire.

Tout le bataillon s'émut de cette aventure. Le capitaine de Lastanelles se montra même fort marri « que Joly-Cœur fust une fille, car il assura que c'estoit le soldat le plus sage qu'il eust ». Et chacun de lui témoigner sa sympathie : l'aumônier en organisant à son profit une collecte qui produit 40 livres, les officiers en lui délivrant un certificat de bonne conduite, le roi en lui faisant compter 40 écus sur l'extraordinaire des guerres (1).

Ce n'est certes pas semblable aventure qu'on prévoyait en exigeant des volontaires leur déclaration d'identité : on voulait seulement empêcher l'enrôlement de déserteurs, abus fréquent et que les mesures que nous étudierons plus loin ne parvinrent jamais à enrayer.

Mais l'aventure de Joly-Cœur nous a entraîné bien loin.

Quand un volontaire réunit donc les conditions énumérées de nationalité et d'aptitude physique, quand il a déclaré son nom au recruteur, il n'a plus qu'à signer l'acte d'enrôlement,

---

(1) Lettres de Lebret, 4 et 27 décembre 1704; de Chamillart, 18 décembre 1704; certificat signé des capitaines du 2ᵉ bataillon du régiment de Bourbon, 5 décembre 1704; rapport du sieur Humbert, aumônier de l'hôpital royal d'Antibes, 6 décembre 1704 (D. G., vol. 1768, p. 482, 483, 484, 495, 509).

par lequel il se reconnaît soldat du roi. Il reçoit en même temps une prime en argent, de valeur difficilement appréciable. Les ordonnances se gardent bien de fixer le tarif des enrôlements : un soldat se paie tantôt un écu, tantôt un ou deux louis, parfois cent livres et davantage. Tout dépend de la générosité du recruteur, des fonds dont il dispose et aussi des exigences ou de la naïveté de l'enrôlé.

Il est seulement interdit de promettre aux volontaires, pour les décider à s'engager, une solde supérieure à celle que donne le roi : toute supercherie de ce genre entraîne la nullité de l'enrôlement et vaut la cassation à son auteur (1).

La durée du service n'est pas fixée. En principe, il est illimité : quand on se fait soldat, c'est pour la vie. Au moment des réformes, les plus vieux soldats sont libérés ; en temps ordinaire, on libère quelques anciens, ayant plus de quatré ans de service, au début du quartier d'hiver. Leur nombre fixe d'abord à six par compagnie et par an est réduit à quatre, puis à un (2). Pendant la guerre, les libérations sont parfois suspendues, pour une ou plusieurs années (3).

(1) Ordonnance du 10 décembre 1686, complétée par celle du 20 juin 1714, accordant une gratification de 30 livres et son congé absolu à tout homme dénonçant un camarade qui receVrait « dans les prêts une paye plus haute ».

(2) Ordonnance des 28 octobre 1666 et 1er juin 1668, arrêtant libération des soldats ayant quatre ans de serVice à compter du 1er octobre 1666. Mais Sa Majesté « aiant considéré que si cela aVoit lieu et que les capitaines fussent obligez de donner congé à tous les cavaliers et soldats qui le leur demanderoient après aVoir serVi dans leurs compagnies l'espace de quatre années à compter dudit jour 1er octobre 1666, outre que les troupes s'affoibliroient extraordinairement, il en arriveroit encore cet inconVénient ou que les capitaines se débaucheroient souVent sous ce prétexte de congé les caValiers et soldats les uns aux autres, ou que lesdits caValiers et soldats, dans l'espérance d'un plus faVorable traitement, quitteroient les compagnies dans lesquelles ils auroient serVi quatre années pour passer en d'autres, ce qui causeroit beaucoup de confusion », Sa Majesté donc, par ordonnance du 16 août 1669, décide qu'à partir du 1er octobre 1670, il ne sera donné congé qu'à six hommes par compagnie, les plus anciens, qui seront libérés à trois semaines d'intervalle. L'ordonnance du 15 noVembre 1679 réduit à quatre le nombre des libérables ; celle du 1er août 1682 à un.

Les années de service sont calculées à dater de l'enrôlement. Toutefois comme les hommes qui se marient pendant leur congé « rendent leur logement fort à charge... et que les besoins de leurs femmes et enfans les empêchent de s'appliquer comme ils devroient à bien serVir », l'ordonnance du 6 aVril 1686 les déclare « déchus de leur ancienneté », qui date désormais du jour de leur mariage.

(3) Suspension des congés d'ancienneté jusqu'en octobre 1689 (ordonnance

Certains officiers, « pour lever plus facilement et à meilleur marché des soldats », ayant cependant accepté de conclure des enrôlements à court terme, Louvois décide, en 1682, de fixer au moins à trois ans la durée des engagements ; au-dessous de ce temps, les enrôlements n'étaient pas valables : les officiers qui les avaient consentis étaient cassés et les hommes mis en demeure de signer un engagement de trois ans ou de retourner chez eux.

Cette ordonnance resta en vigueur : le moindre enrôlement est donc de trois ans (1). Exception n'est faite qu'en faveur des hommes qui reprennent du service et qui sont admis à servir moins longtemps, sans jamais pouvoir rengager pour moins d'une année (2).

Malheureusement la libération des engagés à temps est très aléatoire : on la considère beaucoup plus comme une faveur que comme un droit.

En principe, ils doivent être renvoyés dès qu'ils ont accompli leurs trois ans. Le souci de ne pas désorganiser les effectifs en période d'opérations apporte une première restriction à cette règle : on décide donc que les libérations n'auront lieu que pendant le quartier d'hiver, du 1er novembre au 1er mars, et que les hommes libérables pendant les mois de campagne devront attendre le 1er novembre suivant (3).

du 20 septembre 1688) ; puis octobre 1690 (ordonnance du 15 octobre 1689) ; pour quatre ans jusqu'au 1er octobre 1703 (ordonnance du 1er mars 1700).

(1) Ordonnances des 1er août 1682, 18 décembre 1684 et 5 novembre 1685. Les enrôlés à temps doivent produire un certificat portant « qu'ils ne se seront enrolez que pour trois ans » et le faire viser à l'avance par les inspecteurs généraux ou commissaires, faute de quoi on les garde.

L'ordonnance de 1682 est plutôt faite pour interdire les enrôlements pour moins de trois années que pour en fixer la durée à trois ans. Son préambule est à retenir, comme témoignage de l'inconvénient des engagements à court terme : « Sa Majesté ayant esté informée qu'aucuns capitaines de ses troupes d'infanterie, pour lever plus facilement et à meilleur marché des soldats qui ne s'engagent à servir dans leurs compagnies qu'à condition de s'en pouvoir tirer après un temps dont ils conviennent avec eux et *qu'il y en a quantité qui par ce moyen quittent lesdites compagnies lorsqu'ils ne font que commencer à estre instruits au service, d'où il arrive que lesdits capitaines estans obligez à faire souvent des recrues, leurs compagnies se trouvent toujours remplies de nouveaux soldats...* »

(2) Ordonnance du 18 mars 1684.

(3) Ordonnance du 5 novembre 1685.

Puis on en vient, sous prétexte de ne pas trop affaiblir les compagnies pendant l'hiver, à n'accorder que deux congés absolus par compagnie aux hommes libérables, les autres touchant, par manière de compensation, un sol de plus par jour (1).

Puis quand les libérations sont suspendues pour les hommes qui se sont enrôlés sans condition, on les suspend aussi pour les autres, au mépris de tous leurs droits (2). Enfin, en novembre 1701, le roi interdit formellement à ses officiers de donner à leurs hommes aucun congé absolu « pour quelque cause et considération que ce puisse estre », sous peine de cassation et de six mois d'emprisonnement. Un soldat ne peut plus être libéré désormais que s'il se trouve « absolument hors d'estat de servir par sa trop grande vieillesse ou caducité, soit par ses blessures ou quelque maladie incurable » (3). Voilà une décison qui, pour n'avoir certainement pas été ébruitée par les recruteurs, ne dut cependant pas contribuer à leur faciliter la besogne.

*
* *

Une des rares préoccupations du gouvernement en matière de recrutement est d'interdire l'enrôlement de militaires en situation irrégulière. Elle vise à la fois le maintien des effectifs et le respect des intérêts privés.

C'est que les officiers ont une singulière habitude.

L'expérience apprend vite au recruteur quels maigres espoirs il peut fonder pour *rétablir* sa compagnie sur le système de recrutement par voie d'enrôlements volontaires.

Ne trouvant pas assez de volontaires dans le pays, il en cherche donc où il sait plus aisément en rencontrer, gars de

(1) Ordonnance du 2 octobre 1686.
(2) Ordonnances des 20 septembre 1688 et 15 octobre 1689.
(3) Ordonnance du 18 noVembre 1701. Les prescriptions de cette ordonnance ne furent pas strictement obserVées. Le roi s'en plaint dans le préambule d'une ordonnance du 24 novembre 1703, enjoignant à tous les soldats ayant quitté le serVice depuis le 18 noVembre 1701 de présenter leurs titres de congés aux intendants : ceux-ci ont ordre de prendre aussitôt pour la milice tous les hommes libérés pour des raisons autres que celles qui étaient indiquées dans l'ordonnance de 1701.

bonne volonté, habitués au métier des armes, légers de scrupules comme de bourse : moyennant quelques pistoles, il est
sûr de trouver dans les régiments des hommes mécontents de
leur capitaine et vite décidés à déserter leur compagnie pour
entrer dans la sienne. Et c'est ainsi qu'il en vient à disputer
à ses camarades leurs soldats, jeunes ou anciens, retournant
contre eux les mille tours que lui suggère sa fertile imagination.

Cela se produit au moment même de l'enrôlement. Il n'est
pas rare de voir deux officiers se disputer un homme, chacun
prétendant l'avoir enrôlé.

On a vu par exemple que les valets des officiers ne sont pas
des militaires, mais de simples domestiques qui suivent leurs
maîtres à l'armée comme ailleurs. Or, suivant les besoins du
moment, les officiers les traitent en gens de maison ou en soldats et c'est l'occasion d'extraordinaires prétentions de leur
part.

Ils ne veulent pas admettre que leurs valets s'enrôlent avec
un autre qu'eux-mêmes, comme si le fait d'être ou d'avoir été
de leur suite devait empêcher à jamais ces hommes d'entrer
au service du roi, et prétendent, pour cette raison, faire annuler
l'enrôlement de gens qui les ont quittés depuis des années.

Un lieutenant de dragons conteste un jour l'enrôlement d'un
garçon avec un capitaine d'infanterie, pour le seul motif qu'il
l'a eu comme domestique quand il était aux gardes et qu'il
est défendu d'enrôler les gens des gardes (1).

Une autre fois, l'homme réclamé a quitté depuis longtemps
un maître qui lui caressait trop souvent les épaules et a servi
plusieurs mois aux champs avant de s'engager (2).

Mais ce sont là mauvaises chicanes et dont le but n'est rien
moins que clair. Le *débauchage* se pratique plus souvent sur
des soldats dont la situation ambiguë peut prêter à l'équivoque
et permet toujours à l'officier de protester de sa bonne foi :
il le tente alors sur des soldats en congé, des convalescents,

(1) Lettre de Bernage, 18 novembre 1703, et pièces annexes (D. G., vol. 1674,
p. 285-288).
(2) Lettre de M. de Quinson, 24 février 1704 (D. G., vol. 1800, p. 79).

des prisonniers évadés ou échangés, des déserteurs amnistiés, des hommes des régiments étrangers.

C'est enfin sur les soldats incorporés et au service, dont les officiers ne peuvent donc ignorer la véritable situation, que s'exerce le débauchage, pratique néfaste, qui, mieux que la bataille, contribue à décimer les troupes par les perpétuelles variations d'effectifs qu'elle entraîne. La désertion à l'ennemi, déjà formidable, est ainsi doublée par une véritable désertion à l'intérieur, dont les soldats apprécient fort les avantages et que les officiers, égoïstement préoccupés de leur seul intérêt, provoquent effrontément.

Tous trouvent à y gagner : les hommes qui, indifférents à servir dans tel ou tel corps, touchent une nouvelle prime d'enrôlement quand ils en changent, les capitaines surtout qui font ainsi de bonnes recrues, très rapidement et à bon marché.

Il est donc tout à fait exceptionnel qu'il faille recourir à la force pour faire quitter sa compagnie à un soldat (1). Généralement, l'homme n'est pas difficile à persuader et pour un qui répond à l'officier tentateur « qu'il avoit à faire à un brave homme de capitaine » (2), combien, attirés par l'appât d'une forte prime (certains officiers offrent jusqu'à deux louis d'or pour vaincre toutes les hésitations), étouffent leurs scrupules, si tant est qu'ils en aient?

L'officier qui débauche un soldat emploie avec lui ses procédés habituels d'enrôlement et beaucoup plus aisément qu'avec les gens du peuple, grâce à l'autorité que lui confère son grade. La scène se passe souvent au cabaret, où, entre deux pots de vin, l'officier s'apitoye sur le sort de l'homme, sur le « méchant endroit » où il est en garnison (3) et s'étend complaisamment sur les bénéfices qu'il aura à le suivre. La désertion prend ainsi couleur d'un véritable enrôlement : l'officier

(1) Cas exceptionnels que l'enlèvement de vive force d'un soldat du régiment d'Entragues en 1705 par un capitaine du régiment de Menou, que celu de matelots par des officiers d'infanterie en 1705 et 1707 (D. G., vol. 1831, p. 163; vol. 1904, p. 184; vol. 2044, p. 124 *bis*).

(2) Information au sujet d'un enrôlement, 1705 (D. G., vol. 1831, p. 11).

(3) Information... (D. G., vol. 1831, p. 11).

donne un acompte sur la somme qu'il offre, et promet, parfois par écrit, de verser le reste quand l'homme l'aura rejoint. Il s'entremet d'ailleurs pour lui faciliter la désertion.

S'il craint de se compromettre en agissant personnellement, l'officier a recours aux bons offices de quelque subordonné. En 1705, le sergent Lepape, dit la Jeunesse, débauche dix hommes à son capitaine pour le compte d'un autre officier (1). Le soldat Laforge, du régiment de Picardie, agit, lui, pour le compte d'une bourgeoise d'Amiens, Mme de Bussy, femme du premier juge des traites, dont le fils est capitaine au régiment de la Londe. Six soldats des régiments de Picardie, Champagne, Royal-des-Vaisseaux, débauchés par ses soins, sont arrêtés au logis de la dame, que l'intendant Bernage, gêné de l'esclandre pour le mari, fort honnête homme, tente d'excuser en disant qu'elle a « plus tost agi par imprudence pour faire une recrue à son fils que par malice » (2).

Le débauchage sévit entre régiments de toutes armes ; il s'étend même à l'armée de mer : Pontchartrain ne cesse de se plaindre des officiers de terre qui font en Provence, dit-il, « un espèce de mestier de débaucher les matelots », et comme ils n'y réussissent que trop bien, il redoute fort qu'il ne soit « difficil, pour ne pas dire impossible, sans quelque exemple sur ce sujet, de restablir les compagnies de la marine, la meilleure partie des soldats levez depuis trois mois ayant déserté depuis que les officiers des troupes de terre travaillent à leurs recrues en Provence » (3).

L'intendant Lebret tente cependant de trouver une excuse aux officiers et sans dégager toute leur responsabilité, il écrit en 1707 que comme les matelots, « ces pauvres gens, ne sont point payés depuis fort longtemps, il se peut que, dans le des-

---

(1) Plainte de M. de Bezu, capitaine au régiment de Brancas, 17 juillet 1709 (D. G., vol. 2136, p. 166).

(2) Lettre de l'intendant Bernage, 3 janVier 1712 et pièce jointe (D. G., vol. 2370, p. 22-23.)

(3) Lettres de Pontchartrain, 15 août 1703 et 18 féVrier 1705 (D. G., vol. 1699, p. 202 ; vol. 1895, p. 301). — Cf. lettres du même au même en 1704 et 1705 (D. G., vol. 1801, p. 187, 297 ; vol. 1862, p. 114 ; vol. 1895, p. 364 ; vol. 1896, p. 314 et 400).

sein d'avoir quelque argent pour vivre, ils vont eux-mêmes se présenter aux officiers en leur déguisant leur véritable qualité » (1).

Il est possible ; cependant la pratique du débauchage paraît alors si naturelle qu'un colonel de dragons, inculpé de cette faute, trouve seulement cette excuse « que les régimens de dragons devoient se former aux dépens des régimens d'infanterie » (2).

* *

On conçoit aisément que le pouvoir ne soit pas disposé à tolérer un abus aussi préjudiciable aux intérêts du roi qu'à ceux des officiers. Il exerce donc pour l'enrayer une double action, préventive et répressive.

Sachant que les officiers sont portés à profiter de toutes les situations militaires mal définies pour enrôler les soldats isolés de leurs corps, il prévoit tous les cas possibles et adopte pour chacun d'eux une décision de principe destinée à dissiper toute équivoque. Il y a là un gros effort sur lequel nous reviendrons. Une mesure d'ordre général tend de plus à prévenir le débauchage : par ordonnance de janvier 1701, le roi interdit aux militaires de quitter leur corps sans un congé signé du capitaine et du colonel, sous peine d'être réputés déserteurs et traités comme tels ; l'officier, coupable d'avoir sciemment enrôlé un soldat sans s'être fait présenter son congé, sera cassé de sa charge et celle-ci sera donnée au dénonciateur, « quand bien il ne seroit que simple cavalier, dragon ou soldat, s'il est jugé capable de la pouvoir bien remplir » ; sinon il recevra son congé absolu, avec une gratification de cent écus s'il sert dans la cavalerie ou les dragons et de dix louis d'or s'il appartient à l'infanterie. Au cas où l'officier pourra prouver sa bonne foi, sa punition se réduira à rendre l'homme tout habillé à sa compagnie d'origine, et sans difficultés, sous peine d'être privé de

(1) Lettre du 21 février 1707 (D. G., vol. 2044, p. 97).
(2) Lettre de l'intendant Legendre, 11 août 1706 (D. G., vol. 1986, p. 236).

ses appointements au profit du camarade qu'il aura lésé (1).

Cette ordonnance sévère est confirmée par une autre de l'année 1706, aggravant les peines encourues par l'officier coupable. Parce que son perpétuel débauchage « donne lieu à une continelle désertion, cause la dépense de nouveaux engagemens et rend l'état incertain de toutes les troupes », en plus de la cassation, il est désormais passible de deux ans de prison, d'une amende de 300 livres au profit de son collègue et des frais de conduite du soldat renvoyé à son corps (2).

Une telle sévérité n'a sa raison d'être que si les congés sont régulièrement accordés. Plusieurs ordonnances réglementent donc leur délivrance : ils ne peuvent être donnés que sur présentation des bénéficiaires aux commissaires des guerres et par le colonel, après certificat du commissaire. Les hommes porteurs de congés absolus, ne mentionnant pas l'accomplissement de cette formalité, sont immédiatement arrêtés et emprisonnés : leur congé est confisqué et expédié au secrétaire d'État de la Guerre. Les officiers enfin qui délivrent sans motif des congés absolus encourent la cassation et la privation de charge (3).

Ces ordres sévères sont justifiés par l'attitude de certains officiers qui donnent très facilement des congés, à moins qu'ils ne les vendent.

En février 1705, M. d'Argenson est amené à examiner deux congés trouvés sur des vagabonds arrêtés au cours d'une rafle « dans une de ces petites auberges où l'on loge à deux sols par nuit ».

Le premier, daté de juillet 1704, a été accordé au nommé Lefèvre, pour raison de santé, dit-il. Cet homme jouit d'une

---

(1) Ordonnance du 22 janVier 1701.

(2) Ordonnance du 1er août 1706. Cette ordonnance est rappelée aux mestres de camp et colonels par circulaire de Voysin du 28 noVembre 1710 ; il les prie de rechercher dans leur unité les hommes Venant d'autres corps et qui y ont été enrôlés sans présenter de congés pour les renVoyer à leurs régiments d'origine. Si après cela on découVre chez eux des déserteurs « que l'officier n'ait pas dénoncé », ils seront punis, leur capitaine cassé et le colonel rendu responsable, s'il est prouVé qu'il a toléré leur présence dans son régiment (*Cangé*, vol. 38, p. 48).

(3) Ordonnance du 18 noVembre 1701.

parfaite santé, rôde à Paris depuis longtemps et le lieutenant de police s'étonne que le commandant du 2ᵉ bataillon
du régiment de Charost ait donné un congé « à un soldat
de très bonne taille dans une saison où la guerre étoit plus
allumé ».

Si ce congé est suspect, l'autre est nettement irrégulier :
daté de janvier 1705 et devant expirer à la fin de février, il
porte en effet que son détenteur, le sieur Saint-Jean, du régiment de Lestrange, sera libéré de tout service s'il peut fournir
un remplaçant. -

M. d'Argenson propose, en manière d'exemple, de verser
ces hommes dans un autre régiment que le leur, « affin que la
crainte d'un pareil traittement se répandant parmy les officiers les empeschent d'affaiblir leurs compagnies par des
congez de la même qualité et d'en faire une espèce de fabriq ».

Mais le colonel marquis de Lestrange, alors à Paris, réclame
son homme et malgré l'envie de punir un abus « qui n'est
pas moins irrégulier que contraire au bien du service », on le lui
rend en lui faisant promettre de ne plus tolérer des faits semblables dans son régiment (1).

Quelques mois plus tard, l'exemple est fait sur un officier
de moindre condition, le capitaine Desmeurgès, du régiment
de Villemer, pour avoir donné congé à un nommé Philippe
Lebel, à la sollicitation de nombreuses personnes qui lui ont
envoyé dix louis d'or, « qui est tout au plus l'argent que ce
soldat coûtoit ». Et c'est en vain que son colonel intervient
en sa faveur : il a beau vanter les qualités militaires de son
officier et l'excuser sur ce que cet homme était en surnombre
dans sa compagnie, il reçoit cette sèche réponse « que les bons
sujets doivent estre plus attentifs que les autres à ne pas
tomber dans de pareilles fautes », et le capitaine est condamné
à deux mois de prison et à 200 livres d'amende (2). Sévérité

(1) Lettres de d'Argenson et pièces annexes, féVrier-mars 1705 (D. G., vol. 1895,
p. 190, et vol. 1896, p. 120-121).
(2) Lettres du capitaine Desmeurgès et de M. de Villemer, 20 août 1705
(D. G., vol. 1832, p. 74 et 75).

toute apparente, puisque cet officier eût régulièrement dû
être cassé : une fois de plus, l'ordonnance n'est pas appliquée
en sa rigueur.

La délivrance des congés n'est donc pas entourée de toutes
les garanties désirables.

L'obligation pour tout militaire isolé d'en posséder un et de
le présenter a pour but d'empêcher les débaucheurs de protester de leur ignorance de la situation réelle de l'homme
auquel ils s'adressent. Mais elle ne prévient pas le débauchage,
les officiers agissant le plus souvent en pleine connaissance de
cause.

Le pouvoir est donc obligé de prendre à leur égard des
mesures répressives ; il ne le fait toutefois qu'après enquête,
si l'intention de débauchage n'est pas flagrante.

Les plaintes, transmises au secrétaire d'État de la Guerre,
sont instruites par les intendants, aidés de leurs subdélégués
ou de toute personne susceptible de leur fournir des renseignements (1).

Les intendants ont alors soin de se faire remettre et de faire
garder les hommes dont les officiers se disputent la possession. Cette précaution ne réussit pas toujours à éviter leur
disparition, soit qu'ils s'évadent (2), soit que l'un des officiers
les enlève.

En mars 1705, M. de Certaine, capitaine de cavalerie, qui
dispute un soldat au mestre de camp de La Tournelle, et se
sent en mauvaise posture n'ayant pu prouver l'enrôlement
qu'il prétend avoir fait, enlève l'homme des prisons de Château-Chinon, où il attendait la décision de M. d'Ableiges (3).
C'est affaire de perspicacité de la part de l'intendant de
démêler le faux et le vrai dans les affirmations toujours

(1) Lettres du capitaine Despence en captivité, 28 février 1705 et de M. de
Courson, 9 avril 1712 (D. G., vol. 1830, p. 254 ; vol. 2417, p. 354).
(2) Le 18 mars 1706, M. de La Bourdonnaye est saisi d'un différend entre deux
capitaines qui se disputent au sujet d'un nommé Galoubet, détenu dans les prisons de Bordeaux. Il n'a pas de peine à les mettre d'accord, l'homme s'étant
évadé le 7 mars (D. G., vol. 1986, p. 25).
(3) Lettre de l'intendant d'Ableiges et pièces jointes, 3 avril 1705 (D. G.,
vol. 1902, p. 95-96).

catégoriques des recruteurs et sa patience est souvent mise à rude épreuve.

M. du Tronchoi, capitaine au régiment de Pertuis, réclame un jour pour siens cinq hommes de la paroisse de Lignières en Champagne, dont il a un engagement « très sincère », puisqu'ils ont, dit-il, « bu à la santé du roy et de la mienne, en attendant la paye convenue ». Il refuse donc d'admettre leur prétention d'appartenir au capitaine Despence, du régiment d'Artois, alors prisonnier, et accuse tout net Mme Despence d'avoir « après le coup... fait faire des engagemens supposé et antidaté ». Toute cette histoire, assez plausible et débitée avec aplomb par un homme qui paraît sûr de son droit, ne résiste cependant pas à l'examen du subdélégué de Tonnerre, et l'on attribue les soldats à M. Despence (1). En 1703, un capitaine d'infanterie propose à un de ses soldats de lui donner son congé, s'il lui fournit un remplaçant : celui-ci lui présente un paysan qu'il accoutre pour la circonstance de son uniforme, mais l'homme ne satisfait pas le capitaine qui le refuse. Par contre, un officier de marine l'engage : l'officier d'infanterie a le front de le réclamer alors, prétendant qu'il lui appartient pour avoir porté son uniforme (2) !

La méchanceté et l'esprit de vengeance ne sont pas toujours étrangers aux accusations portées contre certains recruteurs. L'intendant Nointel établit, en 1701, la parfaite innocence du chevalier de Bourgogne, maréchal des logis, alors à Quimper pour ses affaires et que l'on accuse d'avoir débauché des soldats de marine (3).

Les réclamations fantaisistes et les prétentions injustifiées sont de même résolument écartées. L'opinion du pouvoir sur la question des enrôlements de domestiques d'officiers est très nettement formulée par Chamillart, qui se refuse à admettre que ce soit « un engagement que celuy de valet » et ordonne

(1) Lettres du capitaine Despence et du Tronchoi, 15 janVier et 28 féVrier 1705, de Phélypeaux, 18 féVrier 1705 (D. G., vol. 1830, p. 254 ; vol. 1901, p. 291-293).
(2) Lettre de Pontchartrain, 13 juin 1703 (D. G., vol. 1699, p. 187).
(3) Lettres de Pontchartrain et Nointel, 20 aVril et 8 mai 1701 (D. G., vol. 1526, p. 29-30).

d'accorder en ce cas le soldat au « premier avec qui il a pris party pour servir le roy » (1).

Les enquêtes, d'une incontestable utilité dans les affaires peu claires qui méritent examen, n'ont plus de raison d'être en présence du fait accompli.

Lorsque le débauchage a réussi, il ne reste donc qu'à arrêter les coupables, tâche délicate, car les plaignants ignorent généralement ce que sont devenus leurs hommes et ne peuvent que constater leur disparition. On tente bien de leur donner satisfaction, en envoyant aux intendants le signalement des manquants et en les invitant à les reconnaître dans les troupes de passage (2). On conçoit les difficultés de cette recherche.

Les officiers font donc eux-mêmes leur police et lorsqu'ils sont instruits à temps d'une tentative de débauchage de leurs hommes, s'ils sont habiles, ils n'interviennent qu'au dernier moment et font arrêter les coupables sur le fait, provoquant ainsi un scandale qui leur est favorable.

A Lyon, où, en 1703, les soldats de garde aux portes de la ville lui ont débauché six hommes, un officier du régiment de Saint-Second se travestit en paysan et se fait enrôler par eux. « Son marché fait à deux louis, ils le conduisirent dans le lieu où ils avoient mis ses prettendus camarades et les ayant reconnus pour ses soldats, il fit grand bruit et en enleva deux » (3).

Le flagrant délit n'est possible qu'avec la complicité des soldats sollicités de déserter leur compagnie. Les officiers le savent, qui promettent une prime à ceux de leurs hommes qui leur dénoncent les tentatives des débaucheurs. Il arrive alors que les soldats les avertissent « plus tost apparamment pour avoir deux louis d'or qu'ils avoient promis à ceux qui dénonceroient les suborneurs que par fidélité » (4). Les soldats

---

(1) Chamillart à Bernage, 2 décembre 1703 (D. G., vol. 1674, p. 296).
(2) Lettres de Pontchartrain, 23 mai 1703, et de M. de La Bourdonnaye, 8 mai 1706 (D. G., vol. 1699, p. 182 ; vol. 1986, p. 32).
(3) Lettre de M. Guyet, 21 juillet 1703 (D. G., vol. 1702, p. 93).
(4) Lettre de l'intendant Bernage, 25 février 1703 (D. G., vol. 1674, p. 61).

avaient en effet intérêt à prévenir leurs officiers ; au reste le mobile qui les fait agir importe peu, le résultat seul est à considérer et il donne parfois satisfaction.

Un officier du régiment de Lafond, M. de Suancour, est ainsi dénoncé au major du régiment de Grosbois par un soldat de ce corps, auquel il promet un écu pour le suivre en lui amenant des camarades. Le major ordonne à l'homme « de faire semblant de se laisser corrompre » ; il obéit et procure quatre soldats à M. de Suancour « qui porta son imprudence jusqu'à leur faire un billet ». Ce billet est aussitôt remis au lieutenant-colonel du régiment de Grosbois, qui apprend en outre ce qui est convenu pour la désertion : les cinq hommes doivent souper avec un soldat de M. de Suancour, traverser la Saône et rejoindre leur nouveau capitaine à quatre lieues de là. A l'heure dite, des officiers, cachés aux abords du cabaret, arrêtent donc le soldat du régiment de Lafond et les bateliers, bernés jusqu'au dernier moment (1).

Arrêtés, les coupables sont passibles de peines sévères.

Ce sont pour les officiers celles qu'ils encourent pour l'enrôlement des soldats dont ils ne se sont pas fait présenter le congé : cassation et privation de charge, puis deux ans de prison, trois cents livres d'amende au profit de l'officier lésé et remboursement des frais de renvoi des hommes à leur unité. Quant aux soldats qui ont consenti à quitter leur compagnie, ils subissent le châtiment des déserteurs : ablation du nez et des oreilles, flétrissure de la marque et condamnation aux galères à perpétuité (2).

---

(1) Lettres de Bernage, 2, 16 et 23 février 1703 ; du lieutenant-colonel d'Aubigny, 1er février 1703, et pièces annexes (D. G., vol. 1674, p. 39, 54, 55, 56, 59). — « Copie d'un billet qu'on dit estre de la main de M. de Suancour : Je promet donné au nommé de Nismes, Chevalier, la Perle, la Bonté et un chevallier le restant de deux louys d'or que je leur ay promit d'engagement, quy ne seront payés qu'à la garnison, en déduction de laquelle un escu neuf qu'ils ont heu à bon compte et à trois la haute paye dont ils s'acomoderont entre eux. A Gray, ce Vingt cinquième janVier mil sept cens trois. Suancour. »

(2) Ordonnances des 10 féVrier et 26 aVril 1692 (celle-ci spéciale au débauchage des soldats de marine), du 1er août 1706. Cf. accusés de réception de cette dernière ordonnance par un commissaire et l'intendant Legendre (D. G., vol. 1956, p. 43, et vol. 1986, p. 239).

Ces peines, prévues par lés ordonnances, sont en réalité très atténuées.

La cassation est rarement infligée. On frappe plutôt pécuniairement les débaucheurs — moins pourtant que le prévoient les ordonnances (1).

Des considérations spéciales interviennent où elles n'ont que faire. Ainsi dans une affaire de débauchage sont compromis un colonel de dragons, M. de Rannes, le major du régiment, et un lieutenant, auteur du méfait sur l'ordre exprès de son chef. Le major, condamné à quinze jours de prison, ne les fait pas ; le colonel reçoit un blâme écrit, mais comme il est « homme de qualité et très bon officier », il est dispensé de supporter les frais du renvoi des soldats à leur unité et ils incombent au lieutenant, « qui trouvera bien moyen de s'en dédommager sur M. de Rannes », répond Chamillart aux protestations de l'intendant Legendre (2).

Les camarades des officiers coupables intercèdent parfois pour eux, même ceux qui ont été victimes de leurs procédés et qui se jugent sans doute assez vengés d'avoir récupéré leurs hommes. « J'oze vous supplier très humblement, quoiqu'intéressé à la punition de cet officier, de luy faire grâce. C'est un gentilhomme, qui appartient à tout ce qu'il y a de personnes de considération de cette province », écrit à Chamillart le lieutenant-colonel du régiment de Grosbois, après avoir fait prendre en flagrant délit le capitaine de Suancour, et son

(1) On casse en mai 1705 le sieur Valbin et l'intendant est averti que le roi « a donné ses ordres pour empêcher qu'il ne pust rentrer dans ses troupes en surprenant quelque commission ». Chamillart à Bernières (D. G., vol. 1840, p. 55). — Une autre fois on retient 180 livres sur les appointements du sieur de Gagemont, capitaine de dragons, qui a débauché trois soldats de marine (D. G., vol. 1898, p. 408). On veille surtout à ce que les officiers coupables rendent les hommes qu'ils ont débauchés (D. G., vol. 1801, p. 187 ; vol. 1895, p. 364 ; vol. 1896, p. 400 ; vol. 1901, p. 291), ou qu'ils en donnent d'autres à leurs collègues, ou encore une indemnité raisonnable (lettre de M. de Gagemont, 26 juin 1705, D. G., vol. 1862, p. 114). Au prévôt des marchands de Lyon, où les soldats de garde aux portes de la ville débauchent les recrues de passage, on mande simplement de faire cesser cet abus (D. G., vol. 1702, p. 93, apostille).

(2) Lettres de l'intendant Legendre, 14 juin, 28 juillet, 11 août et apostilles (D. G., vol. 1986, p. 209, 233, 236).

intervention décide le secrétaire d'État à surseoir à l'exécution du jugement (1).

Les complices des officiers sont frappés pécuniairement ou disciplinairement (2). Enfin les hommes sont rarement punis. Certains sont traduits en conseil de guerre ; d'autres sont simplement rendus à leur ancien corps, à moins que l'on n'estime trop coûteux les frais de leur voyage, auquel cas on les laisse où ils sont, en faisant indemniser leur premier capitaine (3).

Les ordonnances visant le recrutement des soldats et combattant le débauchage sont complétées par une série d'autres ordonnances ou décisions relatives à la récupération des hommes momentanément absents de leurs corps : malades, prisonniers et déserteurs. En réglementant sévèrement leur condition, en aidant les officiers qui ont eu la peine de les enrôler à les conserver, l'État mérite la reconnaissance des recruteurs. Soucieux des intérêts privés, il veille qu'ils rejoignent autant que possible leur unité ; sinon, ménager de l'intérêt général, il les réincorpore dans une autre unité. De toute façon, ils ne cessent de faire partie de l'armée.

A la sortie des hôpitaux, les convalescents, réunis sous le commandement d'un officier porteur d'une route, doivent rejoindre leur corps d'origine. Leur sortie est contrôlée au moyen d'états transmis aux bureaux de la Guerre par les soins des intendants d'armée (4).

<hr/>

(1) Lettres du lieutenant-colonel d'Aubigny ; de Chamillart à Bernage, de Bernage, 1er, 17 et 23 février 1703 (D. G., vol. 1674, p. 53, 55 et 59).

(2) Le capitaine du sergent Lepape demande à être remboursé sur ses biens (D. G., vol. 2136, p. 166). — Le soldat débaucheur employé à Amiens par Mme de Bussy doit être arrêté et jugé (D. G., vol. 2370, p. 23, *apostille*).

(3) Deux soldats débauchés sont renvoyés à leur régiment sans punition, en 1705, à cause de leur jeune âge (D. G., vol. 1840, p. 55). Le capitaine de dragons de Gagemont ayant débauché et emmené en Italie trois marins les garde mais indemnise leur chef (D. G., vol. 1897, p. 297-298 ; vol. 1898, p. 408-409).

(4) Cf. lettre de Chamillart du 11 novembre 1701 (D. G., vol. 1497, p. 260).
— Lettres de Planque, transmettant les états des soldats sortis des hôpitaux de

L'État a évidemment intérêt à réintégrer les hommes dans leurs compagnies respectives : en effet, ces indisponibles sont portés présents à l'effectif lors de la revue d'avril (1). Mais indépendamment de cette raison et du souci naturel d'éviter de grosses variations d'effectifs, on sent très bien le désir d'éviter une perte d'hommes et d'argent aux officiers, qui ne peuvent être rendus responsables et supporter les conséquences d'absences motivées. Une ordonnance du 4 mars 1675 défend donc expressément d'enrôler les convalescents dans des compagnies de garnison et prévoit pour les officiers contrevenants « pour quelque cause et sous quelque prétexte que ce puisse être » la peine de cassation et de privation de charge (2).

A deux reprises cependant au cours de la guerre, on n'oblige pas les convalescents à rejoindre immédiatement leurs régiments, mais des circonstances exceptionnelles motivent alors cette infraction aux règles établies.

Crémone pour rejoindre leurs corps en octobre-décembre 1702 (D. G., vol. 1586, p. 190-191, 216-217, 219-220, 260-261).

(1) Voysin à Bernières (*Cangé*, vol. 38, p. 79). — Rappel d'une décision de principe au sujet de la situation des hommes en traitement dans les hôpitaux ; ils doivent être comptés à la revue d'avril, mais non compris dans le décompte des payes de gratification qui ne sont allouées que pour les « presens et effectifs au camp ». Ce n'est qu'à la première revue de mai que l'on peut les compter pour les payes de gratification de l'hiver.

Certains officiers d'infanterie, « et particulièrement ceux des nouveaux régiments », en profitent pour enrôler et maintenir indéfiniment aux hôpitaux des hommes « atteints de maux incurables... pour profiter du bénéfice du complet pendant l'hiver ». Voysin ordonne en 1710 des visites périodiques dans les hôpitaux pour faire évacuer ces hommes ; si les officiers protestent qu'ils peuvent guérir, l'inspecteur les fait visiter en sa présence et quand ils sont jugés incurables, on retient « vingt sols sur la paye dudit capitaine pour chaque journée que le soldat aura été à l'hôpital depuis qu'il se sera opposé à sa sortie » (lettre à M. de Saint-Contest, 6 avril 1710. *Cangé*, vol. 38, p. 12).

(2) Ordonnance du 4 mars 1675. Cf. lettre de Chamillart à d'Artaignan, 22 août 1706 : « Je vous diray aussy qu'il n'est pas non plus permis à des capitaines d'aller enrôler dans les hôpitaux les soldats que d'autres sont contraints d'y laisser ; ce seroit tomber dans le cas de se débaucher les soldats les uns aux autres que Sa Majesté a si précisément deffendu par sa dernière ordonnance qu'elle fera exécuter sans rémission » (*Cangé*, vol. 36, p. 88). Une ordonnance du 15 janvier 1692 implique d'ailleurs formellement de débauchage les officiers qui gardent dans leurs compagnies des hommes « sous prétexte qu'ils les ont trouvés dans un hospital ou ailleurs, ne sçachant où aller rejoindre leurs régimens ou compagnies ».

C'est en 1703. Villars, qui a passé en Allemagne pour rejoindre les troupes de l'Électeur et se trouve coupé du reste de l'armée française, a laissé à Strasbourg 2 500 malades et 1 200 convalescents dans les hôpitaux de la ville, sans compter bon nombre d'officiers. Ces hommes ne peuvent naturellement plus le rejoindre.

Tallard, chargé de dégager l'armée de Villars, propose alors deux solutions : ou bien verser ces soldats dans les corps à faible effectif de l'armée de secours ; ou bien les grouper en bataillons spéciaux sous le commandement des officiers restés avec eux, sous réserve, dans les deux cas, de les rendre ensuite à leur corps.

La deuxième solution, appuyée par le commissaire Maisonsel, qui craint de voir ces 4 000 hommes se « dissiper », prévaut sans tarder : le 15 mai, arrive l'ordre d'en former un régiment, en doublant au besoin l'effectif des officiers, s'ils sont trop nombreux.

A ce moment, les officiers en recrue commencent à débaucher ces convalescents. Au moment du rassemblement, il ne reste plus que 1 100 hommes, effectif qui diminue de jour en jour. Chamillart, irrité, déclare nettement son intention de ne « pas souffrir patiament que le roy soit volé impunément sans qu'on y puisse apporter de remède ».

Tallard fait alors former les bataillons et les fait enfermer dans la citadelle d'Huningue « parce que la pluspart sont encore hors d'estat de marcher et mesme plusieurs sont retournés à l'hôpital ». La formation des bataillons de convalescents se poursuivit à Strasbourg, Kehl et Huningue pendant tout le mois de juillet (1).

En 1706, même difficulté se produit : après l'évacuation de l'Italie par l'armée de Piémont, on incorpore les malades et convalescents des hôpitaux dans les bataillons restés en Italie ; et comme ces corps n'ont pu faire de recrues, pour ne pas trop

---

(1) Lettres de Tallard à Chamillard et Villars, 6 et 25 mai 1703 ; de Maisonsel, 6 mai ; de Chamillart à Maisonsel et Tallard, 15 et 25 mai (D. G., vol. 1666, p. 130, 131, 158, 188, 189, 190).

les affaiblir, on les autorise à garder les convalescents jusqu'au
1er décembre (1).

Ces décisions exceptionnelles n'ont été prises que sous la
pression des circonstances. La règle est que les convalescents
rejoignent leur unité.

Il en est de même pour les prisonniers de guerre, récupérés à la suite d'évasion ou d'échange. Il n'est pas de règle
qu'on reconstitue un régiment — comme on fait de Navarre
en 1704 — à l'aide de prisonniers de toute provenance (2).
Les prisonniers doivent être reversés à leur ancien corps et
les évadés eux-mêmes n'échappent pas à cette règle. De
même, après Ramillies, on oblige les fuyards à réintégrer leurs
unités (3).

Quand les régiments ont été licenciés pendant la captivité
des prisonniers, la nouvelle affectation de ces hommes est
prononcée et signifiée aux intendants par le secrétaire d'État
de la Guerre (4).

Quant aux prisonniers étrangers, s'ils ne sont pas échangés
et qu'ils consentent à prendre parti pour la France, ils sont
obligatoirement versés dans les régiments étrangers à la solde
du roi. Les officiers des troupes françaises sont tenus de
délivrer à ces corps les étrangers qu'ils peuvent avoir dans

---

(1) Ordonnance du 10 avril 1707 (*Cangé*, vol. 36, p. 123).

(2) Ordre du roi du 23 noVembre 1704 (*Cangé*, vol. 35, p. 23).

(3) Le roi oblige ses officiers à racheter leurs soldats prisonniers et comme certains ne s'empressent pas de le faire, par ordonnances des 8 janVier 1668 et
21 octobre 1673, il leur accorde un mois pour s'exécuter ; passé ce délai, il décide
que tout homme pourra être racheté « par tel autre officier de ses troupes qui
Voudra paier sa rançon... sans que le. capitaine de la compagnie dans laquelle il
étoit enrollé le puisse prétendre ni redemander sous quelque prétexte que ce
soit ». Mais l'intention du roi est bien que les éVadés rejoignent leurs anciens
corps ; il en donne l'ordre formel après Ramillies et le fait publier à la tête des
troupes. Cf. circulaire aux directeurs et inspecteurs généraux du 21 août 1706,
lettre à d'Artaignan du 22 août (*Cangé*, vol. 36, p. 87-88) et lettres de diVers
majors ou officiers (D. G., vol. 1943, p. 335, 392-394, 450). En 1707, une décision
analogue est prise au sujet des prisonniers français éVadés des prisons de Turin.
Lettre à Le Bret, 1er janvier 1707 (D. G., vol. 2044, p. 1).

(4) En 1713, les prisonniers du régiment de Jaucourt, de la compagnie de Val-
lières et des compagnies détachées qui ont été réformées sont Versés dans les
troupes de Dauphiné. Voysin à d'Angervilliers, 18 juin 1713 (*Cangé*, vol. 39,
p. 91).

leurs compagnies, moyennant une indemnité qui ne peut dépasser 22 livres par homme ; sinon, le pouvoir se charge de le faire. Par contre on leur remet les Français qui sont découverts dans les troupes étrangères : ceux qui les signalent ont ainsi un agréable moyen de faire sans peine des recrues (1).

Le gros effort de récupération porte enfin sur les déserteurs. On sait quelle plaie est la désertion pour ces armées d'autrefois. Au début de la guerre, le 7 janvier 1701, un sieur Barrière évalue, dans une lettre à Chamillart, le nombre des déserteurs français en Italie à environ 20 000 hommes (2).

Or, l'État ne perd pas l'espoir de recouvrer ces hommes ; il a très largement recours aux amnisties.

Elles se répètent toujours vers les mêmes dates, — à la fin du quartier d'hiver ou avant les grosses opérations d'été : les 17 mai 1701, 25 mai 1704, 15 mai, 13 juillet, 30 août 1706, 25 et 30 janvier, 30 mars 1709, 20 mai, 20 et 22 juin 1710,

---

(1) Cf. lettres de MM. de Meilleray et de Grandmaison, colonel et capitaine au régiment de Boulonnois, août 1705 et février 1709 (D. G., vol. 1898, p. 313 ; vol. 2131, p. 42).

Au sujet des Français découverts dans les régiments étrangers : lettres de M. de Laubanie, des capitaines Bayonne et Préval, du duc du Maine, 1702-1705 ; de Voysin, 1711 (D. G., vol. 1572, p. 39-40 ; vol. 1830, p. 261 ; vol. 1832, p. 396 ; vol. 1895, p. 81. — *Cangé*, vol. 38, p. 71). — Chamillart au baron de Sparre, lui disant qu'en aucun cas, il ne doit conserver de Français dans son régiment allemand, 18 mars 1705 (D. G., vol. 1896, p. 184). Au même, 9 février 1708, pour des échanges de Français contre Allemands (D. G., vol. 1895, p. 229). A M. de Louciennes pour les Italiens, octobre 1705 (D. G., vol. 1876, p. 16). — Ordonnance du 3 janvier 1708, prescrivant l'affectation de tous les Anglais, Irlandais et Écossais qui se trouveront dans les corps français au régiment de cavalerie irlandaise de Nugent (*Saugeon*, vol. 34, p. 38). — Ordre du roi du 4 décembre 1712, faisant verser au Royal-Roussillon les Catalans, Espagnols, Portugais, Piémontais et Italiens enrôlés malgré sa défense dans les régiments français, moyennant une indemnité de 22 livres par homme (*Cangé*, vol. 39, p. 54).

On empêche les officiers des troupes françaises d'enrôler des étrangers, parce qu'après les revues des inspecteurs, ils les rendent aux officiers étrangers sans se soucier d'affaiblir leurs compagnies. Cf. Chamillart à Maupou, 7 août 1704 (D. G., vol. 1760, p. 131). Mais aussi on redoute fort qu'il ne se glisse parmi ces hommes des espions et l'on prend garde qu'ils ne servent pas dans les citadelles et forts ; un lieutenant de dragons est puni d'arrêts en 1702 pour avoir enrôlé deux Allemands déserteurs qui pourraient être des espions.(Lettres de Voysin, 12 mars 1711 et du gouverneur de Sarrelouis, 8 mars 1702. *Cangé*, vol. 38, p. 64, et D. G., vol. 1572, p. 120).

(2) 7 janvier 1701 (D. G., vol. 1524, p. 10).

c'est-à-dire au moment où l'on a·le plus besoin d'hommes (1). Leur multiplicité est une première raison de croire à leur inefficacité d'abord, et surtout à la recrudescence de la désertion. En juillet 1706, par exemple, le roi spécifie que l'amnistie qu'il accorde sera la dernière ; mais cela ne l'empêche pas le 20 mai 1710, après trois nouvelles amnisties, de faire la même déclaration.

Et l'indulgence est grande pour les déserteurs : l'amnistie s'étend tantôt à toute l'armée, comme en 1706 et 1709, tantôt à un ensemble de troupes déterminé, comme par exemple en 1710 (2). Elle n'est valable, il est vrai, que pour les faits de désertion antérieurs d'un certain temps à la promulgation de l'ordonnance, ceci, afin de ne pas absoudre les derniers coupables ; ce délai qui est d'abord de deux mois est abaissé à un mois à la fin de la guerre et finit par être complètement supprimé : l'amnistie vaut alors pour toutes les désertions antérieures à sa promulgation (3). Les déserteurs repentants sont tenus, pour être pardonnés, de rejoindre les troupes françaises dans un délai maximum de deux mois. Mais — toujours à la fin de la guerre — ce délai est prolongé de un, deux et trois mois : en faveur, dit-on, des hommes qui se trouvent loin du royaume ou qui ont quelque difficulté à sortir des places ennemies (4).

Pauvres raisons, qui indiquent encore les ravages de la désertion et le manque d'hommes dont souffrent les armées du roi. La seule punition infligée aux amnistiés — vraiment bénigne par rapport aux peines encourues par les déser-

(1) La fréquence des amnisties n'est pas chose nouVelle. Voici une liste — certainement incomplète parce que dressée aVec le seul recueil des ordonnances — des ordonnances d'amnisties et prolongation d'amnisties antérieures à la guerre de Succession d'Espagne : 6 aVril et 10 noVembre 1672, 10 janVier, 4 féVrier, 20 aVril, 28 décembre 1673, 28 janVier, 9 aVril, 3 août 1689, 13 mai 1698.

(2) Ordonnance du 20 mai 1710, spéciale aux déserteurs des armées de Flandres et Allemagne.

(3) Le 17 mai 1701, l'amnistie s'applique aux faits de désertion antérieurs au 1er mars ; les 25 et 30 janVier 1709, à ceux antérieurs au 1er janvier ; le 20 mai 1710, à ceux antérieurs à cette date.

(4) Prolongation de deux mois en 1706, de trois mois en 1709, de deux mois en 1710.

teurs — est l'obligation de servir le roi un certain nombre d'années. La durée de cette expiation fixée d'abord à quatre ans en 1701 et 1706, puis six ans en 1709, est ramenée à trois ans en 1710.

D'une façon générale, l'État manifeste donc plus d'indulgence aux déserteurs dans les dernières années de la guerre, sans sembler d'ailleurs être très heureux dans son effort de récupération. Sans doute ne suffisait-il pas de commuer le châtiment réservé aux déserteurs en service à temps dans les troupes. La plupart de ces gens avaient déserté par intérêt, alléchés par l'aubaine d'une plus forte paye ; on eût été plus sûr de les récupérer en leur assurant l'impunité complète et des avantages nettement supérieurs à ceux qu'ils trouvaient chez l'ennemi.

Ce système de surenchère est proposé en 1702 par un colonel réformé d'infanterie, M. de Chérigny, qui se fait fort de lever un régiment composé des 5 ou 6 000 Français qui servent l'empereur en Hongrie ; il offre d'aller les chercher jusqu'à Belgrade et au besoin en Morée et en Dalmatie où les princes de Hesse ont formé au moment de la Réforme des régiments qu'ils ont vendus aux Vénitiens. Il suffit, selon lui, de les payer plus cher que les étrangers, c'est-à-dire plus de cent livres. Il espère ainsi fournir des compagnies à 50 hommes et les alimenter automatiquement en attachant à chaque bataillon de campagne trois compagnies de garnison où s'exerceraient les recrues. Il prévoit le retour possible de 10 000 déserteurs et prétend par cette mesure prévenir le départ des 20 000 hommes qui « dézertent tous les ans ».

Contrairement à l'habitude prise de négliger les mémoires et projets de réformés adressés par les particuliers aux bureaux de la Guerre, l'idée de M. de Chérigny est soumise à l'examen de d'Artaignan, qui la rejette tout net.

Peu surpris, dit-il, de voir un colonel réformé bâtir des « chasteaux en Espagne », il s'attache à montrer à Chamillart les défauts de cette proposition, plus avantageuse, selon lui, à M. de Chérigny qu'à Sa Majesté. Et ce n'est pas sans apparence de raison qu'il suspecte la valeur d'un corps aussi bizarrement composé et redoute les conséquences de cette idée paradoxale qui consiste à payer les déserteurs mieux que les bons soldats. « Cela seroit dangereux, dit-il ; ce régiment, au milieu du royaume, feroit déserter tous les autres » (1).

L'idée est cependant dans l'air. Deux ans plus tard, au siège d'Ivrée, en septembre 1704, un nommé Turenne propose au chevalier de Quincy de lever un régiment de déserteurs. Le projet séduit Quincy, mais n'a pas davantage l'heur de plaire à Chamillart, « esprit assez borné » (2). Il reste que la désertion à l'ennemi a préoccupé le pouvoir et qu'il a tenté un effort sérieux pour l'enrayer. Le résultat obtenu est difficile à apprécier, mais, encore un coup, les amnisties se sont trop souvent répétées pour avoir donné tout ce qu'on en attendait.

Leur effet a été peut-être plus heureux sur les déserteurs qui servaient dans les troupes espagnoles, mais elles ont eu alors ce résultat paradoxal de nous faire entrer en conflit avec nos alliés. En mars 1704, Chamillart ayant appris que le roi d'Espagne lève à Naples deux régiments de cavalerie, où l'on engage les déserteurs, donne à Vendôme des intructions précises pour récupérer ces hommes et les réintégrer dans leurs anciens régiments. En mai, on leur permet donc de prendre parti dans les quatre bataillons français qui tiennent garnison à Naples, et lorsque vers le milieu de juin paraît l'ordonnance d'amnistie, le résultat est que les régiments espagnols perdent plus des deux tiers de leur effectif, composé de Français. Les officiers espagnols protestent alors et c'est en vain qu'on cherche un terrain d'entente, qu'on leur offre de porter les déserteurs repentants sur les contrôles de troupes françaises et de les laisser dans les régiments alliés le temps nécessaire pour que ceux-ci les remplacent : le vice-roi refuse absolument de rendre les Français et publie même une ordonnance d'amnistie pour les déserteurs espagnols, juste mesure de réciprocité.

---

(1) Mémoire de M. de Chérigny ; lettre de d'Artaignan, 8 mars 1702 (D. G., vol. 1561, p. 77 et 78).

(2) QUINCY, *Mémoires*, II, p. 50-51. Les *Mémoires* de SOURCHES, signale M. Lecestre, mentionnent la formation de tels régiments en 1695.

Comme « les officiers de part et d'autre s'échaufoient », force est alors de procéder à un échange de déserteurs, qui se fait « d'assez mauvaise foy de la part des Espagnols ». Par la suite, on tente de prévenir ces querelles et, en 1706, les deux puissances tombent d'accord de ne pas réclamer leurs déserteurs et de n'en plus engager désormais (1).

En principe, les récupérés sont rendus à leur ancien corps, et c'est une simple mesure de justice envers l'officier qui les a perdus. En fait, cette règle souffre de très nombreuses exceptions.

En 1701, 1706, 1709, 1710, 1713, les hommes sont laissés libres de servir où il leur plaira, sans être en rien tenus de rejoindre leurs anciennes compagnies. A cela, deux raisons : d'abord le souci « de leur oster toute appréhension d'estre maltraitez des capitaines et officiers des compagnies qu'ils ont quittées sans congé » ; puis le désir d'éviter toutes les contestations, qui n'auraient pas manqué d'éclater entre les officiers à propos de l'affectation de leurs anciens soldats, au moment de l'entrée en campagne (2). Cette intention apparaît nettement au sujet des déserteurs de l'armée de terre, qui ont pris parti dans la marine, ou réciproquement.

En 1706, on coupe court à toute discussion, en décidant qu'ils serviraient : les matelots sur mer, les soldats aux armées et l'échange paraît bien obligatoire (3).

En résumé, le gouvernement laisse aux recruteurs le soin de trouver des hommes et ils ne peuvent vraiment lui repro-

(1) Lettres de M. Davaray, 17 juin et 5 août 1704 ; Chamillart à Davaret et au comte de Muret, 20 et 30 mars, 20 mai 1704 ; (D. G., vol. 1775, p. 265, 271, 295, 309, 334, 335). — Chamillart à MM. de Vandal et de Ximénès, 22 et 31 août 1706 (Cangé, vol. 36, p. 89).

(2) Cf. notamment ordonnances des 15 mai 1706, 20 mai 1707, 9 mai 1708, 26 juillet 1709, 1er mai 1710, qui ont pour objet d'empêcher les officiers de se répéter des soldats.

(3) Chamillart à Pontchartrain et à M. de Kergorades, 26 août et 20 octobre 1706 (Cangé, vol. 36, p. 91 et 102).

cher de les gêner de recommandations minutieuses ou de règlements étroits. Par contre il se préoccupe de leur conserver
ceux qu'ils ont réussi à enrôler, leur rendant ainsi la tâche
moins lourde ; tout son effort de récupération ne tend en effet
qu'à réduire l'usure des effectifs combattants.

Or — situation paradoxale — cet effort est contrarié par
ceux mêmes à qui il profite : dans le même temps qu'on s'in-
génie à leur garder leurs soldats, ils ne cessent de se les débaucher les uns aux autres.

. N'est-ce pas la meilleure preuve qu'ils ont du mal à trouver
des hommes ? La faute en est à un système de recrutement
désuet et qui ne correspond plus aux besoins des grandes
armées du temps. Jamais il ne se présente assez de volontaires
pour compenser les pertes subies.

A la fin de la guerre seulement, ils se font un peu plus
nombreux ; la misère de cette fin de règne chasse alors à
l'armée tous les sans-logis et les affamés. Un officier du
régiment de Pont-du-Château recrute ainsi, en 1707, « tous
les musiciens de l'Opéra de Marseille, en état de porter les
armes, et même celui qui battoit la mesure » : ces pauvres
gens ont signé leur enrôlement « parce qu'ils mouroient de
faim à Marseille » (1). Et quoi de plus émouvant que cet
aveu de Villars : « Les recrues qui nous venoient, écrit-il en
1709, étoient des hommes nerveux, accoutumés à la fatigue,
que la misère des campagnes forçoit à s'enrôler ; de sorte
qu'on pouvoit dire que *le malheur des peuples fut le salut du
royaume!* »

Les recruteurs, en peine de volontaires, se trouvent donc
pris dans ce dilemme : ou bien ne pas ramener de soldats à
leurs régiments et risquer la cassation, la prison, les amendes,
ou bien en ramener coûte que coûte, c'est-à-dire s'en procurer
par tous les moyens.

Entre ces deux solutions, ils n'hésitent pas : ils choisissent
la seconde. Elle les entraîne sans doute à des actes fort

_____

(1) QUINCY, *Mémoires*, II, p. 247.

répréhensibles, mais comme elle est le salut, ils ne s'embarrassent pas de scrupules, non plus que le roi qui a besoin
d'hommes, non plus que leurs chefs qui professent que « quiconque ne *sçait* pas faire des recrues est un membre inutile
dans l'infanterie » (1).

(1) GUIGNARD, *l'École de Mars*, I, p. 609.

CHAPITRE III

LE RACOLAGE

Le premier devoir des officiers en recrue arrivant dans une ville est de se présenter au gouverneur et aux magistrats municipaux, démarche de courtoisie qui permet aussi de vérifier leur mission de recruteurs ; l'autorisation de recruter doit leur être donnée par le maire, fort jaloux à l'occasion de cette prérogative (1).

Sitôt obtenue, le *travail du roi* commence et rien n'est épargné pour attirer les badauds.

Généralement, le racoleur fait *battre la caisse.* Il se procure un tambour (2) et a soin de choisir quelque fort gaillard, mine réjouie et trogne fleurie, richement habillé pour la circonstance et maître en l'art des interminables roulements sur la haute caisse fleurdelisée : entre deux batteries, il haranguera la foule ameutée et conviera la *belle jeunesse* ou les *grivois de bonne volonté* à s'enrôler au service du roi.

Les officiers aisés préfèrent de beaucoup le racolage par voie d'affiches, moins tapageur mais plus efficace peut-être.

(1) « Défenses de faire aucunes leVées de gens de guerre et, à cette fin : de battre le tambour, sonner de la trompette ou mettre des affiches, sans qu'il nous soit apparu dɔ commission de Sa Majesté, à peine de 100 liVres d'amende et d'estre procédé extraordinairement contre les contreVenants » (*Règlement de police de la ville de Limoges*, 1700. — *Archives départementales de la Haute-Vienne*, C 54). Cf. aussi : CHAMPEVAL, « Tulle et ses intérêts municipaux » (*Bulletin de la Société de Tulle*, 1910, p. 335).

Voir une curieuse querelle à ce sujet entre le maire et le lieutenant de maire de Montdidier en 1712 (lettre de l'intendant Bernage, 9 février 1712. — D. G., vol. 2371, p. 178-179).

(2) Les tambours pouVaient être fourmis par la municipalité (CHAMPEVAL, *op. cit*, p. 335).

75

Nous avons conservé un assez grand nombre de ces petites affiches où se profile la silhouette caracolante d'un beau maître à tricorne et perruque, ou la fière prestance d'un fantassin sous les armes, campés sur quelques lignes de texte en gros caractères et dont la teneur ne varie guère : au garçon avide de goûter la douce vie des camps, elles promettent un uniforme splendide, tout cousu d'or et d'argent ; une haute paye généreuse emplira ses poches d'écus tintants et comme il ne pourra sans cesse boire du vin frais ou jouer aux boules, on lui donnera aussi « un maistre de mathématiques, un maistre écrivain, un maistre en fait d'armes, un maistre à danser ». Suit l'adresse du recruteur, où le trouver et conclure aussitôt l'enrôlement (1). Placées au bon endroit, sur les murs des grandes places et des marchés, à l'entrée des cabarets, ces petites affiches sont certainement lues et commentées. Leurs grossières hâbleries ne trompent point les gens, mais elles excitent toujours leur curiosité et en amènent bien quelques-uns au recruteur, « pour voir » : il n'en demande pas davantage. Ceux qui viennent au rendez-vous, il a plus d'un tour dans son sac pour les jouer.

Pour les attirer plus sûrement, une de ses ruses est de les tromper sur l'arme pour laquelle il recrute.

De tout temps en France, la cavalerie a joui d'une plus grande considération que l'infanterie ; c'est l'arme où sert la noblesse, qui lui confère un peu de son éclat. Lorsque les ordonnances royales mentionnent les soldats des différentes armes, elles font toujours passer le cavalier, puis le dragon devant le fantassin, même s'il est sergent ; elles le traitent plus favorablement pour la solde et les récompenses. Bref, la cavalerie n'est jamais en peine de volontaires (2).

(1) On trouvera le texte ou le fac-similé de nombreuses affiches dans les ouvrages de MM. Depréaux et Esquieu. Elles sont presque toutes postérieures au règne de Louis XIV et au vrai on en connaît très peu de cette époque.

(2) Cette vogue de la cavalerie existe déjà au temps de Louis XIII (Cf. D'AVENEL, *Richelieu et la monarchie absolue*, III, p. 35-36). Au cours de notre étude, nous relèverons peu de plaintes relatives au recrutement de cette arme de choix. En Espagne, à la même époque, l'arme favorite est au contraire l'infanterie.

Connaissant son prestige, les officiers d'infanterie cherchent donc à l'exploiter en marquant sur leurs affiches qu'ils enrôlent pour elle : ils sont sûrs d'attirer du monde.

Les plus honnêtes s'en tiennent là : ils apprennent aux gens qui se présentent qu'ils n'enrôlent que pour l'infanterie et tâchent de les décider à prendre parti avec eux. C'est affaire d'habileté oratoire. Le chevalier de Quincy use du stratagème : il démontre à l'homme qu'il gagnera autant dans l'infanterie que dans la cavalerie, sans avoir de cheval à soigner. A l'en croire, il arrive à en convaincre : « Quelques-uns, dit-il, ne vouloient pas s'engager, et d'autres, voyant ma bonne foi, s'engageoient avec plaisir » (1).

Malheureusement, beaucoup de ses camarades n'ont pas sa loyauté et bernent leurs dupes jusqu'au bout : après les avoir enrôlées pour un prétendu corps de cavalerie, ils s'en saisissent et quelques volées de bois vert ont tôt fait d'étouffer leurs protestations.

L'audace de certains recruteurs ne connaît pas de bornes. A Paris, en 1702, une affiche particulièrement alléchante sollicite les badauds. Elle est ainsi conçue :

« Régiment de mousquetaires de Mgr le duc de Bourgogne.
    « De par le Roy :

« On fait à sçavoir à tous gentilshommes ou autres jeunes gens de famille, vivans noblement, bourgeois de connoissance, ce faisant connoistre, depuis l'âge de 18 ans jusques à 30, au-dessus de cinq pieds de hauteur, qui désirent de servir le roy, ils n'ont qu'à s'adresser à l'hostel de Carignan, rue des Veilles-Estuves, proche la Croix du Tiroir ; ils trouveront le commandant qui leur donnera toute sorte de satisfaction. C'est un régiment nouveau de mousquetaires de la garde du duc de Bourgogne : pendant la campagne, ils auront double paye et vingt sols par jour jusques au départ et on leur fournira leurs équipages. Il luy faut aussi un maistre de mathé-

(1) QUINCY, *Mémoires*, II, p. 325.

matiques, un maistre écrivain, un maistre en fait d'armes et
un prevost, un maistre à danser, deux maistres chirurgiens,
deux fraters et trois hautbois. Pareille affiche est sur la porte. »

Les naïfs, qui s'enrôlent nombreux, apprennent, après avoir
signé, qu'ils serviront simplement dans la compagnie du sieur
Duplessis, capitaine au régiment d'infanterie de Montbois-
sier. Celui-ci les console et leur prouve qu'ils auraient tort de
se plaindre : ne leur a-t-il promis d'en faire des mousquetaires,
c'est-à-dire gens portant le mousquet, donc fantassins (1)?

Un autre officier d'infanterie fait mieux dans le même
ordre d'idées. Il imagine de lever une prétendue compagnie de
cent arquebusiers pour la garde du trésor royal ; à ces guerriers
d'un nouveau genre, son affiche promet un magnifique traitement : assurés de prendre leurs quartiers d'hiver à proximité
de Paris, ils recevront double paye et doubles rations ; ils
pourront devenir cadets et porter en cette qualité un habit
« d'écarlate avec un bordé d'or, un chapeau bordé d'or, une
plume blanche et une cocarde » ; enfin, au bout de trois mois,
ils seront promus officiers. L'affiche ayant soin de préciser
que la compagnie est presque complète, nombre de jeunes
gens, « amateurs de la gloire et de l'argent », alléchés par ces
mirifiques promesses, se hâtent de s'enrôler (2).

Toutes ces affiches indiquent comme lieu de rendez-vous
un hôtel ou un cabaret. Le cabaret : vrai quartier général et
résidence ordinaire de l'officier en recrue ; c'est là que généralement se conclut l'enrôlement et c'est sur sa table grossière,
étoilée de flaques de vin coulant au cul des bouteilles que se
signe le papier qui fait un soldat.

Que ce soit à la *Pomme de Pin*, au *Plat d'Étain* ou à la *Croix
du Trahoir*, où peut-on être mieux, dans la fumée des pipes
et le tintement des chopes, pour décider les hommes encore

---

(1) Lettre de Camus de Beaulieu, 8 juillet 1702 (D. G., vol. 1604, p. 105, 106
et 107, exemplaires de l'affiche).
(2) Lettre de d'Argenson, 24 août 1703. Cet officier, remarque-t-il, « ne s'em-
barasse pas si toutes ces promesses sont conformes aux ordonnances militaires »
(D. G., vol. 1700, p. 156).

hésitants? Une dernière rasade, appuyant au bon moment les arguments décisifs, vient à bout des dernières résistances.

Tout conspire à *empaumer* les badauds : à l'entrée du cabaret, quelque grande enseigne en bois peint, se balançant au vent, attire l'attention des oisifs qui ont haussé les épaules aux promesses des affiches ; elle représente un soldat en bel uniforme (1) semblable à celui des officiers attablés à l'intérieur et qui hèlent les jeunes gens : ceux-ci cèdent-ils à l'offre d'une bouteille? Une chopine de clairet des coteaux de Meudon a tôt fait de leur inspirer une ardeur belliqueuse.

De joyeux drilles en partie fine demandent-ils un jeu pour faire une partie de bassette ou de hoca? Le tavernier leur distribue des cartes portant au dos l'adresse d'un recruteur et ses merveilleuses promesses (2).

Mais il n'est jamais loin, le recruteur : assis en quelque coin, il observe, toujours prêt à rendre raison aux buveurs. Aussi bien y trouve-t-il son compte.

Alors comme aujourd'hui, il n'est pas de contrat entre gens du peuple que ne ratifie la bouteille ; la signature de l'enrôlement est toujours accompagnée de libations. On considère donc qu'il suffit à quelqu'un de boire à la santé du roi avec des militaires pour être enrôlé : la dépense payée par le racoleur ne l'est-elle pas avec l'argent du roi (3)?

Une curieuse comédie nous a conservé la trace de cette croyance indiscutée. On y voit le clerc de procureur, Machavide, las de travailler sans salaire et de ne jamais manger à sa

(1) Le Musée de l'Armée possède deux de ces enseignes du règne de Louis XV représentant des grenadiers de Royal-Suédois et le musée CarnaValet une autre, statuette de bois sculpté figurant un garde national parisien de 1789. Ces enseignes sont reproduites dans l'ouVrage de M. DEPRÉAUX (*les Affiches de recrutement,* pl. 1 et 2.)

(2) M. d'Arbois de Jubainville a retrouVé quelques-unes de ces cartes dans les archiVes de l'Aube. Il les signale dans la préface de l'*Inventaire des archives départementales* (séries C et D, t. I, p. 43) et dans son liVre sur l'*Administration des intendants*, p. 79. M. Esquieu les a reproduites (*le Racolage et les racoleurs,* p. 40-41).

(3) Cet usage s'est perpétué longtemps : Voltaire ne montre-t-il pas Candide enrôlé par les Bulgares pour avoir bu à la santé de leur roi?

faim, s'engager et convier ses anciens camarades à fêter son uniforme :

> — Venez tous trois ; je paye à chacun sa chopine,
> Allons aux Entonnoirs

TROTTANVILLE.

> — C'est de l'argent du roy
> Je ne suis pas si sot que de boire avec toy,
> Tu nous enrollerois sans y songer peut-estre.

L'un d'eux se décide pourtant après réflexion :

> Si tu crois m'enroller, tu me dérolleras (1).

(1) Jacques DENIS, *les Plaintes du palais*, acte II, scène XV (FOURNEL, *Petites comédies rares et curieuses du dix-septième siècle*, t. II, p. 162-163). La même scène est notée de façon pittoresque dans une farce de l'hôtel de Bourgogne à peu près contemporaine de cette comédie (1690) et intitulée *la Fille sçavante*.

Isabelle, transformée en capitaine, enrôle son Voisin l'Arc-en-Ciel en le faisant boire avec elle à la santé du roi.

ISABELLE (*en se mettant à table*). — Allons, notre cher, mets toy là, à côté de moy. L'Eschalote ?

L'ESCHALOTE. — Mon capitaine ?

ISABELLE. — N'entends-tu pas à demy mot ? Du vin à M. l'Árc-en-Ciel !

L'ARC-EN-CIEL. — Je sors de boire, mademoiselle. Il n'y a pas une demie-heure que je suis hors de table.

ISABELLE. — Ah ! que de façons. (*Elle le fait asseoir.*) Nous autres, gens de guerre, nous serions bientost sur la litière, si nous ne mangions à toutes les heures du jour. (*On apporte deux verres.*) Allons, Voisin, à ta santé !

L'ARC-EN-CIEL. — A la Vostre pareillement.

. . . .

ISABELLE. — Noyons ces chagrins là dans le vin. Allons, l'Eschalote, à boire à M. l'Arc-en-Ciel.

L'ARC-EN-CIEL. — Je pense que c'est le mieux. (*Il prend un des verres.*) Dere-chef, à ce que Vous aimez ?

ISABELLE. — Je n'aime ma foy que la guerre. A propos de la guerre, ne dit-on point des nouVelles ?

L'ARC-EN-CIEL. — On dit, ma foy, que nos ennemis ont de malins vouloirs. Mais à bon chat, bon rat !

ISABELLE. — Ah ! que je te sçais de gré, Vieux fou, de tes colibets ! Va, va, pagnote, dors en repos. Nous aVons un maître, qui les mènera bon train. Allons, beuvons à sa santé ! L'Eschalote, du vin à M. l'Arc-en-Ciel ?

L'ARC-EN-CIEL (*se levant*). — Ah ! de tout cœur. Vite, une rasade.

ISABELLE. — Allons, mordy, j'en suis aVec plaisir. (*On leur apporte chacun un verre de vin.*)

L'ARC-EN-CIEL (*se levant*). — A la santé du roy ? Mon capitaine, je Vous la porte.

ISABELLE (*à part*). — Il ne pense pas si bien dire. — Et moy, je Vous en fais raison, à rouge bord, comme Vous Voyez.

. . . .

Et, quand il est parti, elle hèle Mezzetin, son sergent : « Qu'on aille un peu réjouir Monse du Bourgeois et qu'on l'amène au drapeau tambour battant. »

AVIS
AUX JEUNES GENS
Amateurs de la Gloire & de l'Argent.

IL se leve une Compagnie de cent arcquebusiers pour la garde du Tresor, & du quartier du Roy, ils auront leur quartier d'hyver autour de Paris, & ont double paye, & double ration, Il y a dans cette Compagnie des Cadets qui sont habillez d'Ecarlatte avec un bordé d'or, un Chapeau bordé d'or une plume blanche, & une Cocarde, & ceux qui entrent en qualité de Cadets sont faits Officiers quand ils ont resté trois mois dans ladite Compagnie, on donne tous les jours vingt sols à depenser jusqu'au depart.

Avancez vous parce que la compagnie est presque Complette.

Le Capitaine loge chez le sieur de la Feuillade à l'Hostel du petit Berry à la porte & proche la Fontaine Saint Germain, Il n'y à qu'à demander le Chevalier du Jon qui est le Capitaine.

Il donnera toute sorte de recompence à ceux qui luy ameneront des hommes de la hauteur de cinq pieds & un pouce, & au dessus.

AFFICHE DE RACOLEUR (Paris, 1703)

La défiance des buveurs, qui n'ignorent pas, l'usage est naturellement éveillée. Tout l'art du recruteur sera donc d'endormir cette défiance et d'arriver par tous les moyens à surprendre la bonne foi de quelque brave homme qui ne verra pas malice à accepter un verre de vin. Il n'est même pas nécessaire de lui faire porter la santé du roi, il suffit de lui faire accepter publiquement quelque argent pour pouvoir prétendre ensuite que c'est le prix d'un enrôlement. A ces ruses, certains racoleurs sont passés maîtres.

Un sous-lieutenant du régiment d'Agenois, le sieur Leprince, réglant sa dette à un aubergiste parisien de la rue Saint-Dominique, fait mine un jour de s'en aller sans attendre sa monnaie. Et lorsque son créancier a empoché les cinq ou six sols qu'il lui abandonne, il prétend pour cette raison l'avoir enrôlé (1).

La plupart du temps, les recruteurs ont la précaution d'enivrer leurs victimes avant de les jouer : les ivrognes sont gens de bonne composition et dont le témoignage forcément confus est moins à redouter.

En mai 1704, le capitaine d'Auxon du Royal-Comtois entreprend dans un cabaret un procureur de Luxeuil, nommé Quassey, déjà « plain de vin ». S'étant assis à sa table, il lui demande, après lui avoir rendu raison, s'il consentirait à le servir. L'ivrogne répond avec une politesse exquise « qu'il souhaiteroit estre en estat de luy rendre un service ». Le capitaine jette donc un écu sur la table. Le cabaretier, brave homme et inquiet de la tournure des événements, ramasse l'argent : l'officier l'oblige à le laisser devant Quassey, qui naturellement finit par l'empocher. Le tour est joué : M. d'Auxon rédige aussitôt son acte d'enrôlement et le fait signer de deux témoins, « ennemys capitaux » de Quassey (2).

---

(1) Placet de l'aubergiste et lettre de d'Argenson, 20 juin 1705(D. G., vol. 1897, p. 456, 457, 458).

(2) Lettres de Bernage, mai-juin 1704 (D. G., vol. 1759, p. 148.149, 166). Quassey, « pauvre homme chargé de famille qui gagne sa vie à postuler dans un bailliage, » est en outre incapable de servir, étant estropié d'un bras, comme en témoigne un certificat de chirurgien.

Jourdain, pauvre fripier parisien, est, certain soir d'hiver, merveilleusement traité par trois officiers qu'il rencontre « chès Bocheron à la Croix du Tiroir ». Ancien soldat réformé après blessure, dans son émotion de trinquer avec des officiers, il boit tant qu'il roule ivre-mort. Les compères l'achèvent en lui ouvrant la bouche pour lui faire encore « avaller de l'eau-de-vie qu'il ne sentoit plus ». Épouvantés, « craignant eux-mesme pour leur propre vie », le patron ni les garçons n'osent intervenir et les officiers bien assurés que l'homme aura perdu tout souvenir de sa soirée, le réclament comme soldat (1).

La défiance de l'ivrogne est-elle brusquement éveillée, il en résulte de beaux tapages.

Quelques jours après la mésaventure de Jourdain, un musicien est attiré dans un autre débit parisien de la rue Zacharie par des soldats qui lui font boire de l'eau-de-vie. On ne sut jamais ce qui s'était passé exactement. D'Argenson reconnaît comme plus que probable l'intention des militaires de l'enrôler, mais avant qu'ils aient parlé de rien, « cet ivrogne qui ne sçavoit ny ce qu'il faisoit ny ce qu'il pensoit se jetta par une fenêtre de la chambre qu'il vit ouverte et qu'il prit peut-estre pour une porte ». La foule s'amasse, indignée de ce spectacle « qui avoit tout l'air d'une violence déterminée et d'un enrôlement forcé » et mande le commissaire. A son arrivée, les coupables ont déguerpi, à l'exception de l'infortuné *Sauve-les-meubles* qui est seul arrêté « et qui peut-estre a eu le moins de part à cette avanture » (2).

La cave du couvent des cordeliers de Châtellerault est hantée, en l'an de grâce 1706, par trois joyeux compères qui s'entendent à merveille. Ce sont le père Laurencin, un maréchal des logis de Duras-Cavalerie et Louis Bussereau, valet du couvent.

« Régulièrement, toutes les nuits », le soldat, le père et le

---

(1) Lettre de d'Argenson, 10 féVrier 1705. Comme l'autre, cet homme est estropié — d'une jambe, « ce qui le rend boiteux et à peine pourroit-il faire une lieue en six heures » (D. G., vol. 1895, p. 232-233.)

(2) Lettre de d'Argenson, 11 féVrier 1705 (D. G., vol. 1895, p. 333).

valet tutoient les bouteilles sans la moindre vergogne. Un beau jour, « soit que le remors eut pris au valet de boire le vin des bons pères, ou qu'il eut d'ailleurs sujet de se plaindre du père Laurencin, il découvrit tout le manège au père gardien ».

Ruminant une vengeance sérieuse contre leur délateur, le père et le maréchal des logis imaginent de l'enrôler. Par manière de plaisanterie, le religieux lui fait écrire sur le coin droit d'un morceau de papier la phrase suivante, ainsi disposée :

Louis Bussereau

est un fort bon garçon quand il dort mais quand il est éveillé, c'est un diable.

Et en face de cette... signature, le maréchal des logis ajoute ensuite : « Nous, mestre de camp de Duras de cavalerie certifions avoir engagé le nommé Louis Bussereau, parroisse et natif d'Entran, généralité de Poitou, à la hauteur de cinq pieds trois pouces, bien carré de sa taille, cheveux châtains et droits, le visage meygre. Fait à Châtellerault, le premier jour de décembre 1705. »

Et il s'en faut de rien que le pauvre diable ne sorte de prison pour rejoindre le régiment (1).

Ainsi, la dive bouteille, alliée du recruteur en quête d'hommes, joue-t-elle souvent de fort vilains tours à de braves gens trop contents de leur sort pour avoir jamais songé à s'enrôler.

Ce ne sont pas les seules victimes inconscientes des racoleurs.

Ceux-ci ont un autre gibier aussi facile à forcer en la personne des fils de famille, écoliers ou étudiants. Avec les rustres bornés, ces jeunes naïfs sont peut-être les seuls à se laisser

---

(1) « Trouvés bon, monsieur, écrit l'intendant Doujat à Chamillart le 26 février 1706, que je vous fasse le détail des circonstances qui ont accompagné cet enrôlement qui peut-estre pourront vous amuser un moment » (D. G., vol. 1903, p. 279.)

prendre aux grossiers mensonges des bonimenteurs ou des affiches. Souvent même, point n'est besoin de les solliciter : d'eux-mêmes, s'ennuyant au logis ou rêvant aventures, ou bien n'osant après trop forte fredaine affronter l'ire paternelle, ils accostent les officiers et s'offrent à prendre parti, désir qui ne souffre certes pas contrariété : leur vœu est aussitôt exaucé.

Les recruteurs les enrôlent d'autant plus volontiers qu'ils espèrent bien affoler leurs familles qui n'épargneront rien pour les racheter. De là à spéculer sur cet effroi légitime pour mettre les parents à rançon, il n'y a qu'un pas : il est souvent franchi (1).

Certains officiers se font une spécialité des enrôlements de tout jeunes gens, voire d'enfants, pourvu qu'ils appartiennent à la bourgeoisie aisée. A Lyon, en 1703, un capitaine engage ainsi quatre gamins dont le plus âgé a douze ou treize ans (2). Un autre dont le frère est en pension chez les jésuites de Blois l'emploie à prendre la signature de ses camarades, « aagés de 11 à 12 ans... sous prétexte d'un jeu d'enfant » et les réclame ensuite comme soldats (3).

Une femme de Paris qui connaît le procédé en use un jour avec succès pour se procurer de l'argent, afin d'acheter le congé de son fils, soldat au régiment de Picardie : elle collectionne des signatures d'enfants de neuf à quatorze ans et vend aux parents de prétendus congés fabriqués et signés par elle (4). Naturellement les familles en passent par les exigences de ces

---

(1) La comédie de *la Fille savante*, citée plus haut et qui passe en revue les tours habituels des recruteurs, n'oublie pas celui-ci :
MEZZETIN. — Le père de Jolicœur, mon capitaine, qui apporte trente louis d'or pour dégager son fils.
ISABELLE. — C'est un fou ! A moins de cinquante, il n'y a rien à faire.
« Je suis persuadé, écrit un intendant, que si on recherchoit la conduitte de tous les officiers, il n'y en a guère à qui on ne peut reprocher d'aVoir donné quelque congé pour de l'argent » (d'Angervilliers, 1er janVier 1706. — D. G., vol. 1971, p. 23).
(2) Lettre de l'intendant Guyet, 28 janVier 1703. L'officier prétendait garder ces enfants pour domestiques jusqu'à ce qu'ils fussent en âge de servir (D. G., vol. 1702, p. 82).
(3) Chamillart à BouVille, le priant d'enquêter sur la plainte des parents, marchands de Blois, 6 janVier 1704. (D. G., vol. 1801, p. 68).
(4) Lettres de d'Argenson, 9 mai et 28 juillet 1711 (D. G., vol 2343, p. 219 ; vol. 2344, p. 54).

racoleurs pour obtenir la destruction de ces pseudo-engagements et surtout la délivrance de congés. Bien heureuses
encore quand les racoleurs ayant touché leur argent n'ont
point la perfidie de donner à leurs enfants des congés temporaires, qui leur permettront de les réclamer du jour où ils
pourront porter les armes (1).

Et tant pis pour les imprudents, qui ne demandent point
de congé : enrôlé à quatorze ans et demi, le jeune Vachot est
la risée de ses camarades du régiment d'Agenois qui lui con-
seillent d' « aller têter ». Renvoyé chez lui, il doit rejoindre
son régiment dès qu'il est un peu plus fort, son capitaine ayant
négligé de lui donner congé (2).

Nombre de racoleurs ne reculent donc pas devant les plus
méchants tours pour faire des dupes : la question est de savoir
si le gouvernement est disposé à le tolérer.

Pour ce qui est des mensonges destinés à attirer les naïfs,
il ferme les yeux. Tant pis pour qui s'y laisse prendre. Que les
jeunes gens comptent sur une vie de fêtes et de plaisirs, qu'ils
espèrent apprendre à danser et calculer et les manières du bel
air, qu'en leur giberne ils croient trouver le brevet d'officier,
libre à eux d'y aller voir.

Qu'ils souhaitent servir dans la cavalerie et leur enrôlement
signé se trouvent fantassins, il n'y a pas non plus grand mal.
De « cette ruse », les officiers de cavalerie sont avec eux seuls à
se plaindre (3). L'État qui a besoin de soldats se soucie peu

(1) Le 25 septembre 1702, l'intendant d'Herbigny envoie à Chamillart copie
de deux congés donnés par des officiers du régiment de Turbilly à « deux petits
garçons... chassés sans sol ny maille pour se retirer ». On les a menacés et maltraités quand ils ont demandé un congé absolu et de quoi subsister. Les officiers,
dit-il, ont bien fait de les renvoyer, mais ne peuvent prétendre qu'ils restent
engagés (D. G., vol. 1610, p. 182).

(2) Lettre de Vachot et information sur son cas, juillet 1705 (D. G., vol. 1857,
p. 195-197).

(3) Lettre de l'intendant Ferrand, 3 février 1711, expliquant la tromperie.
Réponse : « C'est une ruze dont les officiers d'infanterie se sont toujours servy

au demeurant de leurs préférences et absout volontiers une supercherie qui lui vaut pas mal d'enrôlements. En 1705, M. de Rochebonne signale à Chamillart que les officiers d'infanterie opérant à Lyon simulent des enrôlements pour les dragons : leurs dupes sont nombreuses, mais il hésite à leur rendre leur liberté, « cette année que les troupes ont besoin de fortes recrues et qu'on a bien de la peine à trouver du monde ». La réponse du secrétaire d'État est significative ; il approuve M. de Rochebonne et, tout en lui recommandant d'agir prudemment, l'engage à *adoucir* les plaignants et à les convaincre de prendre parti dans l'infanterie. Peut-on mieux entrer dans les vues des recruteurs (1)? Que si les dupes réclament trop fort, on ordonne parfois leur mutation dans un régiment de cavalerie qui rembourse à l'embaucheur le prix de leur engagement (2).

Ce n'est que lorsque ces gens ont été effrontément trompés, scandaleusement enrôlés pour des corps imaginaires qu'on se décide à annuler leur enrôlement. Tous les volontaires pour la compagnie des arquebusiers du trésor, de même que les pseudo-mousquetaires du duc de Bourgogne sont ainsi libérés par les soins du lieutenant de police. Le capitaine Duplessis est en outre frappé : convié à se rendre à l'audience de Chamillart, à Versailles, il n'en revient que pour entrer en prison après cassation (3).

et je crois que ce n'est pas la première fois que Vous l'avés veu pratiquer en Bretagne » (D. G., vol. 2347, p. 83).

(1) Lettre de M. de Rochebonne, 31 janVier 1705. Il rappelle que deux ans auparavant on n'admettait pas cette supercherie et qu'on donnait aux dupes leur congé absolu (D. G., vol. 1895, p. 163 et *apost.*).

(2) Chamillart à Ferrand, 25 mars 1704 (D. G., vol. 101, p. 341). En 1707, deux hommes sont trompés par un capitaine du régiment de Picardie qui les engage comme dragons. Ils se plaignent et « Sa Majesté ne Voulant point que l'on use de surprise dans les enrollemens, ayant agréé la supplication desdits Billehaut et Ribaucourt, les a déchargés et décharge de l'engagement qu'ils ont contracté... trouVant bon qu'ils servent à l'aVenir dans la compagnie [de dragons] dudit sieur de Val, à condition qu'il rendra l'engagement qu'ils ont reçu, aVec déffence au sieur de BreVilliers de les inquiéter sous quelque prétexte que ce puisse être, sur peine de désobéissance » (*Cangé*, vol. 36, p. 127).

(3) Le recruteur des arquebusiers est prié de changer son affiche, de fournir un état des enrôlements et d'accorder congé aux hommes qui le réclameront

C'est que l'inconvénient apparaît vite de ces affiches fantaisistes qui, loin de procurer des hommes au roi, desservent
ses intérêts.

En cette année 1705, où M. d'Argenson se décide à « entrer
dans le détail de ces fausses affiches », elles couvrent les murs
de Paris et les recruteurs qui les font faire inventent à l'envie
des corps imaginaires, nantis « de titres bizarres qui ne sont
que dans leur idée ». Le peuple, rendu méfiant par ces hâbleries, ne lit plus aucune affiche, au grand dam des recruteurs.
Le lieutenant de police s'en aperçoit personnellement, qui, à
cette époque, recrute sans succès pour les dragons de la
Reine (1).

Il n'hésite donc pas à interdire d'afficher pour des régiments supposés et sait faire respecter sa décision par un
exemple immédiat. Passant outre à sa défense, un officier, le
sieur Blammont, veut en effet contraindre un afficheur à coller
un placard pour le recrutement d'une prétendue compagnie
franche de grenadiers à cheval du duc de Bretagne et sur son
refus le rosse brutalement ; indignée, la foule tombe à bras
raccourcis sur le racoleur et eût « peut-estre trop bien vengé »
l'afficheur sans l'intervention du guet. Conduit au Fort-
Lévêque, M. de Blammont a tout loisir d'y réfléchir sur les
conséquences de sa désobéissance, en attendant que l'enquête
ait révélé le régiment auquel il appartient et que l'on ait décidé
de son châtiment (2).

En dehors des scandales retentissants et qui lui sont pré-
judiciables, le gouvernement témoigne donc d'une grande
indulgence pour les racoleurs. Il ne montre guère plus de fermeté dans les affaires que leur attirent leurs ruses habituelles.

(D. G., vol. 1700, p. 156, *apost.*). Note sur la lettre de Camus de Beaulieu (D. G.
vol. 1604, p. 105).

(1) « Ces fausses affiches, dit-il, sont deVenues si communes qu'elles font
douter des Véritables ; ainsy quand on a affiché pour les dragons de la Reyne, on
a creu que c'estoit encore un appas et je doute que le publicq soit bien détrompé
de cette prétention » (lettre du 6 mars 1705. — D. G., vol. 1896, p. 54).

(2) *Ibid.*, Chamillart donne ordre de rechercher le régiment de cet officier.
« On Verra pour lors ce qu'il conViendra d'en faire. » (Un exemplaire de l'affiche
est joint à la lettre de d'Argenson.)

D'abord il ne conteste jamais la validité d'enrôlements contractés pour avoir simplement bu à la santé du roi. La chose est admise : appelé à statuer dans une affaire de ce genre, le subdélégué de l'intendance de Champagne à Rozoy ne met pas le procédé en discussion mais s'inquiète uniquement de savoir si l'homme a réellement bu à la santé du roi et ne lui rend sa liberté que pour avoir établi le contraire.

De même, l'intendant Bernage libère en 1704 un individu prétendu enrôlé, après s'être assuré qu'au cours de sa beuverie avec l'officier qui le réclame, il n'a été question « ny de la santé du roy, ny du capitaine, non plus que d'engagement » (1).

Il est vrai que les officiers sont de bonne foi en réclamant les hommes qui ont trinqué avec eux : un capitaine d'infanterie ne prétend-il pas traduire en conseil de guerre pour désertion un de ses soldats qu'il a surpris buvant avec des cavaliers (2)?

Dans toutes les affaires burlesques où l'homme a été enrôlé en état d'ivresse, la jurisprudence est loin d'être uniforme. On commence généralement par emprisonner les prétendus enrôlés en attendant le résultat des enquêtes faites par les intendants ; ce sont elles qui font découvrir les histoires que nous avons narrées. Leur conclusion dicte la décision à prendre.

S'il subsiste quelque doute, on laisse leurs victimes aux racoleurs ; mais s'il s'agit d'une « pure vexation » et qu'elle soit nettement prouvée, on élargit les pauvres dupes : relâchés Quassey le procureur et Jourdain le fripier et Bussereau le valet des cordéliers de Châtellerault. En tout cas, les officiers coupables ne sont guère inquiétés : ils s'en tirent avec une

---

(1) Extrait de la lettre du subdélégué de Rozoy à Phélypeaux, 26 mai 1705, et lettre de Phélypeaux du 29 mai. Le curé de l'endroit ayant affirmé que l'homme n'aVait pas bu à la santé du roi, il paraîtrait « rude » à l'intendant qu'on l'obligeât à serVir (D. G., vol. 1901, p. 328-329). — Affaire Quassey (Voir plus haut). — Certains officiers exagèrent : un capitaine réclame un jour un garçon qui aVait bu la Veille de Noël dans un cabaret de Grenoble à côté de deux de ses soldats mais « à une différente table », sans même entrer en conVersation aVec eux (lettre de Bouchu, 15 mai 1705. — D. G., vol. 1878, p. 312-313).

(2) « Ce n'est pas une raison pour qu'il ait pris party dans ce dernier régiment », décide Chamillart qui refuse « de le faire mettre au conseil de guerre sous ce prétexte » (lettre à l'intendant Bignon, 19 juin 1705. — D. G., vol. 1840, p. 285).

semonce et au plus l'obligation de verser une légère indemnité au malheureux qu'ils ont pensé jouer (1).

Leur attitude est significative : doux et fort conciliants quand leurs torts sont bien évidents, ils se montrent arrogants et hautains tant qu'ils ont la moindre apparence de raison.

La quasi-certitude de l'impunité explique l'impudence de certaines de leurs prétentions. Non seulement le gouvernement ne les punit pas comme ils le méritent, mais il les soutient toutes les fois qu'il le peut sans trop de scandale.

Ainsi, il n'approuve certes pas qu'ils embauchent des enfants, dans l'intention non douteuse le plus souvent de les faire racheter par leurs parents. Mais il se contente de menacer de cassation et de prison ceux qu'il surprend à ce jeu, de leur ordonner de le cesser et de donner congé à leurs petites victimes (2). Il veille en outre que ces congés soient absolus, car il n'ignore pas la grosse malice des congés temporaires. Ceux qui les délivrent ne mériteraient-ils pas un châtiment, avouant eux-mêmes leur intention coupable ? Découvrant de ces congés temporaires à Lyon en 1704, M. de Montesan en envoie un à Chamillart, après avoir eu soin d'effacer le nom du capitaine, de peur que « celuy-là ne souffre seul d'une faute qui a esté si généralle » (3). Que voilà donc de l'indulgence bien placée !

(1) La religion des intendants est vite éclairée : il est des actes d'engagement, comme celui de Bussereau, « dont la seule vüe prouve la nullité », qui n'ont pas « la moindre apparence » et ne sont « pas moins odieux que contraires à toutes les règles » (lettres de Doujat et d'Argenson. D. G., vol. 1903, p. 279 ; vol. 1897, p. 156). — Quassey touche 20 livres de dommages et intérêts (lettre de Bernage du 13 juin 1704 et *apost.* — D. G., vol. 1759, p. 165).

(2) Guyet reçoit ordre de dire à un officier « que le roy le fera mettre en prison ou casser s'il tombe à l'avenir en pareil inconvénient » (D. G., vol. 1702, p. 82, *apost.*) ; Bouville de faire « descharger ces enfans, le roy ne voulant pas souffrir de pareilles surprises » (D. G., vol. 1801, p. 68). La femme qui a fait enrôler des enfants pour tirer de l'argent de leurs parents est tenue en prison « quelque temps » (D. G., vol. 2343, p. 219 ; vol. 2344, p. 54).

(3) Copie du congé : « Nous, capitaine au régiment de..., certifions avoir donné congé au nommé Antoine Favier, natif de Lyon, soldat de ma compagnie pour un an pour s'en retourner audit Lion, ayant resté malade à Dijon en Bourgogne et par conséquent n'ayant pu marcher, luy deffendant de ne s'engager avec personne sur peine d'être arrêté pour déserteur. Prions tous ceux qui sont à prier de le laisser librement passer, sans luy faire aucun empeschement et avons signé ledit congé pour ladite année » (lettre de M. de Montesan du 17 décembre 1704, D. G., vol. 1800, p. 430-431).

Enfin dans toutes les affaires d'enrôlement de fils de famille, on soutient la prétention des officiers de les garder. Ils ont beau jeu à dire que les jeunes gens les ont sollicités de les accepter et se sont offerts à eux de leur plein gré ; c'est bien souvent vrai et en théorie ces enrôlements sont parfaitement légitimes. Mais ces jeunes gens savent-ils ce qu'ils font et les officiers peuvent-ils toujours se flatter de n'avoir influé en rien sur leur décision ?

Peut-il se prétendre exempt de tout reproche ce capitaine qui enrôle un gamin de dix-sept ans, après l'avoir roulé près d'un mois dans tous les cabarets de la garnison de Condé, le faisant rentrer ivre chez lui tous les soirs (1) ?

Franchement, les familles sont fondées parfois à se plaindre du manque de discernement de leurs rejetons et d'un peu de « subtilité » de la part des recruteurs (2). Mais l'enrôlement est signé, le jeune homme est soldat et il ne faut pas espérer le faire libérer à l'amiable.

Les parents, bourgeois de condition très souvent, emploient tout leur crédit à reprendre leurs enfants, mais sans succès. Tel plaide la folie et représente son fils infortuné comme « un esprit foible et aliéné » : un examen médical déjoue cette pauvre défaite (3). Tel autre a recours à un ami pour faire emprisonner son enfant, espérant le mettre ainsi à l'abri du racoleur : peine perdue. En avril 1705, un commissaire parisien rend, vainement d'ailleurs, ce service à un cabaretier du cimetière Saint-Jean dont le frère s'est enrôlé par coup de

(1) Plainte du sieur Grandcourt, commissaire d'artillerie à Condé, au sujet de l'enrôlement de son neVeu (21 mai 1706) : « Il est vray, Monseigneur, que dans la bonne Volonté que j'avois pour tâcher à faire quelque chose de luy, je le reprimenday et luy donnay quelque soufflet. Le cappitaine à qui il a dit aparament cela : « Venez Vous en aVec moy, je Vous feray lieutenant. » Ce petit innocent a donnez là dedans. D'à présent qu'il le tient, il luy fera dire tout ce qu'il Voudra. Il l'aVoit abiller, Monseigneur, tout de neuf depuis les pieds jusques en hault et il m'a mesme pris quelque argent, je ne sçay par quel conseil, car il n'est pas fripon. Ils le font parler, ils disent qu'il dit qu'il Veut servir dans le régiment. C'est un jeune homme qui ne sçay pas ce qu'il luy faut » (D. G., vol. 1943, p. 299).

(2) Lettre de M. Camus Destouches, 11 féVrier 1705 (D. G., vol. 1895, p. 215).

(3) Placet du copiste parisien Renoir et lettre de d'Argenson, 23 juillet 1705 (D. G., vol. 1898, p. 210-212).

tête à la suite d'une scène de famille. En 1711, le procureur général du parlement de Pau fait incarcérer le fils d'un huissier, sous prétexte de vol, pour le soustraire au colonel d'Eppeville. Celui-ci obtient néanmoins gain de cause (1). A Paris, la veuve Le Sellier, dont le fils a pris parti avec M. de Bouciquault, fait mieux : elle le fait disparaître et le cache « en quelque couvent où il seroit difficile de le trouver ». D'Argenson propose à la bonne femme de donner en place de son fils deux remplaçants ou 160 livres à l'officier, pour terminer l'affaire. Approuvé par Chamillart, l'arrangement n'agrée pas à la mère, qui, malgré son aisance, se refuse à donner un seul sol. « Elle se moque de tout ce que j'ay pu lui dire », constate le lieutenant de police et Chamillart propose une solution qui, de sa part, n'est pas dépourvue de saveur : continuer les recherches jusqu'à ce qu'elles aboutissent et alors enlever le jeune homme de force, seul moyen à son avis « pour punir cette femme-là de son obstination » (2).

L'autorité royale fait preuve en l'espèce d'une rare mansuétude ; plus fréquemment elle retrouve les disparus en rappelant aux parents les peines risquées par les déserteurs : effrayés, ils se hâtent de ramener eux-mêmes leurs enfants aux racoleurs (3).

Privilégiés encore ceux qui peuvent un temps les leur disputer ; d'autres, trop tard avertis, sont exposés à ne jamais les revoir (4).

(1) Lettres du colonel de la Roche-Thulon et de d'Argenson, 2 aVril 1705 (D. G., vol. 1896, p. 328-330). — Lettre du colonel d'Eppeville, 13 janVier 1712. Il se plaint des chicanes que fait le parlement aux officiers en recrue. « Il est vray, reconnaît l'intendant, que les officiers et le parlement ont souVent icy des disputtes ensemble » (D. G., vol. 2408, p. 20-21).

(2) Lettre de d'Argenson et *apost.*, 2 aVril 1705 (D. G., vol. 1896, p. 331).

(3) Lettre de M. de Beaumont, 7 janVier 1709. Une mère a rendu son fils de bon gré (D. G., vol. 2130, p. 108). Chamillart à d'Argenson, 31 décembre 1705, au sujet d'un père qui cache son fils « dans quelque lieu secret » : l'avertir qu'il sera traité comme déserteur (D. G., vol. 1900, p. 413).

(4) Un de ces drames-de famille est éVoqué de façon Vraiment tragique dans ces quelques lignes d'un liVre de raison :

« Le jeudy, 5 novembre... 1693, Jean Badou... mon fils aîné... âgé de Vingt-cinq ans accomplis, est sorty de notre maison aVec dépit et chagrin, disant qu'il

Le pouvoir ne tolère pas les outrages ou les gestes de révolte, si justifiés soient-ils : pour avoir essayé d'arracher son fils à un officier du régiment du Boulay, qui est frappé au visage dans la dispute, le père de Jacques Pavon, encore qu'il n'ait pas personnellement donné le soufflet, est condamné à verser, conjointement avec le coupable, une indemnité de 100 livres au recruteur, sans préjudice des frais de justice (1).

Il ne faut donc pas espérer, par la ruse ou la force, enlever leur proie aux racoleurs : le gouvernement prend toujours leur défense en ces cas où la validité des enrôlements est incontestable. Cependant — et c'est la seule grâce qu'il fasse aux familles éplorées, — il tolère parfois une entente à l'amiable entre elles et les officiers, sous réserve que ceux-ci en acceptent le principe (2). Elles peuvent alors ou bien racheter à prix d'argent les imprudents, ou bien les remplacer par un ou plusieurs hommes. L'indemnité pécuniaire acquise au recruteur est proportionnée à la somme qu'il a déboursée pour l'enrôlement : elle est donc extrêmement variable ; parfois elle représente le double de cette somme (3). On veille toutefois que les officiers n'émettent pas d'exorbitantes prétentions : par exemple en 1705, un capitaine du régiment d'Artois demande 50 pistoles pour rendre à son père un garçon qu'il reconnaît lui-même impropre au service à cause « de la foible complection » de ses seize ans ; d'Argenson l'oblige à en rabattre et fixe à 200 livres son indemnité (4).

s'en alloit prendre party pour l'armée, n'ayant dit autrement de quel costé il alloit ni sur quel chemin il a pris... — Au retour de la foire de la Sainte-Agathe, à Niort, l'année présente 1695, mon oncle Moreau m'a dit aVoir appris à Niort que mondit fils estoit mort sur mer. *Requiescat in pace!* Il mourut à Toulon, au mois d'août ou septembre, reVenant du siège de Palamos et de deVant Barcelone qu'on vouloit brûler, et ce, de maladie » (GUIBERT, *Livres de raison limousins et marchois*, t. II, p. 124).

(1) Lettre de l'intendant Lebret, 24 août 1704 (D. G., vol. 1768, p. 220).

(2) Lettre d'un capitaine du régiment Royal qui a plusieurs fois refusé l'argent qu'une femme lui offrait pour libérer son fils ; 1er mai 1705 (D. G., vol. 1831, p. 136).

(3) Tantôt 100 francs, ou 60 livres, ou 50 écus, — 160 liVres une fois pour un homme qui en a coûté 80 d'enrôlement (lettres de d'Argenson et d'un capitaine du régiment de Noailles, 1705. D. G., vol. 1832, p. 198 ; vol. 1896, p. 144, 331 ; vol. 1898, p. 103).

(4) Lettre de d'Argenson, 25 décembre 1705. L'enrôlement est Valable, mais

Il est bien entendu que l'argent touché ne doit être employé qu'à lever d'autres hommes ; les officiers sont tenus de les présenter après leur enrôlement à l'autorité civile (1) : en réalité, c'est un contrôle difficile à tenir que celui de l'emploi de cet argent. Le gouvernement préfère donc le remplacement en hommes, qui sert mieux ses intérêts ; il n'est pas toujours numérique. En 1704, un conseiller à la Cour des Aides de Montauban, dont le fils a reçu 104 livres d'engagement, doit le remplacer « au moins par trois ou quatre bons soldats » (2).

Telles tolérances de la part du gouvernement sont exceptionnelles et doivent être considérées comme une faveur. Jamais une décision de principe n'a été prise sur la question de l'enrôlement des jeunes bourgeois. L'Université, jalouse de conserver ses étudiants, l'a sollicitée : où n'ont pas réussi les familles, elle a aussi échoué. En 1704, d'Argenson ayant fait rendre au principal du collège de Laon deux écoliers enrôlés par un officier, Chamillart, après s'être assuré que les choses se sont passées régulièrement, refuse absolument d'admettre cette solution, « le titre d'écolier ne portant point avec luy d'exemption » : tout ce qu'il peut faire est d'autoriser leurs parents à les remplacer.

La question semble donc bien tranchée : cependant l'année

il s'agit d'un « petit garson enViron de saize ans... fort éVeillé mais d'une petite complection », au dire de l'inspecteur qui a eu « répugnance » à le passer en reVue. L'envoyer en Catalogne « seroit le perdre pour sa compagnie et pour sa famille » (D. G., vol. 1900, p. 374-376).

Lorsqu'on a la preuVe que l'officier cherche uniquement à rançonner une famille, on se montre moins induigent à son égard. Phélypeaux fait en aVril 1705 rendre à son père un jeune chanoine « tout à fait hors d'état de serVir dans les troupes par son âge et par sa foiblesse » que le capitaine n'aVait enrôlé « que pour tirer quelque chose de sa famille comme font plusieurs officiers » (D. G., vol. 1901, p. 312). SouVent on dénonce cette cupidité (cf. plainte d'un bourgeois de Béziers en 1701. — D. G., vol. 1526, p. 147). A propos d'une mauVaise querelle cherchée par un officier à un garçon, d'Argenson déclare qu'elle a pour motif « non l'interest du serVice mais un interest personnel et le chagrin de n'aVoir peu tirer du père de ce jeune homme tout l'argent qu'il s'en estoit promis » (lettre du 23 juillet 1705. D. G., vol. 1898, p. 216).

(1) Lettre de d'Argenson, 14 mars 1705 (D. G., vol. 1896, p. 144).

(2) Chamillart à Legendre, 22 mars 1704 (D. G., vol. 1801, p. 329). Il est rare qu'on ne demande qu'un remplaçant (D. G., vol. 1943, p. 303) ; généralement on en exige deux ou quatre (lettres de Le Blanc et d'Argenson, 1704-1705. — D. G., vol. 1802, p. 269 ; vol. 1896, p. 144 ; vol. 1900, p. 143).

suivante, l'Université de Douai la pose à nouveau, se fondant sur de prétendus privilèges en vertu desquels les officiers en recrue ne pourraient enrôler d'étudiants dans la ville où ils font leurs études. Aucune ordonnance, il est vrai, n'a promulgué cette interdiction, mais un long usage, sanctionné par les décisions des quatre intendants et des gouverneurs, l'a établi dans les gouvernements de Flandre et d'Artois ; il est en une certaine mesure justifié, puisque les étudiants sont exempts de droit de la milice ; enfin le recteur et les plus anciens professeurs de l'Université ont souvenance d'une lettre de Louvois interdisant l'enrôlement des écoliers dans la ville où ils travaillent et affirment qu'on la retrouverait aisément.

Les raisons de cette interdiction sont aisément compréhensibles et le recteur les énumère en détail : il expose que dans une. ville, où il y a plus de 1 500 jeunes gens, les officiers feraient bien des dupes « par la légèreté des étudiants et l'argent qu'on leur offriroit ». Ce serait d'autant plus fâcheux que d'abord « *l'Estat n'a pas moins besoin de gens de lettres que de militaires* », puis que — considération plus prosaïque — ces écoliers sont la richesse de la ville et lui permettent de pàyer ses impositions au roi. Or, si l'on n'écarte pas d'eux les racoleurs, il arrivera fatalement ceci : les officiers, sachant qu'ils trouveront là foule de jeunes bourgeois aisés, s'efforceront de les enrôler, sûrs que leurs parents payeront cher leur mise en liberté. D'autre part, en admettant même qu'ils ne fassent pas ce calcul, du jour où les familles bourgeoises sauront leurs enfants à la merci des recruteurs, aidés des filles et des taverniers, ils ne les enverront plus à l'Université « sans que le service du roy en tire d'autre advantage que d'avoir par an cinq ou six soldats de plus, au lieu que l'Université pourroit avoir cinq cens écoliers de moins, car, quoyque l'enrollement ne tombe que sur cinq ou six escolliers, néanmoins, s'il y a deux mille parents, ils ne laissent pas de craindre tous que le malheur ne tombe sur leur enfant ».

Et il ne suffit pas d'interdire les enrôlements à Douai même mais encore hors la ville, car « outre qu'un escolier débauché jusques au point de vouloir s'enroller ne fera pas de difficulté d'accepter un cheval pour se rendre dans quelque ville voisine et pour y signer son enrollement, l'argent, en cette rencontre, fait faire toutes choses : il ne sera même pas nécessaire de sortir de Douay, il n'y aura qu'à dire à l'escolier qu'il escrive que son enrollement a esté fait dans une autre ville ».

Les deux affaires qui ont soulevé cette discussion en donnent bien la preuve : un nommé Joly, cornette aux dragons de La Vrillière, consent à engager un jeune homme qui se dit chirurgien, mais, ayant appris qu'il est étudiant en philosophie, pour éviter des ennuis, refuse de l'enrôler. Quelques jours après, l'étudiant le rejoint à Lille : cette ville étant à sept lieues de Douai, il croit cette fois pouvoir l'accepter. Néanmoins, et quoique le jeune homme ait bien agi de son plein gré, le lieutenant du roi fait arrêter le racoleur.

Quelques jours après, MM. de l'Université emprisonnent chez eux un autre étudiant qui s'est rendu à Arras pour s'enrôler volontairement au sieur de La Roque, capitaine au régiment du roi.

En ce qui concerne le premier, il est bien établi que le recruteur n'est pas dans son tort et si on l'a retenu, c'est pour avoir commis « une chose impertinante et contraire aux ordres du roy », c'est-à-dire à l'usage.

Pour le nommé van Brugghe, celui qui a pris parti avec le capitaine de La Roque, l'Université prétend qu'il a été racolé à Douai même, dans une taverne, par deux courtisanes, dont l'une lui a fait signer un engagement et lui a donné de l'argent et un cheval pour rejoindre à Arras l'officier et y signer son véritable enrôlement. La donzelle, fille, dit-elle, d'un ancien officier supérieur, proteste vivement contre le rôle que lui attribuent les gens de l'Université. Ceux-ci dépêchent à Chamillart un avocat pour plaider leur cause : ne sachant bien auquel entendre, désespérant de savoir la vérité en cette affaire, où les parties soutiennent avec une égale vraisemblance leurs versions opposées, le secrétaire d'État tombe

d'accord qu'il faut autant que possible empêcher les enrôlements d'écoliers dans la ville de Douai mais ajoute qu'au delà
d'une certaine distance de l'Université, il est impossible de
le faire : un jeune homme se présente volontairement à un
officier dans la ville d'Arras ; « trouvés bon que je vous demande comment il peut estre connu pour escolier, ou du
moins, après que la preuve en sera establie, qui rendra l'enrollement? Car il ne me paroistroit pas juste que le capitaine
qui est dans la bonne foy perdit son argent et son soldat » ;
et s'il est de mauvaise foi, encore faudrait-il le prouver.

L'Université, mécontente de cette fin de non-recevoir, propose alors d'éviter les abus en n'autorisant les officiers à
enrôler les étudiants qu'un certain temps — quinze jours par
exemple — après la fin de leurs études. Cet accommodement
n'est pas agréé et Chamillart coupe court à toute discussion,
en tolérant l'annulation des engagements signés dans la ville
de Douai ou à deux ou trois lieues alentour, mais en décidant
que, dépassées ces limites, les enrôlements régulièrement contractés seront reconnus valables.

C'est une défaite pour l'Université : elle revient à la charge
quelque temps plus tard à propos d'un engagement conclu à
Douai même et réclame une ordonnance interdisant l'enrôlement des écoliers. Chamillart s'en tient à sa première décision et répond que le jeune homme ne sera libéré qu'autant
que l'on prouvera qu'il a bien été embauché à Douai.

On voit avec quelle âpreté, épousant les revendications des
familles alarmées, l'Université dispute ses élèves aux raco -
leurs : il est curieux de noter qu'elle a conscience de défendre
avec eux la force intellectuelle du pays contre une autorité
hésitante et trop préoccupée de nécessités immédiates pour
accepter l'élargissement du débat (1).

_____

(1) N'est-ce pas là en germe ce conflit du livre et de l'épée dont parle Cervan-
tès et qui renaîtra plus âpre encore à d'autres époques ?
Pour tout ce qui précède, cf. lettres du recteur et du conseil de l'Université,
28 février et 23 mai 1706 ; de Montbron, 7, 14, 27 mars et 26 mai ; du cornette
Joly, 1er mars ; des sieurs Dubarais et Pontmarin, 12 et 25 mars ; de Chamillart
18 mars ; de la fille Cochart, qui ne connaît « d'autre soleil que celuy qui esclaire

REGIMENT DE MOUSQUETAIRES
De Monseigneur le Duc de Bourgogne.

DE PAR LE ROY

ON fait à sçavoir à tous Gentilshommes ou autres jeunes gens de famille, vivans noblement, Bourgeois de connoissance, ce faisant connoistre, depuis l'âge de 18 ans, jusqu'à 30. au dessus de cinq pieds de hauteur qui desirent de servir le Roy, Ils n'ont qu'à s'adresser à l'Hostel de Carignan, ruë des veilles Estuves, proche la Croix du Tiroir; Ils trouveront le Commandant qui leur donnera toute sorte de satisfaction, C'est un Regiment nouveau de Mousquetaires de la garde de Monseigneur le Duc de Bourgogne : Pendant la Campagne ils auront double paye & vingt sols par jour jusques au départ, & on leur fournira leurs équipages. Il luy faut aussi un Maistre de Ma-thématiques, un Maistre Escrivain, un Maistre en fait d'Armes, & un Prevost, un Maistre à Danser, deux Maistres Chirurgiens, deux Fraters & trois Hautbois. Pareille Affiche est sur la porte.

Le mensonge et la ruse : voilà les deux armes du racoleur en mal de trouver des volontaires. S'il met parfois les rieurs de son côté, il soulève aussi des rancunes : de la farce bouffonne à la sournoise malhonnêteté, il y a bien des nuances qu'il n'observe guère. Mais que lui importe? S'il déploie aussi effrontément tant d'ingéniosité maligne, c'est qu'il a le sentiment très net de répondre toujours à la préoccupation essentielle du gouvernement : coûte que coûte, *faire* des soldats.

Aucune ordonnance ne lui interdit ses roueries coutumières ; une indulgence excessive à son égard l'encourage. Au pis aller, il risque de perdre un homme, enrôlé à peu de frais et qu'il aura vite remplacé, souvent de même façon. S'il reçoit quelque semonce, il est fondé à croire qu'elle vise sa maladresse autant que sa fourberie et il n'ignore pas que, pour peu qu'il ait soin de mettre d'accord les intérêts du roi et les siens propres, on est prêt à l'absoudre, voire à le défendre.

Nous l'avons vu jusqu'ici, patelin et hâbleur, jouer les badauds, les ivrognes et les enfants. Où la ruse ne suffit pas, féroce, il emploie la violence.

Douay » et que les gens de l'Université ont désignée, dit-elle, « en terme quy net mes convienderon jamais », du 4 mars 1706 (D. G., vol. 1935, p. 216, 238-241, 291-293 ; vol. 1943, p. 116, 153, 313-314).

CHAPITRE IV

L'ENROLEMENT FORCÉ

Le 11 mars 1711, M. de Brecey d'Isigny, ancien officier retiré à Caen, envoyait au secrétaire d'État de la Guerre un impressionnant réquisitoire contre les crimes des recruteurs : « Sans ordre, ils vont dans les maisons enlever de nuit ceux qui ne leur plaisent pas ou supposent en avoir reçu quelque déplaisir, rompant et enfonçant les portes, poussant sur les grands chemins les marchands qui vont au marché, mettant leurs chevaux avec leur marchandise à l'abandon par les chemins, en prenant qu'ils mènent un espace de temps, puis composant avec eux à deux, trois, quatre et cinq pistoles ; vont de nuit et de jour dans les maisons, amassant avec eux et s'abbandant avec plusieurs gentilshommes de leur voisinée et enlèvent de force ceux qui bon leur semble, avec coups d'épée, bâton et coups de fusil, les emmenottant et enchaînant comme galériens, sans avoir égard pour aucune personne. »

Et, rappelant qu'il a eu l'honneur de servir Sa Majesté dix à douze ans, « dans les guerres de Flandre, Lorraine, Allemagne et Hollande », cet ancien officier remarque que, de son temps, « on n'en usoit point de cette manière » (1).

Il n'y a rien d'inexact dans ce tableau des tristes exploits des recruteurs, que l'on serait tenté de croire poussé au noir, et il est de fait, qu'au cours de cette guerre, leur violence atteignit des proportions, jusqu'alors inconnues.

---

(1) BOISLISLE, *Correspondance*, III, n° 1003.

Ces enlèvements d'hommes, accomplis ouvertement et à main armée, ont désolé tout le territoire ; les jeunes officiers surtout, « fort estourdis et sans aucune expérience qui croyent que tout leur est permis », excellent à ce genre de violences (1).

Agissant isolément ou par petits groupes, ils parcourent les campagnes, guettant sur les grands chemins, à l'orée des bois, les passants solitaires ou attardés, qu'ils attaquent et enlèvent après les avoir solidement ligottés. Leurs victimes habituelles sont les laboureurs, les compagnons en déplacement, les bourgeois en voyage (2).

Rondement menés et toujours à coup sûr, les enlèvements n'offrent pas de grands risques : pour un malheureux qui se défend et blesse ses agresseurs (3), combien, brusquement assaillis, n'ont d'autre ressource que de céder à la force (4)?

Des régions entières sont ainsi terrorisées par les recruteurs.

En 1711, un capitaine Largelère met en coupe réglée les environs de Mont-de-Marsan, montant « journellement à cheval pour enlever des passants » (5). Ailleurs, les frères de La Soublière, capitaines au régiment de Barrois, rôdent aux alentours du couvent de Tiron, enlevant de force les domestiques et les pensionnaires, poussant l'audace jusqu'à venir

(1) Lettre de l'intendant Legendre, 13 septembre 1702 (D. G., vol. 1605, p. 103). « Je Vous ajouteray même, écrit M. d'Angervilliers le 11 octobre 1707, que les plus grands désordres qui se commettent dans les proVinces au sujet des recrues, ont pour autheurs des gens de l'espèce du sieur Fay, c'est-à-dire des fils de châtelains, maires ou autres officiers de communauté qui croyent que tout leur est permis dès qu'ils ont l'épée au costé et qu'ils se tireront toujours d'affaire par le crédit de leurs parents » (D. G., vol. 2045, p. 169).

(2) En mars 1704, un employé au recouVrement des francs-fiefs de la généralité de Montauban est enlevé au cours d'une tournée par un officier et attaché aVec cinq autres hommes pris de force (lettre de Legendre, 16 aVril 1704. — D.G., vol. 1798, p. 359-360).

(3) Lettre de M. de Courson, 2 aVril 1705 (D. G., vol. 1901, p. 60).

(4) Un officier qui a pris par force sept ouVriers essarteurs conVient lui-même qu'ils ont fait « un peu de cérémonies » (lettres de l'intendant Harouys, de l'officier, et enquête, féVrier-mars 1705. — D. G., vol. 1905, p. 164-166).

(5) Lettre de M. de Courson, 19 mai 1711 et enquête (D. G., vol. 2346, p. 184-185).

prendre, en plein jour, un charretier dans la cour du couvent (1).

D'autres officiers ne se contentent pas de s'en prendre aux passants et opèrent dans les villages à la faveur de la nuit. Ils attaquent les maisons isolées, les moulins par exemple, enfoncent les portes et prennent les hommes dans leurs lits, ou bien ils attirent dehors les habitants, sous un prétexte quelconque, comme de lui demander leur chemin, s'en emparent, l'entraînent avec eux (2). Un capitaine du régiment de Saintonge enlève ainsi, à deux heures du matin, le marguillier de la paroisse d'Almayrac, près de Montauban, comme il sortait de l'église, après avoir sonné l'angélus (3).

En cas de résistance, on prend d'assaut les maisons, capturant les uns et fusillant les autres (4). Un sieur Coquinot se fit ainsi une triste célébrité dans l'élection de Tonnerre en 1712, « volans sur les grands chemins, assassinans de dessein prémédité la nuit, forçant aussy pendant la nuit les maisons pour enlever avec violence des hommes de travail » (5).

Les recruteurs osent même une fois jeter le trouble dans une grande ville : en avril 1705, dans une des principales paroisses de la ville de Troyes, des soldats du régiment d'Auxerrois entrent dans l'église à l'heure des vêpres et poursuivent les fidèles « jusqu'au pied des autels ». « Il y eut beaucoup de troubles, bien des coups donnés, bien des prestres

(1) Encore que les plaintes des religieux soient parfois exagérées, l'intendant La Bourdonnaye reconnaît que ces officiers mériteraient un sérieux avertissement (lettre du 28 avril 1710 ; plaintes, enquêtes, etc. — D. G., vol. 2265, p. 10-15 ; vol. 2346, p. 16-18).

(2) Un meunier est enlevé de nuit dans son moulin (Chamillart à Legendre, 6 avril 1705. — D. G., vol. 1904, p. 35). — Un chirurgien du Dauphiné dans sa boutique (lettre de d'Angervilliers, 23 mars 1706. — D. G., vol. 1971, p. 198-199). — Des officiers attirent hors de sa demeure un paysan pour lui demander leur route et le maltraitent fort en l'entraînant « à coups de baston, de pieds et de poins, mesme tresné par les cheveux » (lettre de l'intendant Bouville et procès-verbal, avril 1705. — D. G., vol. 1902, p. 258-259).

(3) Lettre de Legendre, 14 juillet 1706 (D. G., vol. 1986, p. 225-227).

(4) Lettre du maréchal de Montrevel et pièces jointes, avril 1712 (D. G., vol. 2417, p. 296-299).

(5) Lettre de l'intendant Bignon, plaintes et placets, mars 1712 (D. G., vol. 2418, p. 10-15).

maltraités ». Le jour de Pâques, des hommes du même régiment tentent d'enlever les gens à la sortie de la grand'messe, cependant qu'une autre bande, aux portes de la ville, pourchasse les paysans venant de la campagne (1).

Souvent l'enrôlement n'est plus qu'un prétexte à meurtre et à pillage. Beaucoup d'officiers se transforment en coureurs de grands chemins, délestant les passants de leur bourse et de leurs marchandises, assassinant ceux qui tentent de leur résister (2). En 1702, un marchand de Bordeaux, arrêté dans la campagne, est empoigné par quelques soldats et dépouillé par leur officier de 30 louis d'or qu'il portait sur lui (3). Une autre fois, un colporteur grenoblois perd dans l'aventure sa balle contenant 100 livres, 6 louis d'or et 4 francs de marchandise (4).

En Alsace, un ancien soldat est attaqué par un officier qui lui met « la main au collet par force et viollance à grand traitement de coups sur son corps » et lui vole 280 livres d'obligations, une donation de 500 livres et un testament fait en sa faveur (5). En 1712, un officier du régiment de Ponthieu tue d'un coup de pistolet un paysan qui lui oppose quelque résistance et s'enfuit, en ordonnant à une femme, témoin de l'assassinat, de ne le point dénoncer (6) ; un autre, capitaine au régiment de Barrois, ayant capturé huit marchands, les dépouille de 4 471 livres (7).

---

(1) Lettre de l'évêque de Troyes, 21 avril 1705 (D. G., vol. 1896, p. 517).

(2) Un charretier des Vivres est assassiné en Champagne « sans cause ny insulte » par un capitaine du régiment de Tavannes, en 1705. Cet assassinat est le deuxième de l'année : « Ce sont les officiers qui les Veulent enroller par force » (lettre de M. Delacour, 21 avril 1705. — D. G., vol. 1896, p. 583-584).

(3) Lettre du marquis de Sourdis, 17 novembre 1702. « J'adjouterai seulement, dit-il, que M. Melet ne fait pas toujours ses enrollemens par les bonnes Voies, en cela semblable à plusieurs autres officiers » (D. G., vol. 1611, p. 168).

(4) C'est un Valet d'officier qui a fait le coup et son maître l'a aidé à fuir, coutumier lui-même de Violences dans ses enrôlements (lettre duprésident de Bérulle, 6 janvier 1701. — D. G., vol. 1611, p. 77).

(5) Plainte et lettre de l'intendant de La Houssaye, mars-avril 1704 (D. G., vol. 1752, p. 177-178).

(6) Lettre du sieur Rosel, 23 avril 1712 (D. G., vol. 2417, p. 299).

(7) Lettre du maréchal de Montrevel, 16 janvier 1712 (D. G., vol. 2417, p. 286).

D'autres enfin mettent simplement à rançon leurs prisonniers. Un capitaine du régiment de Lalonde, le sieur Berthault, est coutumier du fait. « Accompagné de plusieurs bandits », il court les « chaumes » de la subdélégation de Beaune, « et les campagnes inhabitées », enlève jour et nuit tous ceux qu'il rencontre « sous prétexte du service du roi et met le dégagement des uns et des autres à prix ». Ce prix varie de 70 à 90 livres. En 1712, époque où l'on se décide à porter plainte, il y a sept ou huit ans « qu'il infeste et trouble le pays », où son nom est « en exécration » (1).

D'une pratique courante dans la campagne, l'enlèvement à main armée est beaucoup plus rare à la ville, où les officiers sont bien obligés de prendre certaines précautions ; l'emploi de la force y est toujours dissimulé.

Ils se contentent d'attirer chez eux les imprudents et de les y enfermer, pour leur faire signer un engagement.

Leurs dupes sont très souvent les paysans, nouveaux venus à la ville. Le recruteur n'opère pas lui-même, mais envoie les joindre sur les marchés quelque créature à sa dévotion — souvent une femme — qui les embauche comme valets de ferme ou garçons de labour. Une fois le marché conclu, les gars vont se présenter à leur maître et trouvent un officier qui les enferme.

M. de Grignan signale le fait en janvier 1705, en Provence. De jeunes officiers de Toulon envoient leurs émissaires sur la place où les montagnards du Dauphiné descendent se louer et les font embaucher à la journée « pour le travail de la campagne » ; ils les enferment ensuite dans quelques métairies (2). Il en est de même l'année suivante à Saint-Omer, la veille du

---

(1) Placet du duc d'Aumont, mémoire des méfaits du capitaine et lettre de l'intendant La Briffe, juin 1712 (D. G., vol. 2418, p. 146-148).

(2) Lettre de M. de Grignan et des officiers inculpés, janvier 1705. — Les officiers reconnaissent avoir enrôlé quelques hommes « par adresse... après les avoir fait boire et manger et ayant pris chacun de bon gré 4 livres pour leur engagement, comme ils estoient dans les Vignes » (D. G., vol. 1895, p. 79-80).

grand marché de la Chandeleur où l'on a coutume d'arrêter valets et servantes (1).

Les dupes sont nombreuses, car les embaucheurs promettent naturellement monts et merveilles ; ainsi ils offrent à des ouvriers parisiens un salaire de quatre livres par arpent de terre moissonnée (2). Alléchés par l'aubaine et n'ayant aucune raison de se défier, beaucoup se laissent prendre.

Personne n'est à l'abri des ruses des racoleurs, même pas leurs fournisseurs ordinaires, barbier, sellier ou faiseur d'affiches (3), toujours exposés à devenir leurs victimes. Pouvait-il croire avoir affaire à un recruteur, ce pauvre Savoyard, qu'à la porte d'un bureau de messagerie, un abbé chargea de lui porter un paquet de livres? L'ayant accompagné à son domicile, il y est pourtant retenu de force (4). Et ce commissionnaire prié de déposer une cassette à son adresse (5)? Et ces ouvriers langrois qui, travaillant chez des religieuses, sont soudain mandés chez un officier et enfermés par lui (6)? Le 4 avril 1707, à 9 heures du matin, un boulanger du faubourg Saint-Antoine, revenant de porter le pain à ses pratiques, est hélé d'une maison garnie par une femme qui lui fait signe de monter. Il obéit et mal lui en prend, car il n'est pas dans la chambre que la porte se verrouille derrière lui et que la femme court prévenir un capitaine de cavalerie qui cherchait des soldats (7).

*
* *

Enlevés par force ou subrepticement emprisonnés, les hommes pris par les racoleurs ne peuvent être immédiatement dirigés sur les corps de troupe ; ils n'auraient pas manqué,

---

(1) Lettre du magistrat, dénonçant cette « Violation faite à la liberté et à la seurté de nos marchez publiques » (D. G., vol. 1950, p. 395).

(2) Procès-Verbal de l'intendant Bignon, juillet 1711 (D. G., vol. 2341, p. 18).

(3) Lettres de Corambaud et d'Argenson, avril 1704, avril-mai 1705 (D. G., vol. 1800, p. 180 ; vol. 1896, p. 519 ; vol. 1897, p. 2).

(4) Lettre de d'Argenson, 1er mai 1705 (D. G., vol. 1897, p. 1).

(5) Placet et lettre de d'Argenson, 23 janvier 1712 (D. G., vol. 2413, p. 30-31).

(6) Lettre du gouverneur de Langres, 20 avril 1705 (D. G., vol. 1896, p. 515).

(7) Lettre de d'Argenson, 4 avril 1705 (D. G., vol. 1896, p. 347).

sous le coup de la colère ou du désespoir, de faire quelque éclat et l'exhibition de soldats enchaînés entraînait infailliblement les murmures de la foule et la curiosité des autorités civiles (1).

D'autre part, on ne peut les garder dans la souricière où on les a attirés : c'est généralement au logis d'un parent ou d'un ami, à moins que ce ne soit dans quelque chambre louée pour la circonstance (2) et où les soldats malgré eux ne peuvent être longtemps conservés. Les y garder serait fort dangereux ; ils peuvent crier, les voisins donner l'éveil (3). Enfin ces séquestrations en lieux privés sont sévèrement interdites ; en 1704, Chamillart avertit des gens coupables de cette violence « que, s'ils souffrent des soldats pris de force et enchaînés dans leurs maisons au lieu de les remettre dans les prisons publiques, ils en seront exemplairement punis » (4).

Les prisons : n'est-ce pas le meilleur endroit où enfermer les recrues rebelles? Les officiers ont en effet la faculté d'y faire incarcérer les hommes dont ils craignent la désertion ; or, parmi ceux-ci, les premiers sont bien les malheureux qu'ils ont enrôlés par force.

Ils les cachent donc souvent dans les geôles royales.

En 1705, un garçon meunier, Pierre Magnier, demande au roi justice « d'une oppression qui crie vers le ciel et frape au cœur tous les hommes » : revenant de tirer à la milice, il avait été enlevé sur la grand'route par un officier et était, par ses soins, détenu depuis cinq semaines dans les prisons de Saint-Quentin (5).

(1) L'intendant de Besançon donne à un de ses subdélégués ordre d'arrêter tous les hommes enchaînés (lettre d'un capitaine du régiment de Lachau-Montauban, 6 avril 1705. — D. G., vol. 1856, p. 220). Un capitaine du régiment de Saint-Sulpice se déclare incapable « d'enchaîner ny lier aucun soldats » (10 avril 1706. — D. G., vol. 1943, p. 200).
(2) Les recruteurs enferment très souvent leurs victimes chez leurs parents, — moins fréquemment dans une chambre leur appartenant. Cf. lettres des intendants Bernières, Bouchu, Bouville ; de Corembaud, d'Argenson et autres, 1704-1712 (D. G., vol. 1800, p, 181 ; vol. 1840, p. 62 ; vol. 1878, p. 291 ; vol. 1896, p. 347, 515, 519 ; vol. 1903, p. 39 ; vol. 1955, p. 224 ; vol. 2419, p. 158, 166).
(3) Lettre de d'Argenson, 4 avril 1705 (D. G., vol. 1896, p. 347).
(4) Chamillart à Turgot, 5 avril 1704 (D. G., vol. 1801, p. 378).
(5) Plainte et lettre de l'intendant Bignon, 28 mai 1705 (D. G., vol. 1840,

Le pouvoir se préoccupe certainement de ces détentions illicites. A Paris notamment, une réglementation sévère tente d'y remédier : par ordre du lieutenant de police, aucun officier ne peut faire sortir un de ses hommes des prisons sans un billet délivré par le lieutenant du guet ou de la compagnie du lieutenant criminel de robe-courte et signé de sa propre main. Naturellement, ce billet, donné en toute connaissance de cause, est délivré gratuitement.

Or, en 1712, le lieutenant criminel Le Camus-Destouches, qui semble à plaisir vouloir contrecarrer toutes les décisions de M. d'Argenson, décide que les soldats emprisonnés seront écroués sur les registres publics, de sorte qu'ils ne pourront sortir sans avoir obtenu la décharge de leur écrou au greffe criminel, « où l'on est en possession d'exiger des droits... ». Cette prétention soulève les protestations unanimes des officiers en recrue, qui exposent qu'en place de frais très modiques on leur ferait ainsi verser des sommes importantes. Il ne leur en coûtait en effet que trois sols par jour et par homme pour l'entretien des prisonniers, plus un droit de cinq sols pour l'entrée et la sortie. Leurs réclamations, appuyées par d'Argenson, furent écoutées et le *statu quo* maintenu (1).

Le lieutenant de police avait bien compris l'avantage d'encourager les officiers à incarcérer leurs soldats dans les prisons royales : une fois sous les verrous, les hommes ne pouvaient plus disparaître, et, en cas de violence, pouvaient se plaindre en toute sécurité ; augmenter les frais de détention eût empêché les officiers d'utiliser les prisons et ôté par suite un moyen de contrôle intéressant au pouvoir.

Mais le contrôle, peut-être possible à Paris, n'est guère exercé sans doute dans les prisons provinciales. A la suite d'enlèvements faits à Troyes d'ouvriers et compagnons des

p. 269-270). Un capitaine du régiment de Pont-du-Château fait toujours incarcérer ses recrues. « C'est ainsy qu'il a coutume d'en user à l'égard de tous ceux qui prennent parti » (lettre du procureur du roi au présidial de Riom, 23 janvier 1702. — D. G., vol. 2530, p. 265).

(1) Placet des officiers recruteurs et lettre de d'Argenson, 6 mars 1712 (D. G., vol. 2413, p. 71-72).

manufactures que les officiers mettent en prison pour les obliger « par une longue détention » à signer leur enrôlement, M. d'Harouys interdit au concierge des prisons, sous les peines les plus graves, d'accepter des hommes amenés par les militaires, sans un ordre exprès de son subdélégué, le sieur Comparot. N'est-ce pas là une preuve que les geôles royales servaient parfois à la séquestration des hommes pris par les racoleurs (1)?

A ces prisons les officiers prudents préfèrent les geôles secrètes, dont les murs étouffent plus sûrement les plaintes et les cris.

L'aide obligeante de leurs habituels auxiliaires, les cabaretiers, leur est alors d'un grand secours. Tout bon cabaret à soldats est en effet doublé d'un *four*. Le four est une chambre ou mieux une cave où l'on pousse de force le malheureux tombé dans les filets du recruteur et où on le garde au secret absolu jusqu'à ce qu'il consente à servir de bonne volonté (2).

Il y en a un, à Paris, « rué Gilles Cœur », à l'enseigne de la *Croix de Malte*; un autre rue de l'Hirondelle, au bout du pont Saint-Michel, annexe du cabaret de *la Grande Pinte* (3). D'autres fois, ce sont de simples chambres, spécialement aménagées, à l'entrée secrète ou à cloisons grillées (4).

La police, malgré ses recherches, n'arrive pas souvent à les découvrir et un hasard seul les lui fait parfois trouver. L'un d'eux est ainsi découvert en 1712 dans la petite localité de Saint-Arnoul, près de Paris ; une femme qui portait du vin dans certaine maison de la rue aux Prêtres y remarque un jeune homme qui pleure et son attention est éveillée par la

(1) Ordonnance de l'intendant d'Harouys du 1er aVril 1705 (D. G., vol. 1896, p. 482).

(2) Un sculpteur parisien « qui a l'honneur d'être occupé aux ouVrages que le roy fait faire au LouVre » est ainsi bloqué dans un cabaret en 1705 (placet. — D. G., vol. 1896, p. 364). — Même mésaVenture arrive à Lyon la même année à un jeune homme « destiné pour l'église, qui estoit allé aVec son habit d'ecclésiastique et son petit collet dans un de nos faubourgs » (lettre de M. de Rochebonne, 23 féVrier 1705. — D. G., vol. 1895, p. 361 et 362).

(3) Informations et procès-Verbaux, 1711 et 1712 (D. G., vol. 2341, p. 18 et vol. 2418, p. 73). — Le *Journal* de DANGEAU signale 28 fours à Paris en 1673.

(4) Lettres de d'Argenson, 1er mai 1705 (D. G., vol. 1897, p. 1 et 2).

plaisanterie d'un soldat qui gouaille : « Nous ne tarderons pas
à les apprivoiser. » Ce four existait depuis un mois déjà, avait
une petite garnison, dont les sentinelles, le soir, faisaient passer
au large les curieux en leur criant : « Qui vive? » (1).

Ces fours servent à la séquestration des hommes pris par
force ; leur nombre et leur secret permettent de faire disparaître les gens sans bruit et à tout moment : un écolier en lois,
sortant de la messe de Saint-Séverin à 10 heures du matin,
est ainsi enlevé le dimanche gras de l'année 1705 (2).

La séquestration plus ou moins prolongée des victimes
avait un but. L'enrôlement doit être volontaire ; il faut
donc une signature qui l'atteste ; bon gré mal gré, il faudra
que l'homme la donne et sanctionne ainsi la violence qui lui a
été faite.

On le décide parfois en lui payant son enrôlement : il arrive
alors qu'il fasse contre mauvaise fortune bon cœur (3). Mais,
la plupart du temps, il se montre plus récalcitrant et refuse
absolument de venir à composition. Ainsi, en 1703, un Lyonnais du nom de Corambaud, ayant fait gratuitement les
affiches d'un officier, est prié à dîner par celui-ci en compagnie
d'un abbé et de quelques militaires. A la fin du repas, l'officier l'avertit tout à trac qu'il le tient pour enrôlé : l'homme
indigné se débat et finit par s'enfuir. L'officier le fait alors
emprisonner et l'avertit qu'il le tiendra enfermé, tant qu'il
n'aura pas consenti à servir ; malgré ces menaces appuyées
d'offres pécuniaires, Corambaud refuse absolument de signer
son engagement (4).

Seule la séquestration prolongée vient alors à bout de ces
résistances. Pieds et poings liés (5), le prisonnier est gardé
au secret rigoureux ; on n'ouvre la porte de son cachot que

---

(1) Lettre de l'intendant Bignon et information, mars 1712 (D. G., vol. 2418,
p. 61-64).
(2) Lettre de l'intendant d'Ormesson, plainte du père, avril 1705 (D. G.,
vol. 1901, p. 246-247).
(3) Lettre du 15 mars 1706 (D. G., vol. 1950, p. 394).
(4) Plainte du 7 avril 1704 (D. G., vol. 1800, p. 181).
(5) Chamillart à Ferrand, 22 mars 1705 (D. G., vol. 1905, p. 53).

pour lui demander s'il est disposé à signer son enrôlement, et pour l'affaiblir davantage et hâter sa décision, on l'affame : un de ces malheureux reste une fois « près de trois jours sans voir personne, ny boire, ny manger » (1).

Après quelques jours de ce régime, les révoltés cèdent par lassitude et apposent enfin sur le papier que leur présente l'officier la signature qui mettra fin à leurs tourments ; les plus avisés ont la ressource de prendre un faux nom pour faire ensuite la preuve qu'ils n'ont cédé qu'à la violence (2). S'obstinent-ils dans leur refus? ils sont tout de même contraints de signer par la force, sous menace de perdre la vie, et « la bayonete sous la gorge » (3). En juillet 1711, un cistercien, imprudemment entré au cabaret de la Croix de Malte, est attiré au four, où, « après luy avoir osté ses lettres de prestrise », on le force de signer son enrôlement sous la menace du pistolet (4).

Ces violences sont souvent intéressées, et. tel qui obtint les armes à la main le consentement de quelque pauvre hère l'oblige ensuite par le même moyen à lui acheter sa libération. C'était l'habitude d'un sieur Duplessis, capitaine au régiment de Castelmoran ; en 1705, il séquestre « un pauvre balayeur muet et estropié » et le relâche après en avoir tiré une cinquantaine de livres ; une autre fois, ayant fait venir chez lui un barbier pour lui couper les cheveux, il l'enferme puis « luy présenta la pointe de son épée et le força malgré lui de signer son enrollement » ; il lui fit ensuite faire à son nom un billet de 263 livres et ordonna à son laquais de ne remettre l'homme en liberté qu'après avoir encaissé l'argent (5).

---

(1) Plainte du sieur Cottin, 1705 (D. G., vol. 1878, p. 291. — Cf. D. G., vol. 1901, p. 246-247).

(2) D. G., vol. 1901, p. 246-247.

(3) Lettre de Bernières, 20 juin 1705 (D. G., vol. 1840, p. 62).

(4) Procès-Verbal joint à une lettre de Bignon, 18 juillet 1711. — Ses codétenus dirent au cistercien aVoir été attirés comme lui (D. G., vol. 2341, p. 18).

(5) « Je me trouVe obligé de Vous représenter qu'un capitaine tel que celuy-là ne paroist guère propre à bien servir le roy ny dans le dessein de faire une bonne compagnie. Ainsy, je crois que la répréhension la plus séVère ne sçauroit estre mieux placée » (lettre de d'Argenson, 20 aVril 1705. — D. G., vol. 1896, p. 519).

Certains officiers se transforment ainsi en tortionnaires. En 1712, les sieurs Delahaye-Piquenot, qui *travaillent* dans la région de Bayeux, abordent un jour un paysan qui laboure son champ et l'un d'eux lui crie : « Viens, bougre, avec nous, ou nous t'allons tuer. » Le bonhomme effrayé leur fait timidement observer qu'il n'est pas soldat. Cette réponse a le don de les mettre en fureur : « Mordieu ! faut-il tant de raisons avec ce bougre-là ! » et, se jetant sur lui, ils le frappent, le piétinent et l'emmènent à leur château, où ils l'enferment.

L'un d'eux lui offre alors de boire à la santé du roi, puis de signer un engagement, et sur son refus le couche sur un lit, lui prend « les parties » et les lui serrant, déclare : « Mordieu, bougre, si tu ne veux pas signer, je te les arracheray. » Le pauvre diable crie grâce, mais son supplice n'est pas fini : il est mis en chemise, les pieds liés, les bras attachés derrière le dos et les officiers s'amusent à le faire rouler dans la chambre à coups de pied. Le lendemain, la mère des officiers vient trouver le paysan et lui dit froidement : « Mon enfant, signe si tu m'en crois, car, de gré ou de force, il faut que tu marches et si tu ne le fais, on va recommencer de nouveau. » A cette idée, le « bougre » n'hésite plus à faire une croix au bas du papier qu'on lui présente.

Une autre fois, les mêmes officiers rencontrent Jacques Vallée qui revenait du marché de Cerisy où il avait vendu de la mercerie ; ils lui intiment l'ordre de les suivre au nom du roi et l'enlèvent sur son refus : chez eux, ils lui serrent les doigts avec une tenaille ou pince à feu, et, comme il ne veut pas signer d'enrôlement, le menacent de l'asseoir sur un trépied rougi au feu. Il s'obstine dans son refus : « Monsieur, quand je devrois perdre la vie, je ne signeray point. » On fait alors une croix en bas de l'engagement et les compères s'écrient : « Ah ! le bougre a signé ! » Jacques Vallée ne perd pas son sang-froid et les menace d'une plainte de son père à l'intendant : « Mordieu, jure l'un d'eux, je ne me soucie ny de l'intendant ny de ton père. Qu'ils aillent se faire f... l'un et l'autre et tu marcheras. » Et ce ne fut pas une fanfaronnade, puisqu'ils reçurent à coups de fusil les sergents et les records qui venaient délivrer le garçon et mirent à sac, par surcroît, la maison de son père ; Jacques Vallée, enrôlé malgré lui, finit par échouer dans les prisons de Bayeux, où sa plainte fut entendue (1).

Dès que l'enrôlement est signé, les officiers sont satisfaits. Ils peuvent désormais répondre à toute accusation et appuyer victorieusement leurs impudentes affirmations par l'exhibition d'un acte en bonne forme et revêtu de la signature du plaignant.

Il ne leur reste plus qu'à mettre en route leurs victimes, résignées ou non : ils en sont quittes pour prendre quelques précautions élémentaires, comme de les enchaîner et de ne les faire partir que de nuit, avec menace de leur casser la tête au moindre bruit (2).

Faut-il alors s'étonner de voir la terreur régner dans les campagnes? Les recruteurs rendent déserts les grands chemins, les logis des faubourgs et les marchés. Au dire d'un curé du Bordelais, la « consternation » de ses paroissiens est « digne de pitié : ils s'assemblent la nuit, de peur d'être assassinés ou enlevez par force » (3). En Champagne, les paysans s'arment pour aller aux champs (4) ; en 1705, « cela est à un tel point que les paysans n'osent plus aller à Troyes et qu'ils y envoient leurs femmes pour prendre les choses dont ils ont besoin ; la désertion des marchés fait un tort considérable au commerce » (5). En mars 1704, tout le canton de Sainte-Menehould « est en allarme » et les hommes « ne marchent quasi plus qu'en trouppes et armez pour se deffendre », car c'est l'époque dangereuse où les officiers passent avec leurs recrues ; « ils enlèvent tout ce qu'elles rencontrent en leur chemin et ce qu'ils ont réuni auparavant, sans qu'on ait le temps d'en venir demander justice... Leurs plus fortes entre-

---

(1) Information sur l'affaire Vallée, 23 septembre 1712 (D. G., vol. 2419, p. 158-159).
(2) Lettre de d'Argenson 20 aVril 1705 (D. G., vol. 1896, p. 519).
(3) Lettre du curé de Laurède, 18 noVembre 1704 (D. G., vol. 1789, p. 282).
(4) Lettre de l'intendant d'Harouys, 28 mars 1705 (D. G., vol. 1905, p. 180).
(5) Lettre de l'éVêque de Troyes, 21 aVril 1705 (D. G., vol. 1896, p. 517).

prises sont dans les hameaux et dans les fermes séparées à la campagne où ils se glissent à des heures indues ou dans le temps qu'on est au service divin pour y prendre les hommes et les garçons qu'ils y ont remarquez, particulièrement ceux qu'ils croyent n'avoir personne pour en poursuivre la vengeance » (1).

Des régions entières sont alors désertées : tous les hommes s'enfuient devant les racoleurs.

C'est la terreur. Jacques Bonhomme a peur. Il commence par se terrer ou s'enfuir. Mais peu à peu l'audace va lui revenir : il va réfléchir qu'il est plus fort que ceux qui le martyrisent, que si le roi ne peut ou ne veut les punir, il a, lui, des gourdins et des fourches pour se défendre. Le souvenir va lui venir peut-être, confus, d'anciennes jacqueries où ses ancêtres se sont jetés sur leurs agresseurs au son du tocsin. Il va prendre conscience de sa force, secouer sa torpeur et le réveil sera terrible. Sur tous les points du territoire, les émeutes vont éclater. Jacques Bonhomme va frapper.

Dès le début de la guerre, en 1702, M. de Sourdis avertit Chamillart des conséquences possibles de l'attitude des recruteurs. Il n'ignore certes pas qu'il faut tolérer « les petites adresses » des officiers, mais, « autre chose, dit-il, est la violence, l'enlèvement et les mauvaises pratiques... et si cela dure davantage, il ni aura plus de seureté dans les grands chemins et dans les marchés. Le païsan mesme n'en sçauroit trouver chés luy et je vous advoue que je crois qu'à la fin on se jettera sur ces enrolleurs violents » (2).

Cette prédiction n'allait pas tarder à se réaliser.

(1) Lettre du subdélégué à Sainte-Menehould, 1ᵉʳ mars 1704 (D. G., vol. 1741, p. 258).
(2) 23 décembre 1702. « Chacun de ces messieurs croit qu'il peut prendre des soldats impunément partout. J'en ai veu en ma présence quelques-uns de ce nombre et de cette humeur, qui ont enleVé des gens près de ma maison » (D. G., vol. 1611, p. 171).

Dans les campagnes, comme dans les villes, des rébellions plus ou moins nombreuses et violentes éclatent ; dans les campagnes particulièrement, où la répression est plus difficile et l'audace des recruteurs plus grande, il y a de véritables révoltes.

La réprobation soulevée par les agissements des officiers se traduit vite par des insultes et des coups, quand ils sont pris en flagrant délit d'enlèvement par force ; leurs précautions sont souvent impuissantes à empêcher un éclat qui attire des passants ou des amis de la victime, à leur grand dam.

Aux cris d'un berger normand, qu'un sous-lieutenant surprend au milieu de son troupeau, accourent une quarantaine de personnes qui, à coups de pierres et de trique, assomment les militaires ; le berger s'acharne si bien sur l'officier avec sa houlette qu'il le laisse pour mort : deux heures après, celui-ci gisait encore sur place (1).

Dans les agglomérations, le danger n'est pas moindre ; le peuple qui se sent en force se défend lui-même et les bagarres sont fréquentes : tantôt les villageois reçoivent des coups de sabre ou de pistolet ou sont lâchement assassinés par derrière pour une simple réflexion, tantôt les officiers et leurs hommes sont assommés à coups de fourches et de pierres par la foule ameutée, et la moindre conséquence de ces interventions populaires est la mise en liberté de tout ou partie des recrues (2). Heureux alors les officiers qui en sont quittes « pour la peur » : en 1705, à Nevers, des recruteurs enlèvent en pleine Fête-Dieu un paysan venu à la procession ; l'émo-

_____

(1) Lettre de M. de Richebourg, enquête, avril 1712 (D. G., vol. 2419, p. 78-80).

(2) En 1704, des recruteurs frappent à coups de sabre dans la généralité de Grenoble des garçons qui refusent de les suivre et tirent sur la foule ; un soldat tue en Languedoc en 1709 le père d'une recrue forcée (lettres de Bouchu et Bâville. — D. G., vol. 1766, p. 128 ; vol 2184, p. 148). — Par contre, les recruteurs sont souvent victimes de leurs procédés ; l'un d'eux est assiégé dans sa maison en 1708 et les femmes du lieu, le Vicaire même, jettent plus de 200 cailloux dans ses fenêtres (lettre de d'Angervilliers, 23 mars 1708. — D. G., vol. 2102, p. 57). Dans le village de Voillecomte en Champagne, un officier coupable d'enrôlement forcé est tué au son du tocsin (lettre de M. d'Harouys, 28 mars 1705. — D. G., vol. 1905, p. 180).

tion populaire est telle que, craignant pour leur vie, ils le relâchent aussitôt (1).

L'enlèvement réussit-il, les racoleurs ne sont cependant pas à l'abri de tout danger : leur victime a des parents, des amis, qui, s'apercevant aussitôt de sa disparition, cherchent à la délivrer avant qu'il soit trop tard.

En avril 1707, deux officiers prennent par force un petit berger sur le chemin de la Bastide de Jourdans à Manosque ; satisfaits de la complète réussite de cet enlèvement, ils ne se cachent pas et vers les 9 heures du soir prennent le frais à l'hôtel du Lion, quand les consuls et un groupe d'habitants de la ville se présentent à eux et les somment de mettre le garçon en liberté. Les recruteurs le prennent de haut, ergotent et s'échauffent « jusqu'au point de mettre l'épée à la main contre les consuls, quoyqu'ils fussent en chaperon ». Révoltée, la foule se rue et fait enfuir le berger (2).

Il n'en va pas toujours si pacifiquement. Nous avons dit comment les officiers séquestrent leurs victimes. La foule se porte alors à ces fours improvisés et si elle n'obtient pas justice immédiate, elle enfonce les portes et libère les prisonniers, non sans saccager le logis.

En 1712, le tocsin sonne dans un bourg pyrénéen pour l'emprisonnement d'un paysan dans une métairie et la population le délivre aussitôt (3). La même année, aux environs de Châtillon-sur-Seine, un officier, qui a enfermé deux domestiques pris de force, est assiégé en son logis par leur maître assisté de ses amis. La porte de la maison est enfoncée, mais comme il fait nuit et qu'on redoute la fuite du racoleur à la faveur de l'obscurité, les assaillants bivouaquent sur leurs positions et attendent le jour, pistolets en main, pour reprendre les garçons (4).

---

(1) Lettre de l'intendant d'Ableiges, 28 juin 1705 (BOISLISLE, *Correspondance* II, nº 841).

(2) Plainte des officiers, enquête, lettre de Lebret, février-avril 1707 (D. G., vol. 2044, p. 161-163).

(3) Lettre de M. de Barrillon, 23 février 1712 (D. G., vol. 2408, p. 37).

(4) Lettre de M. de La Briffe, 23 mai 1712... « Cet officier s'est attiré ces violences par une conduite irrégulière en prenant de force deux hommes qui étoient à leur travail et sur lesquels il n'avoit aucun droit » (D. G., vol. 2418, p. 131).

Des villages entiers se soulèvent pour des expéditions de ce genre. En 1705, un officier nommé Fitton ayant enfermé chez un nommé Lartigue neuf hommes pris par force, le sieur Brune, archiprêtre de Caixon, prend la tête de ses paroissiens : accompagné d'une centaine de bourgeois à pied et à cheval, « armés de fusils, pistolets, hallebardes, hautbolans, haches, poignars, bourdons et autres armes », il se rend à Liac où habite l'officier. Ils arrivent en pleine nuit, au clair de lune, et commencent le siège de la maison.

L'archiprêtre mène les opérations comme un général, interpellant les passants pour leur dire : « Voyez-vous, monsieur, comme je suis aymé de mes paroissiens ; ils me suivroient partout ! » et proférant des menaces à l'adresse des officiers : « Je veux leur aprendre de n'avoir pas à faire à un archiprestré. »

Cependant, le siège est conduit de main de maître ; les assaillants chantent dans la nuit, pour se donner du courage, quelques refrains de garnison :

> Cavalerie,
> N'aproche pas de nos dragons,
> Car ils sont en furie :
> Ils vous battront !
> Et vous, trompetes,
> N'aprochés pas de nos tambours,
> Car nos baquettes
> Roulent toujours !

Fenêtres et portes sont enfoncées et la maison envahie. On entend des voix anxieuses appeler les prisonniers : « Jean ! Jean ! es-tu là ? viens ! sors ! » Des combattants se chargent de dépouilles opimes. L'un d'eux crie : « Qui a le sabre ? J'ay le fourreau ! » Le recruteur et son sergent sont roués de coups. Tous les hommes enfermés sont délivrés, à l'exception de deux qui refusent de s'en aller ; et, fiers de leur victoire, les gens de Caixon s'éloignent dans la nuit, en gouaillant : « Adieu, messieurs de Liac, nous avons bien froité vos ficheus officiers (1). »

(1) Plaintes de Fitton, sous-lieutenant au régiment de la Force, de son capitaine qui observe que « s'il est permis d'assassiner les recreues, il est bien difficile de

A Paris et dans les villes, la découverte des fours suscite de véritables émeutes. Les passants s'attroupent, les commerçants quittent leur boutique.

Parfois la foule se contente de l'intervention du commissaire : le 1er mai 1705, 1 200 personnes se rassemblent devant une maison de la rue des Vieux-Augustins et parviennent à faire délivrer quatre Savoyards qui y étaient enfermés et dont l'un n'avait que douze ans (1).

. Ou bien elle se fait justice elle-même : en 1712, un apprenti charpentier allant quérir les outils de son patron est enlevé par des recruteurs et enfermé dans le four de la rue des Prêtres à Saint-Arnoul. Aussitôt informé, le charpentier vient réclamer son *aprentif* aux soldats, leur déclarant : « Je ne sortiray point que je ne l'aye ; vous este bien heureux que je vous nourice des pigeonneaux » et, comme il est éconduit, il appelle à l'aide. Voisins, amis, parents, tous s'empressent : la porte vole en éclats. De l'intérieur, les soldats font feu sur les assaillants et un gamin est blessé dans la bagarre d'une balle à la bouche (2).

Mais la foule est aveugle et sa nervosité, sans doute justifiée, la fait parfois s'égarer. Il en résulte de regrettables incidents, que ne manquent pas d'exploiter les racoleurs, forts cette fois de leur bon droit.

En novembre 1705, il ne faut rien moins que l'intervention de la police parisienne pour disperser la populace assiégeant au faubourg Saint-Martin la maison d'un capitaine qu'elle accuse faussement d'avoir pris par force un homme dont l'enrôlement a été parfaitement volontaire (3).

En avril 1712, le quartier Saint-Sulpice voit une émeute du même genre. Le sieur de Fatouville, lieutenant-colonel du

pouVoir remettre les compagnies » ; information, lettre de M. de La Bourdonnaye, aVril-juin 1706 (D. G., vol. 1986, p. 41-45).

(1) Lettre de d'Argenson, 1er mai 1705 (D. G., vol. 1897, p. 1).

(2) Lettres de Bignon et information, féVrier-mai 1712 (D. G., vol. 2418, p. 61-65 et 75). — Notons en passant que l'officier coupable, capitaine au régiment de Bassigny, est de médiocre naissance puisque cousin germain d'un garçon du château de Marly.

(3) Lettre de d'Argenson, 30 noVembre 1705 (D. G., vol. 1900, p. 218)-

régiment de Boufflers, enrôle et conduit à sa maison de la rue des Fossoyeurs un crocheteur « qui, s'en estant repenty, avoit fait de grands cris et appelé plusieurs voisins qui ont crié aussitôt que cette maison estoit un four et qu'on jettoit le monde dans la cave ». Il n'en faut pas moins pour susciter une grande effervescence, surtout parmi les laquais et gens de maison, qui, au nombre de plus de deux cents, assiègent la maison : la femme de l'officier est attaquée à coups de pierres, son valet rossé à coups de bâtons, toutes les vitres sont brisées. Il faut une escouade du guet réquisitionnée par le lieutenant-colonel pour disperser « cette livrée séditieuse » et les soldats du corps de garde de la rue Princesse doivent charger la foule « par des bourades de fusils, dont plusieurs ont esté rompus » (1).

Le départ des recrues pour l'armée enfin n'est jamais sans risques pour les racoleurs. Surpris en flagrant délit de violences, ils savent qu'ils ont beaucoup à redouter des amis ou proches de leurs victimes ; mais l'expérience leur apprend vite à craindre aussi l'indignation soupçonneuse du peuple, fort capable d'intervenir en faveur d'inconnus maltraités par eux.

Un capitaine et quelques sergents passent sur une route, escortant des malheureux hâves et tristes, noirs de coups (2), les fers aux mains, enchaînés par deux. Durant la traversée des villages, les gens les regardent passer du pas des portes et ce spectacle soulève leur compassion, évoque peut-être en eux le souvenir des gars du pays qui ont quelque jour disparu et subi sans doute le sort de ceux-là. Les esprits s'échauffent ; il faut parfois un rien pour faire éclater les colères. Les prisonniers en profitent alors pour se sauver et l'attitude de la foule favorise leur fuite.

Le 10 avril 1712, un convoi de trois grands carrosses,

(1) Lettre de d'Argenson, 14 janVier 1712 (D. G., vol. 2413, p. 24).
(2) Un homme pris de force a reçu tant de bourrades et de coups dans le dos et sur les bras qu'il a « le corps noir comme mon chapeau », dit en 1711 un subdélégué de l'intendant Trudaine (D. G., vol. 2345, p. 55).

accompagné d'un capitaine, amène une quinzaine de garçons
à sept heures du matin au cabaret de *la Grande Pinte* de
Bercy ; ils s'y rafraîchissent et pendant la halte, une discussion éclaire les assistants : « Vous ne nous ménerez pas loing ;
nous sommes pris de force ! dit un des hommes. Si j'y allois
de bonne volonté, je me rendrois partout ! — Je vous y
ferez bien rendre », répond l'officier, et il fait enchaîner tous
ces hommes deux à deux, les confie à un sergent et à un individu armé et s'en retourne à Paris.

Le triste convoi poursuit sa route. Pendant la traversée de
Charenton, après une courte pause au *Cheval blanc*, les hommes
murmurent et se plaignent. Agacé, le sergent donne « un coup
de bourras de son fuzil au visage d'un desdits enchaînez ». Un
vieux maréchal ferrant, témoin de cette brutalité, s'indigne
tout haut et observe « qu'il est fâcheux, n'ayant point fait de
mal, de se voir enchaisner et battre de la sorte ». Le sergent
s'en prend au vieillard qui se défend « fort figoureusement,
quoyqu'âgé de soixante-quinze ans ou environ et tout
courbé » ; à la faveur de la querelle, plusieurs des prisonniers
réussissent à s'enfuir (1).

Une autre fois, à Mailly-le-Château, un homme à cheval
entouré de trois soldats crie à une cabaretière : « Mademoiselle,
par charité et pour l'amour de Dieu, donnés moy un peu d'eau
à boire ! » ; et, empêché de s'arrêter, il ajoute : « Vous dirés,
s'il vous plaît, que c'est Caquereau que l'on emmène et ne
sçait pas où ils me meyne. » La femme s'apitoie ; la foule
s'amasse autour des racoleurs ; une voix conseille même :
« Il faut tuer tout ces bougres là ! Ce sont des volleurs de grand
chemin. » On ne les frappe pas cependant, mais Caquereau
profite de l'incident et de la complicité tacite des assistants
pour sauter à bas de son cheval et prendre la clef des
champs (2).

(1) Lettre de Bignon et information, aVril-mai 1712 (D. G., vol. 2418, p. 72-
74).

(2) Lettres de Trudaine, de son subdélégué et enquête, mars 1711 (D. G.,
vol. 2345, p. 54-58).

Ces fuites en cours de route ne sont jamais sans danger, car les recruteurs font souvent usage de leurs armes contre les prisonniers rétifs, voire même contre les badauds complaisants et sans souci de les blesser grièvement. A la Tour-du-Pin, un sergent emmène un homme qui reconnaît un boulanger et lui crie : « Adieu, Paillet ! » Celui-ci accourt, rappelle au recruteur qu'on ne doit pas emmener les gens de force ; des femmes s'assemblent « pour voir ce qui se passoit » et le soldat malgré lui parvient à s'enfuir. Fou de rage, le sergent épaule et blesse grièvement d'un coup de fusil le boulanger (1).

Cet état d'esprit de la population, entretenu par l'ordinaire impudence des recruteurs, prend vite un tour fâcheux qui ne laisse pas de préoccuper le pouvoir. Il se traduit surtout par une telle défiance dè l'officier que la moindre proposition d'enrôlement de sa part est interprétée comme mal intentionnée et reçue en conséquence.

Le paysan si souvent joué ne veut plus se laisser prendre et devient d'une insolence rare. L'un d'eux donne trois coups de bâton à un lieutenant du régiment de la Marche, qui lui demande s'il veut prendre parti ; ils lui valent d'ailleurs un coup d'épée (2). Un autre, à Dompierre-en-Dombe, répond à la même demande « qu'il ne s'engageoit que pour un pot de vin qu'il vouloit paier, n'aiant point d'autre party à prendre que celuy-là ». Cette grosse plaisanterie soulève des rires qui vexent l'officier : cinq minutes après, le curé donne l'Extrême-Onction au pauvre diable. Ses camarades le vengent en blessant six hommes, en faisant évader quatre des recrues qu'emmène l'officier et en s'emparant des armes et de l'argent de ses soldats. Sans l'intervention du curé, qui est obligé d'accompagner la petite troupe pendant trois quarts de lieue pour

---

(1) Lettre de Bouchu, information, mars 1705 (D. G., vol. 1878, p. 285-288).

(2) L'officier est surpris que le prévôt de la maréchaussée de Bellay le poursuive pour cette affaire et s'en explique naïvement : « Je crois que selon le mestier que je fais et estan né gentilhomme, *j'estois obligé de luy donner de mon espée au travers du corps*, ce que je fis sur-le-champ, dont il n'est point mort, mais au contraire quinze jours après il a travaillé. » (Lettre du sieur Desrois, lieutenant au régiment de La Marche, 16 juin 1704. — D. G., vol. 1802, p. 82).

assurer son départ, tous les militaires auraient été écharpés (1).

Deux capitaines en promenade dans la forêt de Fontainebleau rencontrent un jeune homme, la hotte au dos. L'un
d'eux s'écrie : « Voilà un grand garçon bien fait, qui fairoit
beaucoup mieux de servir le roy que d'aller ainsy chercher
une charge de boys. » La réponse ne se fait pas attendre :
« Vous estes de bons geux pour que l'on aille servir avec vous ;
vous estes de plaisans saladins. » Décontenancés, les officiers
insistent ; après quelques grossièretés, l'homme est frappé
du plat d'une petite épée de deuil qui se casse. Aux cris du
garçon, son frère et les bûcherons ses amis accourent, qui,
ramassant des pierres, lapident copieusement les deux officiers et saisissent sans doute comme pièce à conviction la
garde de l'épée brisée.

A la suite de cette affaire, la gent bûcheronne de la forêt
entre en effervescence. Tous prennent fait et cause pour les
porteurs de bois, répétant à l'envi « que si lesdits officiers
avoient été les plus forts, ils se seroient tous jettés sur eux ».
Le lieutenant de police de Fontainebleau se montre très
ennuyé, redoutant « le caractère de toutes les petites gens de
pays icy, qui ne sont jamais plus contens que quand ils
peuvent faire insulte à un bourgeois ou un officier » (2).

Son collègue parisien a de son côté fort à faire pour éviter
des désordres « qui auroient de fâcheuses suittes si on ne
les réprimoit d'abord avec fermeté ».

Nous avons déjà dit les colères de la foule qui croit découvrir les *fours*. Un signe très significatif de l'exaspération générale est l'histoire de ce jeune officier, qui, faisant battre la
caisse sur le pont Saint-Michel, est désarmé, injurié et frappé
à coups de balai « par l'entrepreneur du netoyement de ce
quartier, ses garçons et quelques bourgeois » (3).

Ces manifestations sont assez nombreuses pour ne laisser

(1) Lettres de La Briffe et Méliaud, de l'officier, enquête, etc., aVril-mai 1712
D. G., vol 2418, p. 174-180).
(2) 13 féVrier 1710 (D. G., vol. 2269, p. 187).
(3) Lettre de d'Argenson, 14 féVrier 1705 (D. G., vol. 1895, p. 263).

aucun doute sur les sentiments que professe le peuple pour les marchands de chair humaine. Trop de haines s'accumulent contre eux et ils le sentent bien, témoin celui-ci qui demande, un jour, une escorte pour traverser la ville de Saint-Maixent.

Leur seule apparition, présageant les violences qui leur sont habituelles, suffit à provoquer les plus regrettables incidents. Rien de plus instructif et qui résume mieux la haine et la fureur populaires à leur endroit que l'histoire de cette révolte d'un village du Dauphiné en juin 1705.

A Saint-Jean-d'Embournay arrive un beau matin une troupe de soldats conduits par un capitaine. A la vue des uniformes, les visages se renfrognent et l'on refuse à l'officier le boire, le manger et le logis. Lui et ses hommes errent alors à travers le village. C'était jour de foire et il semble bien que cette arrivée inopinée ait causé, avant qu'il se soit rien passé de suspect, un gros mécontentement chez les villageois.

L'apparition d'un tambour qui bat la caisse et offre quatre pistoles d'engagement met le comble à l'effervescence. Un jeune homme entre alors au cabaret de *la Fleur de Lys* où le capitaine Beauvinay lui ayant demandé : « Et bien, mon amy, ne veux-tu pas t'engager? » il lui répond : « Ouy, monsieur, j'aime autant aller aveq vous qu'aveq un autre et encore myeux parce que vous este du pays, pourveu que vous me fassiez bonne composition. » Cet acqüiescement aux paroles de l'officier n'est pas goûté des paysans, qui protestent aussitôt contre le trouble-fête. Quelqu'un traduit le sentiment général en déclarant : « Ce n'est pas le temps de faire recrue ; ils interrompent notre foire, qui auroit esté belle sans cela. » Le jeune homme revient alors sur ce qu'il a dit et le capitaine, jugeant prudent de ne pas insister, étant donnée l'hostilité générale, fait contre mauvaise fortune bon cœur : « Messieurs, je ne veux point de soldat de force ; si celuy-là n'a pas le courage à venir, je vous le laisse et j'en feray de mesme de tous ceux qui vous appartiendront. » Ces paroles conciliantes sonnent faux à toutes les oreilles et ne satisfont personne. Une voix crie : « Laisse faire, tu verras bientôt un autre carillon, » et, sur ces paroles grosses de menaces, la foule s'écoule. Un incident va mettre le feu aux poudres.

Battant la caisse, le tambour est arrivé sur la place publique et attroupe la foule. Un garçon lui demande « ce qu'on luy donnoit ; à quoy le tambour répondit : « Quatre louys ! » Et ledit garçon luy dit : s'il les avoit? Le tambour reparty : « Allons au logis ; l'on vous les donnera. » Le garçon dit : « J'ay « plus de louys que toy » et se moque de luy. » Il ajoute : « Tu es un bon coquin et tu feroit myeux de te retirer avec ta caisse, car si je la prens je la metray en pièce. » Le tambour réplique que, s'il met sa menace à exécution, son geste lui coûtera plus cher que le prix de la caisse. « Seront-ces bougres de camizards qui me la feront payer? » interroge le gars.

Cependant l'altercation a attiré l'attention et des groupes hostiles se forment quand on entend crier : « A moy ! à moy ! gens de Chantonnay ! » Ce sont des hommes venus à la foire que le capitaine enlève de force avec sa troupe en les rouant de coups ; il en avait pris un dans sa boutique et emmenait aussi un pauvre sourd, ayant déclaré : « Il me faut vingt soldats de gré ou de force, bougres de chien ! »

Cette imprudence le perd. C'est une explosion de cris de rage et d'indignation : « Ce sont des bougres, il les faut assommer ! — Il faudrait assommer ces gens-là qui nous prennent icy comme des cochons ! » Une dernière hésitation empêche encore d'en venir aux mains. Le signal est donné par un nommé Tollon qui, levant sa canne, crie : « Il ne faut point soufrir icy de ces canailles : enfans, assemblés vous et donnés dessus ! — Que craignés vous? Donnés dessus et ne craignés rien. » La foule se jette sur le malheureux tambour et le frappe jusqu'à ce qu'elle le croit mort.

Mais les fureurs se tournent contre l'officier, auteur responsable des enlèvements. Le soldat terrassé, Tollon ravive les colères contre le capitaine, « ce bougre d'heugenot. Il faut le mettre au carcan, dit-il, et le mettre en morceaux » ! La foule voit rouge et s'élance. Les buveurs désertent les cabarets sans payer leur écot. Un homme, qui a eu un ami enlevé par des recruteurs, hurle « qu'il vouloit emporter un des mambres du sieur Beauvinay ». D'autres disent que « ces gens-là méritoient d'être bien battus ». Et, sans autre entente, tous se ruent vers le cabaret de *la Fleur de Lys* dont le propriétaire, nommé Bertrand, fait aussitôt fermer les portes : en un clin d'œil, officier et soldats y sont bloqués.

Cette fois, Beauvinay est sérieusement effrayé. Tollon veut tenter une dernière conciliation et lui crie : « Monsieur, faite retirer vos soldats, ils ne gaigneront rien icy. » L'officier répond : « Monsieur, faite retirer ce monde et je va retirer mes soldats. » Ceux-ci d'ailleurs excitent la fureur des paysans en se montrant aux fenêtres, le verre en main, et en buvant à leur santé.

Rageurs, les villageois attaquent : les vitres tombent sous une grêle de cailloux. Les femmes ne sont pas les moins acharnées ; on remarque particulièrement l'épouse de Guigue, qui, son tablier rempli de pierres, ne cesse d'en jeter sur le cabaret. Tollon mène l'assaut, recommandant « que l'on frapa seulement tant que l'on pourroit », ce dont personne ne se fait faute. La fureur du peuple se tourne peu à peu contre le cabaretier Bertrand qui empêche, en les enfermant, d'exterminer ces « voleurs ». Tollon ne se gêne pas pour crier : « Bertrand est un coquin de les avoir retirés chez luy. » Les têtes s'échauffent de plus en plus. Ah ! Bertrand les protège ! eh bien, on va démolir sa maison, car « il falloit voir la fin de ces gens là » ; et on décide d'y mettre le feu. Déjà le bruit court que des gens de bonne volonté entassent des fagots dans l'écurie. Une petite servante, qui, perdue dans la foule, regarde de tous ses yeux, ne peut s'empêcher de s'apitoyer : « Mon Dieu, c'est bien dommage de brûler ce logis ! » Mal lui en prend ; une femme lui enjoint de « se taire et qu'elle pourroit bien estre maltraité elle mesme », à quoi l'époux de la bourgeoise ajoute : « Ils font bien. Pourquoi esse que Bertrand retire ces coupe-jarrets ? » Un cri de triomphe s'échappe de toutes les poitrines : les portes cèdent. C'est une mêlée furieuse où les paysans frappent fort ; cinq soldats sont grièvement blessés. Par miracle, le capitaine ne reçoit qu'un coup au milieu de l'omoplate gauche, « de la rondeur d'un escu neuf ». S'il s'en tire à si bon compte, il le doit à l'intervention d'un tailleur qui, le reconnaissant, l'aide à s'échapper et le fait aussitôt déguiser, puis le cache jusqu'à la nuit tombée à la faveur de laquelle il peut enfin s'échapper (1).

***

Ces atteintes répétées des recruteurs à la liberté individuelle et leurs actes de sauvagerie eussent exigé une sévère répression ; celle-ci cependant est très atténuée.

L'enrôlement forcé n'est visé que par une ordonnance royale, celle du 8 février 1692, qui reste en vigueur jusqu'en 1716. Il est vrai qu'elle prohibe formellement les enrôlements forcés et que, « comme ces sortes de voyes sont contraires à ses intentions et qu'elles pourroient détourner ceux de ses sujets qui sont naturellement portez à la servir dans ses troupes de s'y enroller de leur propre volonté », Sa Majesté prévoit des peines sévères contre tout officier convaincu d'avoir pris ou fait prendre « dans des maisons, sur les chemins, à la campagne et ailleurs, des gens pour les faire entrer contre leur gré dans sa compagnie » ou de les y avoir « forcé en quelque manière que ce soit » : ils n'encourent rien moins que la cassation et la privation de charge et d'être emprisonnés en attendant le châtiment à intervenir (2).

Dès le début de la guerre, Chamillart rappelle les sévères injonctions de l'ordonnance, et par circulaires des 28 août et 26 novembre 1702, prie les intendants d'avertir les officiers qu'à la moindre infraction, ils seront impitoyablement cassés ; en outre, il leur recommande de les surveiller et de ne tolérer aucune violence dans le ressort de leurs généralités (3).

---

(1) Plainte de l'officier, lettre de d'Angervilliers, information, décembre 1705-février 1706 (D. G., vol. 1971, p. 60-70).

(2) Ordonnance du 8 février 1692.

(3) D. G., vol. 1562, p. 153 et 197. — Cf. réponse de M. de La Houssaye, 5 décembre 1702 (D. G., vol. 1574, p. 292).

Malheureusement, l'action préventive est à peu près impossible ; elle se réduit à la surveillance des officiers suspects, parce que coutumiers de la violence : on se borne alors à examiner à l'improviste leur recrue pour mettre en liberté lés « mal enrollez » (1).

Rares sont les recruteurs que la crainte du châtiment ramène à de meilleurs sentiments. Il en est cependant parfois qui, inquiets des suites de leur équipée, relâchent leurs recrues forcées avant l'intervention du pouvoir. Un officier, qui avait enlevé une fois un Arménien qui ne savait pas un mot de français, eut vent qu'un bourgeois de Vitry-le-François, qui savait un peu le turc, plaidait auprès de l'intendant la cause du malheureux étranger : il le remit aussitôt en liberté (2).

En général, les menaces, forcément platoniques, n'ont pas d'effet sur les recruteurs. L'autorité ne peut donc intervenir efficacement que lorsqu'elle est saisie d'une plainte.

Les intendants sont seuls qualifiés pour mener les enquêtes et prendre une décision, sous réserve de rendre compte au secrétaire d'État de la Guerre et de lui soumettre les difficultés (3). Il ne semble pas que les subdélégués les aient beaucoup aidés en cette besogne ; outre qu'ils n'avaient pas l'autorité et parfois l'impartialité nécessaires pour instruire les affaires, leur intervention ne fait bien souvent qu'embrouiller les choses ; leur rôle est plutôt d'informer l'intendant, de prendre les mesures de première urgence et d'exécuter ses ordres (4).

A Paris, M. d'Argenson seul connaît de la police des mili‑

____

(1) Chamillart à d'Ableiges, 21 mars 1705 (D. G., vol. 1902, p. 88). — A M. de Tressemanes, lui enjoignant d'interroger à leur arrivée au corps les hommes d'une recrue et de libérer les « mal enrôlés » (D. G., vol. 1950, p. 173).

(2) Lettres du sieur Jacobé et de d'Harouys, 30 décembre 1704 et 1er février 1705 (D. G., vol. 1905, p. 147-148). — Cf. lettre de d'Ormesson du 18 avril 1705 sur une affaire terminée à l'amiable (D. G., vol. 1901, p. 246).

(3) Contestation au sujet de la connaissance de ces affaires entre Courson et Montrevel, décembre 1711 (D. G., vol. 2337, p. 197).

(4) Un magistrat d'Aurillac refuse en 1705 de respecter la décision du subdélégué en cette ville ; l'intendant est obligé de faire transférer à Montauban le soldat prétendu enlevé pour instruire lui-même l'affaire. (Lettre du 8 juillet 1705. — D. G., vol. 1904, p. 68).

taires. C'est du moins ce qui ressort de l'aveu du lieutenant criminel Le Camus Destouches qui, en 1705, avait tenté de soutenir un officier coupable d'avoir enrôlé par force un sculpteur dans un cabaret de la butte de Montmartre, violence qui avait suscité « la résistance et la fureur du peuple attroupé » (1).

L'autorité d'un intendant expire à la limite de sa généralité et c'est une des raisons pour lesquelles les officiers emmènent souvent très loin leurs recrues forcées ; ils espèrent que l'affaire ne sera pas transmise dans les départements voisins et qu'ils échapperont ainsi aux poursuites. Le laboureur enlevé aux environs de Bayeux et martyrisé par les sieurs Delahaye-Picquenot est emmené par eux du côté de Lisieux, où l'un d'eux déclare joyeusement : « F... de l'intendant, me voilà passé son district. » Mais le subdélégué est déjà prévenu et c'est lui qui, arrêtant la recrue au passage, peut enfin soustraire le pauvre homme à ses persécuteurs (2).

L'instruction de ces affaires d'enrôlement forcé présente toutes les difficultés et souvent l'intendant, placé entre les explications confuses de l'enrôlé et les affirmations formelles de l'officier, ne sait plus auquel entendre. Les recruteurs se sont trop souvent mis dans leur tort pour qu'on ne les charge parfois de violences imaginaires. Tel se plaint d'avoir été pris de force, qui marche bien contre son gré, mais en vertu d'ordres formels. En 1706, un nommé Taragon, natif d'Urville en Normandie, se plaint d'avoir été pris de force par un officier du régiment de Saint-Sulpice. Or, celui-ci prouve que cet homme lui a été donné par sa communauté, parce que c'était « un vagabond, un fripon, homme inutile et un putacier, lequel depuis plus de dix ans quoyque marié avoit une p... à pot et à rots chez luy, dont il a actuellement trois enfants » (3). De même, le capitaine Mantelin, du régiment de Lachau-Mon-

---

(1) Lettre de d'Argenson et Le Camus Destouches, mars-avril 1705 (D. G., vol. 1896, p. 276-277 et 362-366).
(2) Information du 23 septembre 1712 (D. G., vol. 2419, p. 158).
(3) Lettre du capitaine DuViVier, 10 avril 1706 (D. G., vol. 1943, p. 200-201).

tauban, prétend conserver dans sa compagnie un habitant de Nozières-en-Vivarais, que ses voisins l'ont prié d'emmener, « disant qu'ils n'ozoient sortir de leurs maisons sitôt le jour finy par l'appréhention qu'ils avoit de cet homme là » (1).

D'autres fois, des mobiles absolument étrangers au bien du service font dénoncer un officier comme coupable de violences. L'intendant La Bourdonnaye instruit un jour une plainte du curé de Laurède contre un capitaine Casaubon, et, tout en reconnaissant qu'il y a eu dans la région des enrôlements forcés, remarque que ce curé qui est « de son costé très impatient » est peut-être « animé par quelque ressentiment particulier contre la famille du sieur Casaubon » (2).

En admettant même que la violence soit prouvée, il est souvent bien difficile d'établir les torts réciproques des parties. A l'évêque de Troyes qui se plaint des enlèvements faits en pleine ville par les hommes du 2ᵉ bataillon d'Auxerrois, le commandant du bataillon répond en incriminant l'attitude hostile des bourgeois, qui égorgeraient les soldats si le lieutenant-général leur laissait, dit-il, la bride sur le cou ; à des faits précis, il objecte seulement l'impossibilité matérielle d'enlever un homme par force dans la ville sans être aussitôt dénoncé. Ne pouvant arriver à démêler les responsabilités, Chamillart se contente de prendre bonne note des plaintes et engage l'intendant à exercer à l'avenir une stricte surveillance (3).

L'impudence des recruteurs complique encore la tâche de la justice. Les met-on en demeure de prouver que l'enrôlement est volontaire? On ne peut alors exiger d'eux que la production d'un engagement signé, si l'homme sait écrire, sinon le serment de témoins de l'enrôlement (4). Or, nous

(1) Lettre du 6 aVril 1705 (D. G., vol. 1856, p. 20).
)2) Lettre du 13 décembre 1704 (D. G., vol. 1789, p. 281).
(3) Plainte du chef de bataillon, 17 aVril 1705. « Les gens d'icy sont des gens de guerre et je puis dire que nous sommes des gens de paix... Sy nous aVons faits des soldatz, ce n'est pas icy... toute la Ville s'oppose que nous en puissions faire un de bonne Volonté et, lorsque nous en faisons un, ils sont au désespoir » (D. G., vol. 1896, p. 48).
(4) Lettres de M. Le Guerchois et d'un officier du régiment de Laigle, mai 1705 (D. G., vol. 1856, p. 128 ; vol. 1901, p. 86).

avons vu comment agissent les recruteurs pour pouvoir produire une signature au bas de l'acte d'engagement ; de même il leur est bien facile de trouver des témoins, encore qu'on ait pris la précaution de ne pas admettre le témoignage de leurs domestiques ou de leurs proches (1).

Toutes ces difficultés accumulées n'empêchent pourtant pas les intendants d'arriver souvent à la vérité. Leur premier soin est alors de libérer les victimes des racoleurs. Par mesure de précaution, l'homme remis en liberté est nanti d'un congé absolu ; l'intendant force l'officier coupable à le lui délivrer ou bien le lui remet lui-même (2). « Pour plus grand exemple », ce congé est parfois expédié par le secrétaire d'État de la Guerre, agissant au nom du roi (3).

Encore faut-il veiller à ce que l'ordre de libération soit exécuté. Tout prétexte est bon aux officiers pour retarder la mise en liberté de leurs victimes : l'un les prétend malades, incapables de rentrer chez elles en cet état, et tout en promettant de les renvoyer dès leur guérison, laisse entendre que sa compagnie est bien faible, et prie qu'on lui pardonne une faute commise par « excends de zelle pour le service » (4). Un autre — c'est un colonel — se plaint que les hommes libérés par ordre lui aient emporté armes et habits. Bignon qui évente la ruse ne doute pas que ce ne soit un prétexte pour « revenir, écrit-il à Chamillart, contre ce que vous avés décidé » (5).

(1) Car si on l'admet, déclare M. de Saint-Macary, « la seureté n'est plus en main de la justice et la loy est renVersée » (11 janVier 1706. — D. G., vol. 1985, p. 16).

(2) Secrétaire d'État au comte de Gacé, au marquis de Sourdis, à Harouys, à La Bourdonnaye, Legendre, Chamilly, Turgot, Nointel, d'Argenson, Ferrand, La Houssaye, Lebret, d'Angervilliers, apostilles sur lettres de Barentin, d'Argenson, BouVille, Legendre, etc. (D. G., vol. 1741, p. 308 ; vol. 1743, p. 287 ; vol. 1792, p. 19, 177 ; vol. 1798, p. 362 ; vol. 1801, p. 249, 398, 406 ; vol. 1802, p. 324 ; vol. 1840, p. 163, 269 ; vol. 1896, p. 11 ; vol. 1897, p. 1 et 2 ; vol. 1808, p. 94 et 95 ; vol. 1902, p. 248, 258 ; vol. 1904, p. 35, 46 ; vol. 1905, p. 53 ; vol. 1954, p. 307 ; vol. 1986, p. 92, 225 ; vol. 2044, p. 172, 231).

(3) Chamillart à Turgot, 5 aVril 1704 (D. G., vol. 1801, p. 378). Cf. lettres à La Houssaye et réponse, mars-aVril 1706 (D. G., vol. 1954 et 1955, p. 298 et 23) ; à Saint-Contest, juin 1703 (D. G., vol. 1671, p. 285).

(4) Capitaine RiVière, régiment de Crouy, 7 septembre 1705 (D. G., vol. 1862, p. 261).

(5) Lettre de Bignon, 21 aVril 1705 (D. G., vol. 1840, p. 253).

Outre leur liberté, les hommes enlevés par force recouvrent les biens, armes, marchandises et argent qui leur ont été volés (1) et reçoivent à titre de dommages et intérêts une indemnité des recruteurs. Cette indemnité, peu proportionnée au tort subi, oscille entre 20 et 60 livres (2) ; elle atteint parfois 100 à 220 livres (3). En fait, il est difficile de préciser le chiffre des indemnités, qui s'élève à proportion de l'importance des dommages matériels ; en outre, les officiers ont à supporter les frais de voyage des hommes qui retournent chez eux (4). Les intendants veillent à ces paiements, les font faire devant eux (5) ou, par mesure de prudence, au lieu de forcer les officiers à donner l'argent, le font retenir sur leurs appointements.

Tout ceci ne constitue pas une punition.

L'ordonnance royale eût-elle été appliquée dans toute sa rigueur que les officiers eussent été cassés sans merci. En fait, la cassation est chose rare et si on se décide à la prononcer, c'est plutôt « pour servir d'exemple aux autres » (6).

La punition ordinairement infligée aux officiers est la prison. Parfois même, on se contente de les « bannir à perpétuité du ressort » d'un présidial par jugement prévôtal et rien ne les empêche alors de poursuivre ailleurs leurs exploits (7).

Indiquée parfois par le roi, la durée de la détention est aussi laissée à l'appréciation des intendants qui se montrent souvent fort indulgents. Il ne paraît pas qu'elle ait été fort prolongée : ainsi elle est une fois de quinze jours pour un offi-

---

(1) Lettres de La Houssaye, de d'Argenson, du commissaire Reynold, de Montrevel, de Bignon et apostilles (D. G., vol. 1752, p. 179 ; vol. 1896, p. 571 ; vol. 1955, p. 82 ; vol. 2417, p. 286 ; vol. 2418, p. 32).

(2) D. G., vol. 1801, p. 398 ; vol. 1802, p. 324 ; vol. 1896, p. 11 ; vol. 1904, p. 32 ; vol. 1954, p. 298 ; vol. 1955, p. 23 ; vol. 2044, p. 172.

(3) Chamillart à Harouys et Legendre, 1704-1705 (D. G., vol. 1741, p. 308 ; vol. 1798, p. 362 ; vol. 1904, p. 46). — L'évaluation des dommages et intérêts est parfois laissée à l'intendant (D. G., vol. 1904, p. 32).

(4) D. G., vol. 1792, p. 177 ; vol. 1801, p. 249 ; vol. 1840, p. 163 ; vol. 1954, p. 307 ; vol. 1986, p. 225.

(5) Chamillart à La Houssaye et réponse, mars-avril 1706 (D. G., vol. 1954, p. 298 ; vol. 1955, p. 23).

(6) Chamillart à Bouville, 3 novembre 1704 (D. G., vol. 1802, p. 364).

(7) Lettre de d'Angervilliers, 11 octobre 1707 (D. G., vol. 2045, p. 169).

cier coupable d'avoir enlevé quatre hommes (1) ; les sieurs
Delahaye-Picquenot, coupables des méfaits que nous avons
rapportés, ne sont guère maltraités : l'intendant qui a reçu
l'ordre de leur *faire leur procès* fait observer que cela leur
coûterait de gros frais, et, jugeant préférable un châtiment
immédiat, argue du repentir de ces bandits pour ne demander
que deux ou trois mois de détention dans quelque château (2).

Parfois l'officier n'est mis en prison que jusqu'à la libération effective de ses victimes (3) ; ou bien encore on le prie de
rejoindre aussitôt son régiment et on ne l'emprisonne que si,
deux ou trois jours après signification de cet ordre, il n'a pas
encore obéi (4).

En somme, les officiers coupables d'enrôlements forcés ne
sont pas bien sévèrement punis ; on les frappe plutôt pour
l'exemple et aussi pour accorder satisfaction à l'opinion
publique, car « il est nécessaire que le peuple voye qu'on luy
fait justice quand les officiers font des violences outrées » (5).
Leur châtiment reçoit donc la publicité désirable ; en 1705, Chamillart ordonne de conduire un officier au Fort-Lévêque « assez
publiquement pour que l'on sache la cause de sa prison » (6).
Mais, l'émotion calmée, on les relâche bien vite. M. de Grignan
fait élargir des recruteurs trop impudents « après quelques
jours de détention et avec une sévère réprimande » (7).

(1) Et toujours « pour serVir d'exemple aux autres » (Chamillart au comte de
Gacé, 11 aVril 1704. — D. G., vol: 1743, p. 287). — Ce terme de quinze jours est
habituel (Chamillart à Turgot et Lebret en 1704 et 1707. — D. G., vol. 1801,
p. 398 ; vol. 2044, p. 172). Ou un mois (à Turgot, 5 aVril 1704. — D. G., vol. 1801,
p. 378).
Un officier qui a enleVé des hommes « aVec des circonstances criantes », et parce
que le roi ne Veut point « souffrir une sy mauVaise conduite », récolte une fois
trois mois (Chamillart à Harouys, 30 mai 1704. — D. G., vol. 1741, p. 274
et 308). Bien plus souVent la durée de la détention n'est pas indiquée. Lebret
est prié d'emprisonner aussi longtemps que bon lui semblera les officiers fautifs
séjournant en 1707 à Arles, le roi refusant que l'on trouble « la liberté des habitans
de cette Ville et des enVirons » (D. G., vol. 2044, p. 112).
(2) Lettre de M. Guynet, 17 mai 1712, et apostille (D. G., vol. 2419, p. 131).
(3) Lettre d'Harouys (apostille), 11 mars 1705 (D. G., vol. 1905, p. 164).
(4) Apostille sur lettre de d'Argenson, 26 aVril 1705 (D. G., vol. 1896, p. 571).
(5) Lettre de Legendre, 14 juillet 1706 (D. G., vol. 1986, p. 226).
(6) Apostille sur lettre de d'Argenson du 4 aVril 1705 (D. G., vol. 1896, p. 347).
(7) 16 janVier 1705 (D. G., vol. 1895, p..79).

Et nombreux sont ceux dont la violence n'a pas été « excessive » et qui pour tout châtiment n'ont à subir que la simple réprimande. A l'un d'eux, pris sur le fait, on promet, en cas de récidive, de le punir « si sévèrement qu'il s'en souviendre longtemps » (1) ; à d'autres on rappelle qu'il faut faire autrement les recrues et qu'il ne convient pas d'enrôler les gens par force (2) ; ou bien on prévient le coupable qu'il « mériteroit punition », « qu'il a grand interest d'empescher qu'il n'en reviene plus de plaintes à Sa Majesté » (3). En 1712, deux officiers, convaincus d'avoir enlevé dix-huit hommes en deux mois de temps dans la subdélégation d'Argentan, sont avertis d'avoir à se *contenir!* (4).

Les mesures prises contre les complices des officiers recruteurs semblent un peu plus sévères. C'est en 1704 une suspension de fonctions de deux mois pour le prévôt de Montreuil-Belley qui a favorisé les violences d'un officier « au lieu de tenir la main à procurer la justice à ces gens-là » (5). Les soldats des gardes, qui enrôlent de force des gens qu'ils revendent ensuite aux officiers des troupes, sont punis de prison ; en 1706, Chamillart demande à leur colonel, le duc de Guiches, l'autorisation de les emprisonner jusqu'au début de la campagne (6).

(1) Lettre de La Houssaye, 9 aVril 1706 (D. G., vol. 1955, p. 23).
(2) Apostille sur lettres de La Bourdonnaye, de Courson ; Chamillart à La Houssaye, à d'Argenson (D. G., vol. 1896, p. 11 ; vol. 1954, p. 298 ; vol. 2265, p. 10 ; vol. 2346, p. 185).
(3) Lettres à Rouillé et Bignon, aVril et octobre 1704 (D. G., vol. 1741, p. 213 ; vol. 1801, p. 406).
(4) Apostille sur lettre de BouVille, 13 janVier 1712 (D. G., vol. 2419, p. 166).
(5) Chamillart à Turgot, 5 aVril 1704 (D. G., vol. 1801, p. 378). — Les complices des recruteurs étaient bien souVent les gens de justice eux-mêmes qui abusaient de leurs fonctions aVec une singulière désinVolture. En 1705, par exemple, le lieutenant de robe-courte de Troyes faisait enleVer les gens par ses archers, sous prétexte d'arrêter des déserteurs, et les reVendait ensuite aux officiers en recrue, réalisant de jolis bénéfices. Sa mort subite lui éVita un châtiment séVère ; les deux archers qu'il employait à ce manège furent frappés de 80 liVres d'amende et condamnés à trois mois de prison (D. G., vol. 1905, p. 286, 296, 297). — A Paris, un exempt du guet était suspecté en 1706 de se serVir de son escouade pour le même trafic. Chamillart, en signalant la chose à d'Argenson, lui faisait obserVer que le guet étant fait « pour la seureté publique », le peuple perdrait toute confiance en lui, s'il trahissait ainsi sa mission (DEPPING, *Correspondance administrative*, II, p. 822).
(6) Les soldats des gardes sont coutumiers de Violences, « qui troublent le

La réprimande est aussi la règle pour les officiers dont l'attitude a suscité quelque sédition ; on les blâme de n'avoir pas tenu leurs soldats « en meilleure discipline » ou bien on les prévient que leur conduite n'est pas « à aprouver » (1).

L'enquête préliminaire est toujours serrée, car « il seroit désagréable de punir un officier qui n'auroit pas tort » (2).

Quand il y a effusion de sang, on renvoie généralement les plaignants dos à dos, jugeant l'officier assez puni de sa violence ou l'homme « de son imprudence d'avoir esté blessé comme il l'a esté » (3). On aurait par contre quelque tendance à montrer plus de sévérité pour les séditieux, mais on n'ose pas trop les maltraiter. Ceux qui sont saisis sur le fait et convaincus de violences sont emprisonnés pour l'exemple ; parfois ils sont condamnés à une amende. Mais l'indulgence pour eux est la règle, indulgence qui s'affirmera avec la prolongation de la guerre (4).

On se contente par exemple d'une réprimande sévère aux municipalités pour la conduite de leurs administrés, ou bien — c'est en 1712 — on rappelle aux coupables qu'il ne sied pas d'envahir le domicile des officiers (5). La justice répugne visiblement d'ailleurs aux poursuites de ce genre. D'Argenson, qui veut un jour punir une « insolence » des Parisiens à l'égard

repos et la tranquillité de Paris », et dès 1702 on veille qu'ils rentrent en leurs quartiers « aux heures réglées » (DEPPING, op. cit., II, p. 800, 801). — Chamillart au duc de Guiche, 6 février 1706 (D. G., vol. 1943, p. 73).

(1) Apostille sur une information de 1712 (D. G., vol. 2148, p. 175) ; lettre de Lebret et apostille, 3 avril 1707 (D. G., vol. 2044, p. 161).

(2) Recommandation de Chamillart à d'Harouys (25 juin 1704) de « se servir de gens seurs pour faire ces sortes de vérifications » (D. G., vol. 1741, p. 325).

(3) Meyer à Bouchu, 1er mars 1705 (D. G., vol. 1878, p. 287).

(4) Et toujours beaucoup plus que d'un châtiment réel on se préoccupe de l'exemple à faire. D'Argenson retient huit jours en prison quelques artisans arrêtés à la suite d'une émeute : « J'espère que cet exemple de sévérité empeschera qu'il n'arrive à l'advenir de semblables désordres qui auroient nécessairement de fascheuses suittes, si on ne les réprimoit d'abord avec fermeté » (D. G., vol. 1895, p. 263). — Cf. lettres de Bouchu, mai 1704 ; Lebret, juin 1708 ; Barillon, février 1712 ; d'Argenson, janvier 1712, et apostilles (D. G., vol. 1766, p. 128 ; vol. 1202, p. 136 ; vol. 2408, p. 37 ; vol. 2413, p. 24).

(5) Desmaretz au maire de Dreux, 22 janvier 1705 ; apostille sur lettre de La Briffe du 23 mai 1712 (BOISLISLE, Correspondance, II, 742 et D. G., vol. 2148, p. 132).

d'un recruteur innocent, le constate en ces termes : « Les juges sont si peu portez à favoriser les enrollemens forcez et ont tant de répugnance à punir les mouvemens séditieux qui tendent à troubler les levées des troupes que je n'ozerois vous demander une commission extraordinaire pour faire le procès en dernier ressort aux personnes qui ont eu part à celui-cy, quelque penchant que j'eusse à les châtier avec toute la sévérité convenable. » Et il faut recommander cette fois aux juges ordinaires de faire leur devoir (1).

En un mot, les rigueurs de l'ordonnance restent lettre morte et on se garde bien de les appliquer. Le besoin d'hommes prime tout et peut seul expliquer cette indulgence excessive pour les violences les plus contraires à « la prohibition des ordonnances, la liberté publique et le droit des gens » (2).

Une impérieuse nécessité justifie donc les pires tolérances et lorsque le scandale n'est pas trop grand, que « l'industrie paroist avoir plus de part que la violence à l'enrollement », on ferme les yeux (3). Un mot d'ordre secret a certainement été donné en ce sens, cela ressort de la correspondance des intendants. En 1705, par exemple, Legendre s'excuse véritablement d'avoir été obligé d'intervenir — « Je sçais qu'il faut souvent fermer les yeux dans le temps où nous sommes » — mais observe qu'il y est obligé « quand les affaires éclatent » et qu'on lui demande justice (4).

Est-ce à dire que les intendants approuvent les méfaits des recruteurs et la quasi-impunité dont ils jouissent? Non, et il est vraiment poignant de voir s'affirmer la révolte de conscience de ces honnêtes gens contre la situation lamentable faite au peuple par la tolérance royale. L'intérêt qu'ils portent

(1) Lettre de d'Argenson et apostille, 30 noVembre 1705 (D. G., vol. 1900, p. 218).
(2) Information de 1705 (D. G., vol. 1905, p. 165).
(3) Lettre de d'Argenson, 1er mai 1705 (D. G., vol. 1897, p. 2).
(4) 4 féVrier 1705 (D. G., vol. 1905, p. 10).

par ordre au *rétablissement* des troupes ne les empêche pas de maudire les recruteurs qui « désolent la campagne » (1) et aux yeux de plus d'un, rien ne peut justifier des violences odieuses. « Les enrollemens de force sont mauvais ; *la nécessité les fait tolérer quelquefois;* mais lorsqu'ils sont accompagnés de vols faits à force ouverte, je crois, Monsieur, qu'ils méritent un châtiment plus exemplaire que trois mois de prison. Il est triste à moy d'avoir à vous prier de faire punir, mais ce n'est point la peine de ces misérables que je vous demande, c'est le repost de mes paysans qui seront toujours exposez aux violances si vous n'ordonnez que l'on fasse un exemple (2). »

« Je fais tout ce qui dépend de moy pour favoriser les officiers dans les levées de leurs recrues, écrit M. de Grignan, *mais il y a des occasions où le peuple a un véritable besoin de protection* (3). »

Et c'est au fond cette exacte compréhension des véritables intérêts du roi qui dicte à M. de Saint-Macary la lettre très ferme où il expose l'attitude qu'il désire adopter vis-à-vis des recruteurs :

« Je leur abandonneray avec plaisir les fainéans et les vagabonds, et, en faveur du service, je fermeray les yeux à tout ce qui paroistra douteux, très persuadé qu'il importe au service de Sa Majesté qu'on dissimule beaucoup de choses, mais pour tout ce qu'ils voudront entreprendre contre le bien de l'État, qui consiste principalement à faire fleurir les arts et mestiers et à entretenir le labourage des terres sans lequel les provinces seroient désertes, j'auray une attention singulière à réprimer les violences de ces officiers et me serviray de l'auctorité que vous me faictes l'honneur de me confier en homme

---

(1) Lettre de Legendre, 13 septembre 1702 (D. G., vol. 1605, p. 103).

(2) Lettre de Caumartin de Boissy, 27 décembre 1712 (D. G., vol. 2412, p. 295).

(3) 16 janVier 1705 (D. G., vol. 1895, p. 79). Et Chamillart, l'approuvant, de répéter : « Il est bon de faVoriser les officiers dans leurs recreues, mais aussy il ne faut pas tolérer de pareilles violences... » (p. 133). A tout le moins, que les racoleurs sauVent les apparences ! C'est le vœu de l'évêque de Troyes : « J'aVoue que les officiers y sont bien embarrassés et qu'il leur faut des recreues, mais il me paroit qu'ils doiVent du moins garder quelque apparence d'équité et de liberté au milieu de tous les artifices dont ils peuVent se servir » (D. G., vol. 1896, p. 517).

sage, en telle sorte que Sa Majesté soit bien servie, soit : en donnant de la protection aux officiers et en conservant aussy les mestiers et les labourages (1). »

Le pouvoir enregistre ces doléances ; mais il ne peut concilier tous les intérêts et sa pensée va d'abord aux armées, dont le combat, la maladie et la désertion déciment les rangs et qu'il faut à tout prix renforcer pour résister à la poussée terrible des coalisés. Encore un coup, sa préoccupation constante peut seule expliquer son inertie ou la mollesse de ses interventions ; c'est elle qui lui fait tolérer les « petites adresses » des recruteurs, elle aussi qui lui fait fermer les yeux sur leurs pires violences.

Son attitude générale ne peut mieux être caractérisée que par le fait suivant : en 1705, un commissaire de police requis par la foule parisienne fait sortir d'un four quatre Savoyards pris de force, dont l'un n'était qu'un enfant. M. d'Argenson fait relâcher celui-là, mais il garde les autres, et, apprenant que la compagnie du capitaine coupable est extrêmement *faible*, fait tous ses efforts pour les engager à s'enrôler de bon gré avec l'officier. Il ne les laisse aller que lorsqu'il est persuadé qu'ils ne consentiront pas et déserteront si on les force ; mais, en revanche, il promet au capitaine « de-luy en procurer d'autres qui seroient plus asseurez » (2).

Ce n'est pas là vaine promesse : cédant aux sollicitations des racoleurs malheureux, les intendants leur délivrent parfois de bien singulières recrues.

(1) 28 mars 1705 (D. G., vol. 1896, p. 274).
(2) 1er mai 1705 (D. G., vol. 1897, p. 1).

CHAPITRE V

L'ENROLEMENT DANS LES PRISONS

Il est, dans les villes du royaume, un logis que fréquentent volontiers les racoleurs et tous les officiers de passage : c'est la prison.

Sa population est très mêlée ; on trouve dans ses cachots malsains des prévenus de toute condition : des protestants à côté de détenus de droit commun, des meurtriers et des escrocs, des vagabonds et des débiteurs insolvables, aussi des déserteurs et des contrebandiers. Ces hommes sont de tout âge : il en est de vieux et d'infirmes ; il en est aussi qui, pour avoir eu maille à partir avec les archers du roi, n'en sont pas moins gaillards bien découplés, jeunes et robustes et qui feraient d'excellents soldats ; il s'en rencontre parmi eux qui « seroient de distinction dans la colonelle du régiment des gardes » (1).

Et les recruteurs enragent, en un temps où les soldats sont si difficiles à *faire*, de voir enfermée et inutile tant de *belle jeunesse* qui ne demanderait qu'à les suivre.

Ils ne s'éloignent pas de ces cachots surpeuplés ; certain lieutenant de dragons profite de son séjour à Rennes pour visiter tous ceux de la ·généralité de Bretagne (2) ; en janvier 1708, l'accès des prisons de Picardie doit être interdit, à la demande de l'intendant, aux nombreux officiers qu'attire l'annonce d'une rafle de faux-sauniers et qui, avec le consen-

---

(1) Lettre de Le Blanc, 1705 (BOISLISLE, *Correspondance*, I, n° 776).
(2) Lettres de Nointel et du lieutenant Potier, mars 1705 (D. G., vol. 1901, p. 189, 196).

tement intéressé des geôliers, ne quittent plus les prisons, pour le plus grand dommage des instructions en cours (1). Le roi a-t-il donc tant d'hommes à son service qu'il n'en réserve quelques-uns de ceux-là à ses régiments décimés? Et le secrétaire d'État de la Guerre est assailli de lettres d'officiers lui demandant des prisonniers pour recruter leurs compagnies. Le même refrain revient dans toutes les requêtes, avec une persistance inquiétante : tous se plaignent de « la rareté des hommes » (2), quelques-uns sans plus insister, d'autres précisant leur souci. C'est un capitaine qui se plaint de n'avoir pu, en deux mois de travail soutenu, réunir qu'une douzaine de recrues (3) ; et c'est encore un colonel, M. de Sourches, qui sollicite pour ses officiers tous les faux-sauniers détenus dans les prisons de Bourgogne, si l'on veut qu'il rétablisse son régiment qui n'a pas perdu moins de trois cents hommes pendant le quartier d'hiver (4).

Les prisonniers qui sont le plus fréquemment demandés sont les contrebandiers du sel ou du tabac, peut-être parce que les plus nombreux.

L'argument le plus habile consiste, pour les obtenir, à mettre en avant l'intérêt du roi : la plupart ne sont-ils pas retenus faute de pouvoir payer l'amende dont on les a punis (5)? — et ce n'est pas pour étonner de gens que la misère pousse au faux-saunage et qui sont passibles d'amendes de trois cents livres et davantage. Mais, puisqu'ils sont insolvables, l'intérêt du roi est bien plutôt d'en faire des soldats que de les loger à ses.

(1) Lettre de Bignon et apostille, 31 janVier 1708 (D. G., vol. 2087, p. 5).
(2) Lettre de M. de Grandmesnil, 18 mars 1705 (D. G., vol. 1901, p. 55). — Cf. lettres du lieutenant de Sarcilly (ibid., p. 56) ; du lieutenant-colonel du régiment de Launoy, d'officiers des régiments de Bretagne, Aunis, NaVarre, etc., 1703-1709 (D. G., vol. 1830, p. 3 ; vol. 2130, p. 50 ; vol. 2131, p. 137, 163, 411).
(3) Lettre du capitaine de RomainVille, 14 féVrier 1709 (D. G., vol. 2131, p. 137).
(4) Lettre de M. de Sourches, 10 février 1709 (D. G., vol. 2131, p. 109).
(5) Lettre du sieur Hortu, capitaine au régiment de FrancheVille, de d'Anger-villiers, mai 1704 et mars 1705 (D. G., vol. 1741, p. 312 ; vol. 1901, p. 44) ; du lieutenant de Fligny, du régiment de Vexin, 10 janVier 1709, réclamant un faux-saunier, « sa misère et sa pauvreté ne luy permettans pas de payer d'amande » (D. G., vol. 2130, p. 138).

frais dans les prisons encombrées. Il est vrai qu'à partir de trois cents livres une amende non payée entraîne la peine des galères (1). Faut-il s'arrêter à si pauvre objection? En janvier 1708, le comte Donguyer, bailli de l'Ile-de-France, qui cherche à faire délivrer dix faux-sauniers prisonniers à Vervins à un sien parent, capitaine au régiment de Béarn, observe très justement qu'il doit être indifférent aux fermiers généraux et officiers des gabelles que ces condamnés servent le roi comme soldats ou comme galériens et qu'ils lui seront certainement plus utiles aux tranchées des Flandres qu'au port de Marseille (2). Les galères « ne manquent pas d'ouvriers », les régiments ont-ils jamais trop d'hommes? dit aussi M. Dammartin, capitaine au Royal-Comtois (3).

Il ne faut pas craindre enfin la transformation de ces galériens en soldats : « On les condamne tous les jours au gallaire pour très peu de chose, cela nous fait grand tort, dit un lieutenant de dragons, ce seroit des garçons quy ceroit des tête de compagn[i]e (4). » Il est en effet évident que, si ces hommes consentent à montrer devant l'ennemi la farouche énergie qu'ils apportent dans leur lutte avec les gabelous de Sa Majesté, on peut se fier à leur valeur. Et c'est une dernière raison que d'arguer de leur repentir et d'affirmer qu'ils n'aspirent qu'à expier leurs fautes sous la livrée du roi (5).

Aussi bien, les officiers ne sont jamais à court d'arguments pour demander tout autre prisonnier. Ils ne s'embarrassent guère des scrupules du maréchal de Boufflers qui n'en veut point qui soient « détenus pour crimes et pour dettes » (6).

Peu leur chaut des antécédents plus ou moins fâcheux de leurs recrues, pourvu que, sans trop de peine et aux moindres

---

(1) Mémoire du sieur Priolo (BOISLISLE, *Correspondance*, II, n° 543 n).
(2) 22 janVier 1710 (D. G., vol. 2268, p. 155).
(3) 4 janVier 1709 (D. G., vol. 2130, p. 73).
(4) Lettre du lieutenant de dragons Potier, 21 mars 1705 (D. G., vol. 1901, p. 196).
(5) Le colonel comte d'Aubigné dit par exemple de huit de ces hommes que « leurs parens offrent d'être caution de leur fidélité et assiduité au service » (D. G., vol. 1801, p. 233).
(6) 2 mars 1706 (D. G., vol. 1935, p. 215).

frais,'ils parviennent à en réunir un nombre suffisant : tout leur paraît bon à endosser l'uniforme.

*
* *

Le roi est, lui, d'un avis opposé.

Il ne lui convient pas de transformer tous les malfaiteurs en soldats, car il ne considère pas l'enrôlement comme un châtiment mais comme une faveur. « L'obligation de servir le roi n'a jamais esté et ne sera jamais une peine par elle-même ; on ne l'ordonnera et on ne la caractérisera jamais de cette manière. C'est pour cela que l'on regarde comme une espèce de grâce l'obligation de servir dans les troupes, que l'on impose à ceux qui sont condamnez en commutation de la peine prononcée contre eux et les lettres qui s'accordent à cette occasion sont considérées comme de véritables lettres de grâce » : telle est sa doctrine (1).

Jamais donc il ne dispense cette grâce à la légère, ne voulant pas que l'enrôlement soit pour les prisonniers un moyen facile de « se tirer d'affaire » et un adoucissement de peine injustifié ; il faut, pour l'exemple, que la justice suive fréquemment son cours.

D'autre part, s'il consent à faciliter la tâche des racoleurs, dont il n'ignore pas la détresse, il ne lui convient guère de se substituer entièrement à eux, surtout pour leur remettre des soldats dont la valeur militaire n'est rien moins que certaine et la moralité assurément suspecte.

Pour toutes ces raisons, le pouvoir ne prend jamais de mesure générale tendant à faire délivrer aux troupes tous les détenus d'une certaine catégorie ; il entend ne se décider qu'à bon escient et se réserver l'examen de tous les cas d'espèce.

(1) Lettre de Pontchartrain, 13 juin 1705 (DEPPING, *Correspondance administrative*, II, p. 424). — En 1709, un père de famille, bourgeois parisien, en juge néanmoins autrement, condamnant son fils indigne à servir le roi deux ans en ses armées, « afin, dit-il, de luy apprendre à porter honneur, respect, obéissance et demander pardon à quy le devra » (D. G., vol. 2131, p. 260).

Le secrétaire d'État de la Guerre délègue donc aux intendants le soin d'étudier la suite à donner aux requêtes des
officiers (1) et s'en remet généralement à leur avis, leur laissant parfois toute initiative : « Qu'il les demande à l'intendant,
s'il veut les luy faire donner, écrit le ministre sur la supplique
d'un capitaine, mais, pour moy, je ne puis rien décider à
cet égard (2). » La libération des faux-sauniers est soumise
en outre à l'approbation du contrôleur général des Finances,
grand maître des gabelles.

La décision des intendants est toujours subordonnée à la
nature et à la gravité de la faute des détenus. En règle générale, ils ne les accordent que s'ils remplissent certaines conditions et qu'à des officiers dont ils sont absolument sûrs.

Il y a d'abord une catégorie de prisonniers sur lesquels
l'État n'est pas seul à avoir des droits : ce sont les détenus
pour dettes, dont l'enrôlement peut soulever certaines difficultés. « Si ceux qui font... banqueroute ou qui n'ont pas envie
de payer leurs dettes se tiroient des prisons sous prétexte
d'enrollemens, il en arriveroit tous les jours de considérable
préjudice au commerce. » Le pouvoir se refuse donc à disposer
de ces gens sans l'agrément préalable de leurs créanciers
auxquels il répond de leurs personnes et avant qu'ils se soient
acquittés. Or, les créanciers se montrent parfois réfractaires
à toute composition, au point d'en oublier « jusqu'à leurs
propres interests ». Ceux de l'ex-maître brodeur Ragier, soldat
au régiment d'Orleanois, refusent par exemple d'accepter de
lui un acompte de 2 000 livres sur les 4 200 qu'il leur doit. « Ils
aymeroient mieux, disent-ils, perdre tout ce qui leur est deu
que de consentir à sa liberté. Ils veullent qu'il périsse dans
les prisons (3). »

_____

(1) Lettre de Harouys ; Chamillart à d'Angervilliers, Foucault, Nointel,
d'Ableiges, leur demandant leur avis (D. G., vol. 1741, p. 311 ; vol. 1901, p. 9,
11, 189 ; vol. 1902, p. 79).
(2) Apostille sur lettre d'un officier, 14 février 1709 (D. G., vol. 2131, p. 137).
Cf. réponse à la lettre d'un officier de dragons (D. G., vol. 2132, p. 182).
(3) Apostille sur lettre de d'Argenson, 13 février 1705 (D. G., vol. 1895,
p. 252). — Autre sur lettre de Montesan : « L'enrôlement est bon mais il ne peut

C'est alors une ruse fréquente de la part des débiteurs qui redoutent une détention prolongée que de se tirer d'affaire en prenant les devants : l'enrôlement qu'on leur refusera probablement, ils le concluent avant leur arrestation ou le simulent avec la complicité d'un recruteur complaisant et se réclament ensuite de leur situation de soldats pour quitter leur cachot et rejoindre leur régiment. Le fait est courant ; l'un d'eux s'engage à la fois dans les dragons et dans l'artillerie, excès de précaution qui d'ailleurs le dénonce (1). Peine perdue : on les conserve en prison si leurs créanciers l'exigent et quelque certificat d'enrôlement qu'ils produisent, « quand bien mesme on n'auroit pas lieu de le présumer officieux » (2).

L'État créancier est plus à l'aise pour prendre alors une décision qui lui soit en tout cas profitable : en 1709, on arrête un nommé Carlus, ex-employé aux aides de la ville de Saint-Quentin, coupable d'avoir « écarté » 2 000 livres dans l'exercice de ses fonctions, mais qui avait signé un enrôlement avant que le scandale éclatât. On décide de le garder en prison pour être jugé, si les fermiers des aides le réclament, sinon de le laisser au capitaine qui l'a enrôlé de bonne foi (3).

Parmi les prisonniers dont l'État est libre de disposer, il en est qu'il refuse systématiquement de délivrer aux troupes. Ce sont tous ceux qui paraissent susceptibles de déserter à la première occasion et, à la faveur de leur nouvel état, de recouvrer bientôt une liberté complète.

Parmi ceux-ci, il y a bien des vagabonds ou des voleurs,

estre exécuté que lorsqu'il aura payé ses dettes ou qu'il aura esté mis en liberté », 15 février 1705 (D. G., vol. 1895, p. 277). — M. Babeau affirme, sans d'ailleurs en donner d'exemple, qu'on enrôlait les prisonniers pour dettes (les Soldats, p. 39). Il nous semble bien que le principe de ne jamais les accorder aux racoleurs sans l'assentiment de leurs créanciers ait été généralement observé, à part les exceptions qu'il faut toujours s'attendre à trouver en un temps où la nécessité prime la règle établie. Notons qu'à la même époque, en Russie, les prisonniers pour dettes étaient envoyés aux armées, sans souci de léser les intérêts de leurs créanciers. M. Waliszewski signale le fait en 1701 (Histoire de Pierre le Grand, p. 617).

(1) Lettre de d'Argenson et placet, 1er avril 1712 (D. G., vol. 2413, p. 130-131).
(2) Du même, 24 juin 1705 (D. G., vol. 1897, p. 492-493).
(3) Apostille sur lettre de M. de Bueil-Sancerre, 13 avril 1709 (D. G., vol. 2183, p. 102).

mais les plus suspects sont les protestants, que l'on exclut
toujours du bénéfice de l'enrôlement, sans doute par crainte
de les voir rejoindre leurs coreligionnaires.

Une curieuse lettre de M. de Torcy nous renseigne sur les
raisons de cette impitoyable décision. Au début de la campagne, il signale en effet à Chamillart que certains officiers en
recrue font signer des enrôlements aux « plus riches religion-
naires de Paris et de plusieurs autres endroits du royaume
et, lorsqu'ils sont dans les villes de la frontière et hors du
danger d'estre arrestez, ils passent aisément en Angleterre,
en Hollande ou en Brandebourg. On assure même, dit-il, qu'il
y a des projets de fuite pour faire sortir plus de cent familles
du royaume ». Chamillart menace aussitôt de la cassation
les colonels et les officiers qui prêteraient la main à semblable
supercherie et, par la suite, veille particulièrement à ce
qu'aucun prisonnier, protestant ou suspect de l'être, ne soit
remis aux racoleurs (1).

Il leur refuse par exemple quelques hommes appartenant à
la R. P. R. et détenus à Castillet, parce que « ce seroit autant
d'hommes qui déserteroient pour retourner dans leur pays » (2).
En 1705, il demande s'il ne serait pas possible d'accorder au
capitaine de Villegrau, du régiment d'Aunis, sept ou huit
jeunes gens prisonniers à Lyon ; mais apprenant du prévôt
des marchands que tous « sont gens suspects, qui vraisemblablement s'en alloient aux fanatiques » et bien que celui-ci juge
indulgemment « qu'ils ont fait une assez longue pénitence et
que le régiment d'Aunis mérite d'être bien recruté », il refuse
absolument de les laisser remettre à l'officier (3). Et jusqu'à la
fin du règne, on garde les protestants en prison ; Voysin refuse
même à l'intendant d'Angervilliers de laisser enrôler deux prisonniers de Grenoble, bien qu'ils aient abjuré depuis peu (4).

(1) 8 janVier 1701 (D. G., vol. 1524, p. 14).
(2) Apostille sur lettre du sieur Fourtens, 18 décembre 1706 (D. G., vol. 1984,
p. 265).
(3) Chamillart à Montesan ; réponse et « rolle des prisonniers détenus dans les
prisons royalles de Lyon », mars-aVril 1705 (D. G., vol. 1896, p. 270, 333, 335).
(4) Mars 1711 (D. G., vol. 2346, p. 85).

Cette rigueur n'est de mise qu'avec les protestants. Une plus large tolérance est admise pour les autres prisonniers, à l'exception toutefois des criminels — encore n'est-ce peut-être pas une règle absolue — et, en principe, de tous ceux qui ont été condamnés aux galères.

Ils sont nombreux et coupables de méfaits variés : outre une forte proportion de faux-sauniers, il y a parmi eux des déserteurs, des faussaires, des escrocs et autres malfaiteurs. On évite de les remettre aux recruteurs.

Trois gendarmes, condamnés l'un à la prison perpétuelle, les deux autres aux galères pour leur attitude dans une sédition survenue à Vitry, sont ainsi refusés à un officier (1) et ceci, pour l'exemple évidemment. Un marchand d'Arbois, frappé de 1 000 livres d'amende et puni de dix ans de galères pour détention de louis d'or de fausse réforme, essaye en vain de faire commuer son châtiment en enrôlement dans les troupes (2). Les déserteurs enfin, que signalent souvent les officiers pour les avoir rencontrés dans les prisons ou les avoir eus autrefois sous leurs ordres, sont trop suspects de récidive pour qu'on les renvoie aux armées sans garanties (3). Les faux-sauniers ne sont pas davantage accordés, lorsque leur condamnation entraîne pour eux quelque peine afflictive, ou les galères (4). Il y a pourtant à la fin du règne certains tempéraments à cette règle absolue ; le directeur des gabelles de

(1) Apostille sur lettre de M. d'Aubigné, 26 avril 1709 (D. G., vol. 2133, p. 132).

(2) Lettre de Bernage, 21 octobre 1707 (BOISLISLE, Corrrespondance, II, nᵒ 1327). Cf. lettre d'Harouys, 8 octobre 1705 (D. G., vol. 1905, p. 266).

(3) Cf. apostille sur lettre de Sanson, 22 avril 1701 (D. G., vol. 1524, p. 313). Les officiers en demandent bien souvent. Cf. lettres de capitaines des régiments de Blaisois, Bourbonnois, Santerre, Champagne, etc. (D. G., vol. 1857, p. 273, 276, 277 ; vol. 2031, p. 6 ; vol. 2133, p. 217 ; vol. 2136, p. 304 ; vol. 2371, p. 468, 469).

(4) Chamillart à Nointel, 22 avril 1705 (D. G., vol. 1901, p. 198). Il lui recommande de ne pas donner ceux qui ont été condamnés comme faux-sauniers à port d'arme. En 1704, des fermiers généraux prient Chamillart de « vouloir bien ne point accorder la liberté aux faux-sauniers condamnés aux gallères sous les offres qu'ils font de s'enroller pour le service de Sa Majesté ou sur ce qu'ils sont redemandez par les officiers des compagnies dans lesquelles ils estoient engagez... » (D. G., vol. 1801, p. 233).

Moulins s'en plaint en 1711 et souligne leur caractère inso-
lite (1). C'est pourtant dans cette généralité que dès 1705 on
commence à donner les faux-sauniers « porte à col » aux officiers ; leur nombre est tel alors qu'on n'en marque plus que
quelques-uns, envoyant les autres à l'armée, « la flétrissure
n'étant pas un moyen infaillible pour les empescher de
reprendre leur commerce » (2). En Bourgogne, on rappelle
bien en 1709 que les faux-sauniers « pris attroupés, à port
d'armes ou condamnés » ne pourront servir dans les troupes ;
on les y envoie néanmoins et dès la même année.

Nous avons vu que ces hardis contrebandiers sont fort
appréciés des recruteurs. Ceux d'entre eux qui ne sont point
passibles des galères forment une grosse part du contingent
de prisonniers dont la délivrance est consentie aux officiers.
Leur nombre est tel qu'on peut s'étonner de ne les voir point
systématiquement enrégimentés. Mais le pouvoir répugne,
encore un coup, à toute décision de principe en cette matière,
et si la proposition lui en est faite dès 1703, non par un officier mais par le sieur Priolo, directeur des gabelles d'Abbeville,
il se refuse à la prendre en considération.

Ce gabelou avisé dit avoir remarqué que les faux-sauniers
ne tiennent nullement à s'enrôler dans les troupes, parce
qu'ils ne sont condamnés qu'au fouet lorsqu'ils sont insolvables et qu'ils préfèrent ce châtiment au service. Il lui semble
donc que « rien ne peut mieux éteindre le feu de leur commerce
que de les exempter du fouet et de les remettre à M. l'Intendant
pour les distribuer par un pouvoir de droit public à des officiers de troupes bien connus pour, au sortir des prisons, les
conduire dans leur garnison avec défense d'aucun congé et
punis comme déserteurs... Leur amende de 200 livres non
payée leur tiendra lieu d'un parfait enrôlement, comme on
voit celle de 300 livres convertie en la peine des galères. Cet
expédient aura des suites toutes heureuses du côté des troupes,
du public et des finances » : ils feront de bons soldats, « car

---

(1) 25 février 1711. (DELVAUX, *Gabeleurs et faux-sauniers...*, p. 114).
(2) Lettre du sieur Lallu, 6 février 1705 (D. G., vol. 1902, p. 81).

certainement les Picards sont tous nés guerriers » ; la crainte
du châtiment les ramènera à la terre ; enfin le trésor bénéfi-
ciera d'une « augmentation des gabelles » et d'une diminution
des frais de détention, procédure et exécution qui montent
annuellement jusqu'à 6 000 livres (1).

Ces arguments ne sont pas retenus et les intendants restent
juges des décisions à prendre. Or, ils ne s'illusionnent pas sur
la portée du prétendu châtiment qu'est l'enrôlement, et,
contrairement à l'avis du sieur Priolo, ne jugent pas qu'il soit
de nature à empêcher la contrebande ; il la favorise plutôt,
car il ne leur semble pas douteux que ces gens ne désertent à
la première occasion. M. d'Harouys, entre autres, estime dangereux, « le faux-sonnage estant aussy commun qu'il l'est,
d'establir par de frequens exemples que les faux-sonniers
trouvent en s'engageant une porte ouverte pour se tirer d'affaire » (2).

Ces derniers mots expliquent l'évidente répugnance du
pouvoir à délivrer trop facilement aux troupes ses prisonniers,
quels qu'ils soient. Mais il reste que le besoin d'hommes prime
tout et que l'octroi des détenus est encore le moyen le plus
efficace d'aider les recruteurs.

Le secrétaire d'État de la Guerre s'en préoccupe visiblement : en avril 1705, travaillant au recomplètement de quatre
régiments de dragons capturés à Hochstædt, il songe à leur
faire remettre les faux-sauniers prisonniers à Rennes et correspond à ce sujet avec l'intendant Nointel (3).

Des gens haut placés usent, autour de lui, de leur influence
et de leurs bonnes relations avec les intendants pour leur
recommander de leur garder des faux-sauniers pour leurs
parents officiers. Le régiment de Châteauneuf est recruté de

(1) Mémoire de 1703 (BOISLISLE, *Correspondance*, II, n° 543 *n*).
(2) 5 mai 1704 (D. G., vol. 1741, p. 311).
(3) Lettres des 20 et 22 aVril, 6 mai 1705 (D. G., vol. 1901, p. 197, 198, 203,
204). Sur quinze faux-sauniers alors détenus à Rennes, deux sont des enfants de
quatorze à seize ans, trois des hommes de quarante-cinq à soixante ans, « Vilains »
et « mauvais » pour le service. Neuf seulement, dont l'âge oscille entre vingt et
quarante ans, pourraient être pris.

cette façon par le directeur des gabelles de Moulins et c'est celui du marquis de Maillebois, fils du contrôleur général des finances Desmarets, qui demande aussi des prisonniers à l'intendant Le Blanc (1). Est-il besoin de dire qu'on s'empresse de satisfaire ces prières?

Nous avons dit que l'autorisation du contrôleur général était nécessaire pour faire remettre les faux-sauniers aux recruteurs. Or, pendant la majeure partie de la campagne, Chamillart cumule les fonctions de contrôleur général et de secrétaire d'État de la Guerre et cela explique pourquoi, jusqu'en 1708, l'enrôlement des faux-sauniers est plus fréquemment consenti qu'à la fin de la guerre. En tant que contrôleur général, Chamillart sent bien qu'il est dangereux de laisser sortir de prison les contrebandiers ; mais, en tant que secrétaire d'État de la Guerre, sa grande préoccupation est d'assurer le recrutement toujours plus difficile des armées et cette préoccupation prime pour lui les autres. Lorsqu'en 1709, les deux charges redeviennent distinctes, l'une, assumée par Desmarets, l'autre par Voysin, les demandes d'envoi de prisonniers aux troupes sont toujours transmises au contrôleur général, qui n'a plus les mêmes raisons de s'intéresser aux régiments — sinon à celui de son fils — et il semble bien qu'il se montre plus difficile dans l'octroi de ces prisonniers. Notons cependant en 1712 un jugement de l'intendant Turgot au présidial de Moulins, condamnant d'autorité un faux-saunier « à servir le roy dans les troupes pendant sept années » (2).

Ce châtiment est généralement celui des gueux, des mendiants, des « errants du royaume », les sans-logis et les misé-

---

(1) Desmarets à Le Blanc, 29 mars 1705 ; réponses de Le Blanc, 24 aVril, 6 mai, 6 juin, 27 juillet (BOISLISLE, *Correspondance*, II, n° 776). Lettres de Sagonne et Destureaux, juin 1708 et mai 1709 (DELVAUX, *Gabeleurs et faux-sauniers*, p. 106). D'Angervilliers, Harouys, Legendre, Roujault ; Desmarets à Pomereu, 1703, 1708, 1809 (BOISLISLE, *Correspondance*, II, 458 ; III, 119, 200 n). — Colbert en usait de même pour son fils BlainVille, colonel du régiment de Champagne ; en 1680, dans la seule généralité de Montauban, il lui procurait ainsi 103 soldats (cf. *Mémoires* de FOUCAULT, p. 76, 439, 444).

(2) Lettre de Turgot, 20 juillet 1713. (DELVAUX, *Gabeleurs et faux-sauniers*, p. 131).

reux dont on est trop heureux de se débarrasser. L'opinion
est admise qu'on doit les remettre aux recruteurs. M. Priolo
propose d'assimiler aux vagabonds les faux-sauniers insolvables, parce que, « comme tels, dit-il, il est *de droit* de s'en
saisir pour les employer au service du roi » (1). On ne fait donc
aucune difficulté d'envoyer aux troupes ceux qui sont en
prison. Les intendants trient parmi eux les hommes capables
de porter les armes et reçoivent l'ordre de les joindre aux
recrues de passage (2). En 1713, le nommé Romieux, dit La
Borde, ne sort de l'hôpital que pour joindre le régiment du duc
de Villeroy (3).

Mais il y a mieux : le pouvoir sort, à l'égard de ces gens, de
son habituelle réserve et se fait à leurs dépens pourvoyeur des
recruteurs. Il les traque à leur profit et organise dans le
royaume la chasse aux vagabonds.

Dès 1701, la *Gazette de Hollande* signale l'enrôlement dans
les troupes de France de tous les mendiants en état de faire
des soldats (4).

« Dès que je sçais un libertin ou un vagabond dans la ville,
écrit à Chamillart le prévôt des marchands de Lyon, je ne
fais pas difficulté de le faire arrêter et de le donner au premier
officier qui le demande (5). »

Toute personne suspecte de troubler la « tranquillité publique » (6) est donc volontiers remise aux recruteurs par les
intendants, qui jouissent à ce point de vue d'un pouvoir dis-
crétionnaire. Ils ont ainsi un excellent moyen de se débarrasser
d'individus dangereux. C'est « pour en purger le pays » que
Legendre remet à une recrue du régiment de Touraine de
passage à Montauban le nommé Foucambergue, ex-brigadier
de la brigade ambulante des gabelles, « mauvais garnement

---

(1) Mémoire cité.
(2) Ordre donné à Rouillé, 2 septembre 1704 (BOISLISLE, *Correspondance*, II,
nº 659).
(3) COTTIN, *Rapports... de police de René d'Argenson*, p. 158 (12 janvier 1705).
(4) *Gazette de Hollande*, 10 mars 1701.
(5) Lettre de M. de Montesan, 2 avril 1705 (D. G., vol. 1896, p. 333).
(6) Chamillart à d'Argenson, 14 mars 1705 (D. G., vol. 1896).

et... peste publique », cassé par son directeur et suspect de rapports avec les nouveaux convertis les plus dangereux de la ville (1). Tant qu'à écarter ces gens d'une province, on préfère les expédier aussi loin que possible : un voleur des environs de Landrecies, réclamé par deux officiers, est donné à celui dont le régiment est le plus éloigné de cette ville (2).

La maréchaussée bat la campagne à la recherche des gueux et il lui arrive de faire de singulières captures. Les archers du grand prévôt de Meaux arrêtent en 1709 un étrange individu, venant de Franche-Comté à Versailles pour donner au roi « par un instin tou divin » le moyen de se procurer vingt millions ; curieux de renseignements, on écrit au subdélégué : trop tard, l'homme jugé « un vagabond ou un visionnaire » est déjà parti avec une recrue de passage (3). C'est le sort habituel de ces pauvres hères. Parfois une intervention opportune se produit en leur faveur : en mars 1704, une patrouille d'archers arrête « à la clameur publique » le nommé Louis Feuillet et sa femme, convaincus d'avoir dérobé la bourse d'une dame « au sorti du sermon ». Leur victime refusant de porter plainte, la femme, qui est enceinte, est remise en liberté mais l'homme incarcéré et déjà le président de Sève s'inquiète de l'obtenir pour le régiment de son fils : le prévôt des marchands finit par relâcher Feuillet à la prière de M. de Bérulle, qui répond de lui (4). La plupart du temps, personne ne s'intéresse à ces malheureux et les autorités disposent d'eux à leur guise.

Dans les villes et particulièrement à Paris, la police opère en grand : elle procède par rafles, qui, fréquemment renouvelées, sont généralement fructueuses.

Le moyen est employé par M. d'Argenson en 1705 pour le recrutement des quatre régiments de dragons dont nous avons

(1) 10 avril 1709 et lettre du directeur des fermes de Toulouse, 7 avril (D. G., vol. 2132, p. 401-402).
(2) Lettre de M. de Villevielle, 24 mai 1706 (D. G., vol. 1943, p. 306).
(3) Lettre de Phélypeaux et pièce jointe, 28 avril 1709 (D. G., vol. 2187, p. 12-13).
(4) Lettre de M. de Montesan, 28 mars 1704 (D. G., vol. 1800, p. 130).

déjà parlé. Chamillart, après avoir reçu les officiers, lui écrit :
« Je les ay assurés que ma protection auprès de vous réitérée
leur en vaudroit cinquante avant qu'il soit huit ou dix jours ;
je vous prie de faire en sorte qu'ils s'aperçoivent que ce n'est
pas sans raison que je compte absolument sur vous. » D'Argenson comprend ce que parler veut dire. Il a l'habitude de
ces missions de confiance : quelques semaines auparavant, il
a déjà expédié au régiment de la Croix quelques jeunes gens
arrêtés pour avoir fait du bruit chez un marchand de vins (1).
Il se met donc en campagne, tenant Chamillart au courant
de ses efforts pour arrêter les vagabonds et « les obliger à
prendre party ».

Malheureusement ses subordonnés, policiers peu intelligents
et trop zélés, commettent quelques impairs qui soulèvent des
protestations indignées. Un exempt, le sieur Champy, arrête
un jour à la foire vingt-cinq jeunes gens et les fait écrouer
aux prisons de l'abbaye Saint-Germain, tous sous l'inculpa-
tion de vagabondage. Or, il se trouve qu'après enquête, la
plupart sont reconnus pour « enfans de famille ou gens de
métier » et cette arrestation arbitraire suscite une certaine
agitation. Chamillart est averti que ces emprisonnements
injustifiés « pourroient produire des effets fâcheux, estans
faits avec si peu de discernement et d'un grand nombre de
personnes à la fois ». On lui concède « qu'il est très advanta-
geux au service du roy de faire des soldats et que, si l'on ne
doit pas user de violence et de contrainte, il est permis d'employer les voies de la persuasion pour déterminer des libertins
et des fainéans à prendre ce party », mais on le prie aussi de
remarquer que, « comme il est très dangereux d'y employer
la force ouverte et de le faire avec si peu de précaultion sous
l'apparence et l'authorité de la justice, le peuple peut estre
aisément blessé quand il voit arrester tout à la fois vingt-
quatre ou vingt-cinq personnes sans forme ny sans ordonnance
de justice et sans crime et que, dans ce nombre, des père et

(1) COTTIN, *Rapports... de police* (12 janvier 1705).

mère y trouvent leurs enfans ; et il n'en fault pas davantage pour exciter une émotion populaire, qui seroit très préjudiciable au service du roy, quoyque ces emprisonnements ce facent, dit-on, de l'ordre de M. d'Argenson. Peut-estre ce font-ils sans sa participation ».

Chamillart est bien empêché de contester la justesse de ces observations, mais la maladresse de l'exempt le préoccupe surtout, et « on ne sçauroit, dit-il, blâmer M. d'Argenson, qui n'a eu d'autre veue que de deslivrer le publicq d'un grand nombre de libertins, qui causent ordinairement le désordre partout où ils se rencontrent ». Le fait que les jeunes gens arrêtés n'ont été soumis à aucune procédure et qu'on insiste auprès d'eux pour les persuader de « prendre party et de s'enroller comme un moïen asseuré et peut-estre le seul d'obtenir sa liberté » est particulièrement significatif : n'est-ce pas la preuve qu'on n'avait aucun doute sur l'illégitimité de leur arrestation (1)?

La « persuasion » est d'ailleurs employée avec les rares prisonniers qui ne demandent pas à s'enrôler et qu'on ne veut pas envoyer d'office à l'armée.

C'est pour avoir consenti « dans le moment de sa bonne volonté » à s'engager qu'un chirurgien sort de la Bastille en 1704 ; et aussi un sorcier est remis en liberté pour la même raison et comme il ne peut servir « dans les premiers régiments », on propose de le verser « dans les petits corps dont plusieurs capitaines dignes de confiance font ici des recrues » (2). Certains de ces *persuadés* s'engagent à servir pour un temps beaucoup plus long que celui qu'il leur reste à faire en prison, mais c'est tout avantage : « le publicq y gaignera », remarque M. d'Argenson à propos d'une décision de ce genre (3).

---

(1) Chamillart à d'Argenson, 3 et 14 mars 1705 ; lettre de M. Robert et apostille, 9 mars 1705 (D. G., vol. 1896, p. 27, 81, 154). — A d'Argenson, Chamillart écrit qu'il espère que « dans une troupe aussy nombreuse, il se souviendra de l'obligation qu'il a contractée de contribuer à perfectionner 4 régiments de dragons ».

(2) *Archives de la Bastille*, t. X, p. 340.

(3) Cottin, *op. cit.*, p. 182 (22 mars 1706).

Et si le prisonnier s'obstine à préférer à la vie des camps
l'inconfortable sécurité de son cachot, il arrive qu'on renonce
à le convaincre : on conserve ainsi deux ans à l'Hôpital général
de Paris un faussaire qui refuse absolument de prendre parti ;
il est vrai qu'il s'agit d'un malade (1).

Ce sont là cas exceptionnels : outre qu'on ne s'inquiète
guère des préférences des prisonniers, ceux-ci ont plutôt tendance à considérer — avec le roi — l'enrôlement comme une
atténuation de peine, étant données les facilités de désertion.
Ils jugeraient autrement sans l'assurance de rencontrer certaines complicités que le pouvoir s'efforce de supprimer. On
se défie donc de la bonne volonté coutumière des détenus à
partir aux troupes, particulièrement chez les faux-sauniers,
« la plupart de ces gens-là ne prenant party que pour avoir
des congez que les officiers leur donnent volontiers, ce qui
leur fait reprendre encore leur même métier » (2).

Chamillart nous découvre ici la vraie raison de ses hésitations prudentes : à quoi bon donner des hommes aux recruteurs si, par leur propre faute, ils les perdent aussitôt ? Or,
il y a de fréquents exemples de leur coupable négligence à surveiller les prisonniers qu'on leur remet, voire de leur complicité
intéressée.

Nous les avons vus, aidant à faire sortir de prison les détenus
que l'on juge devoir y conserver. Legendre accuse formellement le capitaine Dumuras, du régiment de Champigny, qui
réclame l'élargissement de deux de ses soldats détenus pour
meurtre aux prisons de Millau, de leur avoir vendu un enrôlement pour leur permettre de se tirer d'affaire (3).

Dans ces conditions, la remise des détenus aux officiers est
entourée de certaines précautions.

« Prendre des seuretez des capitaines... pour qu'ils ne les
laissent pas aller, sous quelque prétexte que ce soit » (4) est

(1) Lettre de Pinon en 1709. (BOISLISLE, *Correspondance*, III, n° 347 n)
(2) Chamillart à d'Angervilliers, 22 mars 1705 (D. G., vol. 1901, p. 48).
(3) 14 noVembre 1706 (D. G., vol. 1896, p. 261 et 262).
(4) Chamillart à d'Angervilliers, 22 mars 1705 (D. G., vol. 1901, p. 48).

une règle générale, spécialement quand on leur donne des contrebandiers.

Mais on ne les accorde pas à tout le monde : les intendants ne font bénéficier de cette grâce que les « officiers de confiance » (1), ceux qui sont « connus et dont on puisse être sûr qu'ils n'amèneront pas ces faux-sauniers pour les relâcher ensuite pour de l'argent » (2). Parfois, ces officiers sont même tenus de s'engager par écrit à ne leur jamais accorder de congé « ny absolu, ny à temps ». Le plus souvent, leur promesse verbale suffit ; ils doivent en outre avertir l'intendant des désertions (3). Tout faux-saunier qui, une fois enrôlé, revient chez lui, qu'il ait ou non un congé, est aussitôt poursuivi comme déserteur.

Bien qu'on recommande en outre aux officiers de lier ou d'emmener ces hommes « tous attachés avec des menottes » et escortés par la maréchaussée (4), ces mesures ne paraissent pas avoir eu une grande efficacité.

En 1709, les fermiers généraux déclarent que Chamillart autorisait l'enrôlement des faux-sauniers propres à faire des soldats, mais que « comme, par la suite, il fut reconnu que la plupart des officiers abusoient de ces prétendus enrôlements, à prix d'argent et par de mauvaises négociations, en ce que l'on voyoit reparoître par la suite les mêmes faux-sauniers à la tête des bandes, plus animés qu'auparavant, le ministre, convaincu de ce mauvais usage, jugea à propos de l'interdire absolument » (5). Ce serait, selon eux, pourquoi l'autorisation du contrôleur général fut dès lors nécessaire.

Mais après Chamillart, les mauvaises habitudes demeurent : en février 1711, le directeur des gabelles de Moulins se plaint

(1) Chamillart à d'Argenson, 14 mars 1705 (D. G., vol. 1896).
(2) Contrôleur général au premier président du parlement de Bretagne (Bois-LISLE, *Correspondance*, III, n° 264 *n*).
(3) Chamillart à d'Argenson, 14 mars 1705. — Lettres du directeur des gabelles de Moulins, 25 février 1711. (DELVAUX, *op. cit.*, p. 114) ; de d'Angervilliers, 30 mars 1705 (D. G., vol. 1901, p. 54).
(4) Lettres de Le Blanc et à d'Ableiges, 1705 (BOISLISLE, *Correspondance*, II, n° 776. — D. G., vol. 1902, p. 80).
(5) Juin 1709 (BOISLISLE. *Correspondance;* III, n° 264 *n*).

que l'intendant l'ait obligé de remettre deux faux-sauniers à des officiers, contre engagement écrit de les mener au corps et de ne leur point donner de congé, et il termine, désabusé « Précautions fort inutiles, parce que je suis persuadé que ces malheureux seront bientost de retour dans la province pour faire le faux-saunage comme auparavant et qu'il est d'une conséquence très grande pour le bien de la ferme de purger la province de ces chefs de bande, en leur faisant subir les peines portées par leurs jugemens (1). »

Il s'agit là de faux-sauniers, condamnés l'un à trois, l'autre à neuf ans de galères. En principe, on n'autorisait pas l'enrôlement de ces gens-là, mais il n'est si bonne règle qui ne souffre des exceptions.

On a déjà consenti à envoyer au service les contrebandiers passibles d'une peine afflictive. A la fin du règne spécialement, les besoins de l'armée font tolérer l'admission dans les troupes des condamnés aux galères.

En 1709, M. de Pontchartrain prévient le contrôleur général qu'il va faire attacher à la chaîne quarante contrebandiers détenus à la Tournelle, « à moins que le roi ne veuille bien faire grâce à ces faux-sauniers à la condition de servir dans la troupe », et Desmarets ne s'y oppose pas, considérant « qu'il vaut encore mieux accorder une commutation de peine des galères en un service dans les troupes que de les laisser périr faute de secours » (2).

Le pouvoir va plus loin ; de plus en plus pressé d'alimenter les régiments qui luttent sur le sol envahi et ne comptant plus sur le racolage pour lui fournir le nombre d'hommes nécessaire, il va envoyer directement les galériens aux armées.

(1) Delvaux, op. cit., p. 114.
(2) Ibid., et lettre de Pontchartrain du 21 décembre 1709 (Boislisle, Correspondance, III, n° 264).

Déjà en juillet 1708, certains régiments de l'armée d'Italie reçoivent, par ses soins, des forçats. Quincy nous conte en avoir eu vingt-deux pour sa compagnie et celle d'un camarade : bons soldats, « faits à peindre », à l'exception d'un seul, qui, par bonheur, ne tombe pas dans son lot. Un de ses collègues reconnaît en celui-ci un ancien capitaine du régiment de la Sarre, « bon gentilhomme et d'une ancienne famille de Paris ». Quelques années auparavant, il avait tué un homme par derrière et « les officiers de son régiment, ne voulant point qu'un de leurs camarades fût rompu vif, avoient tenu un conseil de guerre par lequel ils l'avoient condamné, comme déserteur, aux galères ». Or, le régiment de la Sarre fait alors brigade avec celui de M. de Quincy et il arrive parfois à cet ancien officier, surnommé des hommes le *petit capitaine*, « que les caporaux de la compagnie où il avoit été capitaine le mettoient en faction » (1).

Il faut arriver aux toutes dernières années de la campagne pour voir les forçats régulièrement incorporés aux troupes ; encore leur envoi en nombre n'est-il décidé que dans une circonstance critique et pour une armée particulièrement éprouvée. C'est l'armée d'Espagne, qui, en 1712, est vraiment en triste état : Tessé déclare que les officiers sont incapables de rétablir leurs compagnies par leur propre ressource, qu'ils n'ont plus ni cheval ni chemise et qu'il est urgent que le roi vienne à leur secours.

Les départements de la Guerre et de la Marine tombent alors d'accord sur le principe de l'envoi à ses 16 bataillons d'infanterie de 1 500 forçats prélevés sur le contingent des galères de Marseille. L'étude des moyens pratiques d'exécution est aussitôt confiée à l'intendant des galères Arnould.

Le projet qu'il propose au roi en avril s'inspire d'un sens vigoureux des réalités et examine surtout les précautions à

(1) Le capitaine de ce forçat lui donna par la suite son congé absolu et Quincy le rencontra deux ans plus tard à Cambrai, lieutenant dans un régiment espagnol où l'on en disait beaucoup de bien (*Mémoires* du chevalier DE QUINCY, II, p. 300-301).

prendre pour empêcher la désertion en cours de route des anciens galériens.

Il juge d'abord prudent de ne pas faire partir les 1 500 hommes en une fois, mais de les diviser en dix détachements de 150 hommes, se suivant à deux jours d'intervalle.

Une autre précaution indispensable est aussi de ne pas les humilier inutilement et de leur bien marquer qu'on entend les traiter en soldats plutôt qu'en prisonniers. L'escorte doit néanmoins être solide : il prévoit pour chaque détachement un lieutenant, deux enseignes ou gardes de l'intendant, deux sergents, deux caporaux, dix soldats de galères ; « mais sans argouzins, attendu que ces forçats estant devenus libres et marchant par estapes, ils ne peuvent traverser le royaume avec des marques d'ignominie qui ne pourroient que leur inspirer l'envie de s'en délivrer et leur en faire chercher les moyens en désertant ; au lieu que, marchant comme les troupes réglées, ils iront, je crois, beaucoup plus volontiers qu'ils ne le feroient pas d'une autre manière ».

Il propose donc encore de fractionner chaque détachement en trois compagnies de 50 hommes et de confier aux plus sûrs les fonctions de caporaux et de sergents, sous la surveillance de l'escorte bien entendu ; il recommande en outre une stricte discipline de route, les hommes marchant en colonne par quatre, tous ceux d'un même rang étant responsables les uns des autres et aucun ne pouvant quitter sa place en dehors des haltes nécessaires.

Enfin il prévoit, pour empêcher la désertion, des mesures d'intimidation : au départ, on les préviendra que toute tentative de fuite leur vaudra de *tirer au billet* de trois en trois, pour être l'un condamné à mort, les deux autres renvoyés aux galères à perpétuité ; et que, pour l'exemple, justice sommaire sera faite du premier pris, qui, par les soins.de la prévôté, sera aussitôt branché sur la route.

La maréchaussée de chaque généralité sera alertée pendant leur voyage et patrouillera sur leur itinéraire, transmettant la consigne de proche en proche jusqu'à la frontière d'Espagne.

Aux lieux d'étape enfin, les forçats seront enfermés dans quelques logis faciles à garder — écuries ou celliers — et leur surveillance assurée par la garde bourgeoise de la localité.

La mission de l'escorte prendra fin à Hendaye où elle rencontrera les officiers et soldats détachés des régiments de l'armée d'Espagne et leur remettra les galériens.

On voit que tout est minutieusement étudié. Mais, persuadé que le roi est décidé à assumer tous les frais de l'opération, Arnould croit devoir les lui détailler, tout en s'efforçant d'en atténuer l'importance. Il faudra pourvoir à l'habillement des galériens et, pour fournir chacun d'eux d'un sarraut, deux chemises, un caleçon, une cravate, un chapeau, une paire de guêtres et de souliers et un havresac complet, compter 12 livres par tête, soit en tout 18 000 livres. Cette dépense peut d'ailleurs aisément être réduite, en laissant entendre aux forçats qui consentiront à la faire qu'ils obtiendront plus facilement leur liberté et en y faisant participer les régiments à qui l'on fournira des hommes.

Quant aux frais accessoires de transport, — chevaux des officiers, locations de charrettes, etc., — la réquisition dans les villes du parcours les supprimera.

Restent les appointements du personnel d'escorte : il faudra lui verser la valeur de trois mois d'appointements, plus une somme de 500 livres à la prévôté des galères.

Si l'on compte en gros une dépense de 20 000 livres, ce ne sera pas excessif pour « rétablir » une armée décimée.

Le projet d'Arnould, si précis et si bien étudié, péchait par la base : le roi est fermement résolu à ne pas supporter les frais d'équipement et de conduite. Toute sa gracieuseté consiste à accorder des forçats aux officiers de l'armée d'Espagne, mais seulement à ceux « qui croiront ne pouvoir pas rétablir leurs compagnies sans ce secours », et à condition qu'ils viennent les chercher à Marseille et prennent à leur charge tous les frais d'habillement et de déplacement.

Théoriquement, les dispositions suivantes sont arrêtées au début de mai, de concert entre les départements de la Guerre et de la Marine : les recruteurs ne s'adresseront pas directement à l'administration des galères. Ils feront passer leurs demandes par l'intermédiaire de l'intendant d'infanterie Planque. Celui-ci les transmettra au secrétaire d'État de la Marine, qui, pourvu par la guerre de *routes* en blanc, y inscrira le nombre d'hommes demandé et préviendra aussitôt l'intendant des galères Arnould.

Planque dirigera en outre les officiers sur Marseille, en leur donnant des lettres pour Arnould : celui-ci, averti de leur arrivée et de leurs desiderata, prendra ses dispositions pour qu'ils n'attendent pas et leur délivrera immédiatement les forçats qui leur reviennent.

Pratiquement, les choses se passent assez bien, malgré les prévisions pessimistes de M. de Pontchartrain qui s'attendait à « beaucoup de désordres et de désertions ». Voysin trouve le chiffre de 1 500 hommes primitivement prévu très considérable et pense qu'il en faudra beaucoup moins, les officiers ayant eu tout le semestre pour travailler aux recrues et le roi d'Espagne ayant promis de les aider. D'autre part, on croit qu'un certain nombre de colonels refuseront de recruter leurs régiments de façon aussi fâcheuse.

Les événements démontrent le contraire.

Planque commence à recueillir les demandes des officiers vers le 20 mai. Il est alors à Montpellier où il attend les réponses des recruteurs du Bas-Languedoc, du Dauphiné, de la Provence et du Lyonnais, et doit se rendre ensuite à Toulouse et Bayonne. Les trois régiments d'Artois, Bombardiers et La Marche lui réclament déjà 180 galériens. Son impression est que quelques régiments — surtout parmi les *vieux* — hésiteront à recevoir des forçats dans leurs rangs, mais que bien des capitaines en accepteront « sans examiner ni faire réflexion que le meslange de ces sceleras et vauriens corrompront tout à fait le reste ».

Les faits lui donnent raison : rien qu'à Montpellier, on lui demande 602 galériens (1).

Un seul régiment, celui de la Couronne, refuse, malgré le délabrement de ses deux bataillons, d'accepter gent aussi mal famée : pourquoi faut-il qu'ensuite le lieutenant-colonel de La Motte prie le secrétaire d'État de faire diriger le capitaine de Montigny, en recrue à Toulouse, sur Marseille pour y prendre 186 forçats à destination du régiment?

D'autres corps ayant suivi cet exemple et s'étant à la réflexion ravisés, le chiffre de 1 500 hommes, qui paraissait excessif dans les prévisions premières, n'est pas exagéré. Le secrétaire d'État de la Marine dut être heureux d'avoir compté largement : il s'était toujours préoccupé du nombre d'hommes qu'on lui demanderait, ne voulant pas laisser expédier à Arnould des ordres de liberté en blanc, mais nominatifs et choisis sur la liste faite par lui-même « des cas les plus gratiables ». Dès la fin d'avril, il avait pu trouver « tant bien que mal » 1 200 galériens à donner aux troupes de terre.

Cette préoccupation du choix des forçats qu'il remet en liberté s'explique. En fait le contingent envoyé aux armées est presque exclusivement formé de faux-sauniers, qui « ne sont pas ordinairement les plus mauvais soldats ».

Les premiers départs ont lieu au début de juillet.

Les forçats remis aux officiers sont dépouillés de leurs habits de bagne et c'est aux recruteurs de les vêtir, à raison de douze livres par homme ; cependant l'idée suggérée par Arnould n'est pas oubliée et l'on s'efforce de réduire la dépense en engageant les galériens, « qui sont en estat par eux-mêmes de se pourvoir de hardes, de le faire ».

Les intendants des généralités qu'ils doivent traverser pour se rendre en Espagne, Bâville, Legendre, Courson et Barillon, sont enfin priés d'éviter aux officiers les difficultés de la route et de leur procurer des charrettes afin qu'ils ne laissent pas de

_____

(1) « Estat du nombre des forçats que M. de Planque a donné des lettres à plusieurs officiers des regimens ou bataillons qui servent en Hespagne pour aller à Marseille. »

traînards, les forçats n'ayant pas l'habitude de la marche.

Le 13 juillet, 839 galériens sont en route pour l'Espagne. En septembre, tous ne sont pas encore arrivés à leurs régiments. Ils y parviennent en octobre et la désertion commence déjà à les gagner.

Planque en fait arrêter deux, qu'il ne sait trop comment châtier, car ils avaient été condamnés aux galères précisément pour avoir déserté. Il demande la peine de mort pour les récidivistes, car « autrement ce ne seroit qu'un jeu de plaisir continuel pour les déserteurs ». Voysin accepte en principe, mais décide que ceux-là auront le nez et les oreilles coupés et seront reconduits aux galères.

Cet incident ne doit pas faire oublier l'aubaine réelle qu'est pour les régiments l'arrivée de ces soldats improvisés. Nous n'en voulons pour preuve que la satisfaction du régiment de la Couronne, qui avait tant hésité à les accepter et, dès le mois de décembre, prie qu'on n'oublie point de lui en réserver d'autres, si l'on en donne pour la campagne prochaine (1).

A ses racoleurs le roi apporte donc une aide réelle ; elle est nécessaire. Est-ce à dire qu'il n'y ait absolument point de volontaires ? Non, mais pas assez pour alimenter de gros effectifs, car ces volontaires, un seul les enrôle : le racoleur Misère. C'est à lui que, malgré tout, les armées doivent de ne pas complètement dépérir.

Comme Villars en 1709, Spanheim, observateur sagace, constate en 1690 « la grande facilité qu'il y a en France pour la levée des troupes à cause de la fréquence et de la misère

---

(1) Pour tout ceci (cf. lettres de ou à Tessé, Planque, Vendôme, Arnould, Bâville, Legendre, Polastron, Courson, Barillon, Pontchartrain, janvier-octobre 1712 (D. G., vol. 2404, p. 14-15, 149, 172, 179, 190, 211-212, 308 ; vol. 2408, p. 149, 220, 304 ; vol. 2417, p. 45-47, 219 ; vol. 2421, p. 91-93, 103. — *Cangé*, vol. 39, p. 16). L'enVoi de galériens à l'armée a été signalé d'après cette dernière pièce du recueil Cangé par M. BABEAU (*les Soldats*) et le commandant HERLAUT (*les Abus du recrutement*).

même des peuples qui se voient réduits par l'exaction des tailles et des gabelles, à présent par la ruine du commerce, à embrasser le parti des armes et à se laisser enrôler pour se tirer de leurs misères *et trouver de quoi subsister* » (1).

Voilà la vérité : à l'armée, on peine, on souffre, on se bat, mais on mange et le pain de munition trouve toujours des amateurs. Vérité éternelle : ne verra-t-on pas sous Louis XV les racoleurs du quai de la Ferraille promener au bout d'une perche des jambons et des quartiers de viande? N'en a-t-on pas un exemple frappant aujourd'hui dans l'Europe orientale? A l'armée, les miséreux, les loqueteux, les meurt-de-faim, à l'armée où l'on mange !

Les textes ne nous parlent pas d'eux? Pas expressément sans doute, mais les « vagabonds », les « errants du royaume », qu'est-ce donc? Et les faux-sauniers, croit-on que pour leur plaisir ils fassent la contrebande? Tous ces gens-là souffrent et c'est parmi eux qu'on trouve des volontaires, ce sont eux qui constituent le noyau des troupes mercenaires.

Mais, encore un coup, ils ne sont pas assez nombreux pour suffire aux besoins de l'armée, les faits en témoignent. Le système de recrutement par voie d'enrôlements volontaires, nécessitant de gros efforts, entraînant une perte notable de temps et d'argent, n'aboutit au vrai qu'à des résultats incertains. Les troupes qui combattent à la frontière ou sur le territoire peuvent à la rigueur s'en contenter ; celles qui servent sur les théâtres extérieurs, en Italie ou en Espagne, ne le peuvent pas, trop éloignées qu'elles sont du royaume. Il faut leur donner les hommes qu'elles n'ont pas le temps matériel de recruter : c'est pour celles-là que, pendant toute la guerre, on a levé la milice.

(1) *Relation...* de SPANHEIM, édition Bourgeois, p. 495-496.

DEUXIÈME PARTIE

LE SERVICE OBLIGATOIRE

CHAPITRE PREMIER

LA MILICE

Comme institution régulière, la milice, œuvre de Louvois, date du mois de novembre 1688. Comme l'a très justement remarqué M. Gébelin, elle existe en fait sous des noms divers depuis longtemps : le royaume est-il en danger que l'on appelle aux armes les habitants des provinces menacées et qu'ils combattent côte à côte avec les soldats des troupes régulières. Le péril écarté, ils sont définitivement licenciés. Leur aide n'est donc acquise à l'armée qu'en période de crise : la plus célèbre de ces levées locales est celle de l'année de Corbie, lorsque les Impériaux menacent Paris.

En faisant de la milice une troupe auxiliaire permanente, levée sur tout le royaume, constituée dès le temps de paix et servant non plus impromptu et dans des circonstances critiques mais pendant toute la durée d'une guerre, Louvois innove donc. La nouveauté, c'est de faire participer régulièrement le peuple à la défense du royaume, de n'en plus laisser le soin aux seuls professionnels, de commencer à combler l'abîme qui sépare l'armée de métier de la nation. La milice, c'est l'origine du service obligatoire.

Pendant la guerre de la Ligue d'Augsbourg, le contingent

annuel fixé par le roi est réparti sur un certain nombre de
généralités : dans chacune d'elles, les paroisses désignées par
l'intendant élisent pour deux ans un *milicien* « à la pluralité
des voix » ; à partir de 1690, par souci d'équité, on remplace
l'élection par le tirage au sort.

Recrutés régionalement donc et groupés en compagnies, les
miliciens forment pour le service de guerre des régiments spéciaux, encadrés par la noblesse locale. Pendant les quartiers
d'hiver, ils reviennent dans leur province ; tout le temps qu'ils
y demeurent, ils peuvent se livrer à leurs travaux accoutumés
et habitent leur paroisse, avec défense de la quitter. Réunis les
dimanches et fêtes, ils s'entraînent sous la direction de leurs
cadres et font l'exercice.

Pendant la guerre de la Ligue d'Augsbourg, les miliciens
sont employés à l'intérieur, au service des places, et quelques-
uns à l'armée, avec les troupes combattantes. On réserve
ceux-ci presque uniquement à l'armée des Alpes, commandée
par Catinat. Ils participent à la conquête de la Savoie et du
comté de Nice et figurent à Staffarde. Mais le maréchal paraît
les affecter surtout à des tâches de second ordre : missions de
flanc-garde, de soutien ou de liaison, occupation, garnisons.

Ces soldats improvisés, qui ne font pas toujours bonne
contenance au feu, ne montrent pas de bonne volonté et
répugnent au métier des armes ; mal commandés, ils sont
rebelles à la discipline ; enfin leur maintien au service au delà
de la durée légale de leur appel et au mépris des promesses
faites achève de les révolter. Leur mécontentement est partagé par le pays entier à qui la milice impose de lourdes charges
annuelles ; sa disparition en 1697 est donc bien accueillie.

En résumé, pendant la guerre de la Ligue d'Augsbourg, les
miliciens ne voient le feu qu'exceptionnellement et sur un
théâtre d'opérations particulièrement facile ; le principe du
recrutement régional est scrupuleusement observé et les
hommes d'une même région, commandés par des officiers qu'ils
connaissent, ne se quittent pas ; enfin ils forment des régiments
spéciaux en simple contact avec ceux des troupes réglées, sans

fusionner avec eux. Et déjà pourtant la milice est impopulaire.

[*]

« Sa Majesté ayant considéré que, pendant la dernière guerre, les troupes de milices des provinces de son royaume et de ses frontières ont esté très utiles à son service pour la garde de ses places, *mesme dans ses armées*, et qu'Elle ne les a fait entièrement congédier à la paix que parce qu'elles se trouvoient à charge à ses sujets, Sa Majesté a jugé dans l'occasion présente qu'Elle en recevroit encore un secours considérable et a résolu de les faire mettre sur pied (1). »

Ainsi Louis XIV annonce-t-il à son peuple, le 26 janvier 1701, la résurrection d'une institution abhorrée, supprimée à la satisfaction générale en 1697.

Conçue en termes prudents, identique en apparence aux précédentes, l'ordonnance nouvelle n'est donc déjà pas pour être chaleureusement accueillie ; or, elle apporte au régime antérieur une innovation en soi insignifiante, néanmoins fort inquiétante pour les esprits observateurs et chagrins.

Aux régiments de milice, groupant gens du même pays, encadrés par leur noblesse locale, unités autonomes et indépendantes, la nouvelle organisation substitue en effet des bataillons cette fois, présentant encore la même homogénéité d'origine, mais rattachés *nominalement* à des régiments d'infanterie réguliers.

Pour la première fois donc, rompant avec une tradition toujours observée, le roi risque une assimilation de principe entre la milice et l'armée, première atteinte, bien timide sans doute et de pure forme apparemment, à la distinction formelle entre les troupes réglées, composées de soldats de métier, et les milices auxiliaires, tirées du pays.

Ceci est le premier indice, au début de cette guerre, d'une politique militaire nouvelle.

_____

(1) Ordonnance du 26 janVier 1701.

La division des bataillons de milice en treize compagnies, chacune à l'effectif de quarante-cinq hommes, sur le modèle des bataillons actifs, évite à l'ordonnance d'insister davantage sur la nécessité « de les réputer desdits régimens et de leur en faire porter les noms pour oster la difference qui pourroit estre mise entre eux ».

Cette différence est de moins en moins sensible, car l'année s'écoule à réaliser pour toutes les troupes un type uniforme de l'unité de combat.

Dès février, les bataillons de milice doublent en principe l'unique bataillon de 57 puis 13 régiments d'infanterie, dont ils prennent le nom (1). Dès lors, rien ne distingue plus, quant à l'appellation et à l'organisation, ces 70 « seconds bataillons » des autres. A la faveur d'une longue inaction, leurs officiers, pris parmi les officiers d'infanterie réformés, et leurs bas-officiers, choisis parmi les hommes du contingent, ont tôt fait de reprendre ou de prendre sur leur troupe une certaine autorité.

La formation d'une compagnie de grenadiers, réalisée en novembre 1702, par prélèvement sur l'effectif de chaque bataillon des sujets d'élite, achève la ressemblance de ces unités improvisées avec les troupes de métier (2).

Il n'y a plus entre elles désormais qu'une différence : celle de l'affectation. Alors que les premiers bataillons font campagne, les seconds ne sont employés qu'au service des places frontières.

Cette différence ne tarde pas à disparaître aussi.

(1) « Estat des régimens d'infanterie qui ne sont à présent qu'un bataillon chacun et que le roy a trouvé bon de mettre à deux... » [1er février 1701] :
Crussol, Touraine, Grancey, Bretagne, La Perche, Artois, Vendôme, La Serre, La Fère, Condé, Bourbon, Beauvaisis, Rouergue, Sourches, Médoc, Mirabeau, Morangis, Provence, Guyenne, Lorraine, Flandres, Berry, Béarn, Hainault, Boulonnois, Angoumois, Périgord, Saintonge, Bigorre, Forest, Cambrésis, Tournaisis, Foix, Bresse, La Marche, Quercy, Nivernois, Brie, Soissonois, Ile-de-France, Vexin, Aunis, Beauce, Dauphiné, Vivarois, Luxembourg, Bassigny, Beaujolois, Ponthieu, Miroménil, Sillery, Solre, Robeck, Crouy, Tessé, Noailles, Chartres.
On ajouta postérieurement les treize suivants : Braguelongne, Blaisois, Gatinois, Thiérarche, Albigeois, Laonnois, Auxerrois, Agenois, Charollois, Labour, Bugey, Santerre, et Royal-Artillerie qui eut un troisième bataillon.
(2) Circulaire du 18 novembre 1702 (Cangé, vol. 35, p. 135).

*
* *

Cette même année 1701, au temps du quartier d'hiver, l'armée d'Italie se trouve en fort piteux état.

Ayant supporté le principal effort de l'ennemi, elle a fourni une rude campagne et subi de lourdes pertes : si l'on n'arrive pas à reformer les troupes épuisées, à leur donner les éléments frais qui leur rendront une vigueur nouvelle, le sort de la campagne prochaine est d'ores et déjà compromis. Villeroy le déclare sans ambages au roi : « La conservation de l'armée et du Milanais est ce à quoi il faut penser de préférence à tout... Je n'ai point représenté de toute la campagne à Votre Majesté la nécessité d'envoyer des troupes en Italie... mais présentement, Sire, j'ose vous avancer, et je trahirais mon devoir si je ne vous disais pas qu'il faut que Votre Majesté prenne le parti d'abandonner la guerre en Italie ou qu'elle fasse un effort l'année prochaine pour rétablir les affaires de ce pays, *et il n'y a pas un moment à perdre pour envoyer des troupes* afin qu'elles aient un peu de loisir pour se reposer à la campagne ; nous avons des pays de reste pour les placer ! Il faut à *quelque prix que ce soit* recruter notre infanterie qui est la meilleure que vous ayez dans votre royaume... *Il ne faut pas perdre un moment pour le rétablissement de l'armée* (1). »

Voilà qui est parlé ; mais les renforts, qui les fournira ?

Le problème se complique de l'éloignement du théâtre d'opérations : il ne suffit pas de trouver un nombre d'hommes exceptionnellement élevé, il faut encore les incorporer à temps pour la reprise des hostilités.

Dans ces conditions, le mode ordinaire de recrutement présente bien des inconvénients.

En temps normal, et à plein rendement, les enrôlements volontaires ne répondent déjà pas aux besoins de l'armée. Or,

---

(1) 8 et 9 décembre 1701 (*Mémoires militaires relatifs à la guerre de Succession d'Espagne*, I, p. 372-376).

cette fois si l'on a besoin de beaucoup plus de gens qu'à l'habitude, on ne dispose par contre que d'un personnel d'embauchage réduit — les officiers n'ayant pas moins souffert que la troupe — et, de toute façon, il est peu vraisemblable qu'en six mois, délais de route compris, et par leurs seuls moyens, les recruteurs puissent enrôler et surtout ramener à temps les milliers d'hommes nécessaires au recomplètement des régiments décimés.

A situation désespérée, mesures d'exception : la participation du pays au renforcement de l'armée d'Italie s'impose, comme le seul moyen d'avoir, dans le moindre délai, le nombre d'hommes exigé par la situation. Elle est donc adoptée en principe, sous réserve de certaines modalités d'exécution, mais sans exclure le concours de l'armée. On commence donc par envoyer en recrue tous les officiers disponibles, avec mission d'enrôler le plus d'hommes possible (1).

Un premier projet de Chamillart, établi avant toute demande des intéressés, — preuve évidente qu'il se rend compte de la gravité de la situation, — prévoit une levée de milice extraordinaire, destinée au renforcement direct de l'armée d'Italie (2). Les difficultés d'exécution le font abandonner : il apparaît, en effet, que le temps matériel manquera de procéder au tirage au sort, de rassembler les miliciens et de leur faire rejoindre leurs corps pour le mois de mars. Et puis, comment le pays accueillera-t-il cet envoi inusité de miliciens aux troupes réglées et comment même lui faire admettre, à moins d'avouer une situation alarmante, la nécessité « de faire deux levées de milices dans une année sur les provinces du royaume » (3)?

---

(1) Lettre de M. Crenan, 3 janvier 1702 (D. G., vol. 1585, p. 3). Il Voudrait que chaque officier fût tenu de ramener au moins huit hommés. Cf. Lettres de Chamillart, 16 janVier, et Bâville, 24 janVier (D. G., vol. 1562, p. 12, et vol. 1614, p. 159).

(2) Lettre à Vendôme, 6 octobre 1702. (*Cangé*, vol. 35, p. 129.) Cf. lettres de Vendôme, 8 octobre 1702 (D. G., vol. 1592, p. 34), et de Chartogne, 6 octobre 1702 (D. G., vol. 1592, p. 25).

(3) Mémoire de 1751, cité par M. HENNET (*les Milices*, p. 38).

Il faut trouver autre chose et voici à quoi finalement on se résout.

On fera bien une levée exceptionnelle, mais dans des conditions telles que le pays n'ait pas à en supporter la charge ; et puisque les résultats ne s'en feraient pas sentir en temps opportun, sans les attendre, on prélèvera les hommes nécessaires sur le contingent appelé en janvier et qui forme les soixante-dix « *seconds bataillons* » restés inactifs.

Ces hommes, qui ont sur les autres l'avantage d'être instruits et immédiatement disponibles, seront donc, sans plus tarder, dirigés sur l'armée d'Italie. La nouvelle levée servira à reconstituer les bataillons vidés par cet exode.

Donc : départ immédiat d'une partie des miliciens des seconds bataillons d'une part, appel extraordinaire d'autre part du contingent nécessaire au recomplètement de ces unités de réserve, ces deux mesures habilement combinées permettent de parer au plus pressé et préparent en outre la transformation radicale de l'utilisation des troupes de milice.

On se met aussitôt au travail : pendant que se fait la levée prescrite, les premiers détachements de renforts se forment dans les places frontières du Nord.

Chaque bataillon de milice doit fournir de 260 à 300 hommes (1). Les directeurs et inspecteurs généraux qui surveillent l'opération ont une heureuse surprise : les volontaires affluent. Jamais on n'eût supposé tel enthousiasme guerrier chez les paisibles miliciens. Dans le 2e bataillon de Sourches, par exemple, il n'y a pas moins de 200 volontaires (2).

Cette ardeur vient fort à propos servir les secrets desseins du roi, qui préfère voir partir les miliciens de leur bon gré que les contraindre à un service inaccoutumé.

_____

(1) Lettre de Crenan ; Chamillart à Villeroy, 3 et 7 janVier 1702 (D. G., vol. 1585, p. 3 ; vol. 1588, p. 27).

(2) Lettre de M. de Braguelogne, 3 janVier 1702 (D. G., vol. 1574, p. 1). Cf. lettre de Surbeck, 16 janVier 1702 : « Tout ce qu'il y a de meilleur a Voulu marcher. J'ay veu aVec plaisir beaucoup de bonne Volonté dans tous les detachemens que j'ay faits » (D. G., vol. 1549, p. 19).

Elle donne cependant à réfléchir : même « bonne volonté dans le soldat pour marcher », constatée dans le 2e bataillon de Béarn, dont les hommes sont originaires de la Comté de Bourgogne, dans le 2e de Beauvaisis, levé dans la généralité de Soissons, et le 2e de la Sarre, levé en Franche-Comté, laisse bien supposer qu'un vague espoir de déserter en passant au pays pourrait ne pas être étranger à leur surprenant enthousiasme.

Mais cela rentre dans le domaine des choses prévues (1). Lorsque, le 15 janvier 1702, Chamillart informe Villeroy du départ de 18 000 hommes « bien effectifs », il lui déclare : « Nous serions bien heureux s'il ne nous en manque que deux mil quand le tout aura joint. » Le maréchal n'est pas plus optimiste qui, estimant avoir assez ainsi pour recruter ses 67 bataillons d'infanterie « abondament et même de reste », n'ose cependant « se flatter que tout arrive à bon port » (2).

Les 18 000 hommes partent donc en janvier. Leur itinéraire est soigneusement tracé : la route se fait par étapes jusqu'à Toulon où ils doivent embarquer. Tous les détachements doivent passer par Lyon, où les attendent, pour les prendre en conduite, les officiers de l'armée d'Italie envoyés à leur rencontre. La concentration finale, prévue d'abord à Alexandrie, est ensuite reportée à Pavie. C'est là que les directeurs et inspecteurs de l'armée, MM. de Besons, de Mauroy et de Vaudray, assistés des majors de tous les régiments, président à la réception des renforts et à leur distribution entre les corps.

Les premières arrivées sont signalées au début de février ; l'incorporation des hommes occupe en fait tout le mois de mars (3).

Finalement, l'opération donne bien des mécomptes. Les

(1) LettresdeBraguelogne, Maisonsel et Sanson, Haroüys, janvier-février 1702 (D. G., vol. 1551, p. 137 ; vol. 1572, p. 44 ; vol. 1574, p. 4 ; vol. 1581, p. 31).
(2) Chamillart à Villeroy ; Villeroy, 12 janvier (D. G., vol. 1588, p. 54 et 59).
(3) Les premières recrues passent à Lyon au milieu de janvier. Le 12 février, 8 000 hommes sont arrivés · le 8 mars, la moitié des détachements. — Cf. pour tous détails, lettres de ou a MM. de Péry, duc de Vendôme, Villeroy, Crenan, Bouchu, Vouvré, janvier-mars 1702 (D. G., vol. 1585, p. 117, 129 ; vol. 1588, p. 94, 181-182, 190-191, 242-243 ; vol. 1594, p. 83 ; vol. 1595, p. 206).

prévisions les plus pessimistes sont largement dépassées : la désertion est telle en cours de route que des hommes envoyés, il n'arrive en Italie que « les plus mauvais ». Les 260 hommes du 2ᵉ bataillon du régiment de la Sarre se débandent en traversant la Franche-Comté, leur pays d'origine ; il n'en reste que 63 avec les officiers. Les autres gagnent leurs villages, promettant de rejoindre à Salins. On cite comme extraordinaire le succès d'un capitaine du régiment de Bretagne qui réussit à amener son détachement « sans perdre un homme, ny une arme et le tout en bon état » (1).

Les renforts sont à l'arrivée à peine suffisants pour fournir les régiments d'infanterie et il faut cependant en donner aussi aux troupes montées, dont les officiers, instruits des envois de recrues, ont refusé d'assurer le recrutement (2).

Néanmoins, le seul résultat qui importe est acquis, et qui vaut bien que l'on tolère certains abus : grâce aux miliciens et à point pour la reprise des opérations, l'armée d'Italie, toutes. forces à plein effectif, peut enfin faire face à l'ennemi.

Or, sans les prélèvements opérés sur la réserve heureusement intacte des soixante-dix seconds bataillons, ce tour de force eût été impossible : la nouvelle levée ordonnée le 10 décembre 1701 et qui n'a d'autre raison que de reconstituer ces bataillons, diminués pour la plupart de la moitié de leur effectif, n'était pas achevée en mai (3). Ce qu'est cette

---

(1) Lettres de Bezons, Maisonsel et Vaudrey, 10 et 27 février, 4, 7 et 18 mars 1702 (D. G., vol. 1581, p. 32 ; vol. 1585, p. 98, 140, 147). — Chamillart constate dans une lettre à Villeroy que les détachements sont mal conduits « par des officiers qui n'ont jamais rien vu » (D. G., vol. 1588, p. 94).

(2) Lettres de Vendôme, Mauroy et Bezons, 20, 27, 28 février et 6 mars (D. G., vol. 1585, p. 98, 113; vol. 1588, p. 243, 286). Villeroy avait prévu cette nécessité (cf. lettre du 6 janvier 1702. D. G., vol. 1588, p. 19 bis). Bezons prend le parti de compléter les compagnies de cavalerie, dont les officiers sont restés tout l'hiver en Italie ; aux autres, il n'accorde que la moitié de l'effectif manquant. Dès le 9 janvier 1702, beaucoup de ces officiers, sachant que le roi envoyait des hommes, avaient cessé tout travail et étaient même revenus de semestre (lettre de Montgon, 9 janvier 1702. — D. G., vol. 1588, p. 33).

(3) Aux officiers lésés par le départ de leurs hommes à l'armée d'Italie, on offrit une compensation pécuniaire en leur versant l'intégralité des payes de gratification, à condition que leurs compagnies aient été complètes avant le prélèvement, et en diminuant les frais de masse (cf. lettres de Bignon, Sirois, Ville-

levée, il faut l'expliquer, car elle diffère absolument des autres.

L'ordonnance insiste à dessein sur son caractère spécial, et ne prononce pas le mot de *milice*. A vrai dire, il ne s'agit pas d'une levée de milice, mais d'une *levée particulière*, faite aux frais d'une seule catégorie de sujets : on ne demande plus au pays tout entier de tirer au sort ceux de ses enfants qui seront sacrifiés, on oblige simplement les communautés de marchands et artisans des villes à enrôler à prix d'argent, pour des sommes variant de 60 à 100 livres, un nombre de volontaires proportionnel à leur richesse et à leur importance.

Tout ce qui fait l'odieux de la milice disparaît donc : l'impôt du sang est ramené à une simple prestation pécuniaire, dont la répartition restreinte épargne justement ceux sur qui pèse habituellement la milice ; le service militaire n'est imposé à personne, puisqu'il ne s'agit que d'embauchages pour le compte du roi.

En somme, le roi demande aux communautés de faire office de recruteurs dans l'intérêt général, car, suprême habileté, l'ordonnance présente cette nouveauté comme un remède efficace à des maux particulièrement redoutés. Autrefois, dit-elle, le retour périodique et en nombre des recruteurs amenait toujours des scènes regrettables ; certains officiers « enrolloient par surprise ou par d'autres voyes défendues la plupart des soldats qu'ils estoient obligez de lever, jusques là que souvent ils enlevoient des hommes qu'ils menoient par force à leurs compagnies, d'où il arrivoit que les laboureurs ne se trouvoient pas en seûreté dans leur labeur, que les marchez n'estoient plus libres et que les artisans demeuroient dans une continuelle crainte d'être pris par lesdits officiers, qui d'ailleurs engageoient de jeunes gens pour servir qui n'estoient pas encore en estat de porter des armes, seulement afin d'en tirer de l'argent de leurs parens, qui les viendroient réclamer » (1).

neuVe, Maisonsel, et apostilles, janVier 1702. — D. G., vol. 1549, p. 27, 28 ; vol. 1551, p. 70 ; vol. 1581, p. 27.)

(1) Ordonnance du 10 décembre 1701.

Or, la tâche imposée aux communautés va justement permettre de diminuer le nombre des recruteurs. Conclusion : d'une gêne momentanée, dont ne souffrira qu'une faible partie des sujets du roi, naîtra un mieux-être général.

Pourquoi donc faut-il que le noir tableau de temps que l'on dit révolus soit précisément la fidèle synthèse de tous les méfaits que commettront pendant cette guerre les racoleurs !

Sans enthousiasme, et avec assez de peine, la levée se fait donc. Elle fournit environ 15 000 hommes, qui rejoignent les 70 seconds bataillons de 1701.

Résumons alors la situation au printemps de 1702 :

Les miliciens — ceux de l'appel de janvier 1701 — sont pour la plupart partis, *sur leur demande*, à l'armée d'Italie. C'est donc, à peu d'exceptions près, de leur plein gré qu'ils servent dans les troupes réglées.

Leurs bataillons d'origine, distincts de ces troupes, ont été conservés : l'arrivée du nouveau contingent fourni par les communautés d'arts et métiers change le caractère spécial de ces unités. Elles ne comptent plus qu'un nombre infime de miliciens, perdus dans la foule des nouveaux venus, *tous engagés volontaires*. Leur recrutement est donc le même que celui des troupes réglées.

Toute distinction quant à l'affectation des recrues est désormais abolie ; dans tous les corps d'avant ou d'arrière, appelés et engagés se coudoient : il en sera toujours ainsi à l'avenir, car, si la « levée particulière » de décembre 1701 n'a pas de lendemain, si, dès novembre 1702 et pour toute la durée de la guerre, on revient à la milice, les miliciens recrutés par le sort ne sont plus formés en unités spéciales mais directement versés désormais aux régiments en campagne. La milice n'est plus qu'un moyen de recruter rapidement les troupes réglées.

Dès lors, les seconds bataillons n'ont plus de raison d'être : une ordonnance du 25 mai 1703 les supprime définitivement, en organisant leur fusion avec les premiers bataillons, mesure qu'impose d'ailleurs la mauvaise qualité de leurs cadres (1).

Désormais, chaque année jusqu'en 1712, le roi n'appelle plus la milice que pour assurer le recrutement exclusif des armées éloignées du royaume.

L'appel est annuel ; il n'est ordonné deux fois dans une année qu'en 1711. Il a lieu au début de l'hiver généralement, en août pour les dernières années de guerre (2). Bien qu'il revienne régulièrement, il est toujours présenté comme exceptionnel. Le préambule des ordonnances de levée depuis 1704 l'annonce nécessaire *encore cette année* ou *cette année seulement* pour rétablir les armées qui sont dans l'impossibilité, en raison de leur éloignement du royaume, de faire elles-mêmes leurs recrues.

Ces armées, ce sont celles d'Italie et d'Espagne, expressément désignées toujours, sauf en 1703 où l'on parle seulement de celles « qui sont hors d'état par leur grand éloignement d'envoyer des officiers en recrue » ; cette année-là, l'armée d'Allemagne est du nombre. Mais quand la guerre se fait sur notre territoire, les miliciens sont réservés aux corps qui combattent en Italie et en Espagne. En 1711, par exception, ils sont tous envoyés à l'armée de Flandres.

Nous allons étudier en détail l'organisation des levées de milice ; nous n'en indiquerons donc ici que les grandes lignes.

Une ordonnance royale fixe le chiffre du contingent annuel et le répartit entre les généralités du royaume. Dans chaque généralité, l'intendant répartit son contingent entre les paroisses. Chacune d'elles doit fournir un ou plusieurs hommes.

Sous la haute direction des intendants, la levée se fait par tirage au sort sur les garçons remplissant certaines conditions d'âge et d'aptitude physique. Les hommes désignés par le sort ou *miliciens* sont réunis dans des centres où les prennent

---

(1) Ordonnance du 25 mai 1703.

(2) Date des ordonnances annuelles : 2 noVembre 1702, 30 octobre 1703 et 1704, 15 octobre 1705, 20 noVembre 1706, 7 noVembre 1707, 15 noVembre 1708, 10 septembre 1709, 1er août 1710, 20 janVier et 1er août 1711, 1er août 1712.

des officiers envoyés par l'armée et qui les emmènent. Leur habillement et armement est à la charge du roi.

A partir du jour où ils sont désignés, ils ne s'appartiennent plus. En compensation, depuis 1702, on décide de les exempter de taille, eux et leurs femmes, pendant la durée de leur service et les cinq années qui suivent. Mais cette faveur, à laquelle des paysans ne peuvent être indifférents, n'est effective qu'à l'expiration de leur congé (1). Or, quand reviendront-ils?

Ceux du premier appel sont partis pour la durée de la guerre, avec promesse, si elle n'était pas finie en 1703, de libérations partielles par quart de l'effectif chaque année. Les plus favorisés doivent donc faire trois ans ; les autres, au plus cinq ans. A partir de 1702, la durée du service est fixée à trois ans pour tous.

Malheureusement ces promesses ne sont jamais tenues. Les hommes de l'appel de 1702 voient leur libération retardée d'un an, le roi estimant qu'à tenir sa parole, « les régiments où ils sont entrés se trouveroient réduits à un très petit nombre et hors d'état de servir dans un temps ou Sa Majesté en a plus de besoin ». L'ordonnance prise en conséquence le 11 décembre 1706 a même un effet rétroactif, obligeant les hommes déjà libérés à rejoindre leurs corps. Cependant, comme elle arrive au moment d'un appel et que l'on juge inopportun de répandre cette violation de la foi jurée, on la tient soigneusement secrète et on ne la fait pas imprimer. Chamillart en avoue cyniquement la raison, déclarant que ce n'est pas au moment où l'on renouvelle au pays la promesse de libérer les miliciens après trois ans qu'il convient de publier semblable décision à l'égard de leurs anciens, « de crainte

---

(1) C'était une belle promesse, qui ne fut pas toujours tenue. « Quoiqu'un privilège si légitime accordé à ceux qui ont exposé leur vie pour le service de leur prince et de leur pays ne dust point leur estre envié, Nous avons esté informez que, depuis la paix qu'il a plu à Dieu d'accorder à nostre royaume, plusieurs desdits soldats de milice estant retournez dans leurs paroisses après avoir reçu leur congé ont esté troublez dans leur exemption par les habitans qui les ont mis à la taille... » Ainsi débute une déclaration du roi du 28 août 1717, confirmant les anciens miliciens dans leur privilège.

de leur donner de l'incertitude sur le temps de service » (1).

Cependant, s'il en est qui conservent encore quelque espoir, ils ont l'optimisme tenace : on ne peut empêcher qu'ils ne remarquent la perpétuelle absence des hommes partis avant eux.

Car on les conserve tous. Si, comme le fait observer M. Hennet, on ne trouve de 1708 à 1712 aucune disposition relative à la libération des miliciens, c'est, à n'en pas douter, qu'on les a gardés à l'armée.

En novembre 1711, un gars normand, ayant fini son temps, demande son congé à M. de Richebourg lui présentant l'ordonnance de 1707 qui lui promettait sa libération et qu'il a soigneusement gardée, avec une cautèle bien paysanne. Sa situation est d'autant plus intéressante qu'il est soutien d'un père très âgé. M. de Richebourg intercède donc en sa faveur ; c'est pour se faire sèchement répondre qu'il demande l'impossible et de rassurer l'homme en lui remontrant que vraisemblablement il n'y aura plus qu'une campagne à faire (2).

En 1713 même, les hommes libérables sont maintenus au service pour un an (3).

Donc, pas plus que pendant la dernière guerre, les promesses de libération ne sont tenues. Le service à court terme n'existe pas en fait.

Signalons enfin une mesure prise de 1708 à 1712, unique dans l'histoire de la milice et révélatrice d'une politique militaire incertaine : pendant ces quatre ans, à une exception près, on autorise le pays à donner au lieu d'hommes de l'argent au roi et cet argent est remis aux recruteurs pour qu'ils lèvent eux-mêmes leurs hommes ; la milice n'est plus alors qu'un impôt.

En résumé, pendant la guerre de la Succession d'Espagne, les miliciens vont toujours au feu et sur les théâtres d'opérations extérieurs ; recrutés régionalement, ils sont

---

(1) Ordonnance du 11 décembre 1706 et lettre d'enVoi à Bernage du 17 décembre 1706 (*Cangé*, vol. 36, p. 105).

(2) 22 noVembre 1711 (D. G., vol. 2342, p. 20).

(3) Cf. HENNET, *les Milices*, p. 43.

ensuite dispersés par petits détachements et au hasard de
l'incorporation sous le commandement de chefs qu'ils
ignorent ; enfin ils ne forment plus d'unités spéciales, mais
sont confondus dans le rang avec les soldats des troupes
réglées.

C'est une transformation radicale de la milice, conçue par
Louvois : les formations auxiliaires improvisées, reléguées
en des besognes secondaires, ont pour un temps vécu ; le service obligatoire dans l'armée régulière est institué. Rien ne
distingue plus sous les armes l'appelé, « soldat forcé », de
l'engagé volontaire. L'armée est une et devient nationale où
le paysan et l'artisan coudoient le soldat de métier. L'innovation étrange est d'ailleurs mal accueillie et vite impopulaire.
La milice de la guerre de la Succession d'Espagne n'est-ce pas,
moins l'égalité de tous devant l'impôt du sang, la première
conscription?

*
* *

Après cette guerre, la milice disparaît jusqu'en 1719. Cette
année, elle revit éphémère sous sa forme première de la guerre
de la Ligue d'Augsbourg : le pouvoir s'engage formellement
alors à ne l'employer qu'à la garde des places et à la licencier
temporairement pendant l'hiver.

Définitivement réorganisée en 1726, elle reprend, pour ne
plus le quitter, son caractère de troupe auxiliaire de l'armée
régulière, formée en unités distinctes, sorte d'armée de
réserve. Pendant tout le dix-huitième siècle, elle fournit des
bataillons et régiments spéciaux, qu'en 1771 on désignera
sous le nom caractéristique de *troupes provinciales*, composés
de gens d'une même généralité, voire d'une même élection,
désignés comme auparavant par le sort et commandés par
des officiers de leur pays.

L'organisation de ces troupes auxiliaires tend à se rappro-
cher de plus en plus de celle des troupes réglées, mais elles ne
se confondent jamais avec elles.

En temps de guerre et dans un besoin pressant, il arrive

bien que l'on verse des corps de milice dans les troupes réglées. Le fait se produit surtout pendant la guerre de la Succession d'Autriche : de 1742 à 1744, on incorpore d'office aux armées de Bohême et de Bavière 46 000 miliciens environ. Pendant la guerre de Sept ans par contre, on ne verse qu'une fois, en 1758, 13 000 miliciens aux troupes réglées.

On n'en vient là que très exceptionnellement et alors même qu'on donne des miliciens aux troupes, on conserve à part la majeure partie des formations de milice, qu'on emploie soit en garnison, soit aux arrières des armées, parfois encore sur la ligne de feu. Enfin le règlement du 1er mars 1778, s'il réalise l'assimilation de principe entre les troupes provinciales et les troupes réglées, interdit formellement l'incorporation des miliciens dans les dernières.

La guerre de la Succession d'Espagne est donc la première et la seule où *tout* le contingent des hommes levés sur le pays ait été envoyé aux armées en campagne et y ait servi régulièrement.

En somme, au début du dix-huitième siècle s'est posé déjà le problème de l'utilisation des réserves en temps de guerre : n'est-il pas curieux de constater qu'il a reçu alors la solution à laquelle on est toujours revenu depuis?

CHAPITRE II

LA RÉPARTITION DU CONTINGENT

La répartition annuelle du contingent des miliciens se fait en deux fois : au secrétariat d'État de la Guerre pour l'ensemble du royaume, au chef-lieu des intendances pour chaque généralité.

Le rôle du secrétaire d'État se borne à arrêter le chiffre du contingent annuel et à en faire la répartition numérique entre les provinces.

Ce travail se fait dans les bureaux de la guerre, qui calculent évidemment le chiffre du contingent sur les besoins de l'armée. L'ignorance où nous sommes pour cette époque de leur composition et de leurs attributions ne nous permet pas de suivre leurs études préparatoires. Nous n'en savons que le résultat, porté à la connaissance du pays par l'*ordonnance de levée*.

Cette ordonnance, qui n'énonce d'ailleurs pas le chiffre global du contingent jugé nécessaire, en donne seulement la répartition numérique entre les provinces.

Nous savons ainsi que, de 1701 à 1712, le roi demande en tout au royaume 260 000 miliciens.

L'importance des levées est fort variable : la plus forte, qui est la première, celle de janvier 1701, appelle 33 345 hommes ; la plus faible, celle de 1708, n'est que de 9 800 hommes.

A cinq reprises, de 1703 à 1706 et en 1711, elles varient de 21 à 30 000 hommes ; toutes les autres restent inférieures à 20 000 hommes.

Ces variations du contingent entraînent des inégalités dans la répartition numérique entre les provinces. Leur première conséquence est naturellement de faire varier extrêmement le nombre d'hommes demandé, d'une province à l'autre. La deuxième, plus sérieuse, est d'accentuer entre elles d'une année à l'autre une différence de traitement, en apparence peu admissible.

Le principe essentiel de cette répartition — nous le verrons plus loin — est de calculer le contingent exigible de chaque généralité sur sa population, celle-ci évaluée d'après le nombre de ses paroisses.

Or, les généralités sont une expression administrative d'étendue et d'importance essentiellement variables : les différences de contingent de l'une à l'autre s'expliquent donc aisément par les différences de populations de leur ressort.

On ne peut en effet demander le même nombre d'hommes à la généralité de Limoges ou d'Alençon qu'à celle de Languedoc ou de Montauban.

L'état de répartition tient donc le plus grand compte de ces différences.

Si nous examinons les divers contingents annuels des provinces, nous voyons que le plus fort est toujours demandé aux régions vastes ou surpeuplées : la Bretagne, les environs de Paris, les provinces du Sud-Ouest. Il varie là de 1 500 à 2 000 hommes par an ; le plus élevé est le contingent breton de 1701 : il atteint 3 150 hommes, chiffre jamais dépassé depuis. Le chiffre de 1 000 hommes est la moyenne pour les provinces du Centre et de l'Ouest ; celui de 4 ou 600 hommes est aussi fréquent dans ces régions et en Normandie. Les plus bas effectifs sont ceux des provinces frontières du Nord ou du Midi alpin et pyrénéen. Le plus faible de tous est celui de la Basse-Flandre en 1702 : il n'est que de 180 hommes.

Si nous récapitulons le nombre de miliciens demandé à chaque généralité pour la durée de la guerre, nous aboutissons au classement suivant entre elles, qui exprime, plus superficiellement que réellement, leur effort militaire : la Bretagne

vient en tête, qui, de 1701 à 1712, ne fournit pas moins de
22 000 hommes ; puis les généralités de Paris, Châlons, Bordeaux, Montauban et Languedoc, avec une vingtaine de mille
hommes.

Loin derrière, la généralité de Tours qui ne donne que
15 000 hommes, puis les généralités ou provinces de : Dijon,
Orléans, la Comté avec 10 ou 11 000 hommes ; 9 000, Alençon
et Rouen ; 8 000, Poitiers, Moulins, Riom ; 7 000, Limoges et
Soissons ; 6 000, Caen et Amiens ; 4 000, le Dauphiné, Lyon,
Bourges ; 3 000, l'Artois ; 2 000 ou environ, la Haute-Flandre,
Metz, la Provence et la Rochelle ; moins de 1 000, le Hai-
naut, la Basse-Flandre, l'Alsace, le Roussillon.

La tentation est forte, certes, d'établir un rapport entre
la contribution respective de ces provinces et la valeur militaire supposée de leur population.

Toute considération de ce genre nous reste interdite. Le
fait seul que leur contingent est calculé d'après le nombre de
leurs habitants suffirait à l'écarter. Mais aussi, les chiffres
que nous venons de donner n'ont qu'une valeur relative, car
ils n'expriment même pas l'effort réel de chaque province :
leur total peut n'être pas sensiblement différent pour une
région, qui chaque année a donné des hommes au roi et une
autre qui ne lui en a fourni que de loin en loin. Car l'inégalité apparente de traitement entre les généralités est tout à fait
remarquable : telles sont obligées d'envoyer leurs enfants aux
armées à chaque appel et telles à des intervalles fort irrégu-
liers, espacés parfois de plusieurs années.

Ainsi sur les trente et une généralités ou provinces imposées
en hommes pendant la guerre, quinze seulement sont mises
à contribution tous les ans ; quatre autres sont exemptées une
seule année de fournir des miliciens ; deux par contre ne
connaissent qu'une fois le tirage au sort ; les autres, après
quatre ou cinq ans, ne contribuent plus à la milice.

De ces deux catégories de provinces, la plus favorisée
n'est pas celle qu'on pourrait penser.

L'exemption périodique et répétée de certaines n'est pas en

effet le fait d'une faveur, mais la conséquence obligatoire de leur situation géographique, qui leur vaut d'autres charges militaires, soit que, côtières, elles aient à assurer la défense du littoral, soit que, frontières, elles aient à héberger et ravitailler les troupes, à participer à des travaux de défense, en attendant que, par le fait des opérations, elles servent de champs de bataille ou soient envahies par les armées ennemies. Et voilà pourquoi, au début de la guerre, elles fournissent déjà moins d'hommes que les autres pour la milice, pourquoi, depuis 1705 et 1706, l'Artois, le Hainaut, les Flandres, l'Alsace, le Dauphiné, la Provence et ensuite, hélas ! la généralité d'Amiens ne fournissent plus un milicien au roi.

Vraiment, sont-elles privilégiées?

La répartition générale du contingent n'est donc pas faite au hasard ; elle s'inspire toujours de l'état présent du royaume et tient le plus grand compte de la situation particulière de chaque région.

On ne peut s'empêcher d'être frappé aussi de la modération des exigences du pouvoir royal : un contingent annuel qui ne dépasse pas en moyenne une vingtaine de mille hommes, qui varie, suivant son importance, de 600 à 2 000 hommes par généralité, c'est peu pour un pays comme la France (1).

La disproportion s'accuse flagrante entre ces exigences et celles de nos modernes appels. Il est vrai que la population n'est plus la même. Mais il faut aussi réfléchir que la milice (c'est bien la principale raison de son impopularité) n'est pas une charge égalitaire, qu'elle pèse sur une catégorie relativement restreinte de sujets, que les mêmes y restent soumis de dix-huit à quarante ans : force est alors de reconnaître que, pour le temps et en dépit de son apparente modération, la milice est un rude fardeau que le peuple est seul à supporter.

(1) Nous Verrons plus loin qu'en 1708, 1709, 1710, 1711 (deuxième appel) et 1712, le pays a en réalité fourni de l'argent et non des hommes.

***

La preuve en est dans l'accueil généralement fait à l'ordonnance de levée.

Dès sa promulgation et sitôt connu l'état de répartition, les critiques commencent. Réclamations des intendants, protestations des États, les plaintes pleuvent aux bureaux de la Guerre.

De tous côtés on cherche à obtenir une diminution du nombre d'hommes demandé.

Les intendants sont eux-mêmes portés à trouver leur département trop imposé : la comparaison qu'ils peuvent faire de leur contingent avec celui de collègues plus favorisés n'est certainement pas étrangère à cet état d'esprit. L'intendant d'Ormesson ne le dissimule pas : demandant en 1711 un dégrèvement partiel sinon total pour la généralité de Soissons, il invoque bien les lourdes charges déjà imposées à la région (fournitures de voitures pour les vivres et fourrages, garde des rivières, etc.), mais appuie son argumentation du fait que les départements limitrophes d'Amiens et de Maubeuge sont, cette année-là, exemptés de la milice (1).

Il serait toutefois injuste de se figurer, d'après celui-ci, tous les intendants comme gens aigris, jaloux et mécontents par principe. M. d'Ormesson est un des rares qui réclament toujours : n'est-ce pas lui qui, en 1704, quand il était à Riom, prétendait ne lever que 700 hommes au lieu de 900, déclarant en propres termes : « Je n'épargné ny mes soins, ny ma peine, mais je ne puis pàs faire l'impossible (2). »

Ses collègues sont plus avisés. En demandant une diminution de leur contingent, ils ne cherchent pas à panser quelque blessure d'amour-propre ou à contrarier les desseins du roi, mais bien plutôt à le servir.

---

(1) Lettre d'Ormesson, 8 féVrier 1711 (D. G., vol. 2341, p. 34). — Cf. obser-Vation d'Haroûys, 5 noVembre 1706 (*ibid.*, vol. 1905, p. 285).
(2) 23 féVrier 1704 (D. G., vol. 1801, p. 220).

Instruits par une longue expérience des difficultés de leur tâche, ils se font un devoir de les signaler. Ont-ils pas plus raison que d'accepter une mission qu'ils estimeraient excéder leurs forces ou les ressources de leur généralité?

Redoutant avant tout l'hostilité de leurs administrés, ils sont les premiers à rechercher les accommodements possibles, guidés par le souci de ne pas heurter de front l'opinion du pays.

Et ils arrivent parfois, par quelque habile détour, à contenter tout le monde, donnant satisfaction à leurs gens sans qu'en souffre le service du roi. Ainsi, M. Bouchu, qui, en 1703, obtient de prendre les miliciens du Dauphiné parmi les gens levés pour la garde de la province : sans donc demander un homme nouveau au pays, par un simple changement d'affectation — sans importance alors — il procure en même temps au roi les soldats qui lui sont nécessaires. Tout est bien ainsi (1).

Au reste, les réclamations des intendants, souvent fondées, au moins parfaitement discrètes, ne risquent pas d'émouvoir le pays. C'est là affaire entre eux et le secrétaire d'État et rien n'en transpire.

Il n'en est pas de même des réclamations des États. Elles ont, celles-là, un caractère politique ; elles prennent vite la forme de remontrances, traduisant l'opinion non plus du représentant du roi, mais à grand bruit celle des représentants de la province et, sous leur forme respectueuse, sont appelées à quelque retentissement. Ainsi en 1702 Bâville se montre justement inquiet de l'impression que la démarche des États de Languedoc auprès du roi « pourroit avoir sur les esprits ». Malgré ses efforts, se ralliant à la proposition de l'archevêque de Toulouse, ils protestent en effet au nom de la province contre le fait d'avoir à lever 1 000 recrues de milice après avoir déjà fourni 1 045 hommes pour la garde du Languedoc.

La seule conséquence de leur démarche est d'ailleurs de

---

(1) Lettres de et à Bouchu, 18 et 26 noVembre 1703 (D. G., vol. 1690, p. 73-83). Cf. lettre de Tessé du 23 octobre 1703, *in Mémoires militaires relatifs à la guerre de la Succession d'Espagne*, IV, p. 78-82.

retarder le début des opérations de recrutement. Car le pouvoir fait toujours la sourde oreille ; il prodigue les bonnes paroles, mais accueille toutes les réclamations par une fin de non-recevoir.

Aux États de Languedoc, il répond que leur demande est trop tardive, que Sa Majesté ne peut rien changer à la répartition très lourde certes, mais qui sur toutes les provinces pèse du même poids, — puisque la Normandie, par exemple, avec 40 000 hommes déjà sous les armes, doit encore fournir 1 480 miliciens, — toutefois il les assure que si « dans les suittes, Elle est obligée de demander de pareils secours à ses provinces, Elle aura égard aux levées considérables qui se font en Languedoc » (1).

Avec les intendants, même refus de venir à composition et mêmes promesses volontairement vagues : « Pourveu que vous fassiez le nombre entier que le roy a compté en tirer cette année de votre généralité, il faut espérer que l'on n'en aura pas besoin l'année prochaine », écrit Chamillart à M. d'Ableiges, en 1704 (2).

La désobligeante insistance et le perpétuel mécontentement de M. d'Ormesson, à lui seul attirent une réponse un peu vive : « Il n'y a que trois ou quatre généralités dans le royaume où l'on soit dans cette peine, mais la vôtre est au premier degré. J'ai levé de la milice en 1689 sans qu'il en ait cousté un sol aux paroisses et en quinze jours de temps, j'ai fait quinze cents hommes. Le nombre de neuf cents n'est point trop fort pour vostre département et, loin de le diminuer, il seroit à désirer que l'on pût l'augmenter. Si vous en connoissiés l'importance comme moy, je suis persuadé que vous n'en feriés pas la proposition (3). »

Une fois pourtant, à la deuxième levée de 1711, il parvient à obtenir une diminution de cent hommes (4).

(1) Lettres de et à Bâville, novembre-décembre 1702 (D. G., vol. 1614, p. 261, 265, 273, 276).
(2) 22 mars 1704 (D. G., vol. 1800, p. 124).
(3) Chamillart à d'Ormesson, 7 mars 1704 (D. G., vol. 1801, p. 271).
(4) Remerciements de d'Ormesson, 17 août 1711 (D. G., vol. 2341, p. 84).

Telles faveurs sont rares. Le Dauphiné, à ce point de vue, est cependant assez bien traité : en 1705, il est dispensé de fournir les 500 hommes qui lui avaient été demandés, et, en 1707, une démarche pressante de l'intendant d'Angervilliers l'empêche de figurer sur l'état de répartition (1). Généralement les réclamations ne sont pas prises en considération : tout le pays souffre de la milice et le secrétaire d'État de la Guerre n'a que faire d'écouter des plaintes ; il maintient donc presque toujours ses premiers ordres.

*
* *

Les intendants doivent alors procéder à la répartition du contingent à l'intérieur des généralités.

En principe, le contingent de chacune est calculé sur le nombre de ses paroisses, auquel il reste toujours inférieur.

Le nombre d'hommes demandé, dit en effet l'ordonnance de 1701, « est moindre en chaque généralité que celuy des paroisses qui la composent... afin que les villages qui sont les moins forts puissent estre exempts d'en fournir... S'il est demandé 600 hommes dans une généralité et qu'elle soit composée de 900 villages... exempter les 300 villages les plus faibles ».

Comme le contingent de 1701 a été le plus élevé de la guerre, cette règle n'a donc pas souffert d'exceptions (2).

En principe donc, à part quelques hameaux, les villages et villes doivent fournir chacun un homme. C'est à vrai dire une bizarre façon d'évaluer la population d'une région que de le faire sur le nombre de ses agglomérations sans tenir compte de leur importance. Peut-on demander le même effort à une bourgade de trente ou cinquante feux qu'à une ville comme Toulouse ou Lyon? Et si c'est admissible à la rigueur pour

_____

(1) Ordonnance du 12 féVrier 1705 (*Cangé*, vol. 36, p. 6). — Lettre de d'Angervilliers, 20 septembre 1707 (D. G., vol. 2045, p. 152).

(2) Ordonnance du 26 janVier 1701. Notons cependant qu'en 1701, Bâville doit leVer 3 510 hommes sur 2 664 communautés, dont 600 sur lesquelles il ne peut compter (D. G., vol. 1524, p. 274).

une fois, est-ce donc possible pendant onze années consécutives, alors que la milice, nous le répétons, n'atteint qu'une
catégorie restreinte de personnes?

Prise à la lettre, la recommandation du pouvoir ne serait
pas seulement injuste : elle serait absurde. Les intendants
n'en retiennent donc que l'esprit, préoccupés seulement de
ne charger nulle communauté « au delà de ses forces ». Ils
tiennent compte, dans leur répartition personnelle, non du
nombre des paroisses mais de leur importance, s'inquiétant
de *décharger* les plus faibles pour reporter le surplus du contingent sur les plus fortes. Ils se gardent aussi d'exempter les
grandes villes, qui, quoi qu'on en ait dit, sont imposées comme
les autres ; la vérité, c'est qu'à celles-là seulement, tout au
moins dans le Midi, ils accordent quelques tolérances quant
à la façon de lever leurs miliciens.

Le roi ne fait d'ailleurs aucune difficulté pour les laisser
maîtres absolus de la répartition de leur contingent à l'intérieur de leur généralité, sous réserve toutefois qu'ils lui fassent
connaître, par des états nominatifs, la liste des paroisses
imposées et exemptées (1).

Peu lui importent les moyens qu'ils emploient pour exécuter
ses ordres, pourvu qu'ils lui fournissent exactement le nombre
d'hommes demandés. Sans doute estime-t-il encore qu'ils
sont mieux placés que quiconque pour connaître les ressources
de leur département et qu'à trop vouloir les conseiller, on
rique plutôt de les gêner.

---

(1) Lettre de La Houssaye, 26 mai 1701, enVoyant un « estat des Villages les
plus foibles de la proVince de la Haute et Basse-Alsace qui sont exempts de fournir
des hommes pour serVir dans les milices conformément à l'ordonnance de Sa
Majesté du 26 janVier 1701 » (D. G., vol. 1503, p. 96 et 98). — Sanson, 8 décembre 1702, enVoyant la liste des paroisses de la généralité de Soissons aVec
l'indication du nombre d'hommes qu'elles fournissent (D. G., vol. 1551, p. 155,
156).

Après réception d'un état analogue, Chamillart écrit à l'intendant, le 26 novembre 1702 : « S'il y en a qui ne puissent fournir qu'aVec peine ceux qu'on leur
demande, le roy Veut bien que Vous les en exemptiez et rejettiez le nombre
d'hommes qu'elles auroient deub donner sur les autres paroisses qui sont en
estat d'y satisfaire, pourveu que la leVée s'en fasse diligemment. » (D. G.,
vol. 1562, p. 198).

A ce point de vue, l'expérience de l'hiver 1701-1702 a été profitable. Il est remarquable en effet que la seule levée où la répartition ait donné lieu à de grosses bévues soit précisément celle dont le pouvoir central a cru le mieux régler le détail. S'adressant aux communautés d'arts et métiers, il a prétendu les taxer d'après leur richesse et fixer lui-même la contribution des communautés de chaque généralité (1). Mais tout son travail de répartition est faussé par une erreur grossière à l'origine.

L'état de répartition est en effet établi d'après une taxe payée par les communautés en 1694 et correspondant alors à leur fortune. En prenant pour base cette taxe de 1694, on n'a pas réfléchi que depuis huit ans la situation du royaume avait bien changé et sa prospérité économique bien diminué.

Le résultat de cette erreur dans l'évaluation de la fortune des communautés est l'établissement d'un état de répartition fantaisiste, ne tenant nul compte de modifications que les intendants étaient seuls à ne pas ignorer. « Je ne sçais pas qui l'a dressé, écrit alors Legendre, exprimant le sentiment de tous ses collègues, mais il ne me paroît pas bien instruit des facultés des communautez d'arts et mestiers de ce département (2). » Et ce qui est vrai de la généralité de Montauban l'est de toutes les autres.

Partout les intendants signalent d'eux-mêmes des erreurs révélant une parfaite méconnaissance de la situation matérielle des villes du royaume. Combien, autrefois prospères, qui sont aujourd'hui ruinées ! Parmi celles-ci il faut citer Mézières, qui déclare « moralement impossible » à ses communautés de

---

(1) Les communautés d'arts et métiers durent fournir en tout 15 480 hommes à l'armée.

(2) 4 janVier 1702. — Legendre signale une autre cause d'erreur. On s'est en effet basé sur cette taxe de 1694, « comme si effectiVement cela avoit esté payé par les communautez d'arts et mestiers, au lieu que ce ne fut qu'un nom dont on colora le besoin d'argent et qui fut presque tout leVé sur les communautez en general, chaque habitant y ayant contribué pour sa part et portion. Je prendray même la liberté de Vous dire qu'il y eut quelque faVeur dans ce temps là et qu'on ne choisit pas les communautez qui estoient le plus en estat de payer » (D. G., vol. 1605, p. 83). — Cf. lettre de d'Ormesson, 13 féVrier 1702 (D. G., vol. 1605, p. 115).

fournir les quinze hommes qu'on leur demande ; les Sables-
d'Olonne taxés à vingt et un soldats, au lieu de quatre à la
dernière levée de milice, nombre exagéré qu'il fallut encore
réduire de moitié ; Tricot où la fabrication des serges de
ce nom, source de sa richesse, est depuis 1694 tombée à
rien (1).

Il faut redresser toutes ces erreurs et les intendants s'y
emploient activement. Il est juste de reconnaître qu'on leur
laisse généralement toute initiative pour remanier la répartition primitive (2). Il est cependant assez rare qu'on accorde
l'exemption totale aux communautés d'une ville déjà désignée ; on diminue plutôt l'effectif du contingent à fournir,
l'excédent étant reversé sur d'autres villes moins chargées,
tout l'effort des intendants devant tendre à une équitable
répartition de la levée : ainsi, le contingent des Sables-d'Olonne
et de Tricot est partagé, par les intendants d'Ableiges et
Bignon, entre ces villages et leurs voisins ; ainsi, dans la généralité de Metz, M. de Saint-Contest obtient de décharger les
villes de Metz et de Verdun pour imposer Toul de 55 hommes,
« juste proportion de ses forces » (3).

Tous ces remaniements se font de bon gré, avec l'assentiment du pouvoir central. Sa faute a été d'empiéter maladroi-
tement sur les attributions ordinaires des intendants : il la
répare en se montrant très tolérant et les réclamations fondées sur la misère du temps ont chance de trouver bon
accueil. Les intendants qui n'ont pas attendu les doléances
pour dire leur sentiment et proposer d'eux-mêmes des recti-

(1) Lettre du maire et des échevins de Mézières, 5 janvier 1702, joignant à
l'appui de leur requête un rôle des maisons de la ville, d'où il appert que 110 sont
vides, 134 pauvres et 172 bourgeoises (D. G., vol. 1608, p. 3 et 6. — Nous avons
reproduit cet état dans les *Feuilles d'histoire* du 1er décembre 1912, p. 481-
482). Lettres d'Ableiges, 30 décembre 1701 et 11 janvier 1702 ; de Bignon,
22 février et 16 mars 1702 (D. G., vol. 1525, p. 236 ; vol. 1612, p. 129 ; vol. 1551,
p. 80, 84).

(2) Lettres de Legendre et d'Ormesson, janvier-février (D. G., vol. 1605, p. 83
et 115).

(3) 3 janvier 1702 (D. G., vol. 1583, p. 5). — De même, d'Harouys veille avec
soin « qu'aucune communauté soit chargée au delà de ses forces » (D. G., vol. 1504,
p. 207). — Lebret impose quelques villes nouvelles (D. G., vol. 1517, p. 249).

ficatiọns indispensables, témoignent, quand on leur signale des situations intéressantes, d'uņe large bienveillance : Chamillart les approuve (1).

Par contre, il est un argument qu'il se refuse toujours à prendre en considération : ce sont les demandes d'exemption fondées sur les privilèges locaux. « Il n'y a aucun privilège pour les soldats qui doivent estre fournis par les arts et mestiers... La loy est esgalle pour tous ceux qui ont payé la taxe des arts et mestiers (2). »

Ceci, c'est la doctrine officielle, énoncée par Chamillart, à propos d'une demande d'exemption formulée par la ville de Bayonne : et dans le cas présent, il a raison, car cette ville n'a d'autre excuse que de supporter, comme la majorité des autres, d'autres charges militaires (garde bourgeoise, recrutement de la flotte).

Mais c'est une théorie un peu cavalière quand il s'agit de villes qui se sont libérées à prix d'or de toute contribution aux charges publiques. Ayant chèrement acheté leurs privilèges, elles s'en montrent d'autant plus jalouses et considèrent leur inscription sur le rôle de répartition comme un manquement à la parole donnée.

Malgré les intendants, qui sentent le danger, le pouvoir s'obstine à les faire participer à la levée ; sa thèse est que le rachat ne s'applique pas aux charges militaires, mais aux contributions financières : il s'entête, fait la sourde oreille et toutes les réclamations se brisent contre sa froide résolution.

L'affaire des Flandres éclaire bien ce conflit. Les deux généralités de cette province et l'Artois, imposées de 1 000 hommes, ne dissimulent pas leur étonnement, puis leur mécontente-

(1) Placet de Mme de Fiesque, abbesse de Soissons, qui signale la misère des marchands de Charly. Saņson convient qu'ils étaient « asseurement trop chargés », ne leur demande plus que quatre hommes au lieu de six et fait fournir les deux autres par Crécy « qui est un assés gros bourg qui aVoit esté ohmis dans l'estat » (D. G., vol. 1551, p. 134, 135).
(2) Apostille sur lettre de Sourdis du 11 féVrier 1702. Cf. lettres du même, du premier écheVin de Bayonne et de La Bourdoņnaye, janVier-féVrier (D. G·, vol. 1611, p. 125, 129-130, 172, 175).

ment. Il est au reste justifié : pour l'exemption de toute charge et affaire extraordinaire en effet, la Flandre occidentale paye un abonnement annuel de 600 000 florins, et l'Artois de 500 000 ; les villes de Douai, Lille et Orchies sont exemptées de toute taxe, celle de Tournai et sa banlieue versent 40 573 florins : tous à la fois, leurs États, au su de la levée, présentent donc à Sa Majesté « leurs très humbles remontrances ».

Les intendants Bagnols et Barentin, soucieux de l'irritation générale, ont bien essayé de calmer les esprits et s'entremettent entre le pouvoir et les États. Barentin prend même les devants : il fait part à Chamillart de ses inquiétudes, espérant toutefois pouvoir conjurer à temps le mauvais effet produit. Il est même assez habile pour faire commencer la levée, laissant entendre qu'il y a malentendu et que les ordres du roi seront rapportés. Peine perdue : personne ne s'y trompe et des réclamations véhémentes parviennent à Versailles.

Elles portent d'abord sur le principe de la levée, puis, quand tout espoir est perdu d'une exemption, sur ses exigences. Quant au principe, nulle ville qui ne tienne pour avéré, contrairement à la thèse royale, que son abonnement la dispense de la levée.

Avec beaucoup de hauteur, traitant audacieusement le roi en contractant déloyal, les marchands de Tournai et ceux d'Ypres, porte-parole de la Flandre occidentale, lui font parvenir copie de l'acte par lequel il a accepté leurs écus, et, après avoir bien insisté sur ce que la levée est au nombre des taxes dont leur abonnement les dispense, réclament une exemption selon eux légitime.

On dédaigne simplement de leur répondre.

Alors, en désespoir de cause, jugeant inutile désormais d'attendre un dégrèvement total, ils essayent d'obtenir une diminution du contingent primitivement fixé, et les raisons ne leur manquent pas.

La Flandre occidentale ne possède que quatre villes ayant des communautés : celles d'Ypres, Bergues, Furnes et Dun-

kerque. Dans les autres et le plat pays, le travail est libre
et c'est bien ainsi, car c'est le seul moyen d'attirer les artisans et d'accroître leur nombre. Mais, dans ces conditions,
n'est-ce pas folie que d'exiger un millier d'hommes d'une
province qui ne compte que deux villes de second rang,
240 paroisses et une population totale n'excédant pas au dernier recensement 160 000 âmes? L'Artois rappelle, lui, la
promesse du roi de toujours demander moins d'hommes à
une généralité qu'elle ne compte de paroisses : or, pour
700 paroisses, ne lui réclame-t-on pas 1 170 hommes?

Ce ne sont que doléances et récriminations. Lille se plaint
d'avoir à fournir 182 hommes, et Tournai 160, estimant
qu'on pourrait la décharger au profit de Lille précisément,
qui a des personnes « plus aisées ».

Essayant de se libérer au détriment de leurs voisines,
toutes les villes sont aussi d'accord pour prédire les tristes
résultats de cette levée : Lille ne possède plus d'artisans ;
ceux qui restent sont criblés de dettes et émigreront certainement pour éviter la nouvelle imposition ; Douai, ville
« sans commerce et sans trafique », remplie de couvents,
casernes, arsenaux, collèges, ne vit que de son université :
l'annonce de la levée la dépeuplera rapidement et ses étudiants retourneront « en Flandre, Hollande, Allemagne et
ailleurs ».

Tournai signale l'exode général de ses marchands. Et ce
sombre tableau n'a rien d'exagéré ; les intendants constatent
une situation des plus alarmantes. Ils prennent alors sur eux
de demander à Chamillart, dans l'intérêt même de la levée,
une diminution du contingent : au début de février, Bagnols
propose de « réduire les mil hommes demandés à 750 », espérant, dit-il, que, « en ménageant bien cette grâce et la faisant
valoir à propos, nous sortirons de cette affaire qui me paroist
très embarrassante » Sa proposition, appuyée sur des faits
précis (sur 1 000 hommes, en février on n'en avait levé
que 205), semble bien de nature à calmer les esprits. On la
lui refuse brutalement, ne lui accordant de mauvaise grâce

LA RÉPARTITION DU CONTINGENT 193

qu'une diminution de 100 hommes : « Je n'aurois pas cru, lui écrit Chamillart, que cette levée qui est presque faite partout eut si fort tiré en longueur. »

Et il a le front de lui citer l'exemple de Barentin, dont le département cependant plus petit aurait, selon lui, fourni 804 hommes. Mensonge évident puisque à cette époque celui-ci se querelle encore avec le bailli d'Ypres et est également fort en retard. On lui a prescrit d'exécuter les ordres du roi, sans se préoccuper des réclamations. Ses objurgations réitérées ont seulement valu à sa généralité une diminution de 200 hommes sur le contingent primitif de 1 000, mais comme il avait long-temps fait espérer une dispense totale, bien loin de réjouir ses administrés, cette faveur, en détruisant leur espoir tenace, cause « une alarme et une consternation générale parmy tous les habitans de ce pays ».

Donc, diminution de 200 hommes d'une part, de 100 de l'autre, d'autant plus dérisoire que ces provinces ont réellement droit à une exemption générale, voilà tout ce qu'elles obtiennent.

On refuse aussi, comme le demande la Flandre occidentale, de prendre l'argent nécessaire à la levée sur leur fonds d'abonnement : la taxe qu'elles ont rachetée de leur argent, on les force à la payer.

L'abus est criant ; il choque les intendants, autant qu'il révolte les intéressés. Mais le roi a ordonné : Bagnols regret-tant qu'on lui refuse « une plus grande diminution que celle de 100 hommes » s'incline ; il assure qu'il n'épargnera ni son temps ni sa peine pour surmonter des difficultés qui s'an-noncent nombreuses ; et il ne cache pas qué l'avenir est gros de déceptions (1).

Nous avons particulièrement insisté sur les difficultés de la répartition pour cette levée de 1701-1702. On y voit bien les

(1) Pour tout ceci, cf. lettres et mémoires des baillis, échevins, mayeurs et députés des États et Villes de la châtellenie d'Ypres, de Lille, Douai, Orchies, Tournai, 5, 20, 26, 29, 30 janvier et 8 février 1702 ; des intendants Bagnols et Barentin et réponses de Chamillart (D. G., vol. 1549, p. 1, 2, 24, 25, 35, 40, 41, 42, 49 ; vol. 1564, p. 24, 27, 28 ; vol. 1565, p. 135-155, 157-159).

13

inconvénients de l'intervention du pouvoir central, les flottements et les entêtements de sa décision souvent arbitraire,
et les efforts des intendants pour concilier les intérêts du roi
et la justice qu'ils doivent à ses sujets.

L'expérience a été profitable, disions-nous plus haut :
désormais le pouvoir central s'interdit toute ingérence dans
la répartition à l'intérieur des généralités. Il semble bien que
tout le monde y ait gagné et ait eu à s'en féliciter. Ce n'est
pas que la tâche des intendants soit facile et leur travail
exempt de toute critique : il en soulève fatalement, surtout
au début de la guerre, mais leur pondération et leur esprit
de conciliation joints à leur parfaite connaissance des lieux
et à leur fermeté, ont raison de toutes les mauvaises querelles.
Il èst juste d'ajouter qu'ils trouvent en haut lieu un appui
précieux.

Ils ne cherchent jamais, comme ce fut le cas dans les
Flandres, à abuser de leur pouvoir pour taxer arbitrairement
une ville ou une région, mais leur décision, prise en toute
connaissance de cause, est sans appel et leur loyauté dédaigne
toutes les réclamations fantaisistes, fondées précisément sur
de prétendus privilèges mal définis.

On ne leur en conte pas quant aux charges extraordinaires
qui peuvent incomber à une ville. Ils savent qu'elles trouveront toujours de bonnes raisons à invoquer pour se libérer de
la milice, qu'eux-mêmes désapprouvent souvent et qui, pour
toutes, est une gêne : mais il faut cependant que la levée se
fasse ; pourvu que nul ne soit taxé au delà de ses forces, les
réclamations les laissent indifférents. Aussi les protestations
de certaines villes, lors de la première levée, froidement
accueillies, ne se reproduisent-elles plus. Chamillart refuse
d'écouter en avril 1701 celles de Sedan, imposée par Pomereu
de dix miliciens, et qui demande l'exemption à cause de sa
« proximité aux ennemis, en considération du service qu'ils
font, servans de garnison lorsqu'il n'y a point de trouppes
réglées et d'escorte pour les convois des vivres, munitions et
du trésor » ; peut-être la punit-il même en lui demandant

55 hommes à la levée suivante, celle des arts et métiers (1).

Car souvent la mauvaise volonté est par trop évidente : à cette même levée de 1701, en même temps qu'Issoudun, Bourges, après avoir fait tirer au sort sans difficultés, s'avise que, malgré des privilèges moins anciens que les siens, les villes de Tours, Blois et Orléans n'ont point été imposées par leur intendant : elle réclame aussitôt contre la décision du sien, mettant son point d'honneur à obtenir la même dispense. Chamillart refuse encore d'accepter cette requête : « La ville de Lyon, qui a des privilèges aussy estendus qu'aucune autre en fournist 15. Ainsy ils peuvent les y fournir. »

Il omet toutefois d'ajouter que Lyon aussi a tenté de se prévaloir de ses privilèges ; mais elle s'est inclinée, lorsqu'il lui a remontré qu'il s'agissait de la défense du royaume, « où chacun est également intéressé » (2).

C'est à notre connaissance le seul appel fait, à l'occasion de ces querelles, au patriotisme du pays : l'écho qu'il a trouvé dans la vieille cité mérite d'être souligné. Après les tâtonnements des premières levées, la répartition se fait à peu près automatiquement : elle est d'autant moins difficile que le chiffre du contingent varie peu et va presque toujours en diminuant.

Il est des provinces cependant où les intendants éprouvent dans leur travail de répartition des difficultés spéciales : ce sont les provinces côtières.

Exposées aux incursions maritimes, elles ont à leur charge la surveillance et la défense de leur littoral. Pour assurer ce service important, elles lèvent, indépendamment des troupes réglées, deux corps recrutés sur le pays : des milices gardecôtes, dont le nom indique assez la fonction et des *gardes provinciales*, destinées à renforcer les premières le cas échéant. Puis, naturellement, elles sont appelées à fournir de recrues

(1) Lettres du maire et des écheVins de Sedan, 28 aVril 1701, 8 et 10 janvier 1702 (D. G., vol. 1524, p. 330, et vol. 1608, p. 4, 7 et 8).
(2) Lettre du maire et des écheVins de Bourges, 15 aVril 1701 (D. G., vol. 1524, p. 277). — Chamillart à d'Herbigny et Roujault, 18 féVrier 1701 (*Cangé*, vol. 35 p. 13 et 14).

les bâtiments de la flotte : le contingent qu'elles leur apportent est évalué au quart de la population pour la généralité de Rouen.

Or, dans cette même généralité, la milice garde-côtes compte huit capitaineries, englobant 500 paroisses importantes, dont par exemple Arques, Caudebec, Montivilliers ; 132 autres paroisses forment 8 régiments territoriaux, spécialement affectés à sa garde, avec promesse de ne point quitter la généralité. En Bretagne, il y a 25 capitaineries et la garde provinciale est de 6 régiments et de 30 compagnies franches ; la généralité de Caen et la Saintonge sont aussi lourdement chargées (1).

Dans ces provinces donc, la majorité de la population valide est employée au service du roi : elles vivent perpétuellement sur le pied de guerre.

La milice, s'ajoutant à ces charges extraordinaires, pèse donc plus fort sur elles que sur les autres, et elles l'accueillent fort mal.

Le pouvoir tient bien compte de leur situation spéciale ; à l'exception de la Bretagne, il leur demande généralement moins de miliciens qu'aux autres : la Normandie est nettement favorisée à ce point de vue ; la Saintonge, exemptée de sept levées sur quatorze et les autres fois ne fournit en moyenne que 250 hommes.

Mais si bas que soit le contingent demandé, il est encore trop important pour ces régions toujours alertées. La répartition en est d'autant plus délicate qu'il faut tenir compte de la contribution aux garde-côtes et aux gardes provinciales.

Or, la mauvaise volonté naturelle des populations est encouragée par l'attitude du département de la Marine et de ses agents, animés à coup sûr des meilleures intentions, mais résolument hostiles à l'intendant, exécuteur des ordres du secré-

---

(1) Lettres de Vaubourg, février 1701, BeuVron, décembre 1702, Chamilly, septembre 1704, Nointel, novembre 1702 (D. G., vol. 1524, p. 132, 140 ; vol. 1610, p. 158 ; vol. 1895, p. 227 ; vol. 1802, p. 220, 252 ; vol. 1609, p. 188). — Cf. pour la Bretagne, BINET, les Milices garde-côtes, p. 390-392.

taire d'État de la Guerre. La divergence des intérêts en jeu s'accuse au détriment du service.

La thèse de la Marine est qu'on doit exempter d'office de la milice les paroisses distantes de la mer de trois à quatre lieues, au moins de deux lieues (1).

Les intendants jugent inadmissible cette prétention, qui les oblige à répartir un contingent néanmoins assez élevé sur les quelques paroisses sises à l'intérieur des terres. Foucauld calcule, en 1703, que cette théorie, à supposer qu'elle fût admise, écarterait de la milice 900 paroisses sur les 1 200 qui composent la généralité de Caen. Ferrand, en 1705, dit qu'elle exempterait « ce qui compose pour le moins la moitié de la province et en fait la meilleure partie » (2).

. Refusant d'épouser cette querelle, Chamillart recommande seulement aux intendants d'épargner le plus possible dans leur répartition les villages soumis à la garde-côtes (3).

Éluder une question n'est pas la résoudre : cette recommandation donne lieu à toutes les interprétations et les conflits naissent de l'humeur plus ou moins conciliante des parties. Une décision ferme eût assurément mieux valu.

Le marquis de Beuvron, commandant de la Basse-Normandie, se montre particulièrement âpre à défendre les milices garde-côtes. Lorsqu'en 1702 arrive en Normandie l'ordre de lever la milice, il estime « toute la justice et toute la raison » d'éviter le tirage au sort aux paroisses qui fournissent la garde-côtes. L'intendant d'Herbigny peut, à son avis, faire sa répartition sans avoir à les taxer, « ce qui n'est pas à douter, à moins d'une dezertion générale ». Bref, il circonvient

(1) Lettres de Pontchartrain, 28 mai 1704, de Ferrand, 8 décembre 1705 (D. G., vol. 1801, p. 570 ; vol. 1901, p. 231). Cf. autres lettres demandant l'exemption totale (D. G., vol. 1524, p. 174 ; vol. 1802, p. 107 ; vol. 1896, p. 220).
(2) Lettres de Foucauld, 1er décembre 1703, de Ferrand, 8 décembre 1705 (D. G., vol. 1704, p. 177 ; vol. 1901, p. 231).
(3) Apostilles sur lettres de Vaubourg, 20 février 1701 ; de Chateaurenaud, de Ferrand, 1704 et 1705 (D. G., vol. 1524, p. 140 ; vol. 1802, p. 107 ; vol. 1901, p. 230). À Chamilly, il écrit en 1704 qu'on « menagera autant qu'il sera possible » le Poitou, l'Aunis et la Saintonge (D. G., vol. 1802, p. 220) ; à Pontchartrain, qu'on a eu de grands égards pour les paroisses sujettes à la garde-côtes (D. G., vol. 1801, p. 570).

si bien Chamillart que celui-ci blâme l'intendant, qui a passé outre, de son « affectation » à choisir pour la milice les paroisses les plus proches de la mer. L'année suivante, M. de Beuvron s'en prend à d'Angervilliers, intendant de la généralité d'Alençon ; ayant fait lever des hommes pour la garde-côtes dans quelques paroisses de sa généralité, ne prétend-il pas aussi qu'elles soient exemptées de la milice? M. d'Herbigny n'a pas grand'peine à prouver son impartialité, ni M. d'Angervilliers le mal-fondé de la demande du marquis (1) : de tels faits n'en sont pas moins regrettables et cet état d'esprit n'est pas pour leur faciliter la tâche. Un peu de fermeté de la part de Chamillart les eût aisément évités.

D'ailleurs, quelques années plus tard, on n'admet plus ces chicanes et les intendants reprennent toute leur liberté d'action. Lorsqu'en 1711, on oblige les paroisses à fournir non plus de l'argent mais des hommes, on impose pour la milice toutes les paroisses garde-côtes de Normandie et Saintonge. Il est vrai que la situation est alors critique et que nécessité ne connaît point de loi : pour être sûr d'avoir des soldats, on fait même tirer au sort, au mépris de toutes les promesses, en Normandie et en Saintonge, les hommes servant déjà dans la garde-côtes et les gardes provinciales (2). Jamais auparavant on n'en était venu là qu'avec les plus grandes précautions : « Si vous vous trouvez absolument obligez d'y en prendre, disait Chamillart en 1705, n'en tirez du moins que le plus petit nombre que vous pourrez (3). »

Sous la pression des circonstances, le pouvoir manque donc à sa promesse formelle de ne jamais faire quitter la province aux soldats de ces régiments ; bien plus, il viole ses propres décisions : l'ordonnance du 3 décembre 1702 interdisait en effet, sous peine de cassation, aux officiers des troupes réglées

---

(1) Lettre d'Angervilliers, 8 décembre 1703 ; du marquis de Beuvron et de d'Herbigny, novembre-décembre 1702 (D. G., vol. 1610, p. 150, 151, 154, 155-157, 158, 185, 186, 188 ; vol. 1704, p. 177, 194).

(2) Lettres de et à La Briffe et Beauharnois, février 1711 (D. G., vol. 2337, p. 205-206 ; vol. 2342, p. 23, 24, 29).

(3) Chamillart à Courson, 10 novembre 1705 (D. G., vol. 1901, p. 132).

d'enrôler avec eux les soldats provinciaux. Ce petit fait est singulièrement significatif du désordre de cette époque et de l'inanité des ordonnances (1).

Donc : une première répartition sur l'ensemble du pays du contingent d'hommes nécessaires à l'armée, faite par les soins du roi ; une deuxième répartition dans chaque généralité par ceux de l'intendant ; un refus formel de modifier la première ; une très large initiative laissée aux intendants pour la seconde : telle est la règle. Quelques jours après la promulgation de l'ordonnance, les hommes à lever sont distribués entre les paroisses du royaume, à proportion de l'importance de chacune. Il reste à les prévenir et à entamer aussitôt les opérations de recrutement.

(1) Ordonnance du 3 décembre 1702. Cf. lettre de Ferrand, 3 décembre 1703, et exemplaire imprimé de l'ordonnance (D. G., vol. 1704, p. 178-179).

RÉPARTITION DE L'IMPOT DU SANG SUR LES

Nombre d'homme

PROVINCES ou GÉNÉRALITÉS	1701	1702	1703	1704	1705
ovince de Bretagne............	3 150	1 000	2.400	1 800	2 200
néralité d'Alençon............	990	600	1.000	800	900
— de Caen..............	990	300	600	400	600
— de Rouen............	1 710	580	1.000	800	900
— de Paris	1 890	1 100	1.800	1 400	1 800
— de Soissons	900	500	900	700	800
— de Châlons...........	1 800	1 100	2.200	1 700	2 000
— d'Amiens	900	500	1.000	800	900
— d'Artois.............	1 170	380	600	400	500
inault......................	270	200	300	»	200
ute-Flandre..................	585	280	400	»	400
sse-Flandre..................	315	180	200	»	300
sace.......................	900	»	»	»	»
néralité de Metz..............	900	500	700	»	»
— de Dijon.............	1 170	800	1.000	900	1 000
mté de Bourgogne............	1 800	800	1.200	900	1 000
néralité d'Orléans	990	800	1.200	1 000	1 100
— de Bourges...........	585	300	500	400	450
— de Tours.............	1 170	1 200	1.600	1 300	1 500,
— de Poitiers...........	900	560	800	700	800
— de la Rochelle........	315	200	»	»	»
— de Limoges	900	700	800	600	700
— de Moulins...........	990	600	1.000	700	850
— de Riom	900	580	900	700	800
— de Bordeaux	2 340	1 000	2.000	1 600	1 800
— de Montauban.........	2 340	1 100	2.000	1 600	1 800
— de Lyon	540	400	500	400	400
ovince du Dauphiné...........	900	440	800	500	700
ovence	450	»	400	300	400
néralité de Languedoc	»	1 000	2.200	1 600	2 200
ussillon	585	»	»	»	»
TOTAUX..................	33 345	17 700	30.000	22 000	27 000

'ROVINCES DU ROYAUME DE 1701 A 1712.

nuellement demandés.

1706	1707	1708	1709	1710	1711 1er appel	1711 2e appel	1712	TOTAUX
1 850	800	700	1 550	1 600	2 150	1 600	1 600	22 400
750	400	350	600	600	800	600	600	8 990
400	»	»	500	550	800	550	550	6 240
600	300	250	500	550	750	550	550	9 040
1 600	900	800	1 300	1 350	1 750	1 350	1 350	18 390
650	300	300	500	· 500	650	400	350	7 450
1 700	1 000	900	1 400	1 400	1 850	1 400	1 300	19 750
750	400	350	600	»	»	»	»	6 200
»	»	»	»	»	»	»	»	3 050
»	»	»	»	»	»	»	»	970
»	»	»	»	»	»	»	»	1 665
»	»	»	»	»	»	»	»	995
»	»	»	»	»	»	»	»	900
»	»	»	»	»	»	»	»	2 100
850	500	500	700	700	950	550	700	10 320
850	500	500	700	700	950	700	700	11 300
950	500	· 400	800	800	1 080	»	800	10 420
350	»	200	300	350	470	350	350	4 605
1 300	600	550	1 100	1 150	1 550	1 150	1 150	15 320
700	300	300	550	600	800	600	600	8 210
»	» ·	»	200	250	350	250	250	1 815
500	200	200	400	450	600	450	450	6 950
650	200	200	550	550	750	550	550	8 140
650	300	300	550	600	800	600	600	8 280
1 500	900	800	1 250	1 300	1 750	1 300	1 300	18 840
1 500	1 000	900	1 250	1 300	1 750	1 300	1 300	19 140
350	»	300	200	250	350	250	250	4 190
550	»	» ·	»	»	»	»	»	3 890
200	»	»	»	»	»	»	»	1 750
1 800	1 000	1 000	1 500	1 500	2 000	1 500	1 500	18 800
«	»	»	»	»	· »	»	»	585
1 000	10 100	9 800	17 000	17 050	22 900	16 000	16 800	

CHAPITRE III

LES APPELÉS

Tous les hommes valides remplissant certaines conditions d'âge et d'aptitude physique sont en principe sujets à la milice. Leur nombre, d'abord restreint pendant les deux premières années de la guerre, s'accroît en 1703 ; en fait, il n'est jamais très élevé.

Les aptitudes physiques se réduisent à n'avoir point d'infirmités incompatibles avec le service actif et à mesurer cinq pieds de hauteur, soit 1 m. 62, taille inférieure à celle que l'on exige du soldat des troupes réglées.

La limite d'âge, après quelques hésitations, est définitivement fixée en 1703.

L'ordonnance du 26 janvier 1701 astreint au tirage au sort les hommes de 22 à 40 ans. Cette décision paraît bonne et l'on semble résolu à s'y tenir, puisque, sur la proposition du maréchal de Boufflers, on invite les intendants à recenser « à leur premier loisir » tous les garçons de leurs généralités âgés de 22 à 40 ans, pour savoir « à un homme près le nombre d'hommes capables de porter les armes que le roy pourra tirer de chaque province. » (1).

_____

(1) Lettres de Boufflers, 5 février 1701, réclamant cette mesure pour le gouvernement des Flandres ; réponse et instructions à Bagnols, Bouchu et Lebret, février 1701 (D. G., vol. 1492, p. 60 ; vol. 1481 ; vol. 1498, p. 21 ; vol. 1517, p. 19). A Boufflers, le 8 février, Chamillart répond : « La levée des milices est si pressée que ce seroit donner aux intendants de toutes les généralités du royaume de nouvaux embaras si on leur ordonnoit la même chose ; cependant je ne laisseray pas de leur écrire d'y avoir attention » (D. G., vol. 1492, p. 85).

Ce recensement devient aussitôt inutile, car, l'année suivante, la limite d'âge est modifiée.

L'âge initial de 22 ans paraît en effet bien élevé. Boufflers juge qu'on pourrait, sans inconvénient, l'abaisser à 20 où 21 ans. C'est aussi l'opinion de l'intendant Bernage qui estime les jeunes gens de 19 à 20 ans « plus propres à prendre l'air de la guerre » (1).

L'âge maximum de 40 ans soulève d'autres objections : comme les miliciens sont appelés à servir au moins trois ans, on s'expose à avoir à l'armée des soldats de 43 ans, âge bien avancé pour se plier aux exigences de la vie des camps.

L'ordonnance du 2 novembre 1702 s'inspire de ces critiques, et surtout de la seconde : elle abaisse donc la limite d'âge la plus élevée, et soumet au tirage au sort les hommes de 20 à 35 ans. Le nombre d'hommes de 35 à 40 ans perdu pour la milice serait aisément récupérable si l'on abaissait l'âge initial à 18 ans, comme il a été proposé. Mais l'on ne s'y résout pas : à la quantité, on préfère la qualité des recrues. On souhaite un contingent d'hommes faits, non d'hommes mûrs ou d'enfants. Les circonstances obligent bien parfois à prendre des jeunes gens de moins de 20 ans : on recommande alors aux intendants de ne le faire que « dans un besoin très pressant » et en observant toujours « qu'ils soient entièrement formez » (2).

Mais les premières levées ont déjà fort entamé les ressources du pays ; force est de se montrer moins difficile et de laisser échapper moins de gens au service militaire. En 1703, on modifie donc encore les limites d'âge dans le sens d'une plus large utilisation des ressources du pays : on abaisse la première à 18 ans, on reporte l'autre à 40 ans. Cette décision est définitive ; dès lors et jusqu'à la fin des hostilités, les miliciens sont pris parmi les hommes de 18 à 40 ans.

Dans le même ordre d'idées, on rapporte une règle, dont

---

(1) 26 février 1701 (D. G., vol. 1524, p. 160).
(2) Apostille sur lettre de Bouville, 12 décembre 1702 (D. G., vol. 1605, p. 14).

l'observation stricte restreignait encore le nombre des gens sujets à la milice.

Avant 1703 en effet, une sélection sévère s'opère sur la masse des hommes en âge de servir : à moins qu'ils ne s'offrent volontairement, on élimine soigneusement les hommes mariés et on ne fait tirer au sort que les célibataires. Ce n'est certainement pas pour une raison de sentiment, sans doute parce que l'on fait piètre cas de la valeur militaire des hommes mariés. Mais cette règle ne laisse pas que d'être gênante : il est dès 1701 des paroisses où l'on ne trouve pas de garçons célibataires, remplissant les conditions d'âge exigées, où tous les hommes qui doivent d'après l'ordonnance tirer au sort sont mariés.

Les intendants avisent alors et prennent telle décision convenable, faisant tirer au sort, les uns, « à leur deffaut, les quatre derniers mariés dudit âge » (1), les autres, les garçons au-dessous de 22 ans (2).

Mais lorsque l'on sait que le mariage est un moyen sûr d'éviter la milice, les curés ont à bénir tant d'unions que le gouvernement est obligé de mettre le holà. On ne peut imaginer le nombre d'épousailles qui se concluent en ces premières années de guerre ; tous les intendants se lamentent à le constater : Sanson qui ne trouve plus de garçons célibataires, car « une infinité se sont mariez », Bouville dont tous les administrés de plus de 22 ans prennent femme, « sur la nouvelle de la levée de la milice » (3). La constatation la plus typique est faite par M. d'Herbigny : « On ne croiroit pas, dit-il, le nombre de mariages qui se sont faits depuis la levée des milices de l'année dernière, si on ne le voioit par les détails où les incidents qui se présentent obligent d'entrer. » Et, à titre d'exemple, il cite le cas de la paroisse de Bois-Guillaume près Rouen, où

(1) Lettre d'Harouys, 11 février 1701 (D. G., vol. 1504, p. 207).
(2) Lettre de Bouville, 30 avril 1701. Réponse de Chamillart : « A la bonne heure » (D. G., vol. 1524, p. 336).
(3) Sanson, 8 décembre 1702 ; Bouville, 30 avril 1701, 12 décembre 1702 (D. G., vol. 1551, p. 156 ; vol. 1524, p. 336 ; vol. 1605, p. 14). Cf. lettre de la Houssaye, 26 mai 1701 (D. G., vol. 1503, p. 96).

seulement 8 garçons se sont présentés pour tirer au sort ; il croit d'abord les autres en fuite, mais le curé le détrompe qui lui assure en avoir marié 160 depuis la levée de 1701 (1).

Pour couper court à cet enthousiasme matrimonial, on arrête donc que là où il n'y aura point de célibataires, on fera tirer au sort les derniers mariés de la paroisse : des instructions sévères sont données en ce sens aux intendants (2).

Enfin, lorsqu'en 1703 on étend les limites d'âge, on ôte en même temps aux réfractaires ce moyen par trop commode, sinon agréable, d'échapper au service en décidant de ne plus faire de distinction entre les célibataires et les hommes mariés : quelle que soit leur situation de famille, tous les hommes valides, âgés de 18 ans au moins, de 40 au plus, sont obligés de mettre la main dans l'urne ou le chapeau d'où sortira le fatal billet noir.

Par une dernière tolérance, on autorise toutefois, semble-t-il, l'homme marié désigné par le sort à ne point partir, s'il peut, avant le départ des recrues pour l'armée, arrêter un des garçons célibataires de sa paroisse que l'annonce de la milice a fait fuir, et le donner au roi à sa place (3).

Il reste que, depuis 1703, le nombre des jeunes gens qui doivent tirer au sort est en principe très élevé, puisque rien dans les ordonnances ne distingue les citadins des campagnards, ni les bourgeois du peuple, puisqu'elles n'écartent du service militaire que les inaptes, les enfants ou les hommes mûrs.

En fait ce nombre est excessivement restreint.

**
*

Il n'y a pas sous Louis XIV et il n'y aura pas de longtemps d'ordonnance énumérant les personnes que leur situation exempte d'office de la milice.

---

(1) Lettre de d'Herbigny, 23 décembre 1702 (D. G., vol. 1610, p. 190).
(2) Chamillart à Bouville, 12 décembre 1702, à Rouillé, 29 novembre 1703 (D. G., vol. 1605, p. 14. — *Cangé*, vol 35, p. 172).
(3) Cf. lettre de d'Harouys, 4 mars 1705 (D. G., vol. 1905, p. 167).

Ce silence est voulu : il témoigne à la fois de l'embarras où est le gouvernement de concilier des intérêts très divers et souvent opposés, et de son désir de ne point édicter de règles si sévères qu'elles l'empêchent de dispenser à sa guise ses faveurs.

« Exemptions doivent être de droit étroit et l'on ne peut trop les retraindre dans un pays comme celuy-cy où tout en fourmille, c'est un principe qu'il faut toujours avoir en vue. Mrs les intendants estendent ou restreignent les exemptions ainsy qu'ils le jugent à propos. Un commissaire doit se conformer à tout ce qu'ils prescrivent. *Si l'uniformité du travail étoit essentielle, Sa Majesté l'auroit réglé par une ordonnance* (1). »

Ceci n'est pas tout à fait exact : les intendants ne sont pas seuls juges de l'opportunité des exemptions à accorder. Le roi en prescrit un certain nombre qui valent pour l'ensemble du royaume.

On peut distinguer trois sortes d'exemptions : celles qui sont attachées à l'exercice d'une charge publique, ordonnées par le roi ; celles qui résultent d'un usage ou d'une tolérance ; celles enfin que commande une situation privée digne d'intérêt : celles-ci sont accordées par les intendants ou sur leur avis. Ils n'ont pas alors de règle précise à observer : tout est cas d'espèce de l'appréciation desquels dépend leur décision. Mais les mêmes cas se reproduisent assez souvent, leur nombre est assez limité pour que peu à peu il se crée en la matière une jurisprudence, qui finit par faire généralement loi. L'étude des exemptions a pour principal intérêt de déterminer comment se répartit, entre les différentes classes de la société, l'impôt du sang. C'est donc à ce point de vue que nous nous placerons.

La noblesse ignore la milice ; elle est soumise à l'arrière-ban, convocation à laquelle elle répond encore pendant la guerre de la Succession d'Espagne, bien que depuis longtemps on ait tendance à la convertir en contribution pécuniaire.

(1) *Code militaire à l'usage des commissaires des guerres... Milices (Cangé,* vol. 61, p. 12, fol. 47).

Au reste, point n'est besoin de lui imposer le service obligatoire : elle sert volontairement dans les troupes réglées où il n'est point de famille qui n'ait au moins un représentant.

L'anoblissement, qui impose les mêmes charges que la noblesse héréditaire, comporte les mêmes droits : il confère *ipso facto* l'exemption de la milice.

La même prérogative est attachée à l'exercice de la plupart des charges publiques grandes et petites : la bourgeoisie en bénéficie donc, qui se trouve ainsi jouir en matière de service militaire de privilèges plus étendus que ceux de la noblesse, dont elle ignore les obligations. Il est vrai qu'elle achète — et à un prix assez élevé (celui de ses offices) — son exemption.

La liste des charges conférant cette exemption entraînerait à établir à peu près celle des multiples fonctions publiques du temps.

Nous citerons d'abord celles des maîtres de poste, postillons, salpêtriers, vérificateurs des rôles pour la distribution du sel, des conseillers de villes, auditeurs des comptes de la province de Languedoc et généralité de Montauban (mai 1702), des greffiers des rôles de tailles, ustensiles et autres impositions (octobre 1703), greffiers des insinuations (juillet 1704), contrôleurs des actes d'affirmation (septembre 1704) (1).

La tendance s'affirme de plus en plus à accorder l'exemption personnelle et héréditaire de la milice à tous les officiers du royaume.

Un édit d'août 1705 énumère les possesseurs de charges publiques bénéficiaires de cette exemption. La liste en est longue et encore plus extensible.

On y trouve en effet : les officiers des bailliages et sénéchaussées, des élections et greniers à sel ; les gouverneurs des villes ;

---

(1) Cf. lettres d'Ormesson, 5 décembre 1705 (A. N. G^7 513, citée par Dubuc, *Intendance de Soissons*, p. 261) ; à d'Ormesson, 21 janvier 1705 (D. G., vol. 1901, p. 241) ; d'Harouys, 16 avril 1704 (D. G., vol. 1741, p. 290). — « Mémoire pour Mrs les commissaires nommez par Mrs les élus généraux des Estats de Bourgongne pour faire faire la levée... » [1704] (D. G., vol. 1895, p. 250. — Édits cités par Hennet, *les Milices*, p. 37, et Isambert, *Recueil des anciennes lois françaises*, XX).

les lieutenants des maréchaux de France ; les officiers des monnaies, des amirautés, des eaux et forêts, des maréchaussées ; les officiers de la grande chancellerie et des petites chancelleries ; les receveurs et les contrôleurs des domaines et des bois et forêts ; les titulaires des offices de trésoriers, commissaires, contrôleurs des guerres et de la marine ; les possesseurs en titre de toutes les charges et de tous les offices de l'artillerie ; les recteurs, régents et principaux des universités ; les receveurs généraux des finances, les receveurs et contrôleurs des gabelles ; les maîtres de poste ; les commis et employés des fermes ; les maires, assesseurs, échevins, lieutenants des prévôts des marchands ; les lieutenants et commissaires de police ; les officiers domestiques et commensaux des maisons royales.

Et à cette liste, il faut encore ajouter « tous officiers de judicature, de police et de finances, dont la finance se trouve de 4 000 livres et au-dessus ».

Enfin, un édit complémentaire de septembre 1706 étend indéfiniment la catégorie des privilégiés en accordant l'exemption à tous les titulaires d'offices, payant au trésor une somme élevant à 4 000 livres le prix de leurs charges (1).

Quel de ces innombrables officiers, petit ou grand, délégué des administrateurs du royaume, hésitera désormais à acquérir le rachat du service militaire pour lui et ses enfants ?

Quant aux bourgeois qui exercent des professions libérales, si les ordonnances sont muettes à leur sujet, les intendants leur témoignent une grande bienveillance et leur dispensent volontiers les exemptions ; robins se soutiennent entre eux et l'opinion prévaut qu'en raison de leur situation, le service militaire doit leur être épargné (2).

---

(1) Cf. GÉBELIN, *Histoire des milices*, p. 56-57 ; HENNET, *op. cit.*, p. 37. — L'édit de décembre 1706 qui crée dans chaque Ville un maire perpétuel et un lieutenant de maire alternatifs et triennaux confère à ces magistrats l'exemption de la milice pour eux et leurs enfants (ISAMBERT, *Recueil...*, XX).

(2) Les écoliers de Douai « qui sont de la campagne » par exemple ne sont pas obligés de tirer au sort (lettre du recteur, 28 février 1706. — D. G., vol. 1935, p. 239).

14

Après la noblesse, la bourgeoisie échappe donc à la milice, qui se trouve retomber sur le peuple et principalement celui des campagnes.

Car, à la ville, il est bien des accommodements ; les ouvriers des corporations d'arts et métiers ne sont pas en majorité astreints au service personnel ; on les autorise à acheter des remplaçants à frais communs. Quant aux maîtres, « en faveur du commerce », on les exempte aisément (1).

Puis le privilège des nobles couvre aussi leurs serviteurs : ce n'est pas un des abus les moins choquants de l'époque que de voir exempter de la milice les valets d'un noble ou d'un curé. On sait leur nombre : au total, c'est un fort contingent d'hommes jeunes et robustes qui, tous les ans, échappent ainsi au tirage.

L'impôt du sang retombe alors sur « le petit peuple » des campagnes. Il n'est point pour lui de cas d'exemption. Il doit le service pour tous les privilégiés. D'aucuns plaident parfois sa cause : c'est en vain. Les intendants ne peuvent exempter tout le monde ; ils ont à fournir un contingent souvent élevé, ils le prennent aux champs, et craignant les abus, n'accordent point de dispenses.

Sollicité en 1701 d'exempter de la milice « les laboureurs estant actuellement derrière leurs charrues et les maîtres bergers qui conduisent les troupeaux », Bâville refuse net, car il ne redoute pas de voir en friche « une grande partie de nos fonds de terre », mais, bien avec quelque raison, que, s'il accorde semblable faveur, tous les gars de Languedoc ne se fassent aussitôt laboureurs ou fermiers (2). Dans sa généralité,

---

(1) Lettre de Bâville, 19 avril 1701 (D. G., vol. 1524, p. 292). Citons une exemption accordée régulièrement à des ouvriers, ceux des mines d'or et d'argent du Vigeant et de l'Ile-Jourdain en Poitou, qui, par édit de juillet 1705, sont comme les ouvriers des monnaies déclarés exempts de toutes charges publiques, « même de la milice » (ISAMBERT, *Recueil*, XX).

(2) M. de Montbel qui réclame cette faveur invoque la situation agricole du Languedoc : « ... Nos dernières milices, dit-il, et la mortalité arrivée en 1693 ont mis la province en cet estat, particulièrement en certains endroits, qu'il faut nous servir des femmes pour faire nos récoltes et cette levée des milices jointe aux enroollemens que l'on fait pour les autres trouppes que l'on prélève ou les dézer-

tous les valets et laboureurs, domiciliés en une paroisse et y
payant la taille, doivent tirer au sort.

Quelques tempéraments sont par la suite apportés à
cette règle sévère, mais ils ne touchent pas le vulgaire, ils
n'intéressent que les riches cultivateurs, ceux qu'il est
de bonne politique de ménager, « les fils de fermiers ou
particuliers, payant une taille un peu considérable, afin que
cela ne fasse pas tort au recouvrement ni à la culture des
terres » (1).

Il est rare qu'on les exempte du tirage au sort. Une jurisprudence s'établit dans deux cas :

1º Le fils d'un fermier, à condition qu'il ne loge point chez
son père et soit en ménage, est exempt ;

2º « Le charetier d'un bourgeois ou d'un privilégié qui
exploite sa ferme par ses mains doit être exempt, lorsque le
maître n'est pas en état par luy-même d'en prendre la conduite (2). »

Généralement, et pour ne pas soulever les jalousies promptes
à s'éveiller, plutôt que de ne point faire tirer ces gens, on préfère leur faire subir le sort commun, quitte à accepter qu'ils
fournissent des remplaçants si le sort leur est défavorable.
Étant données les idées du gouvernement sur le remplacement, c'est une grande faveur qu'on leur accorde là. Généralement on répugne à le faire. Au début de la guerre, on la
refuse même obstinément. M. de Vaubourg ne peut l'obtenir
malgré toutes ses bonnes raisons et qu'il représente que « un
laboureur, un riche paysan et mesme des paysans médiocres
vendent jusques à leurs habits pour retirer leurs enfants sur
lesquels le sort est tombé et dont ils ont effectivement besoing
pour leur labourage ; souvent mesme, ajoute-t-il, ils donnent

tions feront sortir de la province six à sept mil hommes » (15 avril 1701 et lettre
de Bâville, du même jour. — D. G., vol. 1524, p. 274-275).

(1) Lettre de Richebourg, 24 mars 1711 (BOISLISLE, *Correspondance*, III,
nº 1016). — Chamillart à d'Herbigny, 20 décembre 1703, lui donnant ordre de
ménager ces gens (*Cangé*, vol. 35, p. 177). — Dès 1701, Bernières prend sur lui
d'autoriser ces gens à fournir un remplaçant (D. G., vol. 1499, p. 48).

(2) *Code militaire à l'usage des commissaires des guerres... Milices* (*Cangé*,
vol. 61, p. 12, fol. 55).

un homme mieux fait et qui a plus de cœur au mestier que leurs enfants » (1).

Avec le temps, on s'adoucit. Chamillart comprend que l'intérêt du roi est de conserver au pays ces gros producteurs. En 1704, après un échange de vues avec un député de la Flandre occidentale, il invite de lui-même l'intendant Barentin, lorsque le sort tombera en cette province sur des fils de marchands ou de gros laboureurs, à leur choisir des remplaçants parmi des hommes « bons et seurs », voire des libertins « qui, pour être inutiles dans le lieu qu'ils habitent, n'en sont pas moins convenables dans les troupes » (2).

Ce disant, il satisfait pleinement l'opinion qui s'irrite de voir partir à l'armée tant de bons travailleurs en place d'oisifs inutiles. Un vicaire de Saint-Dizier traduit en février 1702 cet état d'esprit : pourquoi prendre « le fils d'un bon laboureur, d'un bon vigneron, ce qui cause plus de dommage à l'État que de profit », au lieu d'envoyer à leur place tous ceux « qui ne font que manger leurs biens..., tous les fendants, les débauchez et les gens sans occupation, ou qu'ayant des professions ne s'en acquittent pas, ou qui, ayant gagné cinq sols, les boivent, de peur que les collecteurs des tailles et des autres subsides ne les prennent pour le roi » (3).

En satisfaisant ce désir, on observe toutefois que les remplaçants soient gens connus et domiciliés dans la paroisse de ceux pour lesquels ils marchent, afin de pouvoir les retrouver plus facilement en cas de désertion.

De toutes les exemptions, celles-ci sont assurément les plus justes, mais il faut considérer qu'elles n'intéressent qu'un petit nombre de privilégiés, l'aristocratie, pour ainsi parler, de la classe rurale et que les vrais cultivateurs, ceux qui peinent au dur travail des champs, sont en définitive les seuls qui n'échappent jamais au service militaire.

Il est d'autres exemptions valables pour les pauvres gens

---

(1) 4 aVril 1701 (D. G., vol. 1524, p. 241).
(2) Chamillart à Barentin, 5 janVier 1704 (D. G., vol. 1735, p. 2).
(3) Lettre du Vicaire Mailly, 15 féVrier 1702 (D. G., vol. 1608, p. 16).

dont la situation privée est digne d'intérêt ou qui sont soutiens de famille. Un élémentaire sentiment d'humanité les
commanderait ; l'intérêt général ne s'oppose point à leur
octroi : mieux vaut encore laisser un fils à sa famille, que, le
lui prenant, la réduire à l'indigence et la mettre à charge à
toute une communauté (1).

Il n'y a point de règles précises ; les intendants sont seuls
juges de l'intérêt des situations particulières qu'ils ont à
examiner. S'ils n'accordent point l'exemption d'office, ils sont
très favorables au remplacement des hommes en question.

Parfois ils agissent sur ordre du roi : l'intercession d'une
duchesse pour le cousin d'un sien valet « nécessaire pour avoir
soin de sa mère qui est fort âgée et la faire subsister » suffit
en 1704 (2). Mais les intendants n'attendent point qu'on leur
signale des cas intéressants, ils plaident la cause des malheureux qui leur disent leur misère. Bouville, en 1704, écrit à
Chamillart que de pauvres veuves, chargées de famille, le
supplient de faire remplacer les enfants qui les aident à vivre.
« Je n'ay pas cru, lui dit-il, pouvoir laisser faire cette contra-
vention à l'ordonnance... Cependant il y auroit de la charité à
leur accorder cette grâce, mais elle despent de vous et non
pas de moy. » Et le secrétaire d'État de se laisser toucher (3).
D'aucuns se contentent de lui rendre compte, prenant sur
eux d'autoriser le remplacement. Bignon le fait en 1705 pour
« des garçons tuteurs de leurs frères mineurs ou absolument
nécessaires à leurs pères et mères dans la dernière nécessité » (4).

On recommande toutefois aux intendants de n'autoriser ces
remplacements que le plus discrètement possible pour ne
point exciter l'envie ni attirer de réclamations. Ce n'est pas
chose aisée : ayant en 1705 permis de se faire remplacer à un
jeune homme, seul soutien de sa mère aveugle, Turgot se voit

(1) Lettre de Bernières, 25 février 1701 (D. G., vol. 1499, p. 48).
(2) Chamillart à Bouville, 16 mars 1704 (D. G., vol. 1801, p. 309).
(3) Lettre de Bouville, 17 janvier 1704 (D. G., vol. 1801, p. 71).
(4) Lettre de Bignon, 17 avril 1705 (D. G., vol. 1840, p. 252).

dénoncé à Chamillart et accusé de partialité. Sa réponse est qu'il a agi selon sa conscience et que, dans des cas semblables, on est bien obligé de se montrer juste et humain (1). Il ne fait donc point allusion à un prétendu usage qui aurait voulu qu'un fils unique de père ou mère aveugle ait eu droit à l'exemption (2).

Enfin les jeunes gens qui ont un frère au service du roi ont droit à un traitement de faveur. Cangé les déclare exempts du tirage, tant que leur frère est à l'armée (3).

En 1704, on s'inquiète de là requête d'un simple laboureur, qui réclame son fils, cadet de trois frères, dont deux ont été tués à Namur et le troisième est en service au régiment de cavalerie du roi (4). Toutefois il n'y a point de règle précise et lorsqu'en 1705 les États de Bourgogne prétendent que « les frères de ceux qui ont servy pour la milice depuis la présente guerre seront exempts » et que si dans une famille plusieurs enfants sont en âge de servir, un seul sera astreint au tirage au sort, le sieur Richard, élu par le roi aux États, estime cette prétention trop exagérée « pour garder le silence sur icelle » (5).

Le peuple a donc peu de moyens d'échapper au service. La noblesse étant exempte de droit, la bourgeoisie de fait, il est seul à supporter la milice.

Seulement, comme il n'y a pas de règles strictes, que, suivant le cas, le lieu ou le besoin, les décisions des intendants sont variables et leurs interprétations de l'usage très lâches, personne ne se sent absolument à l'abri et tout le monde prend ses précautions : qui a un cas d'exemption en souhaite un autre meilleur, qui n'en a point n'a de cesse qu'il en découvre.

(1) Lettre de Turgot, 18 mars 1705 (D. G., vol. 1903, p. 201).
(2) *Code militaire à l'usage des commissaires des guerres... Milices* (Cangé, vol. 61, p. 12, fol. 55).
(3) *Ibid.*, fol. 61.
(4) Chamillart à Sanson, 23 mai 1704 (D. G., vol. 1800, p. 236).
(5) Règlement des élus de Bourgogne pour la leVée (1704) et lettre de Richard, 12 féVrier 1705 (D. G., vol. 1895, p. 249-250).

Tous les prétextes sont bons pour se soustraire au tirage au sort ; en désespoir de cause, on ne recule devant aucune supercherie.

*
* *

Les moyens d'échapper à la milice varient avec la situation sociale.

Les bourgeois ont plus de ressources que le peuple, et sur lui, l'avantage d'avoir de l'argent : ils arrivent presque toujours à se faire légalement exempter, par la seule grâce de leurs écus.

Deux voies leur sont ouvertes : très riches, ils se font anoblir ; seulement aisés, ils achètent quelque charge conférant l'exemption.

L'anoblissement est recherché des grands bourgeois et des négociants. Mais il ne leur évite que le service personnel ; l'impôt du sang est-il converti en argent, qu'ils doivent payer : quelques marchands d'Amiens et de Saint-Quentin sont forcés de le faire, lors de la levée sur les arts et métiers, parce que, dit-on, « quoyqu'annoblis, n'estant pas moins marchands et commerçans, ils ne doivent pas être distingués des autres à l'égard seulement de cette afaire qui a pour principe leur commerce » (1). Plaie d'argent n'est pas mortelle : que peut leur importer cette redevance supplémentaire?

Ceux qui ont acheté une charge exemptant de la milice se tirent d'affaire à bon compte. La tentation est forte d'en profiter. On a peine à imaginer l'empressement des petits bourgeois à acquérir un emploi public. Un des plus recherchés est celui de vérificateur des rôles pour la distribution du sel, charge qui exempte non seulement le détenteur, ses enfants aussi.

Les intendants constatent donc sans étonnement que « la presse est très grande à ces dernières charges ». Point de père de famille ayant des fils en âge de servir qui ne se préoccupe

(1) Lettre de Bignon, 19 féVrier 1702 et apostille (D. G., vol. 1551, p. 78).

d'en acquérir une, « dans la veue de les exempter de tirer avec les autres » (1).

Le nombre illimité des emplois, le manque absolu de contrôle sur leur vente font qu'on assiste à d'étranges abus. La charge de vérificateur des rôles du sel ne doit par exemple avoir qu'un titulaire par paroisse, tenu encore d'y résider. Cela n'empêche point qu'en décembre 1702 on ne signale dans un petit village champenois jusqu'à huit vérificateurs des rôles du grenier à sel d'Épernay, tous, comme par hasard, parents d'un commis originaire de ce village (2).

La crainte du tirage au sort est telle que des jeunes gens se font recevoir sans appointements dans les brigades des gabelles du Soissonnais, s'estimant assez payés que d'être à l'abri de la milice (3).

Il faut mettre le holà. On ne va point, comme le pro- pose d'Angervilliers, jusqu'à retirer aux employés du sel le privilège pour leurs enfants (4) ; mais on réprime un peu l'abus en décidant que l'exemption ne vaudra que pour les charges acquises antérieurement à l'époque du tirage au sort annuel (5).

Vain simulacre de réaction. Les édits de 1705 et 1706 admettent en fait le droit pour les bourgeois de se racheter du service militaire au taux minimum de 4 000 livres. On songe même alors à mettre ouvertement l'exemption aux enchères, spéculant pour se procurer de l'argent sur le désir général d'échapper à la milice. Les intendants sont unanimes

(1) Lettre de Sanson, 8 décembre 1702 ; de d'Angervilliers, 23 noVembre 1702, (D. G., vol. 1551, p. 156 ; vol. 1610, p. 227) ; d'Herbigny, 27 janvier 1703 (BOIS- LISLE, Correspondance, III, n° 460).

(2) Lettre du commissaire Capy, 31 décembre 1702 (D. G., vol. 1608, p. 123).

(3) Le fait est signalé tout au moins ; M. d'Ormesson n'en trouve point d'exemple dans son département (17 janVier 1711. — D. G., vol. 2345, p. 140).

(4) Lettre du 23 noVembre 1702. Leurs enfants sont, dit-il, exempts de la milice par leur édit de création, « mais comme les soldats qu'on lèVe dans les généralités du royaume sont destinés pour servir de recrue à des troupes réglées, il me semble qu'on pourroit leur dire que ce privilège n'a point d'aplication dans le cas présent » (D. G., vol. 1610, p. 227).

(5) Apostille sur lettre de BouVille, 29 noVembre 1702 (D. G., vol. 1605, p. 15).

à reconnaître que l'on pourrait aisément réaliser d'importants bénéfices.

« Il n'est point de père, dit Montgeron, qui ne mette tout en usage pour dispenser son fils du service et qui ne fasse des efforts surprenants pour trouver une somme suffisante afin d'engager quelqu'un à marcher pour lui, et on en voit qui achètent des hommes jusques à 200 ou 300 livres. » « Les communautés, déclare Bâville, sont si fort tourmentées pour la levée des recrues que je ne doute pas que les plus riches ne voulussent s'en affranchir. »

Mais ils font bien des réserves. Aux uns, il apparaît indispensable de fixer une somme minima pour les enchères, afin d'écarter les offres dérisoires ; d'autres seraient enclins à douter « qu'il se trouvât beaucoup de gens en état d'acquérir ces privilèges ». Tous remarquent enfin que la levée de milice est assez difficile déjà, sans qu'on y apporte de nouveaux obstacles en accordant des dispenses à prix d'argent (1).

On se range à cet avis et le projet n'est pas retenu. Son adoption n'eût d'ailleurs fait que consacrer une situation de fait : l'empressement à acheter les emplois conférant le privilège, les facilités consenties aux acquéreurs en témoignent éloquemment.

Le peuple, lui, n'a pas de moyen légal d'éviter le tirage au sort. Ses ruses et ses fraudes ne lui seraient que d'un médiocre secours sans la complicité des privilégiés. Or, elle lui est acquise, parce qu'ils ont ou trouvent intérêt à l'aider. Elle se manifeste de deux façons.

Tous les ans, à l'époque de la levée de milice, le moindre hobereau éprouve le besoin impérieux d'accroître les gens de sa maison. Il embauche les fils de ses métayers, ceux des paysans ses voisins, et se trouve avoir à son service, pour un temps seulement, un nombre prodigieux de valets. Les valets de nobles et des curés ne sont-ils pas en effet exempts de tirer au sort ?

(1) Lettres de Montgeron, Bâville, Bouville et Lebret, juillet 1706 (BOISLISLE, *Correspondance*, III, nº 1062, 1065).

Les intendants, qui savent à quoi s'en tenir, constatent avec d'Ormesson que les nobles n'augmentent le nombre de leurs domestiques que « dans la seulle vue de les dispenser de tirer au sort ». Le Blanc déclare que c'est devenu un usage en Auvergne pour le plus modeste gentilhomme d'entretenir une foule de laquais au début de l'hiver. D'Angervilliers se plaint que « dans le temps de la milice, il n'y a pas un garde du roy, chevau-léger ou gendarme qui n'ait trois ou quatre valets. Messieurs les officiers, dit-il, nous épargneroient bien de la peine et de mauvaises contestations s'ils vouloient leur ordonner de ne réclamer que le valet qu'ils sont effectivement obligés d'avoir » (1).

C'est à un tel point qu'en arrêtant un serviteur, on lui offre de faire exempter son frère de la milice en le prenant pour laquais en temps voulu (2) ; que les gentilshommes en viennent à prétendre faire exempter, comme étant de leurs gens, tous leurs valets de ferme, prétention qui, admise, leur eût permis de « réfugier » les gars de plusieurs villages (3).

Les mêmes complaisances se remarquent chez les « communautés, chapitres, religieux et religieuses ». A l'ire des autorités municipales, les couvents « prétendant ridiculement un droit de refuge » se transforment en lieux d'asile. On signale, lors de la levée de 1705, les Ursulines de Nogent-le-Rotrou, qui doublent brusquement le nombre de leurs valets (4).

Le gouvernement ne peut longtemps tolérer ces abus. Les intendants proposent de faire tirer tous les métayers et valets des gentilshommes et ecclésiastiques, « lorsque ce sont des paysans et qu'ils ne portent pas la livrée ». Cette opinion

(1) Lettres de ces intendants des 5 et 26 janVier, 19 féVrier 1705 (D. G., vol. 1901, p. 24, 242 ; vol. 1902, p. 125). Les élus de Bourgogne rappellent à leurs agents l'exemption des Valets « des seigneurs et des curés, pourVu que le nombre desdits Valets n'ayent point esté augmenté en fraude » (D. G., vol. 1895, p. 250).

(2) Lettre d'Harouys, 3 aVril 1705 (D. G., vol. 1905, p. 187-188).

(3) Lettre d'Ormesson, 26 janvier 1705 (D. G., vol. 1901, p. 242).

(4) Lettre du premier consul d'Agen, 2 août 1705 ; de d'Angervilliers et son subdélégué, mars 1705 (BOISLISLE, Correspondance, II, 508. — D. G., vol. 1901, p. 38-40).

prévaut : malgré leurs maîtres, on oblige à tirer au sort tous les laquais en surnombre (1). Cela ne va pas toutefois sans protestations excessives, telles que celles du cadet de Gascogne qui affirme que le roi « voudroit bien plutôt que les bourgeois tirassent au sort, atandu que cete sortes de gent sont presque toujours inutiles à son service, puisque toute leur occupation n'est qu'à traîner une espée assés inutile et à chasser journelemant dans nos fief » (2).

On passe outre à ces manifestations de morgue hautaine ; mieux, dans la généralité de Clermont, où l'abus est au comble, on traduit en justice, avec l'approbation de Chamillart, les hobereaux coupables de rébellion (3). Cette sévérité n'empêche qu'il soit toujours difficile de distinguer les faux valets des vrais, et qu'un certain nombre de gars ne trouve ainsi le moyen de se faire exempter.

Cependant il est un autre moyen et très usité d'échapper à la milice : c'est de s'enrôler dans les troupes réglées car, s'il est métier où l'on soit assuré de n'avoir point à tirer au sort, c'est bien celui de soldat. A première vue, le procédé semble paradoxal et l'on est tenté de railler les poltrons : « Comme dit le proverbe, il se cachoient dans l'eau, crainte de la pluye (4). »

Il est cependant des gars qui se sont véritablement enrôlés pour ne point tirer au sort, et cela s'explique. Certains ont des parents à l'armée, avec qui il est naturel qu'ils désirent servir ; surtout une des craintes des paysans, si le sort les désigne, est de s'en aller servir au loin avec des chefs inconnus. Barentin affirme en 1701 « qu'ils auroient bien moins de peine à s'engager si on metttoit à leur tête des officiers du pays » (5). Les plus timorés qui redoutent de courir la chance et répugnent

(1) Lettre de La Bourdonnaye, 3 février 1705 (D. G., vol. 1903, p. 9). M. d'Ormesson adopte la règle suivante : il dispense les « domestiques intérieurs » (Valets, cuisiniers, jardiniers, palefreniers) mais non les valets de charrue et de ferme.
(2) Lettre de M. de La Calsinie de Bure, 4 janvier 1705 (D. G., vol. 1903, p. 10).
(3) Lettre de Le Blanc, 5 janvier 1705 (D. G., vol. 1902, p. 125).
(4) Remarque de MERLET, *Recherches analitiques...* (à propos de l'ordonnance du 22 janvier 1702).
(5) 18 février 1701 (D. G., vol. 1499, p. 196).

d'autre part à entrer en rébellion ouverte contre l'autorité, font contre mauvaise fortune bon cœur et de deux maux choisissent le moindre : tant qu'à être soldats, ils préfèrent « s'engager au moins avec des officiers de leur connoissance » (1). Sûrs alors de n'être point dépaysés, d'avoir un protecteur, ils ont en outre l'avantage de choisir leur corps, de n'aller pas servir trop loin de chez eux, en tout cas en France, alors que, miliciens, ils seraient toujours destinés aux théâtres d'opérations extérieures.

La peur de la milice sert donc parfois le roi en lui procurant quelques soldats pour ses troupes réglées et les enrôlements volontaires de garçons en âge de tirer au sort ne devraient point être suspects *a priori*.

Ils le sont presque toujours cependant : bien souvent, en effet, l'enrôlement n'est alors qu'un simulacre destiné à éviter à quelqu'un soit de tirer au sort, soit de partir si le sort l'a désigné. Il lui suffit de dire qu'il s'est engagé dans les troupes réglées : il ne lui manque jamais, se plaint un intendant, « ny certifficats, ny congés des officiers pour le prouver » (2).

Cette supercherie n'est en effet possible qu'avec la complicité des officiers. Il s'en trouve toujours assez dénués de scrupules pour feindre d'enrôler des soldats, comme les nobles prétendent soudain accroître leur domestique.

C'est parfois pure complaisance de leur part.

Ainsi, quand un de leurs soldats est libéré, ils lui donnent avec son congé absolu un congé temporaire de trois ou six mois. M. de Montesan découvre aisément « le mistère de cette manœuvre » : « Il m'a paru, dit-il, que ces congés donnés à tems à ceux qui en avoient d'absolus n'estoient que pour exempter de la milice ceux qui en estoient nantis et il y a apparence que lorsqu'on lève pour la milice, les soldatz congédiés ne montrent que leurs congés à tems (3). »

(1) Merlet, *Recherches analitiques*.., (ordonnance du 15 décembre 1703).

(2) Lettre de d'Herbigny, 23 décembre 1702. Cf. lettre de Basset se plaignant qu'en Dauphiné les garçons de certaines paroisses lui présentent « des enrollemens très suspects de fraude et d'antidate et que les capitaines soustiennent néanmoins estre bons et valables... » (D. G., vol. 1610, p. 189, et. 1605, p. 159).

(3) Lettre de M. de Montesan, 17 décembre 1704 (D. G., vol. 1800, p. 430).

D'autres délivrent à leurs amis ou aux domestiques de leurs parents des certificats d'enrôlement, que l'on découvre souvent « très suspects de fraude et d'antidate »; certains, le faisant, cèdent « à la solicitation de dames, damoiselles et autres » (1). Ces complaisances désintéressées ne sont cependant pas tellement nombreuses qu'elles aient pu inquiéter l'autorité.

Le plus souvent, les officiers cherchent à tirer bénéfice de leur complicité.

La milice n'a pas en effet de quoi les satisfaire absolument : si elle recrute automatiquement leurs régiments, son existence les prive d'une source de revenus intéressante. Comme on ne leur donne plus d'argent pour faire leurs recrues, c'est fini désormais des trafics illicites et des bénéfices réalisés sur le prix des hommes. Ils se rattrapent donc en vendant au plus haut prix de faux enrôlements qui permettent à leurs possesseurs de ne point tirer au sort. Mais leur impudence n'ayant d'égale que leur maladresse, ils ne dissimulent pas assez qu'ils ne dénoncent d'eux-mêmes leur lucratif commerce.

Certains vendent leurs enrôlements la veille même du tirage ; d'autres, le lendemain, à la victime du sort, avec un certificat antidaté faisant remonter l'engagement à plusieurs années parfois (2). L'audace de quelques-uns ne connaît pas de bornes : en 1705, un capitaine du régiment de Picardie prétend avoir enrôlé tous les hommes de la paroisse de Droisy près Évreux « sans en excepter un seul » et maintient envers et contre tous cette invraisemblable affirmation (3).

Le résultat le plus clair de ces agissements est de gêner fort et de retarder les levées de milice, car s'ils ne font pas perdre un homme au roi, — le contingent à fournir reste toujours le

(1) Cf. lettres de Bignon, 16 février 1711 ; du gouverneur de Pierrelattes, 16 janvier 1703 (D. G., vol. 2341, p. 6 ; vol. 1702, p. 103). Un officier rend ce service en 1704 à un ancien valet de son beau-frère (vol. 1801, p. 202).
(2) Plaintes d'officiers, 1703, 1705 ; lettres de d'Angervilliers, d'Herbigny, Chamillart à Bouville, à Phélypeaux (1704) au sujet d'un homme dont l'engagement aurait été fait deux ans auparavant (D. G., vol. 1610, p. 189 ; vol. 1801, p. 8 et 9, 157-159, 168 ; vol. 1830, p. 56).
(3) Lettre de Courson, 23 février 1705 (D. G., vol. 1901, p. 27).

même, — ils restreignent énormément le nombre de ceux qui doivent tirer au sort et cette injustice est vivement ressentie : « Les paroisses se voiant ainsy affrontées, écrit d'Herbigny, se rebutent et ne veulent plus entendre parler de tirer au sort. » Les garçons qui ne cherchent point à se soustraire à leur devoir s'irritent « avec raison de ce qu'on leur a osté leurs camarades qui devoient partager avec eux le hazard du sort » (1).

Les intendants enfin tombent d'accord que, si l'on doit tenir compte de ces pseudo-engagements, la levée de milice devient impossible. Car nul n'ignore la conduite de ces officiers qui n'enrôlent que des jeunes gens « sujets à tirer au sort » et ont la précaution, « sous prétexte d'avoir donné de l'argent auxdits garçons, de les retenir et cacher pour les exempter de service dans lesdites recrues » (2).

Il y a là un abus intolérable qu'il faut à tout prix faire cesser. Il advient qu'il ne soit plus même dissimulé : en 1703, dix-huit garçons de la paroisse d'Ay-en-Champagne s'étant prétendus enrôlés, quelques-uns avouent au commissaire après le tirage « avoir donné de l'argent pour ses engagements » (3). D'autres ont eu la sottise, s'étant dit soldats, de rester tranquillement chez eux et de ne même pas faire le simulacre de partir à l'armée (4). La comédie par trop évidente est souvent jouée : le père d'un officier ayant en 1704 réclamé comme soldats deux garçons en âge de tirer au sort, l'intendant Bouville lui déclare que s'ils restent chez eux il les fera arrêter comme déserteurs de la compagnie de son fils ; le bonhomme aussitôt de les laisser tirer, heureux d'en être quitte pour une verte semonce (5).

---

(1) Lettres de d'Herbigny, 23 décembre 1702, d'Harouys, 9 janvier 1705 (D. G., vol. 1610, p. 189 ; vol. 1905, p. 131).

(2) Ordonnance du 22 décembre 1702.

(3) Lettre du commissaire Capy, 6 janvier 1703 (D. G., vol. 1700, p. 4).

(4) Chamillart à d'Herbigny, 20 décembre 1703 : « Vous ne devés avoir aucun esgard aux certificats d'officiers de troupes de l'année dernière que des garçons qui n'ont pas bougé de chez eux vous représentent » (Cangé, vol. 35, p. 177).

(5) Plainte du capitaine de Lescoux et lettre de Bouville, janvier 1704 (D. G., vol. 1801, p. 89-90).

Les plus futés sauvent les apparences en disparaissant quelque temps ; ils partent même réellement avec les officiers, mais avec promesse de libération après un an (1).

Parfois il est difficile cependant de reconnaître la fausseté de l'enrôlement. Les levées de milice coïncident en effet avec l'époque où toutes les troupes envoient des officiers en recrue ; comme il faut bien que ceux-ci trouvent des hommes, ils enrôlent qui se présente, les jeunes gens susceptibles de tirer au sort comme les autres. En principe, leur bonne foi ne doit pas être suspectée, et beaucoup en abusent.

Pour éviter la confusion, favorable aux fraudeurs, qui résulte de cette affluence de recruteurs, on tente de réglementer le travail des officiers au temps de la milice. On fait donc partir le plus tôt possible — en octobre — les officiers qui recrutent pour leur compte personnel ; les levées de milice ne battant ordinairement leur plein qu'en décembre, en y mettant de la bonne volonté, ils ont donc le temps de trouver des hommes avant l'époque du tirage au sort (2). Certains peuvent être empêchés de partir assez tôt, sans que le retard leur soit imputable : en 1705, il y a encore des officiers recruteurs dans les camps au début de novembre (3). On ne leur permet alors de travailler qu'après le départ des miliciens.

Mais ces règles ne sont point observées : à tout moment, nous l'avons vu, les recruteurs travaillent.

Il faut donc autre chose, il faut des sanctions sévères aux actes scandaleux, trop de fois répétés. Quatre ordonnances consécutives visent à réprimer la fraude.

La première, en date du 23 décembre 1702, prescrit l'annulation de tous les enrôlements signés dans les huit jours qui suivent la publication de l'ordonnance de levée et de ceux qui, conclus antérieurement, n'ont reçu aucune publicité et ne peuvent être certifiés par des témoins dignes de foi. Les

---

(1) Lettre d'Harouys, 9 janVier 1705 (D. G., vol. 1905, p. 131).
(2) Lettre de Montgon, 20 octobre 1705 (D. G., vol. 1868, p. 126).
(3) Lettre du lieutenant de Saint-Pierre, 20 décembre 1705 (D. G., vol. 1900, p. 351).

officiers contrevenants sont passibles de la cassation et privation de charge, les garçons, des galères.

Les ordonnances des 15 décembre 1703, 22 janvier 1704
et 10 décembre 1705 ne font que reproduire les dispositions
de la première ; les deux dernières confirment l'assimilation
aux déserteurs des garçons convaincus de s'être enrôlés au
temps de milice, outre la cassation menacent les officiers d'un
an de prison et promettent des récompenses à leurs dénonciateurs.

Nul n'est censé ignorer la loi ; les officiers sont tenus de
faire prouver la sincérité de leurs enrôlements « sommairement
par des personnes dignes de foy, autres que leurs soldats,
capitaines ou autres officiers de leur régiment » (1).

Enfin, pour empêcher les enrôlements à court terme —
habile façon de tourner la loi — on décide que les hommes qui
s'engagent volontairement ne peuvent servir moins de temps
que les miliciens et on les poursuit pour désertion s'ils repa-
raissent chez eux, même avec un congé, avant l'expiration
de ce terme (2).

Les intendants se félicitent des ordonnances de répression,
sans lesquelles, écrit l'un d'eux, M. d'Angervilliers, « il nous
seroit impossible de lever des hommes dans les paroisses » (3).
Elles produisent sans doute un effet moral, car les sanctions
sont bien mitigées : les officiers sont seulement emprisonnés.
C'est la seule peine de celui qui prétend avoir enrôlé tout un
village (4). On leur témoigne même une grande indulgence,

---

(1) Lettres de Basset, 31 décembre 1702 (D. G., vol. 1605, p. 159) ; de Bernage, 12 janVier 1703 (vol. 1674, p. 14) ; de Courson, 24 janVier 1705 (vol. 1901,
p. 10).

(2) Apostille sur lettre de Bignon, 1711 (D. G., vol. 2341, p. 6).

(3) 3 janVier 1704 (D. G., vol. 1901, p. 8).

(4) On ne pourrait admettre, écrit Courson à propos de celui-là, « que sous
prétexte d'enrôlement, on n'exemptast des particuliers de tirer et à plus forte
raison une parroisse tout entière » (23 féVrier 1705. — D. G., vol. 1901, p. 27).
Cf. Chamillart à d'Harouys, 13 janVier 1705 (vol. 1905, p. 132) ; à un officier qui
s'est plaint injustement qu'on lui ait repris un homme, il dit seulement « qu'il
mériteroit d'être mis en prison et cassé pour faire des plaintes sans fondement
et sans dire les Véritables circonstances de ce qui s'est passé » (apostille sur lettre
de BouVille, 1704. D. G., vol. 1801, p. 89).

recommandant aux intendants d'en user « avec toute la modération qu'il sera possible... à l'égard des enrôlements » faits à l'époque du tirage au sort ; et, quand la levée de milice de leur généralité n'en est point troublée, ceux-ci sont les premiers à fermer les yeux. M. d'Harouys, en 1711, se fait même un devoir de faciliter le travail des recruteurs honnêtes (1).

Cette indulgence n'empêche point certains officiers de le prendre parfois de fort haut et de ne vouloir point souffrir la moindre observation. Encore ne risquent-ils pas grand'chose.

En 1705, dans une paroisse champenoise, un officier du régiment de Nivernais, le sieur Vanoise, après que l'on a tiré, déclare au subdélégué avoir le matin même engagé le garçon désigné par le sort et, comme celui-ci rappelle que le roi ne veut pas que ses officiers enrôlent les miliciens, il lui répond : « Monsieur, je me fous de cela. Je ne lesseré pas de l'emmener et je vous deffy de l'arrester » ; ensuite de quoi il rosse les archers en criant : « Allons, mordieu, bougre de gens, quittez cet homme là ! » Coût : quelques jours de prison, une amende de vingt livres pour les archers maltraités et l'obligation plus pénible de faire « quelque satisfaction », c'est-à-dire des excuses, au subdélégué (2).

Cette même année, et pour le même motif, le subdélégué de Château-Chinon, M. Petitet, a maille à partir avec le mestre-de-camp de Choiseul-Traves. Il refuse de lui laisser emmener l'homme qu'il fait, pour plus de sûreté, emprisonner. Le gentilhomme le lui réclame en ces termes : « Je vous prie d'y mettre ordre et me le faire relâcher pour qu'il me joigne, sinon je me pourvoiray du costé de la cour contre qui il apartiendra et je ne suis pas embarassé de me faire rendre justice. Je compte que vous me la rendrés, sans attendre les mesures que je pourrois prendre.

---

(1) Chamillart à Ferrand, 15 décembre 1704 (D. G., vol. 1802, p. 454). Cf. lettre d'Harouys, 9 mars 1711 (D. G., vol. 2340, p. 13). Le même, en janVier 1705, dit aVoir compris que l'intention du roi était que l'on fermât les yeux et ne s'oppose qu'aux enrôlements pouVant réellement troubler la leVée (D. G., vol. 1905, p. 131).

(2) Lettre d'Harouys, 16 janVier 1705 (D. G., vol. 1905, p. 138 et 140).

Je vous demande une prompte réponse par le porteur. »
Et le subdélégué ayant répondu par un refus, il reçoit ce
court mais énergique billet : « Tout homme qui écrit comme
vous est un faquin à coups d'étrivières qu'il aura dès que
l'occasion s'en présentera et je la chercheray avec empressement certainement. (*S.*) Choiseul-Traves. »

Indigné et peut-être inquiet que la promesse se réalise,
M. Petitet se plaint à son intendant, M. d'Ableiges, qui
demande justice à Chamillart. Celui-ci, approuvant le subdélégué, répond seulement que, s'il lui était personnellement
possible dans le nombre des Choiseul de savoir celui dont il
s'agit, il lui parlerait « comme il convient » et l'affaire en
reste là (1).

* *
*

Nous en avons assez dit pour montrer la répugnance générale pour le service obligatoire.

La noblesse — qui a par ailleurs de grosses charges militaires — n'y est point sujette ; la bourgeoisie et certains plé-
béiens y échappent en conséquence de quelques privilèges
réguliers. Seuls les gens du peuple y sont astreints, mais
lorsqu'ils tirent au sort, ce n'est point faute d'avoir en général
tout tenté pour y échapper.

Foucault en ses *Mémoires* note déjà en 1689, lors des premières levées, cet état d'esprit indéniable, « au point, dit-il,
qu'une femme m'ayant donné plusieurs raisons toutes mauvaises pour empêcher son fils d'être enrôlé, et voyant que je
n'y avois point d'égard, elle se récria : « Eh bien ! monsieur,
« puisque ces raisons ne vous persuadent point, je vous
« déclare que mon fils est bâtard et le roi ne voulant point
« de bâtards dans ses troupes, vous devez me le rendre. » Elle
prit en même temps plusieurs paysans de son village à
témoins de la vérité du fait qu'elle avançoit ! » (2).

---

(1) Lettre d'Ableiges, de son subdélégué et de M. de Choiseul, janVier-février 1705 (D. G., vol. 1902, p. 76, 77).
(2) Foucault, *Mémoires*, p. 248-249.

CHAPITRE IV

LE TIRAGE AU SORT

Au jour fixé, après que les intendants ont arrêté la répartition du contingent sur les paroisses de leur généralité, tous les garçons domiciliés en ces paroisses, en âge de servir et qui ne possèdent point de cas d'exemption, doivent s'en remettre au sort de désigner ceux d'entre eux qui s'en iront soldats. Le tirage au sort est. en effet le seul moyen de recruter les miliciens : c'est en tout cas le seul que le gouvernement veuille admettre. Il se fait sous la responsabilité des intendants et leur donne bien du souci.

Leur premier soin est naturellement d'informer les paroisses que le roi ordonne une levée de milice et chacune en particulier du nombre d'hommes qu'elle fournira. Ils leur expédient donc une ordonnance qui reproduit l'essentiel de l'ordonnance royale, insistant à dessein sur les peines réservées aux réfractaires et déserteurs et à leurs complices, et qui indique l'époque du tirage et son président pour chaque élection. Le travail préliminaire de répartition et l'impression des ordonnances d'avis demandent déjà un certain temps. La transmission des ordres allonge encore ce délai.

Elle est assurée par des archers (1). Leur itinéraire est établi de telle sorte que toutes les paroisses de la généralité, quel que soit leur éloignement, reçoivent à la fois l'ordonnance annonçant la levée de la milice. Ce n'est point chose aisée ; le moindre hasard peut déjouer de savants calculs : qu'il sur-

(1) Le 8 mars 1703, Rouillé demande qu'ils soient payés par l'extraordinaire des guerres (D701, p. 102).

vienne, quelque incident, « grandes eaux » ou « pluyes continuelles » qui, faisant débordder les rivières, empêchent les
communications, qu'il y ait en un mot le moindre « retardement » et les intendants se désolent (1).

Chamillart nous dit lui-même l'intérêt très vif qui s'attache
à ce que nul ne sache trop longtemps à l'avance l'appel projeté, à ce que le secret en soit bien gardé. Réprimandant
en 1705 le commandant du Bas-Poitou, M. de la Massaye, qui,
pour faire pièce à l'intendant Doujat, a publié trop tôt l'ordonnance royale à Fontenay, il lui écrit : « Vous ne trouverez
dans ladite ordonnance rien qui vous authorise dans le party
que vous avez pris ; il peut même produire des effets contraires
au service de Sa Majesté, en ce que la répartition n'estant
point encore faite, *bien des jeunes gens auront le tems de s'absenter de leurs paroisses avant qu'on soit en état de les faire tirer
au sort* (2). »

On agit donc sagement en taisant le plus longtemps possible les intentions du roi. Le nombre habituel des réfractaires
justifie amplement toutes les appréhensions ; nous le verrons
de reste. Dès sa réception, l'ordonnance de l'intendant est
publiée dans les paroisses, parfois lue au prône par le curé (3) ;
le dimanche suivant, au sortir de la grand'messe, ou tout
autre jour préalablement indiqué, sur la place « et en la forme
qui se pratique pour les affaires communes de la paroisse », a
lieu le tirage au sort.

En présence de l'intendant ou du subdélégué, son représentant, les garçons réunis répondent à l'appel de leur nom
fait par les magistrats municipaux et, à tour de rôle, puisent
un billet dans le chapeau qu'on leur présente.

Une curieuse estampe (4) nous a fidèlement transmis la
physionomie d'une de ces séances.

(1) Lettres d'Ableiges et de Bernage, décembre 1702 ; Turgot, féVrier 1711
(D. G., vol. 1605, p. 46 ; vol. 1608, p. 230 ; vol. 2340, p. 117).

(2) Lettres de M. de La Massaye, de Doujat et réponse, noVembre 1705 (D. G.,
vol. 1900, p. 108, 172 ; vol. 1905, p. 294, 294).

(3) Lettre de La Briffe, 22 féVrier 1711 (D. G., vol. 2342, p. 32).

(4) Bibliothèque nationale. Cette estampe a été reproduite dans un liVre de

Sur la grand'place du village d'Authon, bordée au fond par l'église, M. Boucher, subdélégué de M. de Bouville, intendant d'Orléans, préside. Tout témoigne qu'il est blasé et indifférent au spectacle ; assis dans un confortable fauteuil, devant une grande table où l'on remarque un contrôle étalé et une plume d'oie fichée dans un encrier, les jambes que moulent les bas fins élégamment croisées, il feuillette un livre. Autour de lui, les femmes et les vieillards, qui debout derrière son fauteuil, qui accotés à un petit mur, se pressent tristement. Au premier plan, un vieux tout cassé s'appuie sur sa béquille entre deux chiens errants. Cinq garçons peureusement tassés l'un contre l'autre vont tirer ; l'un élève déjà la main vers le chapeau haut tendu par quelque muguet de commis, à perruque bouclée, bien pris dans son justaucorps à larges basques ; sa figure est longue d'une aune. Deux autres ont déjà tiré : l'un, affalé sur le sol, soutenu par une femme, se lamente. Point de doute que lui soit échu le fatal billet noir, agrémenté parfois d'une ironique inscription, telle que : *Vive le roy! je suis enrôlé* (1) ! L'attitude de l'autre n'est pas moins significative : les jambes ployées, les bras allongés, il s'esclaffe et danse, tout joyeux d'en être quitte pour la peur. Heureux qui a tiré le billet blanc tant souhaité ! Son apparition est partout saluée de rires et de chants d'allégresse. Les gars de Bergerac en Périgord l'annoncent au maire Gontier de Biran par le cri de : *Blan! blan! blan! moussu dé Biran! blan! blan! blan!* si sincèrement heureux qu'il passe à l'état de locution proverbiale et que jusqu'à la Révolution on le répète pour saluer tout événement bienvenu (2).

Procès-verbal est ensuite dressé du tirage et de son résultat et le représentant de l'intendant se retire majestueux, sans

M. Émile BOURGEOIS (*le Grand Siècle*, p. 261). Dans le même ouvrage (p. 264), nous signalerons la reproduction d'une très curieuse caricature hollandaise ridiculisant le paysan français allant en guerre.
(1) Cf. procès-verbal d'une séance de tirage au sort par un notaire périgourdin en 1701 (communication de M. Dujarric-Descombes à la *Société historique et archéologique du Périgord* (*Bulletin*, t. XXXIX, 1912, p. 129).
(2) *Ibid.*, p. 130.

doute obsédé des cris de joie ou des pleurs qui partout accompagnent son passage.

S'il est conscient de son importance, ce n'est point sans raison : c'est, au vrai, lui qui mène le tirage au sort, « un intendant ne pouvant point se trouver partout et faire par luy-même des affaires d'un si prodigieux détail qui demandent qu'il y ait des personnes qui agissent en même temps en différens endroits de chaque élection » (1).

Les intendants des pays d'État n'ont point à vrai dire ce souci : la levée est faite par les élus et tout leur rôle se borne à les surveiller et à les presser, quand leur zèle s'endort (2). Mais les autres ne peuvent, avec toute la bonne volonté du monde, tout faire personnellement. Au plus trouvent-ils moyen de distraire de leurs nombreuses occupations le temps de faire quelques rapides tournées d'inspection. « J'iray dans touttes les élections, promet d'Angervilliers en 1702, et travailleray moy-mesme, *autant qu'il me sera possible* (3). »

Au fond, ils ne peuvent assumer que la haute direction de la levée et pour le détail sont, en les surveillant, obligés de s'en remettre à des personnes sûres. A qui s'adresseraient-ils alors sinon à leurs subdélégués?

La confiance qu'ils témoignent à ces modestes auxiliaires est pleinement justifiée par leur absolu dévouement et un certain désintéressement. Il ne s'agit de rien moins en effet pour les subdélégués en tournée de tirage que d'abandonner leurs affaires, leur négoce, leur famille pendant un temps indéterminé, courir par tous les temps les paroisses d'une élection, supporter des frais élevés dont le remboursement est toujours hypothétique, encourir les rancunes et la haine du

---

(1) Lettre de Rouillé, 8 mars 1703 (D. G., vol. 1701, p. 102).

(2) Cf. Thomas, *Une province sous Louis XIV (la Bourgogne)*, p. 171-181. Voir lettres de Ferrand, intendant à Dijon, en 1701 et 1705. Cette dernière année, il prie Chamillart d'écrire aux élus de presser la levée (D. G., vol. 1524, p. 97 ; vol. 1905, p. 54, 59).

(3) 1er décembre 1702 (D. G., vol. 1610, p. 229). Le 2 mai 1701, Bernières écrit même qu'il a fait tirer partout en sa présence, « n'ayant pas seulement voulu m'en raporter aux subdélégués » (D. G., vol. 1499, p. 78).

peuple qui ne les craint point, bref jouer *gratis pro Deo* le
rôle impopulaire.de recruteur du roi.

Le gouvernement les ignore : agents privés des intendants
et choisis par eux, ils ne sont investis d'aucun mandat officiel.
Il leur refuse donc toute rétribution de leurs peines, laissant
leurs patrons les indemniser à leur gré.

Ceux-ci voudraient bien, autrement qu'en paroles élo-
gieuses, leur témoigner leur reconnaissance et récompenser
leur zèle. Il n'est d'abord que justice de couvrir leurs frais de
déplacement ; et puis on y a intérêt, si on veut les retrouver
pour les levées suivantes. Le pouvoir refuse obstinément de
connaître et récompenser ces gens.

En 1701, Bernage demande pour les siens une indemnité de 1 200 livres, qu'il propose de prélever sur des reve-
nants-bons de fourrage. Il remontre que sans eux la levée eût
échoué et que si on lui refuse cette somme, il sera obligé de
les dédommager « par des diminutions et soulagement sur
les taxes et impositions qui retourneroient toujours de la
même manière à la charge de la province ».

Chamillart qui se souvient d'avoir été intendant n'est point
en principe hostile à l'octroi d'une indemnité, mais il voudrait
qu'elle ne fût accordée qu'aux plus méritants et encore, pour
ne point créer de précédent sans doute, « sans faire mention
que ce soit pour la milice ». Le roi intervient personnellement pour s'y opposer ; M. Rouillé de Fontanes essuie
même refus deux ans plus tard.

Le résultat le plus clair de cette obstination est que ces
gens ne veulent plus se charger de faire tirer au sort, et que
Rouillé notamment est obligé d'en chercher d'autres et de
leur promettre le remboursement de leurs frais (1).

Alors que tant d'humeur se manifeste dans le peuple contre
la milice, que la tâche des intendants est si délicate, c'est

(1) Lettres de Bernage, 13 et 27 août 1701, de Rouillé, 8 mars 1703 (D. G.,
vol. 1526, p. 289, 325 ; vol. 1701, p. 102). On répond à Rouillé : « Il n'y a point
de remboursement à faire à ces subdélégués et vous deVez changer ceux quÍ n'ont
pas Voulu traVailler. »

vraimént un étrange parti pris que de décourager, comme à plaisir, les hommes de bonne volonté et qui crée de gros embarras.

Les intendants, bons juges, apprécient les services de leurs subdélégués et sentent qu'ils leur sont indispensables. Pourquoi ne pas les écouter?

Empêchés de les récompenser à leur gré, ils ont encore à les défendre, car on les charge volontiers de tous les forfaits. On les accuse de partialité, d'injustice, de concussion et de corruption; mais de quoi ne les accuse-t-on point? Certains sont dénoncés comme coupables de ne prendre « que ceux qui n'ont point de recommandation »; d'autres accusés de faire recommencer le tirage jusqu'à ce que le billet noir tombe à un indifférent; un subdélégué normand que l'on dit s'intéresser à un paysan aurait ainsi fait trois fois recommencer le tirage, chaque fois « enragé que ce garçon eust encore le mauvais billet ». Pendant près de trois ans, dit une autre dénonciation, un subdélégué de Montdidier aurait évité le service à bien des gens, « par finance » à lui donnée (1). Que faut-il retenir de toutes ces accusations?

Il en est évidemment de véridiques. M. Ferrand écrit en 1701 des subdélégués que « ce sont gens d'ailleurs toujours portez pour l'interest » (2). Si parfois leur inexpérience est seule coupable, leur complaisance, intéressée ou non, peut n'être pas étrangère à certains abus. C'est un métier bien tentant que celui de subdélégué et où l'on est bien placé pour obliger ses amis au temps des levées. « Quand un capucin les feroit, remarque M. de La

---

(1) Lettre d'un sieur Baugé, Châlons, 28 mars 1701; de MM. Beauquemare, décembre 1703 et Pille, janVier 1709 (D. G., vol. 1524, p. 258; vol. 1801, p. 6; vol. 2130, p. 308).

(2) 31 décembre 1701 (D. G., vol. 1525, p. 241). Cette opinion défaVorable est partagée par M. de Maisonsel qui dit en mars 1704 : « On m'a fait trop d'histoires sur leur compte pour que je ne les soupçonne pas de tirer un gros interest dans la manière de leVer ces recrues de milice » (D. G., vol. 1759, p. 378). Mais si c'est Vrai de certains, n'est-ce point justement parce qu'on leur refuse tout dédommagement de leur peine?

Bourdonnaye, je ne sais pas si il ne feroit pas plaisir à son ami (1). »

Mais aussi, combien d'accusations mensongères ! C'est un rôle ingrat que celui de recruteur du roi et qui vaut plus de rancunes que d'amitié. Il est remarquable que les mêmes plaintes sont portées contre les magistrats municipaux, même contre les curés, c'est-à-dire contre tous ceux qui, détenant dans la paroisse une parcelle d'autorité, sont par là même suspects d'abuser de leur pouvoir. On leur reproche aussi de faire tirer « qui bon leur semble », de recevoir de l'argent, ou bien, comme les vignerons d'Essonne à leur curé, de faire prendre des gens « par esprit de ressentiment » (2).

De basses rancunes se traduisent en dénonciations effrontées dont la moindre enquête démontre la fausseté, car chacun se croit lésé. « Il n'est pas extraordinaire que vous receviez de plaintes de ce pays-cy, écrit d'Alençon M. de Courson, car il n'y a personne qui ne croye qu'on ne lui fasse une injustice criante de prendre un homme dans sa paroisse et qui ne fasse ce qu'il peut pour favoriser la désertion (3). »

Les meilleures intentions sont perfidement travesties : c'est tôt fait que de crier à la partialité si le subdélégué annule le tirage ; mais n'y est-il pas obligé quand il s'aperçoit que la liste des miliciables est inexacte et que certains noms y ont été omis (4)?

L'indignation est au comble quand il substitue de sa propre autorité un garçon à un autre ; mais c'est un simulacre pour effrayer les « trop petits ou infirmes qui ne s'estoient pas présentés lorsqu'on a tyré au sort, afin de faire quelques exemples *en faisant semblant* de les vouloir faire marcher et en recevant *dans la suitte* un garçon de la parroisse à leur place ».

(1) 6 septembre 1706 (BOISLISLE, *Correspondance*, II, n° 1090, *n*).
(2) Chamillart à Phélypeaux, 15 décembre 1705 ; à Sanson, 13 janvier 1704 (D. G., vol. 1800, p. 21 ; vol. 1901, p. 350). Lettres de Harouys et son subdélégué laVant d'une accusation de ce genre le lieutenant de police de Sézanne en raison de sa « probité connue », mars 1704 (D. G., vol. 1741, p. 266, 267).
(3) 22 décembre 1705 (D. G., vol. 1901, p. 137).
(4) Lettres de et à BouVille à propos d'une plainte des habitants de Romorantin, féVrier 1705 (D. G., vol. 1902, p. 247-248).

Il est vrai que cette comédie est assez maladroite et peut prêter à équivoque (1).

En vérité toute occasion est bonne pour attaquer les subdélégués : leurs fonctions au moment de la milice ne les rendent point populaires et la calomnie est prompte.

En 1711, le subdélégué de M. d'Ormesson à Craonne est un ancien vinaigrier, maintenant mercier au détail, qui s'acquitte avec zèle de sa mission. Il est violemment pris à partie par un prémontré qui l'accuse de concussion, prétendant qu'il rançonne les paroisses et vend des exemptions. A l'appui de ses dires, le prémontré envoie une pièce de vers attachée au pilier des halles qui fait fureur dans la région, sans que, dit-il, Meslé proteste, sachant bien que quatre cents personnes pourraient porter plainte contre lui. Voici cette poésie :

> Connoissés-vous, Messieur, l'infâme Meslé,
> L'insigne harpie, l'indigne subdélégué
> Dans la maison duquel vos biens sont assemblé?
> Si le diable dans huit jours ne l'a pas emporté,
> Une main supérieure finira sa carrière,
> Et par une grâce tout à fait singulière
> Le réduira dans son état premier
> De célèbre vinaigrier.

Questions de Voysin à l'intendant, auquel il transmet la dénonciation ; enquête serrée de celui-ci : non seulement tout est faux dans ces allégations hardies, mais les habitants et le curé du village où habite le prémontré certifient « que le sieur Meslé est un homme d'honneur, de probité et incapable de ce qu'on veut luy imputer sur le fait de la milice... » A cette attestation, M. d'Ormesson ajoute son propre témoignage : « Il est vray que le sieur Meslé n'est qu'un marchand drapier ; mais c'est le meilleur sujet et l'habitant le plus notable de Craonne qui est un mauvais lieu et un simple village », et, faisant le procès de ces accusateurs perfides, il

---

(1) Lettre de Bouville, 10 février 1705, défendant ses subdélégués de Blois et de Vendôme, « parfaitement honestes gens et de condition » (celui de Vendôme est de la maison du Bellay et celui de Blois « bien gentilhomme ») (D. G., vol. 1902, p. 245-246).

déclare qu'il est fâcheux pour ceux « qui, dans un temps aussi difficile, font de leur mieux pour exécuter avec droiture et désintéressement les ordres qu'on leur confie, d'estre ainsy calomniés par des lettres supposées et des mémoires anonimes, dans lesquels on ne parle que par des mots généraux et qui ne désignent aucun fait particulier » (1).

Toutes réserves faites, nous ferons nôtre cette conclusion.

Si les intendants ne président donc point personnellement au tirage au sort dans toutes les paroisses de leur généralité, leur tâche ne laisse pas que d'être lourde.

La surveillance à exercer sur leurs collaborateurs, la correspondance à entretenir avec eux et le secrétaire d'État, l'instruction des plaintes, les renseignements et les enquêtes requièrent à chaque instant leurs soins.

Et ce n'est rien encore auprès de l'activité qu'exige la conduite de leurs administrés. Ceux qui n'ont pu obtenir d'exemption se résignent mal à leur sort et manifestent une grande répugnance à se soumettre aux ordres du roi. Cet état d'esprit, dont nous allons voir les effets, n'est pas localisé : il est signalé par M. de Vaubourg en Normandie où il n'est point d'homme « qui marche volontairement et qu'il n'y ait fallu enlever par force » ; par Legendre, en Gascogne : « Ce qu'il y a, monsieur, de plus triste et de fâcheux dans cette levée, c'est qu'il n'y a pas un soldat de volontaire. Il faut tous les mettre en prison » ; et aussi en Poitou : « La plus grande partye des soldats marchent contre leur gré ; je n'ay jamais veu d'hommes moins portés à la guerre que les Poitevins. » Avec le temps, le mal ne fait qu'empirer : en 1711, « il faut compter qu'il n'y en aura aucun qui y aille de bonne volonté » (2).

---

(1) Lettres du prémontré et de d'Ormesson, 18 octobre et 1er noVembre 1711 (D. G., vol. 2345, p. 186-187).

(2) 26 et 30 mai 1701 ; 21 noVembre 1703 ; 4 février 1711 (D. G., vol. 1526, p. 78, 85 ; vol. 1701, p. 170 ; vol. 2341, p. 122).

Tous ces gens n'auraient-ils que témoigné de leur méchante humeur, et en rechignant bien fort obéi cependant, le mal n'eût pas été grand. Mais ils n'épargnent rien pour éviter de tirer.

Saint-Simon nous assure que « quantité se mutiloient euxmême pour s'en exempter » (1). C'est beaucoup dire assurément. Il y a des exemples de mutilation : l'intendant de Clermont en signale quelques cas en Auvergne (2) ; celui d'Orléans rend compte en 1705 qu'il a reçu les trois doigts dont s'est amputé un paysan, qui n'a conservé que le pouce et l'auriculaire (3). Gestes désespérés et qui heureusement demeurent rares.

Les simulateurs se rencontrent aussi. Ils affectionnent les plaies des jambes qui semblent leur interdire la marche ; les chirurgiens appelés à les examiner constatent que ces ulcères sont dus à des applications de mauvaises herbes et ne s'émeuvent point car c'est « chose qui est fort en usage » pour éviter la milice (4). Contre les premiers on est désarmé : quelque peine qu'on leur inflige, leur état interdit de les envoyer à l'armée ; ils n'en souhaitent pas davantage. La situation est moins bonne pour les autres : le châtiment auquel ils seront le plus sensibles ne sera-t-il pas précisément d'être retenus au service après leur guérison? Mais ces mutilés et ces simulateurs ne sont jamais qu'une négligeable minorité et leur manège n'est pas de nature à empêcher le tirage au sort.

Le mal le plus grave parce qu'universellement répandu, c'est l'insoumission. On a peine à imaginer le nombre des réfractaires qui refusent de répondre à l'appel de leur nom le jour du tirage : dans tout le royaume, la plupart de ceux qui n'ont point trouvé de moyen légal d'échapper à la milice s'y soustraient en prenant la fuite.

(1) *Mémoires*, éd. BOISLISLE, XIII, p. 169 (année 1705).
(2) Lettre de Le Blanc, 4 août 1705. Il les attribue au peu de goût de ses administrés pour la guerre (D. G., vol. 1902, p. 169).
(3) Lettre de BouVille, 7 février 1705 (D. G., vol. 1902, p. 236).
(4) Lettre d'Harouys, 4 mars 1705 (D. G., vol. 1905, p. 167).

A l'annonce d'une levée, les villages se dépeuplent comme par miracle ; tous les hommes susceptibles de tirer disparaissent et quand arrivent les subdélégués, ils ne trouvent plus de gens en âge de servir ou les syndics ne leur présentent que de misérables infirmes (1).

Ceci n'est point exagéré. Il suffit, pour se rendre compte de l'importance et de la quantité des insoumissions, de feuilleter la correspondance des intendants.

Veut-on par exemple savoir l'attitude du pays au premier appel, celui de 1701 ? Voici : « beaucoup de gens en fuite » en Bordelais et dans le Soissonnais ; une « désertion prodigieuse » en Angoumois, où « dès que les ordres sont rendus publics, tous se cachent » ; la Normandie déserte : on n'y trouve plus un homme ; de même en Provence, où « aussi tost qu'on a marqué l'heure aux jeunes gens d'un lieu pour tirer au sort, ils s'absentent tous et ne reviennent point coucher ». Réfractaires aussi les gars de Champagne et de Touraine, introuvables ceux du Quercy et du Bourbonnais, disparus les Poitevins (2) !

Et tous les ans ils recommencent, là ou ailleurs, en Dauphiné encore et en Bordelais, en Normandie, en Auvergne « où ce sont des paroisses opiniâtres dans lesquelles on ne trouve que des femmes » ; à Lyon où « tous les garçons propres à servir s'enfuyent : cette levée devient tous les jours plus difficile, avertit Trudaine en 1705, et l'année prochaine elle sera encore plus fâcheuse et plus à charge aux paroisses » ; en Bourgogne, où les élus en 1707 la déclarent « de jour en jour plus difficile par la rareté des bons sujets et la fuitte de tous les garçons et nouveaux mariez mesme médiocres » (3).

(1) Cf. lettres de Legendre, 5 mars 1704 ; Bouville, 15 janvier 1705 (D. G., vol. 1798, p. 342 ; vol. 1702, p. 231). En novembre 1703, Legendre avertit « qu'à peine reste-t-il des habitans pour labourer la terre » (D. G., vol. 1701, p. 169).

(2) Lettres des intendants Lebret, Bernage, Nointel, Vaubourg, d'Ableiges, Legendre, La Bourdonnaye, Turgot, Sanson, du maire de Troyes, février-juillet 1701 (D. G., vol. 1517, p. 174, 186 ; vol. 1524, p. 135, 160, 164, 165, 178, 199, 295 ; vol. 1526, p. 129, 219 ; vol. 1551, p. 156).

(3) Lettres de Basset, du maréchal de Montrevel, d'Ableiges, de Courson, de Trudaine, 1702-1705 (D. G., vol. 1605, p. 159 ; vol. 1792, p. 115 ; vol. 1801, p. 308 ; vol. 1901, p. 20, 21 ; vol. 1902, p. 15-16). Lettres des élus des États de Bourgogne, 5 février 1707 (*Archives nationales*, G⁷ 162).

Et voici des faits précis singulièrement éloquents. A Nevers, en 1702, le maire et les échevins convoquent 200 garçons pour le tirage : il s'en présente 5 (1). Dans la généralité de Moulins en 1703, il n'y a pas vingt paroisses où le tirage est possible. M. d'Ableiges est du coup persuadé que « rien au monde n'étoit plus difficile que de donner l'envie d'aller à la guerre aux habitants de la généralité de Moulins » (2). Il pourrait dire : à ceux de toutes les généralités. Où vont donc ces réfractaires?

Les plus nombreux et certainement les plus pauvres ne s'éloignent pas de leurs villages : mettant à profit leur parfaite connaissance des lieux, ils gagnent quelque cache mystérieuse dès longtemps préparée à les recevoir. Les pays de bois et de montagnes offrent des asiles particulièrement sûrs : les Auvergnats par exemple ne l'ignorent point (3).

Cependant, si près de leurs demeures, ils courent plus facilement le risque d'être arrêtés et prennent leurs précautions : ils ne se hasardent point à rester isolés, mais vont en troupe, bien armés, nourris par les femmes qui vont porter leurs aliments à des endroits convenus, avertis de tous les mouvements de la maréchaussée et toujours prêts à la bien recevoir. En décembre 1703, seize garçons de Saint-Sulpice sont découverts « retranchés derrière une muraille avec des fusils ». Certains — et c'est assez l'habitude en Auvergne — vont grossir les « bandes des faussonniers », où l'on est expert à jouer les archers du roi (4).

Il en est qui préfèrent émigrer au loin et gagner des provinces ou des villes où ils vivront ignorés. Les paysans de

(1) Lettre d'Ableiges, 10 décembre 1702 (D. G., vol. 1605, p. 45).
(2) 20 janVier 1704 (D. G., vol. 1800, p. 33).
(3) C'est chez eux une coutume de gagner les bois. Cf. lettres d'Ableiges, 21 noVembre, 8 et 10 décembre 1702, 21 décembre 1703, 11 janvier, 6 mai 1705 et d'un capitaine en recrue dans sa généralité en 1705 (D. G., vol. 1605, p. 41, 44, 45 ; vol. 1701, p. 90 ; vol. 1902, p. 69, 99 ; vol. 1896, p. 495).
(4) Lettres d'Ableiges, 21 décembre 1703, de Le Blanc, 19 décembre 1704. (D. G., vol. 1701, p. 90 ; vol. 1802, p. 462) ; de BouVille, 7 féVrier 1705 (D. G., vol. 1902, p. 236). Dès mars 1701, les consuls de Saint-Étienne signalent des « attropements de 15 et 20 hommes qui campent aux montagnes » (D. G., vol. 1517, p. 187).

Beauce, Champagne et Picardie par exemple se réfugient à Paris, « les uns pour y chercher à servir en qualité de laquais, les autres pour y faire des vagabonds et fainéans », mais tous dans l'idée de ne point avoir à tirer au sort ; certains y reviennent tous les ans à l'époque de la levée. Les plus prudents se cachent soigneusement. Pas si bêtes que de coucher dans des auberges où la police peut toujours les cueillir, « la plupart sont refugiez chez des bourgeois et ne sortent point » (1).

Les habitants des provinces frontières enfin n'hésitent pas à passer à l'étranger. Les gens des Flandres gagnent Liège ou Maestricht, en si grand nombre qu'en 1703 il faut « refaire jusques à deux fois cette milice, tant la désertion a esté grande et l'est encore ». Les Champenois passent en Lorraine : le Barrois en reçoit 500 en une semaine l'année 1705 ; ils s'y engagent comme valets et sont fort appréciés des Lorrains auxquels ils ne demandent que leur nourriture pour tous gages ; ceux de Rethel, Mézières et Sedan se réfugient plutôt dans la souveraineté de Charleville (2).

Dans le Midi, les Provençaux vont dans le Comtat ; les Languedociens, Béarnais, Gascons, Auvergnats et Limousins en Espagne : en 1704, 4 000 jeunes gens de la seule généralité de Montauban franchissent la frontière des Pyrénées. « Il en passe en Espagne un si grand nombre, écrit Legendre, que presque toutes les communautés sont désertes (3). » La situation est donc très inquiétante et le gouvernement doit envisager les mesures les plus énergiques contre le pays qui entre tout entier en révolte contre les ordres du roi.

(1) Lettres du sieur Jobart et de d'Argenson, noVembre-décembre 1705 ; Chamillart à Destouches, 27 janVier 1706 (D. G., vol. 1900, p. 251-252 ; vol. 1950, p. 158).

(2) Lettres de Bernières, 12 mars 1704, du sieur Jordan et d'Harouys, 2 et 9 décembre 1705, de M. Vial Nicolaï, 6 janVier 1705 (D. G., vol. 1741, p. 49-50 ; vol. 1905, p. 304-305 ; vol. 1895, p. 206).

(3) Lettre de Legendre, 10 décembre 1706, pour les ProVençaux (D. G., vol. 1974, p. 463). Lettres de d'Albaret, Bernage, Lebret, Legendre, Saint-Macary, Le Blanc, 1701-1705 (D. G., vol. 1522, p. 57 ; vol. 1524, p. 160 ; vol. 1595, p. 200 ; vol. 1798, p. 442-444 ; vol. 1802, p. 426, 482 ; vol. 1895, p. 18 ; vol. 1902, p. 169).

*
* *

L'ampleur du mouvement rend la répression difficile. Tous les efforts pour empêcher cette fuite éperdue sont inutiles. Le pouvoir s'escrime en vain à la prévenir par la menace, à en conjurer les effets par le pardon : les châtiments les plus sévères, les amnisties les plus larges sont impuissants à arrêter l'insoumission générale.

Le roi est armé contre les réfractaires : son ordonnance du 12 mars 1701 les assimile aux déserteurs de ses troupes et comme tels ils sont passibles des galères et doivent être impitoyablement attachés à la chaîne dès leur arrestation (1).

Cette ordonnance est confirmée par une circulaire du 16 novembre 1702 qui recommande sa stricte application. Chamillart optimiste affirme alors qu' « un ou deux exemples contiendront tout le reste » (2). Il ordonne par la suite aux intendants de ne point s'inquiéter de jugements ni de comparutions en conseil de guerre, mais d'appliquer l'ordonnance à la lettre, c'est-à-dire de prononcer les condamnations *sans autre forme de procès* (3).

Le nombre toujours croissant des réfractaires rend vaine la menace, impossible le châtiment : ce n'est pas les galères qu'il faut peupler, mais les régiments.

On fait donc un large usage des amnisties. La première est de 1701, les autres des 1er février 1705, 5 juin 1706, 10 octobre 1711 (4). Leurs dispositions ne varient point ; le pardon du roi est acquis sous condition de rentrer chez soi ou parfois de s'engager dans les troupes, mais il n'est valable que pendant un temps déterminé. Passé ce temps, ceux qui s'obstinent dans leur insoumission n'ont plus à espérer d'indulgence.

(1) Ordonnance du 12 mars 1701.
(2) D. G., vol. 1562, p. 192.
(3) Apostilles sur lettre de Le Blanc, 19 décembre 1704 (D. G., vol. 1802, p. 462) et sur lettres de d'Ableiges en 1702 et 1705 (D. G., vol. 1605, p. 44 ; vol. 1902. p. 69).
(4) Cf. recueils d'ordonnances.

Cependant le délai s'allonge à mesure que dure la guerre : de huit jours en 1701, il est porté à quinze en 1705, il est d'un mois en 1711. Des peines sont prévues pour ceux qui ne profitent pas de la clémence du roi : en 1705 on songe d'abord à leur infliger le carcan pendant trois jours consécutifs (1) ; puis, Chamillart décide qu'ils seront punis du fouet et de la marque de la fleur de lis en lieu public, s'ils ne se rendent dans la quinzaine et étend cette peine aux réfractaires impénitents des années précédentes (2). L'intendant de Montauban, Legendre, augure mal de cette dernière décision, redoutant qu'elle n'aille à l'encontre de son but et que la crainte du châtiment empêche les fuyards de revenir et ceux des années précédentes alors rentrés chez eux d'y rester (3).

La prolongation continuelle des délais de soumission, l'aveu qu'il reste des réfractaires impénitents prouvent bien le peu d'efficacité des amnisties.

Il est donc vain de vouloir empêcher l'insoumission, rien ne l'arrête. Il faut accepter la situation telle qu'elle est et entrer franchement en lutte avec les réfractaires ; le gouvernement peut les traquer et, raisonnablement, force doit lui rester.

S'ils espèrent empêcher les « tirements de sort » faute de se présenter, ils se trompent d'abord. On ne tient pas compte de leur absence et on agit comme s'ils étaient là.

Dès 1701, Lebret ordonne aux consuls de Provence « de faire tirer pour les absents » (4). M. d'Ableiges, dans sa généralité, se fait remettre par les curés ou syndics la liste de tous les *miliciables* et, s'ils font défaut, fait tirer au sort pour eux par des enfants (5). C'est aussi l'usage en Périgord, où l'on

---

(1) Chamillart à Bouville, 23 janVier 1705. Il lui annonce qu'il va le proposer au roi et l'autorise à en répandre le bruit (D. G., vol. 1902, p. 233).
(2) Ordonnance du 1ᵉʳ féVrier 1705.
(3) Lettres de Legendre, 18 février et 8 mars 1705 ; de Chamillart, 25 féVrier (D. G., vol. 1904, p. 14, 19, 26).
(4) 2 mars 1701 (D. G., vol. 1517, p. 174).
(5) Lettres des 28 mars 1701 et 21 noVembre 1702 (D. G., vol. 1524, p. 218 ; vol. 1605, p. 41).

16

emploie un enfant ou un *pauvre mendiant* (1). Le procès-verbal en fait alors mention (2).

· Reste, si le sort désigne un absent, à le retrouver. Mais comment s'en saisir?

La fuite, écrit d'Ableiges, « est un mal général auquel je ne vois d'autre remède que de les faire arrester les uns après les autres, ce qui est d'une longue discution ». En effet ! et il ajoute : « On arreste comme on peut celui sur qui le sort tombe pour le faire marcher (3). »

En vérité, il ne faut guère compter opérer beaucoup d'arrestations de vive force. Les caches sont sûres, les complices discrets, les gars armés, résolus et prudents ; tous les archers du royaume n'y suffiraient point. Et puis il en coûte gros de faire des déplacements et des perquisitions, autant que de payer la taille parfois, et que de temps perdu, et que de désagréments !

A la recherche des réfractaires en 1701, les consuls de Saint-Étienne passent « plus de douze jours et nuits avec quelques hommes... pour tascher de saisir quelqu'un de ces gens là », sans en reprendre un seul. Ceux de Roujan en Languedoc qui battent la campagne en 1709 avec quelques gardes de bour-

(1) Dujarric-Descombes, communication à la Société historique et archéologique du Périgord (*Bulletin*, t. XXXIX, 1912, p. 128-130).

(2) Voici le procès-verbal d'un de ces « tirements de sort », envoyé au roi par d'Ableiges, le 27 mars 1705 :

« Coppie du procès-verbal du tirement de sort, fait dans la paroisse de Taxat.

« Estat des garçons de la paroisse : Jean Duplant, Gilbert Saint-Priest, Anthoine d'Arnon, Gilbert Patarin, Charles Imbaud, Bastien Métaut, Pierre Champiat. L'état certifié par les consuls.

« Aujourd'huy 28 décembre 1704, Nous, Gilbert Anthoine Morant, conseiller du Roy, juge chastelain de la chatellenie royale de Charoux et subdélégué de Monseigneur l'intendant, en l'exécution de ses ordres, nous estant transporté dans la paroisse de Taxat pour y faire tirer les garçons au sort, après avoir fait appellé à haute et intelligible voie les garçons contenus au présent état, aucuns d'eux n'ayant comparus, nous avons fait tirer en leur absence par un enfant de l'âge de sept ans : le quatrième qui a esté tiré pour et au nom de Gilbert Patarin, Valet de Chaux, qui c'est trouvé noir. Ce faisant, l'avons déclaré soldat de milice et enjoing audit Chaux de le représenter. Fait à Taxat, le dit jour et an. Signé : Morant. » (D. G., vol. 1902, p. 106-107).

(3) 15 et 31 décembre 1702 (D. G., vol. 1605, p. 46-47). « Il m'est impossible d'en venir à bout qu'à force d'archers que l'on est obligé d'envoïer dans les parroisses pour les conduire dans les prisons ; autrement ils désertent. »

geoisie finissent bien par arrêter le réfractaire Mathieu Arnaud, mais au prix de 7 livres 13 sols, dont ils ne peuvent même pas obtenir le remboursement intégral (1).

On ne peut guère prendre que ceux qui commettent la sottise de rentrer trop tôt à leur demeure ; on peut croire qu'ils sont rares (2). L'arrestation de l'un d'eux amène en 1711 un curieux conflit entre Turgot, intendant de Clermont, et l'évêque de la ville. Flanqué de deux dragons, le gars est conduit aux casernes, quand, passant devant l'évêché, il voit une porte ouverte, la franchit et se réfugie dans une cuisine où les gens de l'évêque prenant fait et cause pour lui rossent ses gardiens entrés à sa poursuite. Aux représentations de l'intendant, l'évêque répond que l'irruption des dragons à l'évêché constitue une insulte à son égard et Voysin, consulté, ordonne d'étouffer l'affaire (3).

Il est donc fort difficile d'arrêter de vive force les réfractaires. Il faut à tout prix les attirer chez eux pour pouvoir s'en saisir. Tous les moyens sont essayés pour en arriver là.

On cherche à les atteindre surtout en les frappant dans leurs affections les plus chères, en rendant responsables de leur conduite leurs complices présumés, amis, voisins et parents. A ceux-ci on inflige donc une garnison ou bien de la prison, jusqu'à retour des fugitifs. C'est évidemment barbare, mais on n'a pas le choix des moyens, car de deux choses l'une : ou bien l'homme effrayé pour les siens se rendra au plus tôt, ou bien ses complices le trahiront, volontairement ou non.

La garnison est un moyen sûr de les effrayer tous : car le logement des hommes de guerre, avec son cortège de maux, de vols et de brutalités, est une obligation terrible, redoutée des pauvres gens. Qu'on leur envoie quelques jours des soldats, et c'est leur foyer envahi, leurs récoltes ravagées, leurs poules égorgées, leur vin bu et leurs filles mises à mal. Les

(1) Lettre des consuls du 3 mars 1701 (D. G., vol. 1517, p. 187). — FABRE, *Histoire de Roujan*, p. 61.
(2) Cf. lettres de La Bourdonnaye et du sieur Compaigne, février 1706 (D. G., vol. 1986, p. 10-11).
(3) Lettres de Turgot et apostille, mars 1711 (D. G., vol. 2345, p. 97-98).

dragonnades ne furent pas autre chose que le logement prolongé des troupes.

Mais, à l'usage, le système se révèle moins efficace : d'abord,
les garnisons sont très coûteuses ; les archers employés touchent
une indemnité de cinq livres par jour (1). Ils n'ont donc pas
intérêt à malmener leurs hôtes ni à trop tôt arrêter les réfractaires ; maîtres du logis, ils s'y trouvent bien et n'ont point
hâte d'en sortir. A tel point qu'un intendant propose de leur
supprimer tout salaire, car, dit-il, « sans une telle crainte, ces
gens-là ne font rien » et de leur donner seulement dix livres
par arrestation effective (2).

La force d'inertie habituelle aux paysans leur fait supporter
les premiers contacts un peu rudes ; une accoutumance naît
des séjours prolongés et des complaisances réciproques et la
vie est au fond supportable.

En 1704, le curé d'un village normand, puni de garnison
pour avoir favorisé l'insoumission de ses paroissiens et dont
M. de Beuvron dénonce « le mauvais caractère » et les « déré-
glements », rend la vie si dure à ses garnisaires qu'on est obligé
d'en doubler le nombre (3).

Bref, il apparaît que les coupables ne sont pas suffisamment
effrayés pour se soumettre. Il faut donc trouver mieux. Le
châtiment varie selon le temps et le lieu. Tantôt, on fait saisir
leurs biens et on cherche à convaincre les parents en leur rappelant que leurs enfants méritent les galères ; tantôt on les
vend (4). Mais ce n'est pas partout possible ; M. d'Albaret ne
peut user de ce moyen de contrainte parce que le « Roussillon
est un pays de droit écrit et que les fils de famille n'ont rien
de propre et que personne n'oseroit acheter ce qui appartient
à un frère qui s'enfuit sans crainte de souffrir quelqu'insulte
par voye de fait » (5). Les intendants finissent par faire jeter

(1) Lettre du commissaire Capy, 6 janvier 1703 (D. G., vol. 1700, p. 4).
(2) Lettre de M. d'Herbigny, 2 avril 1703 (D. G., vol. 1704, p. 132).
(3) Lettre de M. de Beuvron, 2 mars 1704 (D. G., vol. 1801, p. 247).
(4) Lettres de Lebret, 2 et 16 mars, 1er avril 1701 (D. G., vol. 1517, p. 174,
177, 185).
(5) 25 mai 1701 (D. G., vol. 1522, p. 100).

en prison les parents, bien obligés d'employer « cette voye, quoyque très dure, n'y voyant nul autre remède » (1). Ces emprisonnements sont d'ailleurs approuvés par le secrétaire d'État. Encore beaucoup ne produisent-ils pas l'effet espéré, tant est opiniâtre la résolution des parents de ne point donner leurs enfants au roi (2).

Garnison, saisie, prison font en réalité peu d'impression. Un intendant constate qu'il n'y a pas de remède à la fuite des garçons sujets à la milice, « quelque précaution qu'on prenne pour cela et quelque sévérité qu'on garde contre les pères et plus proches parents » (3).

Dans la généralité de Montauban, dès l'annonce du tirage, les garçons s'enfuient. On fait tirer pour eux leurs parents : ils ne reviennent pas ; on met des garnisaires chez eux et les consuls : pas davantage. L'intendant en est réduit en désespoir de cause à engager « à force de manèges... un des garçons absent de revenir en *luy promettant* 50 *livres* et outre cela, tous les garçons qui veulent se dispenser de marcher luy donnent quelque chose » (4). Que penser de cette prime offerte au déserteur repentant?

D'autres procédés sont encore employés. Ceux qui ne bougent point de chez eux sont souvent ceux qui n'ont point la taille requise pour faire des soldats ; Bouville propose de les faire tirer quand même et d'arrêter ensuite les réfractaires, rassurés par cette désignation, pour les joindre aux premiers. « C'est, ce me semble, la moindre punition qu'ils méritent de les faire marcher tous deux (5). »

Mais on souhaite des *expédients plus prompts* et pour rattraper quelques gars, on fait enfin appel aux plus bas sentiments de rancune et de vengeance.

Dans de nombreuses généralités, « comme il y a pour l'ordi-

---

(1) Lettre de Basset, 31 décembre 1702 (D. G., vol. 1605, p. 159).
(2) Un artisan du Soissonnais préfère rester en prison que de liVrer son fils (lettre de Sanson. — D. G., vol. 1801, p. 420).
(3) Lettre de Rouillé, 5 janvier 1704 (D. G., vol. 1801, p.17).
(4) Lettre de Legendre, 5 mars 1704 (D. G., vol. 1798, p. 342).
(5) Lettre de BouVille, 15 janVier 1705 (D. G., vol. 1902, p. 231).

naire 'plus de garçons absents que de présents pour tirer au sort », les intendants reçoivent l'ordre de ne point compter les absents et de faire tirer au sort jusqu'à ce que le billet noir ait désigné un des présents (1).

Ainsi, en affectant de ne point comprendre les réfractaires parmi les hommes sujets à la milice, on excite la colère de ceux qui sont restés et en sont récompensés par la quasi-certitude d'être pris ; très habilement, on leur promet la liberté si, avant l'époque du départ des recrues, ils réussissent à arrêter et remettre à leur place un des fuyards (2).

De tous les moyens essayés pour combattre les effets de l'insoumission, celui-ci est certainement le meilleur. Mais aussi les réfractaires prévenus se méfient et se gardent encore mieux.

Aucun de ces systèmes n'est donc absolument efficace pour les faire rentrer chez eux ; ils ne donnent que des résultats partiels ; on ne peut former le contingent qu'en procédant à une série d'arrestations : comme dit d'Ableiges, de quelque façon que l'on procède, on fait comme on peut.

Les garçons qui ont fui très loin de leur paroisse sont encore moins faciles à reprendre. On l'essaye néanmoins, mais les habitudes particulières aux habitants de certaines provinces, le Limousin, l'Auvergne et le Quercy notamment, contrarient fort les mesures de répression.

C'est en effet une coutume dans ces régions que, durant l'hiver, les hommes aillent gagner leur vie au loin, dans des provinces plus favorisées ou à la ville. « Il ne reste dans les villages pendant ce temps-là que les vieillards, les femmes et les enfants. » Les choses n'ont point beaucoup changé depuis deux siècles. En Auvergne, pays de montagne que les neiges d'hiver rendent inhospitalier, les hommes s'expatrient au début d'octobre pour aller travailler « à la scie, au chaudron

---

(1) Lettre de BouVille, 2 aVril 1704 (BOISLISLE, *Correspondance*, II, n° 591). Chamillart à d'Herbigny, le 5 janVier 1704 : « Le roy l'a aprouVê et l'on en use ainsy dans les autres généralités » (D. G., vol. 1801, p. 18).

(2) Lettre de La Briffe, 12 féVrier 1711 et réponse (D. G., vol. 2342, p. 24-29).

et aux autres ouvrages serviles » et ne reviennent qu'à Pâques, au temps ou ils peuvent travailler à leurs champs. « C'est un usage pratiqué par toutes les paroisses situées dans les montagnes qui séparent le Forès d'avec l'Auvergne qu'à la Nostre-Dame de septembre, tous les jeunes hommes mariés ou garçons en partent pour aller travailler dans les païs étrangers à scier des arbres et ils n'ont accoutumé de revenir qu'aú commencement de juin. » En Limousin et spécialement dans l'élection de Tulle, on connaît « l'habitude où sont les paysans de sortir de leur pays pour aller travailler à la maçonnerie ». Dans la généralité de Montauban, pareille émigration et à la même époque est d'usage (1).

Peut-on faire grief à ces gens d'obéir à leur tradition et les obliger à rester? Ce n'est pas possible. Cependant on constate une recrudescence marquée de l'émigration depuis les levées de milice ; il n'est pas douteux qu'un certain nombre de gens qui restaient ordinairement chez eux s'absentent désormais dans la seule intention de ne point tirer au sort.

On distingue donc entre les émigrants : ceux qui quittent le pays pour leurs affaires, qui ont un métier connu, un domicile fixe et ne vagabondent point doivent tirer au sort dans leur résidence d'occasion (2).

Les autres sont traqués : l'ordonnance du 10 décembre 1705, pour mettre fin à leur manège, décide que tous les garçons qui auront changé de paroisse après la publication de l'ordonnance de levée seront arrêtés et, « s'ils sont de l'âge et de la taille requise », pris pour la milice « à la décharge des garçons et jeunes hommes mariez des paroisses qui les auront arrestez ». Cette ordonnance est bien accueillie des intendants, qui en apprécient fort l'opportunité (3).

(1) Lettres de M. de Verdun, mars 1701 ; Bernage, janVier 1702 ; d'Ormesson, noVembre 1703 ; Legendre, décembre 1704 ; Rouillé, mars 1704 ; Leblanc, août 1705 (D. G., vol. 1524, p. 187; vol. 1605, p. 54 ; vol. 1701, p. 116 ; vol. 1798, p. 442, 444 ; vol. 1801, p. 314 ; vol. 1902, p. 169).
(2) Cf. lettres d'Ormesson et Bignon, féVrier-mars 1711 (D. G., vol. 2341, p. 6. 42).
(3) Lettres de La Bourdonnaye, janVier 1706, de Le Guerchois, 31 décembre 1705 (D. G., vol. 1896, p. 1 ; vol. 1901, p. 144).

Immédiatement, et d'ordre de Chamillart, des rafles importantes sont organisées à Paris par le lieutenant de police. Tous les suspects sont retenus, incarcérés et subissent un interrogatoire d'identité ; leurs déclarations sont alors contrôlées et les intendants chargés de vérifier la raison vraie de leur absence : si elle est motivée, on ne les inquiète pas davantage ; s'il est au contraire démontré qu'ils n'ont quitté leur pays que pour éviter le tirage au sort, ils sont immédiatement reconduits chez eux et pris comme miliciens. Des exemples sont faits, des enquêtes paraissent être sérieusement menées, mais, comme toujours, on n'aboutit qu'à des résultats partiels : les vagabonds seuls peuvent être arrêtés, les autres échappent aux archers (1).

L'exode à l'étranger soulève d'autres difficultés. Il est malaisé à prévenir et on ne l'essaye guère. Le seul remède efficace serait de fermer les frontières. Sur la proposition de Legendre, on se décide en 1704 à surveiller celle d'Espagne et l'intendant de Pau, M. de Saint-Macary, reçoit ordre de faire arrêter tous les garçons qui ne pourront présenter un passeport signé de Legendre ou de M. de Montrevel (2). Faut-il s'étonner, malgré les précautions qui entourent la délivrance de ces passeports, que beaucoup trouvent moyen de tromper cette surveillance illusoire?

Cependant le territoire espagnol n'est pas pour eux un asile sûr : une entente intervient entre les gouvernements intéressés pour la livraison réciproque de leurs déserteurs et l'expulsion des réfractaires (3). Mais telle convention n'est possible qu'entre pays alliés.

La terre étrangère garde ses réfugiés et le roi de France n'y peut rien. Le dépit de voir ces gens lui échapper lui

---

(1) Chamillart à d'Argenson, 7 décembre 1705 ; lettres de d'Argenson, extraits d'interrogatoires, lettres du sieur Jobart, des élus de Bourgogne, à Destouches, décembre 1705-janVier 1706 (D. G., vol. 1900, p. 251, 252, 272, 334-337, 416, 417 ; vol. 1950, p. 158).

(2) Lettres de Legendre, 17 décembre 1704 ; Saint-Macary, 3 janVier 1705 (D. G., vol. 1798, p. 444 ; vol. 1895, p. 18).

(3) Chamillart à Legendre, 26 décembre 1704 (D. G., vol. 1802, p. 482).

inspire pourtant une fois une manœuvre singulièrement auda-
cieuse.

En 1705, agissant naturellement à l'insu du duc souverain,
il cherche à reprendre sur son territoire les Français réfugiés
en Lorraine. Sous couleur d'en savoir le nombre approximatif
et pour ne pas éveiller les soupçons, par l'intermédiaire de
l'évêque de Meaux, il charge de l'opération le grand vicaire
et official de l'évêché de Toul, M. de Laigle, qui, au point de
vue spirituel, exerce une action sur le clergé lorrain. Celui-ci
consent à mettre son autorité ecclésiastique au service du roi,
mais observe qu'il serait maladroit d'agir secrètement, car,
dit-il, les curés de Lorraine « estant aussi attachez qu'ils le
sont à leur prince et à tout ce qu'ils croient être de ses intérêts,
ou bien ils refuseroient mes commissions, ou bien ils en aver-
tiroient Son Altesse ». Il juge donc préférable « d'agir tout
simplement » et pour ne porter « ombrage à personne », en
demandant à ces prêtres de recenser les réfugiés français, de
les avertir que le duc de Lorraine est d'accord à ce sujet avec
le roi de France. M. de Laigle avait grand'raison de redouter
le loyalisme lorrain : aussitôt mis au courant par son clergé,
le duc dément dans la quinzaine l'affirmation du grand vicaire
de Toul et interdit aux doyens d'exécuter ses ordres « sur ce
fait qui n'a aucune relation à ses fonctions spirituelles » (1).

_____

(1) Cet exode des populations frontières est signalé par des Français qui sont
sur les lieux (D. G., vol. 1895, p. 206 ; vol. 1905, p. 304). Cf. lettre de M. de
Laigle, 25 mars 1705 et les deux circulaires imprimées (D. G., vol. 1896, p. 258-
260).

1° Circulaire envoyée au nom du roi de France par de Laigle : « A Toul, le
12 mars 1705. — Le roi désirant avoir connoissance de tous les François qui se
sont retirez en Lorraine et en Barrois et *Monseigneur le duc de Lorraine ayant
agréé qu'on en fit la recherche*, je vous prie, Monsieur, ensuite de ceux que j'ai
reçus de Sa Majesté, de m'envoyer incessamment un mémoire exact de tous les
François, qui se sont nouvellement établis dans votre doyenné. Afin que vous le
sçachiez plus facilement et plus sûrement, vous emploierez à en faire la recherche
avec vous ceux de vos confrères que vous jugerez les plus propres et notamment
ceux que je vous marque au bas de cette lettre. N'omettez rien pour que la chose
se passe avec toute l'exactitude possible et que vous puissiez au plutôt·m'en
rendre un compte juste et fidèle. Je suis, Monsieur, votre très humble et très
obéissant serviteur. DE LAIGLE. »

2° Circulaire du duc de Lorraine : « A Lunéville, le 20 mars 1705. — Monsieur,
Son Altesse Royale ayant été informée que M. de Laigle, grand-vicaire et official

Le gouvernement français en est pour sa peine et la terre de Lorraine demeure l'asile inviolable des réfractaires.

Ainsi quoi qu'il tente, le pouvoir n'arrive pas à enrayer l'insoumission : il ne peut que la combattre et pas toujours victorieusement. Un à un, il lui faut arrêter les gens, devant même qu'ils aient tiré, tant est grande l'impopularité du service obligatoire.

* *

Les intendants qui ont recherché les raisons de cette impopularité sont arrivés à la même conclusion : la répugnance insurmontable du peuple pour le service dans les troupes réglées.

D'abord, la première levée a été ordonnée dans de mauvaises conditions, le pays étant à peine remis d'une longue guerre. « Elle a esté faite dans une conjoncture bien différente de la levée de 1688 et 1689, car alors la campagne estoit peuplée. Elle avoit eu dix années de paix pour se restablir et n'avoit pas mesme souffert pendant la guerre précédente comme elle a souffert pendant la dernière. Il n'y avoit point eu de mortalité comme celle de 1694 qui a emporté plus d'un tiers du peuple ; en un mot la levée se faisoit facilement en comparaison de celle-cy (1). »

Et puis, la façon de servir a changé. Passe de recruter des formations spéciales comme pendant la guerre de la Ligue d'Augsbourg, passe encore de s'engager volontairement avec des officiers de connaissance, mais, au gré du sort, s'en aller

de l'évêché de Toul, avoit envoyé une lettre circulaire aux doyens ruraux dudit évêché, par laquelle il leur mande de faire une recherche exacte de tous les François qui se sont nouvellement établis dans ses Estats et que sadite A. R. a ordonné à ses officiers de concourir avec eux à ladite recherche. Elle m'a commandé de Vous écrire de mander lesdits doyens ruraux qui sont dans l'étendue de Votre ressort et de leur dire que sadite A. R. *n'ayant point été avertie de cette recherche ny donné aucun ordre à ses officiers pour la faciliter,* elle leur déffend d'exécuter ceux qu'ils ont reçu dudit sieur de Laigle sur ce fait qui n'a aucune relation à ses fonctions spirituelles et de Vous enjoindre d'avertir les curés de leur donné de n'y point déférer. Vous m'accuserés la réception des présentes et les diligences que Vous aurés faites pour son exécution. Je suis, Monsieur, Votre très humble serviteur. Signé : LE BÈGUE. »

(1) Lettre de M. de Vaubourg, 30 mai 1701 (D. G., vol. 1526, p. 85).

n'importe où, avec n'importe qui, et peut-être pour toujours, point.

« Les personnes de bon esprit à qui j'ay demandé la raison d'un effroy si général, écrit M. de Vaubourg en 1701, m'ont dit que les paysans ne regardent point cette levée comme une milice, puisqu'ils ne reviendront point chez eux les hyvers et qu'ils seront incorporez dans des régiments de trouppes réglées ; on a beau leur dire que, suivant l'ordonnance, le quart aura congé absolu dans deux ans et ainsy de suite : ils comptent qu'ils seront enrolez pour toute leur vie et ont plus de répugnance pour ce service qu'ils n'en ont jamais eu pour les milices précédentes (1). » Et ce sentiment se confirme avec le temps ; Lebret déclare en 1706 : « Je me suis informé au sujet de la grande répugnance que les peuples ont pour les recrues et la raison est, disent-ils, qu'ils ont quelquefois vu revenir leurs compagnons qui s'étoient engagés avec des officiers, mais qu'ils n'ont jamais vu revenir aucun de ceux qui avoient été pris pour la milice (2). »

Cependant il faut des hommes et on en trouve. C'est donc que l'insoumission n'est pas si générale ? Non, c'est qu'on tolère qu'ils ne tirent pas au sort, car la répugnance pour le service est la même pour le tirage, formalité « tous les ans très inutile, fort ambarrassante et fort à charge au peuple », écrit un intendant (3).

Les ordres du roi sont pourtant formels : les miliciens ne doivent être désignés que par tirage au sort ; les paroisses ne peuvent fournir aucun homme qui n'ait tiré, fût-il volontaire, sous peine de voir sa municipalité frappée d'une amende de 300 livres. Car accepter un volontaire, c'est « oster un homme qui s'engageroit volontairement dans les troupes réglées », ou bien, s'il ne se décide que parce qu'on le paye, c'est s'encombrer d'un soldat « quasi-inutil » (4).

(1) 27 février 1701 (D. G., vol. 1524, p. 165).
(2) 10 décembre 1706 (D. G., vol. 1974, p. 463).
(3) Lettre de Legendre, 5 mars 1704 (D. G., vol. 1798, p. 342).
(4) Lettres de Sanson 9 mars 1701, et Turgot, 23 mars (D. G., vol. 1524, p. 189, 212).

Au début de la guerre, les intendants refusent donc impitoyablement ces arrangements. Sanson n'accepte pas en 1701 les volontaires que lui offrent vingt-huit paroisses de sa généralité et les oblige à tirer ; Bernage, qui la même année a accepté ces hommes, se le voit formellement interdire (1). Or, le 3 juillet, M. Bouchu écrivait à Chamillart : « De croire que tous ayent esté nommés par le sort, permettez-moi de vous répéter, Monsieur, ce que j'ay déjà eu l'honneur de vous escrire : que c'est une idée que ce sort ! Il n'y a point de communauté qui n'ait fait tirer les garçons au sort et peu de ces garçons nommez au sort qui ne se soient enfuy. Tirer une seconde fois au sort est inutile, car ceux qui s'y trouveroient exposés par la fuite des premiers prendroient le même party. Il faut donc s'en tirer comme on peut et regarder l'inconvénient des milices comme l'un des plus grands de la guerre (2)... »

Et il arrive que les ordres sévères toujours rappelés ne sont plus observés ; constamment les paroisses enlèvent des gens de force pour les remettre à l'intendant. Du Poitou, M. Roujault écrit en 1711 : « De tous les temps, on a enlevé des hommes par force dans cette province quand il a été question de milices et les paroisses se les sont arrachez les unes aux autres. Je sçais qu'on en use de mesme dans toutes les provinces voisines (3). »

Les intendants désapprouvent cette conduite : « Ces manières violentes ne servent qu'à rendre odieux le service de la milice... et il conviendroit beaucoup mieux calmer les esprits en faisant publier les grâces et les avantages que le roy y attache et les châtiments qui doivent suivre la désobéissance. » Mais quoi ? ils savent combien il est malaisé à la longue de trouver des hommes, impossible de soumettre un pays en révolte et les difficultés où se débattent les munici-

(1) Lettres de Bernage et Sanson, février-mars 1701 (D. G., vol. 1524, p. 160, 189).
(2) D. G., vol. 1517, p. 64.
(3) 16 mars 1711 (D. G., vol. 2337, p. 211).
(4) Chamillart à Doujat, 2 décembre 1705 (D. G., vol. 1903, p. 296).

palités impuissantes, et, tout en les blâmant, ils leur trouvent des excuses.

« Plus la guerre continue, plus on a de peine à lever la milice, et tel qui auroit trouvé quelque facilité à faire des hommes pour la milice en 1703 peut en avoir beaucoup moins à exécuter les ordres du roy sur ce sujet en 1704 (1) ! »

Obligés de demander périodiquement des hommes à des paroisses qui sont dans l'impossibilité matérielle de les leur fournir régulièrement, responsables eux-mêmes de la levée, ils font comme ils peuvent. « J'en sais, dit sans les nommer M. de Maisonsel, qui ont fait prendre tous les gueux et misérables indifféremment de quelque aage et les ont fait mettre dans les prisons jusqu'au jour qu'ils ont jugé à propos de faire partir les recrues de milice (2). » Sans aller jusque-là, — bien au contraire, ils exécutent le plus souvent les ordres qu'on leur donne, — ils finissent par fermer les yeux et, pour aboutir, acceptent les gens qu'on leur présente, sans trop s'inquiéter de la stricte observation des ordonnances. A la fin de la guerre, certains l'avouent franchement : « J'ay cru et je crois, écrit M. de Martangis, qu'il est du bien du service qu'en entière connoissance de cause et après avoir bien examiné comme cela s'est passé, quand une paroisse propose un bel homme qui veut aller de bonne volonté et qu'il n'en coûte pas plus à la paroisse, je le tolère et fais semblant d'y fermer les yeux. » Et le secrétaire d'État Voysin de l'approuver alors (3), le gouvernement d'accepter en 1711 ce qu'il refusait obstinément en 1701.

C'est qu'en ces dix ans la situation a changé et qu'après bien des hésitations, des luttes et des refus, le pouvoir est obligé enfin de tolérer ce qu'il n'a jamais pu empêcher, c'est aussi qu'inquiet de la résistance du pays et désespérant de lui

(1) 7 décembre 1705 (D. G., vol. 1903, p. 299).
(2) Lettre de Maisonsel, 14 mars 1704 (D. G., vol. 1759, p. 379).
(3) 1er mars 1711 (D. G., vol. 2341, p. 130).

faire accepter de bon cœur le service obligatoire, il ne l'a plus imposé pendant un temps et n'a plus compté que sur les mercenaires et l'armée de métier.

Ce sont les étapes de cette évolution que nous voudrions brièvement indiquer.

CHAPITRE V

Un fait est acquis : l'impopularité du service obligatoire. Nous ne reviendrons pas sur la répugnance déjà signalée du peuple à servir dans les troupes réglées. Le pays ne refuse pas de contribuer à la défense du royaume ; il comprend qu'il faille des soldats au roi et consent à les lui procurer : ce qu'il n'admet pas c'est que ce soient ses meilleurs enfants, et surtout qu'on les lui prenne quand il se présente à leur place des volontaires. Il est résolument hostile au principe du service obligatoire parce qu'il est habitué à considérer l'armée comme sans contact avec lui et n'admet pas qu'on l'oblige à faire un métier qui n'est pas le sien ; mais il accepterait toute solution qui, sauvegardant les intérêts militaires, respecterait son habitude et ses goûts et le dispenserait d'une obligation pénible. La nécessité de recruter les armées du roi n'est donc pas contestée, seulement la manière de le faire.

Que la milice n'est-elle par exemple convertie en redevance pécuniaire ? Ce ne serait qu'un impôt de plus et de bon cœur acquitté celui-là. Tel qui n'est pas riche et, soldat, serait moins malheureux peut-être que laboureur, n'hésite cependant pas, le cas échéant, à sacrifier jusqu'au dernier sol de son maigre pécule, voire à s'endetter, pour ne point partir. L'argent qu'il donne à son remplaçant, il l'offrirait volontiers au roi pour être dispensé du service personnel. Et, si l'on n'a que faire d'argent et que l'on veuille des hommes, pourquoi faut-il que l'on interdise précisément aux paysans de se faire remplacer ? A beaux deniers comptants, ils trouveront des hommes pour

les recruteurs : il ne manque pas dans leur entourage et par
tout le royaume de gueux ou de libertins pour qui la prime
d'enrôlement et la solde des gens de guerre seront encore une
aubaine. Il suffit de les décider. Ceux-là n'ont ni famille qui
les retienne, ni intérêts qui les sollicitent : ils n'en feront que
de meilleurs soldats. Les plus belles troupes du roi ne sont-
elles pas de mercenaires et cache-t-on le dédain que l'on
professe pour le *rustique ban* des paysans armés?

Deux moyens s'offrent donc au pouvoir de satisfaire le sentiment populaire sans diminuer apparemment ses forces
militaires et qui entraînent tous deux la suppression du service
obligatoire : qu'il autorise les gens sujets à la milice à lui
donner de l'argent qu'il emploiera *à faire des hommes* ou à lui
fournir eux-mêmes des remplaçants. Prendre les remplaçants
ne lui coûterait aucune peine ; accepter l'argent l'oblige par
contre à enrôler des recrues, donc à retomber dans les difficultés que devait lui éviter la milice. C'est pourtant à ce
dernier parti qu'il finira par se résoudre, mais trop tard.

Pendant sept ans en effet, le gouvernement s'obstine à
conserver l'impopulaire service obligatoire et à interdire le
remplacement. Il a sans doute ses raisons qui sont de ne point
vouloir priver les troupes réglées de volontaires et de leur
assurer en outre un contingent supplémentaire d'appelés,
mais il est impuissant à faire respecter sa volonté. Insoumis,
réfractaires et déserteurs ne se comptent plus ; nombreux
aussi sont ceux qui s'achètent des remplaçants.

Lorsqu'en 1708 donc il transforme la milice en impôt
payable en argent, il consacre une situation de fait : bien
souvent le service personnel n'existe que de nom. S'il a pris
à sa charge l'enrôlement des recrues, la raison en est dans sa
conviction née de l'expérience que les particuliers font de
mauvais recruteurs, dans son inquiétude de l'impopularité
grandissante de la milice, dans son souci de nourrir de recrues
un petit noyau de troupes de métier plutôt que de les alimenter de médiocres soldats. Il semble donc avoir renoncé
à faire contribuer intimement le pays à la défense nationale.

Pas pour longtemps : la milice est encore levée en 1711, réclamée par un militaire, et elle a une occasion éclatante de prouver son utilité, puisqu'elle recrute l'armée qui vaincra à Denain.

L'étude du remplacement prend donc un intérêt spécial du fait qu'elle permet de suivre les variations de la doctrine en matière de service militaire.

**

L'habitude de la cotisation a beaucoup contribué à répandre la coutume du remplacement.

C'est un usage dans tout le royaume que les gars d'une paroisse se cotisent pour réunir une petite somme qu'ils remettent au milicien désigné par le sort : cette contribution volontaire est le tribut payé par ceux qui restent au camarade moins favorisé.

Le gouvernement admet cette coutume et l'encourage en veillant à ce qu'elle soit exactement observée, car il y trouve son avantage. Le pécule amassé, si maigre soit-il, peut servir à défrayer le milicien de bien des menus frais, à le consoler peut-être de son sort en l'inclinant à la résignation : dans les deux cas l'avantage est réel. Le seul danger serait qu'on ne remît à l'homme une somme trop importante, qui pût l'aider à déserter ou qui grevât lourdement la paroisse au détriment du recouvrement des impositions (1).

M. d'Angervilliers calme en 1702 cette appréhension en assurant que dans la généralité d'Alençon les miliciens ne gardent rien par devers eux et remettent l'argent à leurs parents, de telle façon qu'il ne sort pas « un sol du pays » (2).

C'est encore une consolation pour ces gens que de pouvoir assurer l'existence de ceux qu'ils laissent derrière eux. On prend néanmoins la précaution de fixer le taux maximum de la cotisation personnelle.

(1) Lettre de Bagnols, 2 aVril 1702 (D. G., vol. 1564, p. 53).
(2) Lettre d'Angervilliers, 30 décembre 1702 (D. G., vol. 1610, p. 231).

En 1701, on autorise les garçons à « se donner réciproquement 30 sols avant d'avoir pu tirer au sort, dont on pourra faire une masse pour celuy sur qui il tombera » (1).

Mais bientôt il faut tolérer davantage. Les intendants veillent toutefois que les sommes réunies ne soient pas excessives. Il est impossible de donner le chiffre moyen de ces contributions volontaires ; il varie avec le temps et le lieu. Notons parmi les plus fortes celles de 3 écus dans la généralité de Poitiers en 1704 ; d'un écu en Normandie et de 10 dans les plus importantes paroisses de Touraine en 1705 ; d'un écu dans les généralités d'Alençon et de Montauban en 1702 et de 22 livres dans celle de Bourges en 1711 (2).

Quant à empêcher les garçons de détourner l'argent de sa destination, c'est autrement aisé que de réglementer l'importance des cotisations. Ce sont les subdélégués qui l'encaissent. Naturellement, il arrive qu'on les accuse de les garder pour eux. Ce qui peut donner corps à ces accusations, c'est que quelques intendants, comme Pinon, ont la précaution de le confisquer jusqu'au moment du départ, pour éviter des dépenses injustifiées, l'achat d'un remplaçant ou la désertion (3).

Il faut bien que la coutume de la cotisation ait eu de sérieux avantages pour que, non content de l'encourager, le gouvernement se soit lui-même employé à la faire respecter. Dès le début de la guerre, il donne des ordres pour que la somme soit réunie et déposée dans le chapeau avant le tirage au sort, de sorte qu'elle soit acquise, sans contestation possible, au partant (4).

Car bien des gens qui acceptent la dépense de bon cœur tant qu'ils sont incertains de leur sort ne voient plus la néces-

(1) Lettre de Chamillart, 20 février 1701 (D. G., vol. 1497, p. 53).
(2) Lettres de Pinon, d'Ableiges, de Courson, Turgot, Martangis, 1704-1711 (D. G., vol. 1610, p. 231 ; vol. 1801, p. 325 ; vol. 1901, p. 10 ; vol. 1903, p. 201 ; vol. 2341, p. 129 ; vol. 2342, p. 144).
(3) 21 mars 1704 (D. G., vol. 1801, p. 312 et 325). Cf. Chamillart à de Courson, 13 août 1705 (D. G., vol. 1901, p. 111).
(4) Chamillart à Bernières, 23 novembre 1703 (D. G., vol. 1656, p. 265).

sité de la faire lorsqu'ils sont assurés de demeurer chez eux.
« Après qu'ils sont hors de péril, constate un intendant,
presque pas un ne tient parolle et le soldat tire à peyne de
quoy avoir ce qui luy est nécessaire pour son voyage (1). »

On prend donc des mesures contre les récalcitrants. En 1705,
l'intendant Turgot ordonne aux syndics des paroisses de Touraine de faire assurer par huissier le recouvrement des sommes
promises et non encore versées. Dans certains villages, les
jeunes gens sont même taxés d'office à proportion de leur
richesse, les uns à 20, les autres à 15 sols. Ils se vengent, il est
vrai, en rossant l'huissier chargé de les faire payer, accueil qui
rebute par la suite pour des missions analogues la corporation
qu'illustra M. Loyal (2).

Enfin lorsqu'en 1711 on revient au système du tirage au
sort, le gouvernement rend la cotisation obligatoire. Les subdélégués sont chargés de veiller à son paiement et les curés
tenus de signaler les contrevenants. La somme maxima varie
alors, suivant les généralités, de 20 à 30 livres et les autorités
prélèvent sur cette masse les frais de l' « équipage » du milicien, soit un chapeau bordé, des gants, des souliers, des bas
et des guêtres, deux cravates, deux chemises, un havresac et...
des menottes. Fournis de tout par leurs camarades, les soldats
touchent le reliquat des cotisations, si toutefois il y en a
un (3) !

De volontaire, la cotisation est donc devenue obligatoire et
ne sert plus guère qu'à indemniser le roi de ses dépenses. Mais
auparavant, et en tout cas jusqu'en 1708, c'est une gratification due et versée au partant.

Officiellement approuvée et encouragée, dans l'esprit de
ces simples elle équivaut alors au remplacement. La meilleure
preuve en est qu'ils la donnent volontiers avant le tirage, mais
que *hors de péril* ils se refusent à l'acquitter, n'en comprenant

(1) D'Ableiges, 30 décembre 1702 (D. G., vol. 1610, p. 231).
(2) Chamillart à Turgot, lettre du sieur Buisson, mars 1705 (D. G., vol. 1903,
p. 198, 202-203).
(3) Lettres de Legendre et Martangis, février-mars 1711 (D. G., vol. 2341,
p. 129 ; vol. 2342, p. 144).

plus l'utilité. C'est donc qu'ils se figurent en versant cet
argent conjurer le mauvais sort, qu'ils espèrent toujours
tenter quelque garçon de prendre volontairement leur place,
appâté par le gain.

L'aboutissement logique du système des cotisations est le
remplacement à prix d'argent. L'intransigeance du pouvoir
en cette matière ne peut que les étonner.

Comment? l'on admet qu'ils versent de l'argent pour consoler l'un d'eux de son départ et on leur refuse d'employer
la même somme à acheter un remplaçant? La défense qu'ils
ne comprennent pas, ils l'enfreignent. Le roi a ses raisons
d'interdire le remplacement : les hommes ainsi achetés sont
autant de soldats perdus pour les troupes réglées ; ils coûtent
horriblement cher aux paroisses et enfin ce sont généralement
gens de sac et de corde, sans domicile connu et prêts à
déserter à la première occasion. Il est donc en matière de
remplacement d'une intransigeance absolue, bien résolu à
n'en point tolérer. De rares exceptions sont admises, nous
l'avons vu, sur avis des intendants, en faveur des soutiens
de famille particulièrement intéressants ou de riches fermiers
dont le départ serait préjudiciable à la culture des terres : la
parcimonie avec laquelle on leur accorde cette faveur est
bien pour confirmer la règle générale.

Animé de ces dispositions, le gouvernement devait prendre
des mesures extrèmement énergiques pour prévenir ou punir
les cas de remplacement. Il se désarma lui-même par une
erreur dans l'organisation de la répression.

Si l'on veut empêcher le remplacement, il faut frapper les
coupables : ce ne sont pas tant ceux qui se vendent que ceux
qui les achètent. Une aberration singulière veut que jusqu'en 1705 l'on ne frappe précisément que les remplaçants et
non les remplacés. Lorsqu'on en arrête, on confisque l'argent
qu'ils ont reçu et, en guise de punition, on peut même les
garder dans les troupes. Le résultat le plus évident de cette
décision dut être d'augmenter fortement le prix des remplaçants : risquant davantage, ils durent se faire payer plus cher.

Les ordonnances, il est vrai, et antérieurement à elles une circulaire du 20 février 1701, rendent bien responsables les syndics des paroisses. On les oblige d'abord à restituer sur leurs propres deniers l'équivalent des sommes versées aux remplaçants, « lesquelles seront appliquées aux besoins particuliers des paroisses » (1). On les frappe ensuite, en cas de désobéissance, d'une amende de 300 livres au profit des capitaines lésés : peut-on sérieusement engager la responsabilité des représentants municipaux qui ne peuvent répondre des actes de tous leurs administrés et qui le plus souvent complices se gardent bien d'attirer l'attention sur des agissements qu'ils sont seuls à connaître? Une circulaire spéciale du 16 novembre 1702 accompagnant l'envoi de l'ordonnance de levée réitère enfin la défense d'acheter des remplaçants ; elle ne porte aucune punition contre les vrais coupables : ceux qui se font remplacer (2).

L'ordonnance du 1er février 1705 en finit avec ces hésitations et inaugure un système sévère de répression. Assimilant purement et simplement aux réfractaires et déserteurs qu'ils sont en réalité les garçons qui ont acheté des remplaçants, elle les condamne au fouet et à la marque.

Mais elle vient trop tard : l'habitude est prise, rien n'y fait plus. On achète toujours des remplaçants.

Ce ne sont pas seulement les intéressés qui tombent dans cette faute, avant ou après le tirage. Ce sont aussi les municipalités : des paroisses entières achètent à frais communs un homme pour marcher à la place du milicien. Que font-elles en somme, sinon détourner à leur profit le produit de la cotisation coutumière?

En 1704, Le Blanc signale l'abus en Auvergne : « Il faudra un exemple dans cette province ; touttes les paroisses sont dans l'habitude d'achepter des hommes (3). »

Ces remplaçants, on se doute quels ils sont : « des bandis,

(1) D. G., vol. 1497, p. 53.
(2) D. G., vol. 1562, p. 192.
(3) 19 décembre 1704 (D. G., vol. 1802, p. 462).

vagabpns et sans aveu », des « coureux » (1). Sollicités de
toute part, jamais en peine de trouver acquéreur, ils élèvent
leur prix et tiennent la dragée haute aux paroisses, que ruinent
leurs exigences. Elles ne s'en tirent pas à moins de 30, 50,
70 écus, 250 livres encore. Certaines en 1703, affirme toujours
Le Blanc, donnent ainsi « jusqu'à 5 ou 600 livres à des vaga-
bons » (2).

La spéculation sur la crainte de la milice, l'exploitation des
naïfs apeurés donnent naissance à un commerce des plus lucra-
tifs. Il est des gens pour visiter toutes les paroisses d'une
région, dans chacune se mettre aux enchères, encaisser l'argent et disparaître pour continuer ailleurs leur trafic. Plus d'un
intendant se plaint de ceux-là « qui s'engagent la mesme
année à plusieurs villages » et « désertent après avoir touché
ces sommes » (3).

Ès art d'escroquerie, les soldats des troupes réglées passent
maîtres et, parmi eux, ceux des gardes qui se rendent en province sous un quelconque déguisement et ne rejoignent leur
régiment, après un petit voyage, que l'escarcelle gonflée et
la conscience légère (4). On signale des capitaines, des prévôts
de maréchaussée qui rivalisent avec eux, vendant leurs hommes
de 250 à 300 livres à de pauvres communautés (5). Les autorités civiles n'en usent pas différemment : en 1705, les commissaires des États de Flandre et de Hainaut parcourent l'Artois
pour y acheter des hommes (6). Faut-il s'étonner que les
particuliers suivent cet exemple? C'est pour eux une lourde

---

(1) Lettres d'Ableiges, 14 mars 1704 ; de M. de Sansay, 17 mars 1705 (D. G.,
vol. 1759, p. 379 ; vol. 1830, p. 312).

(2) Lettre citée et lettres de Baugé, Saumery, à Sanson, 1701-1704 (D. G.,
vol. 1524, p. 258, 272 ; vol. 1800, p. 304).

(3) Lettres citées. Le Blanc écrit : « Il en faudroit chastier deux ou trois dans
chaque proVince, surtout de ces fripons qui, après aVoir pris de l'argent dans
quatre ou cinq paroisses, désertent et en Vont faire autant dans les proVinces
voisines. »

(4) Lettre de Maisonsel, 14 mars 1704 (D. G., vol. 1759, p. 379).

(5) Dénonciation d'un lieutenant du régiment de Tessé, féVrier 1706 ; lettre
du maréchal de Boufflers, 16 mars 1711 (D. G., vol. 1974, p. 349 ; vol. 2338,
p. 119).

(6) Chamillart à Roujault, 6 décembre 1705 (D. G., vol. 1902, p. 225).

dépense que de s'acheter un remplaçant : les cinquante ou
cent écus qu'il leur faut débourser, les garçons sujets à la
milice et qui appartiennent pour la plupart à la classe la plus
pauvre du royaume ne les ont pas toujours (1). Les plus aisés
s'endettent ; les autres qui ne peuvent supporter isolément
les frais d'achat d'un remplaçant se cotisent encore. Ils réunissent une petite somme qui les met à l'abri du sort.

Nous possédons un curieux contrat, enregistré, bien que
contrairement aux ordres du roi, par le substitut du tabellion
royal de Brie-Comte-Robert, le 14 décembre 1702. Quatre
garçons de la paroisse de Suisne s'engagent à remettre une
somme de 40 écus au nommé Pierre Quaqué, si le sort désigne
l'un d'entre eux. Ils stipulent en outre que, s'il tombe sur
Quaqué lui-même, ils lui donneront 125 livres, mais seront
quittes envers lui si le billet désigne « les autres garçons de
laditte paroisse qui ne sont pas de laditte convention » (2).

Toutes les hypothèses sont prévues, on le voit. Reste à
savoir quelle valeur eût accordé le cas échéant l'intendant à
cet acte public.

Appelé à se prononcer dans un cas à peu près analogue,
M. d'Harouys prend une décision qui le fait accuser de favoriser les remplacements. L'histoire est curieuse : en 1701, le
sort étant tombé sur un nommé Moisne, son père avait
acheté pour le remplacer un habitant du village de Mour-
melon, Jean Martin. Un traité passé entre les parties assurait
à Martin le versement d'une rente annuelle de 75 livres pour
le temps de son service. Ponctuellement payée la première
année, cette somme ne le fut plus après la mort du père
Moisne. Au bout de six ans, Jean Martin dit Beausoleil se
trouvait donc créancier de 450 livres. L'affaire fut portée à
l'intendant : si les ordonnances défendaient bien le remplacement, il y avait d'autre part inobservation du contrat par
l'une seulement des parties, l'autre ayant fidèlement rempli

(1) Lettres d'Angervilliers, Bernage, Planque, 1702-1704 (D. G., vol. 1610,
p. 231 ; vol. 1769, p. 161-163 ; vol. 1798, p. 347).
(2) Publié par GOULARD, « Notice sur le recrutement d'un soldat de la milice » (Carnet de la Sabretache).

ses obligations. M. d'Harouys décida de décharger à l'avenir les héritiers Moisne du paiement de la rente, mais de les obliger auparavant à régler leur dette, « à quoy faire ils seront contraints par toutes voies dues et raisonnables ». Et sa décision fut ratifiée par le secrétaire d'État (1).

De tout temps donc, l'ordonnance royale contre le remplacement à prix d'argent reste lettre morte. Favorisant la cotisation, le gouvernement est fort en peine de combattre le remplacement. Une énergie plus soutenue, une répression moins hésitante auraient pu éviter que l'habitude s'en répandît : elles eussent été impuissantes à l'empêcher absolument. « Je sçais bien, écrit Le Blanc en décembre 1704, qu'il ne faudra pas punir tous ceux qui se trouveront dans ce cas : *cela iroit trop loin* », et, en août 1705, quelques mois après la promulgation de l'ordonnance la plus sévère, ne déclare-t-il pas encore qu'il est souvent obligé par les circonstances de tolérer l'achat de remplaçants par les garçons de sa généralité (2)?

Le pouvoir a une raison sérieuse de s'opposer au remplacement. Une fois, en 1701, il a essayé de lever des hommes sur le pays, sans tirage au sort ; il a demandé à des particuliers de faire office de recruteurs et de lui procurer des soldats. L'expérience a démontré qu'il ne fallait pas compter sur ce système et ses résultats expliquent certainement la répugnance qu'on a témoignée par la suite à accepter des hommes, sinon de l'argent, en place de miliciens.

Pour remplacer les miliciens de la première levée envoyés à l'armée d'Italie, le 10 décembre 1701 le roi demande en effet aux communautés de marchands et artisans du royaume d'enrôler des hommes à leurs frais pour son service. Cette

(1) Lettre de Harouys et jugement par lui rendu, janvier 1708-juin 1709 (D. G., vol. 2187, p. 63-66).
(2) 19 décembre 1704 et 4 août 1705 (D. G., vol. 1802, p. 462 et vol. 1902, p. 169).

innovation est habilement présentée comme un moyen, d'en
finir avec les méfaits habituels des recruteurs; très exactement énumérés d'ailleurs.

Les communautés d'arts et métiers des villes sont donc
taxées à fournir un certain nombre de soldats, chacune « à
proportion de ses revenus communs ». Le cas est prévu des
villes « où le commerce et les métiers de toute qualité s'exercent
confusément et sans distinction de communautés » : les marchands de toute espèce sont alors considérés comme ne formant qu'une seule corporation et imposés d'après leur richesse
globale. La répartition faite par le roi est susceptible d'être
revisée par les intendants : nous avons vu qu'elle le fut très
largement.

Enfin pour éviter le gaspillage apparemment, le prix de
l'enrôlement est soigneusement fixé. On classe les villes en
trois catégories : les grandes, où l'on pourra donner jusqu'à
100 livres par homme ; celles du second rang qui n'y mettront
pas plus de 80 livres ; les moindres, qui ne dépasseront pas
60 livres par soldat.

Les communautés sont libres d'agir à leur fantaisie et d'engager qui bon leur semblera. On leur demande seulement de
ne prendre que des hommes ayant 5 pieds de hauteur et âgés
de 22 à 35 ans. Assemblés sous la surveillance des intendants, ils seront remis à des officiers délégués par leurs régiments pour les emmener (1).

Le rôle des communautés des marchands et artisans se
borne donc à embaucher ces hommes, sacrifice purement pécuniaire : de service personnel il n'est point question. Les recruteurs détestés n'ont point à intervenir et ceci compense bien
cela. Quant aux officiers, ils n'ont rien à dépenser : ils
n'ont qu'à assurer la conduite et l'escorte des recrues. Théoriquement ce système donne donc satisfaction à tout le
monde.

En fait, son application cause bien des mécomptes.

---

(1) Cf. pour tout ceci l'ordonnance du 26 décembre 1701.

Les prix d'enrôlements fixés par l'ordonnance royale avaient semblé excessifs d'abord. Legendre proteste qu'on pourrait trouver des soldats « à beaucoup meilleur marché que ce que le roy permet de donner, car cent francs pour un soldat est un furieux argent dans un pays où il devient fort rare, faute de commerce ». Chamillart lui explique alors que, dans l'esprit de l'ordonnance, ces prix sont un maximum qui ne doit pas être atteint, qu'on ne les a donnés que pour allécher les volontaires mais que « si on peut les avoir à moins, Sa Majesté en sera bien aise ». De fait, Legendre obtient que les hommes ne soient payés que 20 écus, « ce qui est d'un grand soulagement pour le pauvre peuple » (1). Dans la généralité de Turgot, on ne dépasse pas le maximum, « ce qui a fait une épargne aux communautés et leur coûte moins de près de moitié » (2).

Il n'en va pas de même partout. Si élevé soit-il, le prix de l'enrôlement ne suffit pas à attirer les volontaires, malgré le tapage fait par les corporations autour de cette levée. Elles n'épargnent frais de criées, d'affiches ou de caisse. A Paris, l'ordonnance est lue, publiée et affichée à son de trompe dans les places et carrefours par les soins du juré crieur ordinaire du roi (3). Peine perdue : « les affiches, mesme le tambour par les carrefours n'opérent rien », constate M. d'Herbigny (4). Foucault en Normandie rend compte à la fin de janvier que les corps de métier « depuis un mois font inutilement battre la quaisse et ont affiché qu'ils cherchoient des soldats », et de conclure : « Enfin ce sont les hommes et non

(1) Lettres de Legendre, 4 et 18 janvier 1702 ; réponse de Chamillart, 11 janvier (D. G., vol. 1595, p. 203 ; vol. 1605, p. 83-85).

(2) Lettre de Turgot, 8 février 1702 (D. G., vol. 1605, p. 22). En fait, les communautés éprouvèrent les plus grandes peines à réunir les sommes qui leur étaient demandées et ne parvinrent à se les procurer qu'en vendant, avec l'autorisation royale, le droit de maîtrise sans apprentissage ou en contractant des emprunts (Archives nationales, E 1921, 1925).

(3) « L'ordre que doivent tenir et garder les corps des marchands et les communautez des artisans de la Ville et fauxbourgs de Paris pour le choix et l'enrôlement des soldats qu'ils doivent fournir à Sa Majesté », 1701, 4 p. in-8° (Cangé, vol. 35, p 66).

(4) 10 janvier 1702 (D. G., vol. 1610, p. 166).

point l'argent qui manquent. Il y a des provinces où il y en a davantage, où l'oisiveté est plus grande et où ils ont le cœur plus porté à la guerre qu'en Normandie. La Guyenne est de celles-là... (1). » Réponse à Chamillart qui lui opposait les bons résultats de la levée dans la généralité de Legendre (2). Au vrai, les volontaires ne se pressaient nulle part de se présenter.

Certains intendants s'irritent de cet insuccès et jugent à propos de stimuler le zèle des communautés. D'aucuns les menacent simplement de faire tirer au sort leurs apprentis et garçons si elles n'arrivent point à trouver des soldats : « Sans cela, ils demeureront tranquilles sur l'impossibilité qu'ils se figurent qu'il y a d'en avoir de gré à gré à prix d'argent (3). » Pomereu désigne comme soldats éventuels des marchands de Troyes, « non pas, dit-il, que mon dessein fût de les faire marcher mais de les forcer par cette rigueur de se mettre en règle » (4). Bernage, lui, juge cette menace dangereuse, « car, s'explique-t-il, j'ay préveu qu'elle pourroit produire la désertion de tous les jeunes gens qui s'appliquent au négoce et aux arts. C'est mesme une raison pour ne pas se servir de cet expédient qu'à toute extrémité ». Il préfère choisir parmi les syndics et notables un certain nombre de responsables et leur infliger de la prison ou une garnison si la levée n'est pas faite au bout d'un mois (5).

Ces menaces ont un seul résultat : d'effrayer les embaucheurs de fortune qui ne reculent plus devant rien pour satisfaire les terribles intendants. Le plus communément, ils achètent les hommes à des prix qui dépassent de beaucoup ceux de l'ordonnance, « aiant mieux aimé faire ce sacrifice du costé de

---

(1) 31 janVier 1702 (D. G., vol. 1610, p. 191).
(2) Lui enVoyant copie de la lettre de Legendre du 18 janVier, il ordonnait : « Luy mander que, pour un des plus anciens et des plus habiles intendants, je m'estonne qu'il soit embarassé à se tirer d'affaire et il Verra que la chose n'est pas impossible puisque M. Legendre en est déjà presque dehors » (D. G., vol. 1605, p. 85).
(3) Lettre d'Herbigny, 10 janVier 1702 (D. G., vol. 1610, p. 166).
(4) 1er mars 1702 (D. G., vol. 1608, p. 19).
(5) 16 janVier 1702 (D. G., vol. 1605, p. 54).

l'interest et ménager leurs peines et leurs inquiétudes » (1).
Barentin pour l'exemple casse les enrôlements par trop coûteux, mais en même temps il avertit Chamillart qu'il est
« presque impossible » de les empêcher, surtout de la part des
« riches censiers », qui, craignant le tirage au sort, achètent
des hommes à n'importe quel prix. Il exprime enfin sa crainte
que « trop de rigidité ne recula la levée ». Se rendant à cette
raison sans doute, le 15 février 1702 Chamillart permet de
tolérer les engagements dépassant le prix fixé, « pourveu que
cela n'excède pas dix ou vingt livres par homme » (2).

Mais cette surenchère ne suffit même pas à procurer le
nombre voulu de soldats. Bon gré mal gré, les intendants
sont obligés d'aider les communautés d'arts et métiers impuissantes. Ils leur procurent des soldats en leur livrant les vagabonds arrêtés dans les rafles. L'exemple vient de haut :
« M. d'Argenson fit visiter les auberges où on entretint jusqu'à
leur départ aux frais du roy les miliciens qu'on y leva (3). »
Convaincu « que de tout temps, l'adresse, la surprise et la
violence ont enrollé plus de soldats que les conventions et
marchés de gré à gré », M. d'Herbigny agit de même dans sa
généralité, chargeant les commissaires de police de trouver
des hommes aux marchands et artisans. Ils lui rendent
quelques services, mais non pas tous, car s'il y en a « qui journellement avance et travaille utilement, les autres, dit-il tout
à trac, sont gens imbecilles » (4).

Bien obligé de tolérer ces façons, le gouvernement s'inquiète
cependant de la qualité des recrues. Aux jurats béarnais qui
lui demandent l'autorisation de « prendre quelques fainéans
qu'ils disent être dans leurs villes, absolument inutils à leurs
communautés et même qui ^y sont des sujets de scandal »,
Chamillart répond par un refus. Mais peut-être revient-il sur
sa première décision quand Lebret lui a expliqué la significa-

---

(1) Lettres d'Herbigny, 10 et 14 janVier 1702 (D. G., vol. 1610, p. 166-167).
(2) Lettres de Barentin et Chamillart, 14 et 15 féVrier 1702 (D. G., vol. 1562,
p. 35 ; vol. 1563, p. 162).
(3) Mémoire de noVembre 1751, cité par HENNET. (les Milices, p. 39).
(4) 10 janvier et 11 féVrier 1702 (D. G., vol. 1610, p. 166, 170).

tion du mot fainéant qui s'applique à « des jeunes gens des lieux même qui n'ont point d'employ ny de profession et qui seroient bien plus forts que ceux qu'on engage volontairement qui sont presque tous d'autres provinces que celles-cy » (1).

L'événement justifie parfois cette défiance instinctive, comme en témoigne le rapport du commissaire Aymard sur l'état des 74 hommes envoyés par les marchands de Dijon au 2e bataillon du régiment de Provence au Fort-Louis du Rhin. Sur ce nombre, 10 seulement sont en état de servir, « tout le reste étant des gueux sans force, ni d'aage ni de grandeur portée par l'ordonnance et des vieillards descrepits, mangez de galles..., n'ayans pas une chemise sur le corps et la plupart tous nuds et sans chemise, gens qu'on a pris dans les hospitaux ou aux portes des eyglises et demandans l'aumosne... » Les officiers refusent de se les partager et on est obligé de les loger dans « des chambres particulières ». L'enquête du commissaire découvre alors dans quelles conditions ils ont été enrôlés et cela donne une idée à la fois de l'embarras des embaucheurs de fortune et du gaspillage de leur argent : désespérant de trouver eux-mêmes ces hommes, les marchands dijonnais ont traité à forfait avec un entrepreneur, lui remettant les 13 500 livres que l'enrôlement de ces soldats devait au maximum leur coûter. De cette somme, les malheureux ne touchèrent que 325 livres : les moins bien traités, au nombre de dix, n'eurent rien ; les moins payés, 4, 6 et 8 sols ; la moyenne de une à 4 livres ; les trois plus heureux, 12, 14 et 18 livres. L'entrepreneur avait réalisé un bénéfice coquet de 13 175 livres (2).

Ce fait témoigne que la difficulté pour les communautés d'arts et métiers n'est pas de donner leur argent, mais d'enrôler des soldats. Inexpertes à ce métier, elles perdent sans profit

(1) Lettres de Lebret, 6 et 30 janVier 1702 (D. G., vol. 1595, p. 200 ; vol. 1605, p. 161).
(2) Lettre du commissaire Aymard et états divers, mars 1702 (D. G., vol. 1533, p. 101-106).

leur temps et leur peine ; les intermédiaires ne peuvent que les voler et le service du roi en souffrir.

Puisqu'elles payent de bon cœur, pourquoi les forcer encore à acheter elles-mêmes les hommes? Nombre d'intendants jugent que c'est une faute. « J'estime, déclare Ferrand, que les communautez seront très heureuses de payer 100 livres par homme et de n'être point chargées de la levée. » C'est aussi l'avis de Lebret et tous deux l'expriment le même jour, 31 décembre 1701, pensant qu'il serait « d'un grand soulagement à ces pauvres artisans » de les laisser en paix et de charger les officiers d'enrôler eux-mêmes les hommes avec l'argent versé ; nul doute qu'ils ne s'en tirent plus rapidement et à meilleur compte. Refus de Chamillart qui tient évidemment à ne point mêler les officiers à la levée, désireux « d'éviter les mauvaises voyes dont ils se servent ordinairement en pareille occasion » (1).

Mais en janvier, les intendants reviennent à la charge avec une unanimité qui le fait réfléchir. Tous sont d'avis de faire remettre l'argent aux officiers. Ils cachent soigneusement leur opinion aux corporations mais disent leur façon de penser au secrétaire d'État. Après avoir répondu aux marchands d'Orléans « que le roi leur demandoit des hommes et non pas de l'argent », Bouville appuie secrètement leur requête. M. de Chamilly, commandant dans le pays d'Aunis, Saintonge et Poitou, menace de garnison les marchands s'ils ne fournissent pas leur contingent mais écrit aussitôt qu'il leur est impossible d'enrôler les hommes et demande qu'on remette l'argent aux officiers. Bernage explique comme quoi les communautés d'arts et métiers, ne trouvant pas de volontaires et ne voulant pas prendre des hommes de force, seraient parfaitement fondées à ne donner que leur argent : « Je me garde bien de leur ouvrir ces moyens ny mesme de les écouter de

(1) Lettres de Lebret et Ferrand, 31 décembre 1701 ; Chamillart à Lebret, 11 janvier 1702 : « J'ay veu dans la dernière guerre, lui dit-il encore à propos des officiers, que l'authorité ne pouvoit pas les empêcher de mettre les Violences en usage » (D. G., vol. 1517, p. 249 ; vol. 1525, p. 241 ; vol. 1595, p. 203).

leur part comme recevables, mais cela n'empesche pas que je ne doive vous les proposer comme une difficulté considérable qui ne manquera pas de survenir et sur laquelle il faut se préparer aux expédiens. »

Mêmes avertissements et mêmes requêtes parviennent à Chamillart de Foucault et d'Herbigny (1).

Tant d'insistance et d'unanimité le font réfléchir. Il comprend qu'il ne gagnera rien à s'obstiner dans son refus, que les *mauvaises voyes* des officiers donneront de meilleurs résultats et, au surplus, le temps presse. Dès le 18 janvier 1702, il autorise d'Herbigny à faire faire les enrôlements par les officiers, pourvu que ceux-ci se portent « garands de l'exécution ». A Chamilly, il donne la même autorisation sous les mêmes conditions, en lui rappelant : « Nous n'avons que faire d'argent... ce sont des hommes qu'il faut. »

Il devient de plus en plus conciliant, au point de reprocher à Pomereu en février d'avoir pris d'office quelques marchands de Troyes au lieu d'avoir remis leur argent aux officiers qui auraient bien su s'en arranger. En avril, il ordonne à d'Ormesson « d'engager les officiers à s'en charger ». En mai, il écrit lui-même aux officiers pour les inviter à accepter la combinaison (2).

Car il arrive dans certaines généralités que les officiers, s'en tenant à la lettre de l'ordonnance royale, refusent absolument de se mêler de la levée et de faire des recrues (3).

Dans le département de M. de Barentin, un capitaine ne consent à s'en occuper qu'à condition de recevoir 50 écus par homme ou pas moins de 100 livres ; l'intendant refuse de donner plus de 60 livres ; pressé d'en finir, Chamillart lui ordonne d'aller jusqu'à 70 livres (4).

----

(1) Lettres de Bouville, Bernage, d'Herbigny, Foucault, Chamilly, 15-31 janvier 1702 (D. G., vol. 1605, p. 10, 54 ; vol. 1610, p. 168, 191 ; vol. 1612, p. 8).

(2) Lettres de Pomereu, 1er mars 1702 ; de d'Ormesson, 10 avril ; de Chamillart, 22 mai (D. G., vol. 1608, p. 19 ; vol. 1605, p. 121 ; vol. 1562, p. 103).

(3) Lettres de Bouville et d'Herbigny, 2 et 21 février 1702 (D. G., vol. 1605, p. 13, et vol. 1610, p. 169).

(4) Mai-juin 1702 (D. G., vol. 1565, p. 192, 193, 195).

En résumé, cette levée de 1701 s'exécute dans des conditions particulièrement onéreuses pour les communautés d'arts et métiers, sans que son résultat justifie ces lourdes dépenses. Leur bonne volonté ne peut être incriminée, car elles fournissent exactement l'argent qu'on leur demande et en donneraient bien davantage pour n'avoir point à se charger de l'embauchage.

La preuve est faite de l'inaptitude des particuliers à faire office de recruteurs et à trouver des soldats à bon compte. L'expérience concluante condamne donc pour l'avenir le principe du remplacement. Mais elle démontre aussi que l'on peut demander un sacrifice pécuniaire au pays en compensation de la dispense des milices et employer utilement pour le roi l'argent obtenu en le remettant aux recruteurs professionnels. Les intendants ne l'oublieront pas ; en 1708, le gouvernement s'en souviendra.

Antérieurement à 1708, on trouve chez les intendants les symptômes d'un état d'esprit hostile au principe rigide du service personnel et obligatoire, qui laisse présager une orientation nouvelle de la politique de recrutement.

Dans les grandes villes de Languedoc, Bâville prend sur lui de supprimer le tirage au sort, sans qu'aucune observation lui soit jamais faite : comme en décembre 1701, il répartit le contingent des villes sur les communautés d'arts et métiers, les taxe suivant leur richesse et leur importance et leur laisse acheter des soldats. C'est l'habitude à Nîmes, Montpellier, Carcassonne (1).

De même à Chartres, Blois et Montargis, l'usage s'établit dès 1704 et est toujours observé ensuite de ne point faire tirer

---

(1) Le fait n'a pas échappé à M. Gébelin qui, dans son *Histoire des milices provinciales de Nîmes* (p. 15-16) a écrit : « Pendant la guerre de la Succession d'Espagne, c'est toujours au moyen de Volontaires engagés à prix d'argent que Nîmes a composé son contingent de milices. » — Cf. les états publiés en appendice à ce volume. Les archives municipales de Montpellier et Carcassonne dénoncent même pratique.

au sort, mais de prendre à la place des miliciens des campagnards réfugiés dans les villes. La prétention des trois cités
d'être exemptes de la milice parce qu'exemptes de la taille
a fini par triompher et l'hostilité de la population pour le
service obligatoire y a été pour beaucoup. Chamillart,
averti par l'intendant Bouville que des émeutes étaient à
craindre de la part des « portefaix et gens de rivière » et
qu'il faudrait les prendre de force, consentit à les laisser
remplacer par des volontaires, comme « le meilleur party à
prendre ». Enfin en novembre 1705, il autorise aussi les
États d'Artois à « faire cette levée de la manière qui leur
conviendra », maigre faveur accordée à gens qui se retran-
chaient derrière leurs privilèges pour obtenir l'exemption de
la milice (1).

Mais ce sont là cas d'espèce, solutions improvisées et isolées. Il est curieux de constater néanmoins qu'une fois le
gouvernement a songé à faire, par tout le royaume, embaucher des hommes par des particuliers. Rien ne prouve, il est
vrai, que cette innovation eût entraîné la suppression de la
milice ; elle eût bien plutôt été une levée supplémentaire,
destinée à compenser les maigres services rendus par l'arrière-
ban. En septembre 1704, Chamillart songe donc à dispenser
de l'arrière-ban les gentilshommes qui y sont sujets « en fournissant par chacun d'eux des soldats en proportion de leur
bonne volonté ou de leurs facultés, par rapport à la valeur
des biens qu'ils possèdent ». Ne voulant pas imposer brusquement cette innovation qui « pourroit faire de la peyne à
quelques-uns qui ne seroient pas portés d'un mesme esprit
que ceux qui y donneroient leur consentement », il demande
aux intendants de tâter l'opinion des intéressés et de s'assurer
au préalable de leurs dispositions, en tenant la chose secrète.
Qu'advint-il de cette enquête ? probablement rien ; en tout

(1) Lettres de et à Bouville, décembre 1704-juin 1705 (D. G., vol. 1802,
p. 438 ; vol. 1902, p. 273, 275) ; de La Bourdonnaye, mars 1711, rappelant l'usage
(vol. 2346, p. 14). — Chamillart au duc d'Elbeuf, 3 novembre 1705 (D. G.,
vol. 1900, p. 17).

cas, le service de l'arrière-ban ne fut pas modifié, non plus que la milice (1).

Toutefois les intendants et tous ceux qu'intéresse la question ne cessent d'insister sur les inconvénients du tirage au sort, qui leur apparaissent mieux à mesure que s'étend le mouvement général d'insoumission.

Dès avril 1705, Trudaine propose de ne plus demander d'hommes aux paroisses, mais d'exiger d'elles une somme de 100 livres. Lebret affirme qu'il n'est point de communauté qui ne paye volontiers cette somme pour être délivrée du souci de la levée. Il insiste encore en 1706 en même temps que Legendre (2).

Dans un mémoire « sur les inconvénients de la milice », M. Bodin Despérières, subdélégué à l'intendance de Paris et maire perpétuel de Monthléry, expose l'avantage de taxer les paroisses à une imposition de 100 livres par homme à fournir, somme qui permettrait de faire des compagnies « sans ravager le pays ». Bernières enfin souhaiterait « que, lorsque le roi a besoin de milices ou de recrues, il voulut bien fixer le prix des hommes et se contenter d'argent à leur place », mais il ajoute sans illusions : « Le roy n'ayant pas trouvé à propos d'écouter jusques à présent les représentations qui ont été faites à cet égard, il paroit hors de saison de faire une pareille proposition (3). »

Et de fait les réponses faites à ces prières sont d'une décourageante monotonie. Certes on reconnaît que les communautés y trouveraient des avantages, on est d'accord que les officiers y consentiraient, « peut-être même qu'ils ne demanderoient pas mieux ». Mais précisément on hésite à leur confier cette

(1) Circulaire du 20 septembre 1704 (*Cangé*, vol. 35, p. 219). Cangé l'annote ainsi : « Je ne puis m'empêcher de faire observer que cette idée n'estoit pas neuVe. Voyez l'ordonnance de Louis XIII du 14 may 1639 rendue pour conVertir le serVice de l'arrière-ban de caValerie en infanterie. »

(2) Lettres de Trudaine, 4 aVril 1705 ; Lebret, 7 décembre 1705, 10 décembre 1706 ; Legendre, 15 décembre 1706 (D. G., vol. 1902, p. 15 ; vol. 1904, p. 320 ; vol. 1974, p. 463 ; vol. 1986, p. 276).

(3) Boislisle, *Mémoire des intendants sur l'état des généralités*, t. I, p. 458. Lettre de Bernières, 27 janVier 1706 (Boislisle, *Correspondance*, II, n° 960).

mission : « Ce seroit un moyen sûr pour qu'il n'y eut point de soldats, parce que si on chargeoit les officiers, ils mangeroient l'argent qu'on leur donneroit pour cette levée (1). » Telle est la confiance que le secrétaire d'État de la Guerre a dans ses recruteurs !

Cependant l'idée fait son chemin, on ne s'arrête plus à cette objection — pourtant sérieuse, on le verra — et en 1708, se rangeant à l'avis des intendants, le gouvernement décide de laisser aux paroisses la liberté de lui remettre de l'argent ou des hommes.

L'ordonnance du 15 novembre 1708, inaugurant ce régime nouveau, est d'une singulière brièveté. Prévenant qu'il importe au service du roi que la levée soit faite « sans retardement », elle donne l'habituel état de répartition et demande que les hommes soient fournis dans un délai d'un mois « en la manière accoutumée..., si mieux n'aiment les particuliers qui seront obligez de tirer au sort pour la milice donner 100 livres pour chacun homme que les paroisses et communautez auront à fournir... » Cet argent sera remis aux receveurs des tailles ou autres personnes désignées par les intendants et déposé ensuite chez les commis principaux du trésorier général de l'extraordinaire des guerres pour être délivré aux officiers envoyés par l'armée, à raison de 100 livres par homme à enrôler. L'année suivante, puis en 1710, 1711 et 1712, la somme à payer est abaissée à 75 livres.

En laissant aux paroisses la liberté de donner des hommes ou de l'argent, le gouvernement sait bien quel parti elles prendront. « Je ne doute pas, déclare Bâville, qu'elles ne choisissent touttes de donner l'argent. »

Cet état d'esprit répond alors au secret désir du roi, qui, devant l'invasion, n'a cure des milices et ne songe plus qu'au sort de ses vieilles troupes. « Vous ferez très bien, écrit Voysin, de déterminer les communautés à donner de l'argent. *C'est précisément ce qu'on leur demande*, car pour les hommes je m'y

(1) Apostilles sur lettres de Lebret et Legendre, 1705-1706 (D. G., vol. 1904, p. 320 ; vol. 1974, p. 463 ; vol. 1986, p. 276).

rendrois trop difficile et *l'argent est nécessaire pour donner moyen aux régiments de campagne de se rétablir et de faire eux-mesme leurs recrues* (1). »

Et on met à l'obtenir cette fois le même entêtement qu'on mettait autrefois à n'avoir que des hommes. La liberté d'option n'existe pas en réalité : les paroisses ne doivent plus donner que de l'argent. Il est entendu que c'est ce qu'elles préfèrent, mais le roi a trop attendu et l'époque arrive vite où elles n'en ont plus. Dès 1709, le pays est ruiné, la misère est complète et cet argent, ce sont les plus pauvres gens, seuls sujets à la milice, qui devraient le fournir ! Ils ne le peuvent plus. Bégon souligne la situation en septembre 1709, exposant que, dans sa généralité, on a saisi et vendu les meubles des paysans pour recouvrer partie des impôts et qu'il ne faut plus songer à leur demander de l'argent, « la gelée de l'hyver dernier, l'ouragan du mois de juillet et les brouillards du mois passé ayant si fort endommagé tous les biens de la terre que les pauvres paysans sont sans aucune ressource dans un temps où, par surcroît de malheur, les grains sont à un prix si excessif qu'ils ne peuvent par leur travail se procurer la subsistance et celle de leurs familles » (2).

Cette situation désespérée fait précisément que les paysans accepteraient plus volontiers de tirer au sort et d'être soldats et que les révolte, comme une suprême iniquité, d'être pécuniairement plus imposés que les riches. Tous se plaignent, à propos du nouvel impôt, que l'on ne taxe pas les métayers des terres nobles, mais seulement les possesseurs de terres roturières. Il en est ainsi pour tout. « Les pauvres sont accablés de taxes et les riches en sont exempts. Un pauvre hoste faira dix eceus de capitation tandis que les plus grands tenanciers n'en font que deux eceus et mesme que les valets des hostes soient pris pour la milice lorsque les fils des bourgeois se

---

(1) Lettre de Bâville du 27 septembre 1709 et apostille (D. G., vol. 2184, p. 179). C'est aussi l'avis de Legendre que les communautés préfèrent donner les hommes, en août 1710 (vol. 2256, p. 77).

(2) 26 septembre 1709 (D. G., vol. 2188, p. 38).

donnent des airs, que les valets des hôtes soient taxés à trente
sols lorsque les fils des bourgeois ne sont point taxés, que l'on
taxe des enfants aagés de huit ans lorsque les plus grands ne
sont pas taxés (1). »

Étrange revirement de la situation : la solution qu'ils eussent
accueillie avec joie en des temps meilleurs, il leur est impossible de l'adopter et il est à prévoir que, faute d'argent, bien
des paroisses se résigneront à tirer au sort. De même ce qui
jadis eût comblé les vœux du gouvernement ne le satisfait
plus aujourd'hui. Il n'en veut rien laisser paraître mais est
résolu à « laisser en aparence la liberté aux communautés et
cependant ne point recevoir de soldats » (2). Des instructions
secrètes sont envoyées en ce sens aux intendants : partout
où l'on fera mine de tirer au sort, ordre leur est donné de soulever de telles difficultés, de se montrer si exigeants que l'on
se décourage. « Si quelques villages vouloient donner des
hommes, écrit Voysin à Bernage, je ferois de grandes difficultez pour les recevoir, parce qu'il faudroit que ce fust des
enfans des principaux laboureurs, qu'ils fussent de grande
taille et que les communautez respondissent d'eux pour toute
la campagne : *cela est fait pour avoir de l'argent pour donner
comptant aux officiers* (3). »

De telles conditions et des circonstances aussi défavorables
promettent donc un sérieux embarras, puisqu'il faut à tout
prix trouver de l'argent où il n'y en a pas. Mais il y a plus, — et
c'est bien le principal inconvénient du système, — il faut que
cet argent soit très rapidement réuni, car il doit être employé
avant la fin de l'hiver, pour que les recrues soient à leur corps,
comme à l'ordinaire, pour l'entrée en campagne. Le secrétaire
d'État de la Guerre insiste sur cette nécessité. A l'intendant
qui objecte que la « misère affreuse... apporté une lenteur

(1) Plainte des habitants de Condom, 3 janVier 1709. Lettre du sieur Desma-
rais, Nantes, 1er janVier 1709 (D. G., vol. 2130, p. 40 et 8).
(2) Lettre de Legendre, 12 octobre 1709 (D. G., vol. 2184, p. 223).
(3) Voysin à Bernage, 3 octobre 1709. Cf. apostilles sur lettres de La Bourdonnaye, Bégon, Legendre, septembre-octobre 1709 (D. G., vol. 2158, p. 108 ;
vol. 2184, p. 223 ; vol. 2187, p. 84 ; vol. 2188, p. 38).

forcée » au recouvrement, au receveur des finances qui le prie
« d'allonger les termes de paiement de la somme », il répond
qu'il faut absolument aboutir au plus vite et que « il seroit
presque égal » que le versement ne fût pas effectué, s'il l'était
trop tard (1).

Il donne d'ailleurs toute liberté aux intendants, proposant
pour unique but à leurs efforts « que ce recouvrement ne
puisse être retardé par aucune raison que ce puisse être ».
Or, de faire payer les paroisses immédiatement, il n'y faut
point songer. On n'obtiendra rien de la contrainte brutale :
les garnisons, l'emprisonnement, la désignation d'office de
garçons pour l'armée ne donnent pas de résultats appré-
ciables (2).

Les intendants usent de tels moyens qui leur paraissent
bons : il serait trop long d'attendre comme le veut l'ordonnance que les fonds aient été versés aux commis principaux du trésorier de l'extraordinaire des guerres.

De nombreux intendants s'en font donc faire l'avance
immédiate par les receveurs des tailles, en les chargeant ensuite
du recouvrement pour leur compte personnel. Ils les dédom-
magent en leur accordant une remise de un ou deux sols
par livre. Ils éprouvent bien quelques difficultés à faire
accepter du gouvernement cette perte ; Voysin déclare à
Bouville qu'il trouve la remise « un peu forte pour l'avance
d'un fonds qui doit être remboursé aussy promptement ».
Mais c'est un léger inconvénient, sur lequel il faut passer.
Après quelques hésitations, le gouvernement consent à
laisser faire l'avance par les receveurs des tailles, sous réserve
de recevoir les fonds en argent comptant et non en billets
de monnaie. Ce système est en usage en octobre 1709
dans les généralités de Soissons, Orléans, Bourges, Roche-
fort et Tours ; il se répand ensuite et on tolère même que

(1) Lettre d'Harouys, 10 août 1710, et réponse ; Voysin à Chauvelin,
24 août 1710 (D. G., vol. 2264, p. 242 ; vol. 2266, p. 398-399). Apostille sur lettre
de Bouville du 7 novembre 1709 (D. G., vol. 2186, p. 165).

(2) Lettres de Pinon, février 1710 ; à Roujault, 23 septembre 1710 (D. G.,
vol. 2265, p. 62, 126).

les receveurs fassent leur avance en deux versements (1).

Leur intérêt étant en jeu, ils savent bien se faire rembourser par les paroisses ; au reste, les intendants les y aident. Dans la généralité de Bourges, voici comment procède Rouillé : il répartit le montant de l'impôt entre toutes les paroisses, pour que ce soit « presque imperceptible et n'en charge aucunes ». Dans chaque paroisse il impose les habitants « par proportion au sol la livre de la taille ». Puis il choisit quatre notables parmi les plus imposés et ceux qui ont vendu du blé et leur demande de faire l'avance de la somme due par leur paroisse ; ils sont ensuite remboursés eux-même sur les premiers deniers de la collecte, ou par déduction sur leurs impositions personnelles, au choix. S'ils refusent, on menace les garçons de les faire tirer au sort : la simple menace du billet noir leur fait trouver de l'argent (2).

D'autres intendants préfèrent un système moins compliqué. Ils ne s'adressent pas aux receveurs des tailles mais directement aux particuliers pour leur demander d'avancer les fonds. Leurs offres ne sont pas toujours bien accueillies.

En 1708, un sieur Rondel traite avec les États de Languedoc et leur avance 10 000 livres à 10 pour 100 pour toutes leurs communautés (3). Par contre, dans la généralité de Soissons, M. d'Ormesson n'essuie que des refus, malgré sa promesse de donner « l'intérêt au denier dix qui seroit imposé avec le principal » (4).

Mais tous les intendants ne sont pas d'humeur à solliciter le bon vouloir de leurs administrés. Ils ont alors recours à un « tempérament... bien onéreux aux paroisses ». A leur exemple, Turgot, dans la généralité de Moulins, désigne deux notables par paroisse pour lui avancer les fonds dans un délai d'une quinzaine. S'ils y parviennent, il les fait rembourser « ponc-

(1) Lettres de La Bourdonnaye, Chauvelin, Rouillé, Bégon, Bouville et apostilles, septembre-octobre 1709 et août-septembre 1710 (D. G., vol. 2187, p. 84, 88, 117, 145, 226 ; vol. 2188, p. 44 ; vol. 2264, p. 119, 242 ; vol. 2265, p. 200).
(2) 14 octobre 1709 (D. G., vol. 2187, p. 145).
(3) MONIN, *Essai sur l'histoire administrative du Languedoc*, p. 209.
(4) 24 octobre 1709 (D. G., vol. 2187, p. 226).

tuellement... par des collecteurs de quartier en quartier » et leur accorde en sus « six deniers pour livre de taxation » ; sinon, et passés les quinze jours, ils sont « poursuivis et contraints par toutes voyes de saisies et exécution de meubles et de bestiaux » (1).

Par tous ces procédés, les intendants parviennent à faire rentrer l'argent, mais ce n'est pas sans peine ni difficultés avec les intermédiaires et même les receveurs.

En mars 1710, par exemple, Pinon, intendant de Bourgogne, confond un receveur qui réclame aux États une somme dont il a donné reçu (2). La même année, Turgot, en Bourbonnais, a maille à partir avec le receveur général des finances de son département, La Condamine, « fort méchant payeur et de mauvaise volonté ». Une somme de 9 à 10 000 livres s'est égarée : l'intendant assure que le receveur a dû l'employer à des étapes, bien qu'il lui ait rappelé que « ce fonds étoit sacré » ; celui-ci rétorque que l'intendant a dû la détourner pour se payer de ses appointements. Voysin, qu'impatientent ces querelles, ordonne à Turgot de la retrouver d'abord : force lui est donc de reconstituer la somme en s'arrangeant avec les receveurs. Il en résulte un retard tel, qu'à la levée suivante, la généralité de Moulins est encore débitrice de 5 000 livres et que l'intendant, qui semble pourtant bien avoir eu raison, reçoit une sévère réprimande : « Vous voyés dans quel embaras vous nous avés jetté pour les recrues de l'année dernière. Je vous prie de faire réflexion, si dans les autres départements le service avoit été fait comme dans le vôtre, ce qui en seroit arrivé. Je ne sçaurois trop vous recommander de prendre des mesures justes et exactes pour la présente année, en sorte que vous ne soyés point obligé de chercher des excuses et de jetter la faute sur d'autres, car les excuses ne sont point de l'argent (3). »

(1) Lettre de Turgot, 5 noVembre 1709 (D. G., vol. 2187, p. 126).
(2) Lettres de Pinon, Duplessis et Chartraire de Saint-Aignan, mars 1710 (D. G., vol. 2265, p. 128, 129 ; vol. 2270, p. 28-29, 246).
(3) Lettres de Voysin, Turgot, La Condamine, 1710 (D. G., vol. 2262, p. 202 ; vol. 2265, p. 213, 229, 229 bis, 231, 236, 237, 249, 250-253, 267, 273 ; vol. 2269, p. 127, 158, 192, 195, 208 ; vol. 2270, p. 93, 94, 141, 167).

Mais la tâche des intendants ne s'arrête pas à la collecte de l'argent ; les fonds réunis dans leur généralité, ils ne doivent pas les y garder. Le gouvernement ne veut pas de dépôts en province ; il entend que tout soit versé dans la caisse du trésorier de l'extraordinaire des guerres. Les intendants doivent donc faire « voiturer » l'argent à Paris, quelque inquiétude que leur inspirent ces transferts de numéraire (1).

Par exception, ils le gardent parfois, sans doute quand ils sont très en retard. Mais en règle générale, c'est à Paris que se rendent les officiers délégués par leurs corps pour toucher les sommes qui leur reviennent, à raison d'un par régiment. Ils font parvenir leur part à leurs camarades restés à l'armée pour que tous puissent travailler aux recrues (2).

Ces officiers sont obligés d'attendre l'arrivée des fonds. A Paris leur subsistance est assurée par des indemnités mensuelles prélevées « sans leur en rien témoigner » sur l'argent des recrues. Les capitaines reçoivent 90 livres, les lieutenants 45, les sous-lieutenants 36, les sergents 24, les caporaux et soldats 15 (3). Mais ils mangent à l'auberge leur maigre avoir. Les retards dans la délivrance des fonds les empêchent de se mettre à l'ouvrage et ils ne cachent pas leur impatience aux payeurs : « Il n'y a point de dureté qu'ils ne me disent, écrit M. Mailly, receveur général des finances de Tours, quand je fais l'impossible... S'ils continuent à me maltraiter, ce n'est pas le moyen que je puisse être tranquille (4). » A Paris, ils assiègent le logis du trésorier de l'extraordinaire des guerres

(1) Lettres de Pinon, Martangis, Foucault, 1709-1710 (D. G., vol. 2186, p. 135 ; vol. 2265, p. 124, 125, 127) ; de M. de Courson, 22 février 1710 (vol. 2261, p. 189).

(2) Lettre du lieutenant-colonel de La Boulaye, 27 décembre 1709 (D. G., vol. 2145, p. 278). Quand on garde l'argent en province, on dirige les officiers arrivés à Paris sur les chefs-lieux de généralité et ce voyage supplémentaire les irrite fort (lettres du colonel de Valouze, du major de Silhac, décembre 1709. — D. G., vol. 2144, p. 256, 317).

(3) Lettre de Voysin à Phélypeaux, 8 janvier 1709. (Cangé, vol. 37, p. 49).

(4) 20 décembre 1709 (D. G., vol. 2145, p. 75) et lettres du colonel de Casteja, d'un commandant du Royal-Artillerie, de Bignon ; Voysin à Courson, décembre 1709-novembre 1710 (D. G., vol. 2144, p. 346 ; vol. 2145, p. 101 ; vol. 2261, p. 287 ; vol. 2266, p. 1).

et émettent tous la prétention d'être payés sur-le-champ, exigence impossible à satisfaire.

Leur racolage est soumis à un contrôle apparent : l'intendant doit tenir registre des enrôlements et en noter les prix. Et surtout, il doit leur donner « un endroit particulier pour mettre ensemble les soldats qu'ils lèveront, afin qu'ils les puissent garder avec plus de seureté et de comodité ». Les recrues doivent être expédiées à l'armée par groupe de cinquante et les déserteurs être passés « au compte des officiers » à moins qu'ils ne puissent prouver « clairement et d'une manière incontestable qu'il n'y aura point eu de leur faute » (1).

Il est fort à craindre que toutes ces prescriptions soient restées purement théoriques ; en tout cas, le résultat du travail des officiers est peu satisfaisant. L'inconvénient toujours redouté apparaît de leur confier de trop grosses sommes ; ils perdent du temps à Paris et n'arrivent que fort tard en province ; ils trouvent si peu de volontaires que certains proposent, en désespoir de cause, de rendre l'argent qu'on leur a donné ; enfin, sentant la paix prochaine, ils ne témoignent pas d'un zèle excessif (2).

Beaucoup d'argent est gaspillé ou perdu.

En janvier 1710, le chevalier de Beaufort, capitaine au régiment de Béarn, déserte après avoir reçu la somme qui revient à son corps. On essaye de dédommager ses camarades en faisant saisir ses biens, mais, déclare Voysin, « ce n'est pas un secours prompt et seur ; ainsy il faut que les officiers cherchent les moyens de restablir leurs troupes et la faute qu'ils ont faite de se confier à cet officier ». La même année, l'intendant de Bordeaux, M. de Courson, est victime d'un audacieux escroc, qui se présente à lui comme capitaine au régiment de Blaisois. Sur le vu d'une lettre de l'ex-lieutenant-colonel de ce régiment, il consent à lui délivrer 4 000 livres. Oncques ne revit-on, malgré les plus actives recherches, le

---

(1) Instructions de Voysin, 8 janvier 1709 (*Oangé, passim*).
(2) Lettres de Turgot, La Briffe, d'Ormesson, février 1709 et 1710, janvier 1711 (D. G., vol. 2187, p. 154 ; vol. 2264, p. 43 ; vol. 2341, p. 28-29).

pseudo-capitaine, « aventurier de profession et qui a fait une infinité de friponneries pareilles en ce pays-ci » (1).

D'autre part, du fait qu'on les paye non en argent liquide mais en billets de monnaie, les officiers subissent une grosse perte au change, de 50 pour 100 environ. En 1709, dans la généralité de Tours, on n'a que 300 000 livres d'argent comptant pour 600 000 livres de billets. En 1708, les officiers qui reçoivent 200 livres par compagnie trafiquent leurs lettres de change « à un tiers pour cent de perte ». Ils ne cessent de réclamer qu'on les paye en argent, les billets ne servant qu'à enrichir les usuriers (2).

Le chevalier de Maulévrier se plaint par exemple que les recruteurs ne touchent pas assez pour se tirer d'affaire : « De là, je conclus que le désordre sera plus grand et le succès moindre que jamais... Et par malheur, il n'y a ni capitaine, ni colonel dans l'armée qui ne pense de même (3). »

Quoi qu'il en soit, pour cette raison ou toute autre, les hommes recrutés sont de fort mauvaise qualité. Le pouvoir comptait que la misère aiderait à trouver des volontaires (4) ; son espérance est déçue. Les recruteurs impatients reviennent à leurs mauvaises pratiques « pour lesquelles ils emploient des dragons libertins ». Ils engagent nombre d'enfants au-dessous de vingt ans (5).

Si quelques colonels se déclarent satisfaits de leurs recrues,

(1) Lettres de M. de Saint-Sulpice, commandant le régiment de Béarn, février 1710 ; de Legendre, 8 juin 1710, et apostille (D. G., vol. 2267, p. 224-225 ; vol. 2269, p. 365). Les intendants devaient remettre l'argent aux « officiers ou autres porteurs d'un pouvoir valable des régiments » (Voysin à Bignon, 8 septembre 1710. — D. G., vol. 2266, p. 51).

(2) Lettres de Mailly, décembre 1709, du capitaine Acarel, du lieutenant-colonel de Launay, avec mémoire joint, décembre 1709 (D. G., vol. 2145, p. 442 ; vol. 2143, p. 230 ; vol. 2183, p. 302-303).

(3) 19 septembre 1710 (D. G., vol. 2217, p. 72).

(4) Voysin à Maulévrier, 23 septembre 1710. On lui dit qu'à Paris les officiers ont pu faire 80 000 hommes, et que le recrutement ainsi pratiqué « paroit moins et fait moins d'éclat et de dérangement que ne feroit la levée de 25 000 hommes de milice » (D. G., vol. 2217, p. 92).

(5) Lettre de M. de Rochebonne, 7 février 1709 ; lettre de Turgot du 9 mai, envoyant les contrôles des hommes enrôlés pour le régiment d'Oléron : plusieurs sont des enfants de quinze à dix-neuf ans (D. G., vol. 2187, p. 102-104).

d'autres n'ont point à s'en louer, « qui reçoivent des soldats fort vilains... des gueux qui, petit à petit, gâtent un régiment ». En 1709, le lieutenant-colonel du régiment de Charolois est obligé de congédier le tiers des recrues, « n'estans bons ny pour la guerre ny pour la paix, à cause de leur taille, aage et mauvaise torneure » (1).

Il leur est permis alors de se montrer sceptiques sur les avantages de ce système de recrutement et de déclarer, avec M. de Maulévrier, que « les lettres que nous recevons pendant l'hyver nous annoncent des recrues qui doivent rendre les troupes plus que complettes, mais que le soleil du printems fait évanouir à nos revues ces idées flatteuses et ne nous fait voir que de très foibles bataillons ». Aussi, en septembre 1710 celui-ci réclame-t-il le retour à la milice et l'ordre « de lever les recrues en nature tant pour remplacer ce qui manque que pour mettre dix hommes d'augmentation par compagnie ». Voysin lui objecte qu'il faudrait 100 000 hommes au bas mot pour les 230 bataillons français. Or, dit-il, « les plus fortes recrues d'hommes qui ont esté demandées n'ont point passé 25 000 hommes et s'il faloit porter la demande au quadruple, c'est de quoy faire déserter tous les jeunes gens du royaume, qui, pour éviter d'estre pris dans leurs villages, seroient pendant trois ou quatre mois errans d'une province à l'autre et le nombre en seroit si grand qu'il ne seroit plus question d'en faire des recherches et des punitions ». Le roi, ajoute-t-il, est donc persuadé « que cela causeroit une agitation extraordinaire dans toutes les provinces du royaume », agitation préjudiciable à la culture des terres et au recouvrement des tailles. Conclusion : « Je ne désespère pas autant que vous faites que les officiers touchant bien réellement l'argent des recrues n'en fassent pas un employ utile. » C'est aux inspecteurs de surveiller leur conduite.

(1) Lettres des colonels des régiments de Nivernois, Charolois, Auxerrois, Royal-Comtois, aVril-juin 1709 (D. G., vol. 2133, p. 169 ; vol. 2134, p. 145, 232 ; vol. 2135, p. 228).

Maulévrier insiste encore mais sans succès (1).

Une autre voix celle du maréchal de Montesquiou, s'élève aussitôt pour dénoncer le danger et réclamer énergiquement l'envoi de miliciens à l'armée des Flandres. « Je crois, dit-il à Voysin, que, tout considéré, vous ne pouvés songer à remettre l'infanterie que par donner les recrues en espèce (2). »

Aveu précieux à retenir, car c'est celui d'un homme de guerre qui reconnaît la faillite du recrutement par voie d'enrôlements volontaires, qui proclame l'impuissance des troupes de métier à se suffire à elles-mêmes et ne voit d'autre remède en une circonstance critique que l'appel au pays : on l'écoute, et il a d'autant plus de mérite à parler ainsi que les militaires ne sont généralement pas de son avis et ne voient dans la milice qu'un moyen commode d'avoir des hommes à bon compte. Écoutez plutôt l'intendant Turgot, quand la levée est ordonnée : « Les officiers d'infanterie eux-mêmes ont crié contre, et *par leur faute, dédain et violences envers les soldats forcez* en ont conservé peu des précédentes recrues. Mais ils ayment mieux négliger de faire les recrues et nous charger d'un terrible fardeau pour le pays et pour nous et se décharger sur d'autres de la seule peine et affaire de leur métier, qui est d'estre soigneux de conserver leurs soldats en campagne ou de les rétablir l'hyver par des recrues (3). »

Le maréchal de Montesquiou est donc le promoteur de la dernière levée de miliciens, celle du 20 janvier 1711. Comme on lui objectait la crainte de séditions populaires, il proposait une modification au mode de recrutement accoutumé : estimant à 35 ou 40 000 hommes le nombre de recrues nécessaires à l'armée de Flandres, il n'était pas d'avis de les faire tirer au sort, mais, pour donner confiance aux paysans, d'en désigner un par paroisse et de lui remettre avant son départ un

(1) Lettre de Maulévrier, 19 septembre 1710, et Voysin à Maulévrier, 9 et 23 septembre (D. G., vol. 2217, p. 33, 72, 92).
(2) 13 septembre 1710 (D. G., vol. 2217, p. 51).
(3) 11 février 1711 (D. G., vol. 2340, p. 119 *bis*).

congé signé de Voysin et le faisant libérable au bout de deux ans.

Mais son projet n'est pas retenu : on rétablit le tirage au sort. Prudemment le roi ne demande en outre que 22 800 hommes au pays, expliquant dans l'ordonnance qu'il calcule l'effectif de façon à fournir de 12 hommes chaque compagnie de l'armée de Flandres. Le surplus doit être recruté directement par les officiers, qui sont avertis que, s'ils n'ont point leurs compagnies complètes en avril, ils seront cassés, privés de leurs charges et obligés à restituer « les avantages qu'ils auront reçu du quartier d'hyver ».

Cette levée est aussi mal accueillie du pays que les précédentes. Elle soulève en outre une autre difficulté : quelques mois auparavant, on a demandé aux paroisses de l'argent en place d'hommes. Elles viennent de le fournir : il est un peu osé de leur demander presque immédiatement des miliciens. Le roi leur promet donc de tenir compte des sommes antérieurement versées « sur les payemens qu'elles auront à faire de la taille ou des impositions de la présente année 1711 », promesse vague et qui ne l'engage à rien. Cependant on impose la cotisation, pour la consacrer en partie, nous l'avons vu, aux frais d'équipement des miliciens. C'est une charge nouvelle. Quelques intendants prennent pitié de leurs administrés et, réalisant en quelque sorte la promesse royale, ou prélèvent la cotisation sur les sommes antérieurement versées ou, au lieu de la demander « aux seules paroisses qui fournissent le soldat effectif », la répartissent plus équitablement « sur toutes les villes, bourgs et paroisses et au sol la livre de la taille de la présente année ». Ils sont sévèrement blâmés (1).

La levée de janvier 1711 est la dernière : en août de cette année et en 1712, le pays est mis encore à contribution mais il ne fournit que de l'argent.

La libération des miliciens commence en 1713 : le 17 juillet 1714, tous sont définitivement renvoyés et il ne reste plus sous les armes que des soldats de métier.

(1) Lettres de et à Roujault et Turgot, février-mars 1711 (D. G., vol. 2337, p. 212, 213 et vol. 2340, p. 119 *bis*, 131, 143, 144).

CHAPITRE VI

L'ASSEMBLÉE ET LE DÉPART DES MILICIENS

Tant bien que mal désignés les miliciens, poursuivis et parfois arrêtés les réfractaires, il faut enfin les rassembler et les faire partir à l'armée. C'est la dernière tâche des intendants, non la moins délicate. Mal secondés par des municipalités complices ou sans autorité, ils ont encore à lutter avec des officiers rusés et intéressés qui font passer leur propre intérêt avant celui du roi.

Théoriquement, leur rôle se borne à désigner les centres de rassemblement de leurs recrues et à les remettre aux militaires. Les magistrats municipaux de chaque paroisse sont responsables des hommes jusqu'au rassemblement, ensuite les officiers qui les conduisent à l'armée. En fait, les intendants sont à chaque instant obligés d'intervenir.

Du jour du tirage, l'homme qui a amené le billet noir ne s'appartient plus : il est soldat et reçoit une paye de quatre sols par jour. Mais il demeure chez lui jusqu'à sa convocation. Il lui est interdit de quitter son village « pour plus de un ou deux jours sans la permission du maire, échevin ou principal habitant du lieu ». S'il désobéit, il est réputé déserteur et comme tel, passible des galères. La municipalité, qui répond de lui et devra le remplacer s'il échappe, a intérêt à le surveiller : parfois elle l'emprisonne par mesure de précaution.

Elle doit ensuite le conduire au rassemblement des recrues. Dans chaque généralité, l'intendant désigne *les lieux d'assemblée*, centres de rassemblement généralement situés aux chefs-lieux des élections, de façon à grouper rapidement les

287

miliciens de villages voisins, sans les obliger à trop long voyage.

En 1701, pour la première levée, l'assemblée se fait en deux fois : une première fois par groupes de quarante-cinq hommes — effectif d'une compagnie — en un village où tous puissent se rendre « sans estre obligez de découcher ou qu'ils ne découchent au plus qu'une nuit pour y aller » ; une deuxième fois dans une ville où se réunissent toutes les compagnies d'un même bataillon (1).

Mais dès 1702, les miliciens ne formant plus de corps séparés et recrutant directement les troupes réglées, la concentration des recrues ne se fait plus qu'en une fois. Par exemple, en 1711, les lieux d'assemblée de la généralité de Moulins qui suffisent au rassemblement de tous les miliciens sont Guéret, Montluçon, Moulins, Château-Chinon et Nevers.

Les miliciens rejoignent les centres de rassemblement sur ordre des intendants (2). Conduits par leurs magistrats municipaux, ils ne doivent pas manquer au rendez-vous ou sont aussitôt réclamés. Certains intendants n'hésitent pas à les menacer eux et leurs répondants de prison ou d'amende en cas d'absence.

Le rôle des échevins n'a rien d'enviable. Du temps a passé depuis le jour du tirage, les miliciens ont pris leur mal en patience : l'ordre de rejoindre les surprend ; ils ont parfois un dernier mouvement de révolte.

D'aucuns, assistés de leurs amis, reçoivent à coups de fusil les magistrats municipaux qui viennent les chercher, en tuant ou blessant quelques-uns, faisant même des victimes inno-

---

(1) Cf. par exemple l' « estat des lieux où se doivent assembler les 42 compagnies de milices de la généralité de Paris en 1701 » (*Cangé*, vol. 35, p. 16).

(2) « De par le roy. André de Haroüys... intendant de justice, police, finances, marine et des troupes au comté de Bourgogne Nous ordonnons aux échevins de la communauté de   de faire trouver leur soldat de milice en la ville de *Vesoul*, le *six* du mois d'*avril* pour passer en revue par devant Nous le lendemain, à peine de six mois de prison et de trois cens livres d'amende contre les échevins et soldats qui y manqueront. Fait à Besançon, le 18 mars 1701. Signé DE HAROUYS » (Affiche imprimée, les mots soulignés sont manuscrits. D. G.).

centes. Leur emprisonnement préalable ne prévient pas toujours les séditions : à Damazan en Bordelais, l'année 1708, les parents des huit miliciens, « armés de fusils, mousquets, pistolets, épées et gros feremens », forcent les portes du cachot où les consuls les détiennent et les font tous évader.

En prévision de ces rébellions, les intendants prêtent parfois aux municipalités le concours de leurs archers (1).

En cours de route, des incidents analogues peuvent survenir. C'est dans la généralité de Montauban qu'a lieu en février 1711 « l'action la plus violente qui se soit encore passée dans la levée des recrues et qui mérite grand exemple ».

A une lieue de leur ville, les consuls de Moissac conduisant par eau à l'assemblée de Montauban leurs dix-sept miliciens, sont hélés de la rive par une troupe de deux cents paysans, dont une trentaine armés, conduits par le sieur Descourt, capitaine au régiment de Condé. Cet officier les somme, sous menace de ne leur point faire quartier, de délivrer un des garçons qu'il les accuse d'avoir pris de force, à quoi ils consentent. Entraîné à la dérive « par un temps effroyable », leur bateau est rejoint à deux cents mètres de là par toute la troupe qui les couche en joue ; le capitaine tire son épée ; ils sont hués par la foule augmentée de valets de gentilshommes du voisinage et d'habitants de Moissac : « Tue ! tue ! nous voulons tous les soldats de recrue qui sont dans ce bateau, autrement point de quartier ! » Craignant pour leur vie, les consuls se résignent à relâcher tous les miliciens, que le sieur Descourt conduit à son château.

Cette affaire émeut l'intendant Legendre : elle n'est qu'un épisode de la lutte entreprise dans la région contre les recruteurs ; depuis quelque temps, il arrive que les gens du pays délivrent les soldats sur les grands chemins. Il réclame donc un châtiment exemplaire pour les coupables et notamment pour Descourt. Le secrétaire d'État de la Guerre décide que

---

(1) Lettres d'Ableiges,La Bourdonnaye, Le Blanc, Rouillé et réponses, 1701-1705 (D. G., vol. 1524, p. 110 ; vol. 1792, p. 208-210 ; vol. 1902, p. 197-198 ; vol. 1903, p. 3, 142-143).

l'officier devra, pour toute punition, rendre les miliciens enlevés. Outré de cette singulière indulgence, l'intendant se livre à une enquête pour savoir « s'il y avoit eu de la machination » et acquiert la preuve d'une préméditation et que « le projet d'enlèvement fut fait à Moissac, ville naturellement rebelle et mutine, plusieurs habitans voulant sauver des garçons qu'ils affectionnoient ». Quant à l'audace des assaillants, il l'attribue à la certitude de l'impunité et dénonce encore « la cabale mutine de Moissac où douze habitants font la loi, refusant de payer les impôts, notamment le dixième de la taxe des biens aisés et se révoltant contre tous les ordres du roy », soutenus « par un député qu'ils ont à Paris, nommé Gratecap ».

Cependant l'affaire n'a pas d'autres suites et Legendre perd l'espoir de retrouver les miliciens : « A l'heure qu'il est, dit-il, l'officier se trouvera party ; il aura quelque raison pour ne pas représenter les soldats, la campagne viendra et voylà une affaire qui a fait un furieux éclat dans cette province, assoupie sans aucune punition. J'en suis fort aise parce que cela est selon mon cœur et selon mon fait, mais il est fort à craindre que le service du roy n'en souffre. » L'événement lui donne raison ; en mai, il n'a retrouvé que six hommes et ne pouvant raisonnablement rendre responsables les consuls de leur disparition, il doit « les tenir quittes du surplus », en déplorant la faiblesse du secrétaire d'État de la Guerre : « Puisque les coupables d'une action aussy violente et qui a peu d'exemples en sont quittes à si bon marché, il faut s'attendre à en voir arriver souvent de pareilles ! » (1)

Heureux encore les consuls de n'être point impliqués dans l'affaire. En combien d'autres cas, où ils ne sont pas plus coupables, les rend-on responsables de la désertion de leurs miliciens et sont-ils obligés de les remplacer vaille que vaille?

Les plus avisés prennent donc leurs précautions : ceci explique qu'en 1702, les consuls de Millau, ayant à conduire

(1) Lettres de Legendre et information, février-mai 1711 (D. G., vol. 2342, p. 124-127 ; vol. 2347, p. 191, 195).

leurs miliciens à Cahors, n'hésitent pas à consacrer 4 livres, 10 sols et 6 deniers à l'achat de 55 cordes solides (1), mais c'est à leurs dépens, car ils ne sont pas même remboursés de leurs frais de déplacement et d'escorte.

Les intendants, qui sentent l'injustice de leur imposer, sans les indemniser, des dépenses souvent considérables, ne peuvent pas toujours leur offrir une compensation. Rouillé, qui, en 1703, propose de les rembourser sur l'ensemble des habitants de leurs paroisses taxés « au marc la livre de leurs cottes de taille », se voit interdire de « les mestre sur ce pied là ». Plus avisé, Doujat, en 1705, n'en demande pas l'autorisation et leur fait payer une gratification, nécessaire, dit-il, pour qu'ils s'acquittent bien de leur tâche. Elle est d'ailleurs modeste, atteignant au plus 100 livres pour les paroisses éloignées de douze à quinze lieues du centre de rassemblement (2).

Les magistrats municipaux des lieux d'assemblée reçoivent les recrues qu'amènent leurs collègues de la région et leur doivent le gîte et la nourriture.

Leur souci est d'empêcher leur désertion. Pour faciliter la surveillance, ils évitent donc de les disperser dans la ville et les mettent en lieu sûr dans un local unique, généralement aux prisons ou casernes. Dans les casernes de Montpellier, des pièces grillées et verrouillées sont réservées aux miliciens de passage (3). Les frais de séjour sont parfois très élevés (4).

---

(1) Affre, *Dictionnaire du Rouergue* (article « Milice »).

(2) Lettres de Rouillé et Doujat, 8 mars 1703 et 7 décembre 1705 (D. G., vol. 1701, p. 102 ; vol 1903, p. 299).

(3) Cf. lettres de Bernage et Rouillé, 1704-1705 (D. G., vol. 1759, p. 41 ; vol. 1895, p. 33). — A Montpellier, les chambres hautes de la citadelle sont spécialement aménagées en 1705 pour le logement des miliciens. Un « devis des réparations pressées » indique comme travaux de première urgence la pose des serrures et de verrous aux portes et volets des fenêtres et la fermeture du corridor sur lequel donnent ces chambres par « une porte de sapin dont les planches seront de un pouce d'épaisseur, doublée, ferrée de gonds à repos, pentures entières, attachées avec boulons et serrure avec visses rivées » (Archives départementales Hérault, C. 828, et archives municipales de Montpellier, E. E. 242).

(4) État des dépenses faites à Guéret en 1703 pour lès recrues de la Marche : Casernement, logement du subdélégué (loyer et dégradations) : 100 livres. Bois et chandelles : 110 livres. Visites du chirurgien, traitements, médicaments :

Le rôle des magistrats municipaux cesse après la réception de leurs hommes par les officiers de troupe chargés de les emmener. Chacun des régiments qui reçoit des miliciens est instruit de la généralité où il doit les faire prendre ; il envoie donc au chef-lieu un certain nombre d'officiers qui se présentent à l'intendant. Celui-ci les dirige sur le lieu d'assemblée désigné à leur troupe.

Le nombre de ces officiers est variable, proportionné sans doute au nombre de soldats qu'ils doivent prendre. En 1704, chaque bataillon de l'armée d'Espagne envoie aux généralités deux capitaines, trois lieutenants et trois sous-lieutenants (1).

Tout le temps de leur résidence aux lieux d'assemblée, ces officiers sont logés chez l'habitant. Ils n'ont droit qu'au logement mais touchent, en plus de leur solde, une indemnité de séjour du jour de leur arrivée à celui de leur départ. Elle est calculée à raison de 4 livres par jour pour les capitaines, 2 livres 10 sols pour les lieutenants, 10 sols pour les sergents (2).

Telle quelle, elle ne satisfait pas les officiers qui la trouvent insuffisante à couvrir leurs dépenses, notamment leurs achats de menottes. Certains réclament en outre le remboursement de leurs frais de bouche. On refuse toujours de leur donner davantage par crainte qu'ils ne gaspillent l'argent à tout autre service qu'à celui du roi (3).

Ces officiers ne se piquent pas d'exactitude et arrivent souvent fort en retard : les intendants ne cessent de s'en plaindre (4), car c'est du temps perdu et pendant lequel ils

50 livres. Total : 260 livres (lettre de M. d'Ableiges, 28 mai 1704. — D. G., vol. 1801, p. 571-572).

(1) Lettre à Berwick, 8 septembre 1704 (D. G., vol. 1789, p. 17).

(2) Réponse à Bâville, 30 décembre 1701 ; circulaire du 13 décembre 1702 (D. G., vol. 1525, p. 238 ; Cangé, vol. 35, p. 139). Cf. lettres à Bâville et à La Houssaye, décembre 1702 et février 1704 (D. G., vol. 1614, p. 283 ; vol. 1752, p. 103).

(3) Lettres de et à Ferrand, 25-28 février 1711 (D. G., vol. 2342, p. 88-89).

(4) Lettres de Grignan, du commissaire Auberon, de Bâville, Bernage, Rouillé, Legendre, Pinon, 1701-1705 (D. G., vol. 1524, p. 288 ; vol. 1524, p. 296 ; vol. 1526, p. 20 ; vol. 1614, p. 163 ; vol. 1759, p. 30 ; vol. 1903, p. 140 ; vol. 1904, p. 127, 128, 131 ; vol. 1905, p. 126).

restent responsables des recrues. En 1704, M. Le Guerchoys, dans la généralité d'Alençon, imagine de les attendre pour publier l'ordonnance de levée et faire tirer au sort, de façon que les miliciens ne séjournent pas dans la province (1). On n'adopte pas ce système qui eût trop prolongé les opérations de recrutement, mais lorsque les officiers ont un trop long chemin à parcourir — c'est, en 1703, le cas de ceux de l'armée d'Italie qui doivent se rendre en Touraine ou Bretagne — on les arrête en route — à Lyon — où ils attendent leurs recrues conduites par des sergents et caporaux des gardes françaises, payés 40 et 25 sols par jour pour ce service (2).

Ce fait est exceptionnel ; les officiers assistent ordinairement à la revue de départ des détachements constitués aux lieux d'assemblée. Elle est précédée de revues passées par les commissaires des guerres et ayant pour objet de vérifier la quantité et la qualité des hommes (3).

On s'assure d'abord qu'il n'y a point de manquants ; on cherche à savoir si les appelés ne se sont pas fait remplacer. Puis a lieu un véritable conseil de revision, destiné à vérifier que les régiments ne seront pas « remis qu'en nombre mais en bonté ». L'examen porte sur la constitution générale et la taille des hommes.

Pour ceux qui ont quelque infirmité apparente, point d'hésitation : « défectueux et sans espérance », ils sont refusés. Toutefois, le commissaire n'a pas qualité pour « casser aucun homme de son authorité ». Il ne peut que signaler les inaptes à l'intendant, seul qualifié pour ordonner leur renvoi ; ceci pour éviter certaines complaisances (4).

Réglementairement les hommes doivent mesurer 5 pieds de hauteur. Cette exigence du roi crée aux paroisses de

(1) Lettre du 6 noVembre 1705 (D. G., vol. 1901, p. 129).
(2) Chamillart à Nointel et Turgot, 21 décembre 1703 ; lettre de Guyet, 4 janVier 1704 (*Cangé*, vol. 35, p. 178. — D. G., vol. 1800, p. 4).
(3) Circulaire du 7 féVrier 1701 (*Cangé*, vol. 35, p. 10).
(4) Lettres d'Ableiges, 20 janVier 1704 ; des commissaires Cauly, Desvoyers, avril 1701 et 1702 ; Chamillart à Bouchu et Lebret, 28 mars 1701 (D. G., vol. 1517, p. 40 ; vol. 1524, p. 327 ; vol. 1551, p. 88 ; vol. 1800, p. 33).

graves embarras. Toutes ne peuvent fournir des hommes si grand's. Il est des provinces du royaume où l'on n'en trouve point : le Périgord, par exemple, le Bourbonnais et l'Angoumois, la Normandie, la Touraine, « où la taille des hommes est généralement petite », l'Armagnac, où, déclare Legendre en 1701, il n'y a pas 200 hommes de la taille de 5 pieds (1). Ces garçons sont pourtant solides et bien bâtis. Faut-il donc pour leur taille seulement les éliminer du contingent, et qui prendre alors? Les intendants jugent impossible la stricte observation de l'ordonnance. Les officiers, eux, s'obstinent à en faire respecter la lettre.

Au début de la guerre, on a eu le tort de donner à ceux-ci une certaine autorité sur les opérations de revision et de les laisser libres d'accepter les miliciens ou d'exiger leur remplacement. Ils en ont vite abusé.

D'aucuns trouvent « défectueux » tous les garçons que l'intendant a jugés bons, constatent maussadement « beaucoup de jeunesse » dans leur détachement. Ils réclament d'office le remplacement d'hommes dont la tournure ne leur agrée pas (2).

Sur la question de la taille, ils sont d'une intransigeance ridicule. Ils se plaignent par exemple que leurs hommes soient « mesurez avec leurs sabots, ce qui les eslève beaucoup »; certain fait, pour les toiser, déchausser tous les siens (3). Beaucoup de leurs réclamations sont sans fondement; ils se montrent « difficiles » au delà de toute raison, et, qu'ils aient quelque sujet de plainte, que dans certaines régions leurs hommes ne mesurent pas exactement la taille réglementaire,

(1) Lettre de Legendre, 13 aVril 1701 ; d'Ableiges, 28 noVembre 1702 ; Bernage, 13 mars 1702 ; Herbigny, 4 mars et 12 noVembre 1702 ; la Bourdonnaye, 11 mars 1704 (D. G., vol. 1524, p. 267 ; vol. 1605, p. 42, 61 ; vol. 1610, p. 172, 184 ; vol. 1792, p. 181).

(2) Chamillart à Bégon, 3 aVril 1702 ; à Phélypeaux, 4 féVrier 1705 ; à d'Herbigny, 11 et 13 janVier 1704 ; lettre du commandant Le Brun, 14 janVier 1704 (Cangé, vol. 35, p. 72 ; vol. 36, p. 4. — D. G., vol. 1801, p. 50, 54, 56).

(3) Lettre d'Ableiges, 21 aVril 1701, se plaignant d'un capitaine Coquinot « qui fait le difficile sur les soldats » ; lettre d'un capitaine du régiment du NiVernois, 13 mars 1711 (D. G., vol. 1524, p. 308 ; vol. 2340, p. 149).

point d'excuses (1). En 1702, le capitaine Cabassol refuse deux miliciens de Valence, trop petits d'un pouce : il ne faut rien de moins que l'intervention de Chamillart pour les lui faire accepter. Leurs prétentions ne souffrent même pas de discussion : tel subdélégué de l'intendance de Douai qui cherche à en chapitrer un se fait simplement traiter de « fripon,... j-f... et... malhonneste homme » (2). Bref, il semble que « dès qu'on les fournit aux dépens du pays, ils ne doivent avoir que des hommes de distinction, mais ils n'entrent point dans les difficultez du pays, qui les fournit dans une dixième année de guerre, ny dans l'esprit de tempéramment que nous sommes obligez d'apporter pour concilier le service du roy avec les efforts que les peuples font avec zèle pour le remplir : cette levée seroit encore bien plus rude, si on ne suivoit que leur idée et les renvoys continuels prolongeroient la levée et les charges des paroisses à l'infiny, ce qu'ils comptent pour rien » (3). On a beau recommander à l'armée de n'envoyer que des officiers consciencieux et éprouvés (4), tous éprouvent le besoin d'ergoter. C'est à tel point qu'un militaire consciencieux, « galand homme, bon officier et plein de droiture et d'honneur », qui ne se plaint pas à tort et à travers et ne chicane pas à tout propos les autorités civiles, est considéré comme méritant les compliments personnels du roi (5).

Les intendants ne peuvent cependant tolérer un état d'esprit si contraire aux véritables intérêts de l'armée et mettent le holà. Ils n'ont d'autre moyen que de faire eux-mêmes la révision des miliciens, sans tenir compte de toutes ces réclamations.

(1) Lettre de Chauvelin, 11 mars 1711 (D. G., vol. 2342, p. 102). Pour les plaintes non fondées, Voir lettres de Barentin, d'Ormesson, Bernage, Bouville, Ferrand, 1702-1711 (D. G., vol. 1565, p. 164; vol. 1605, p. 118; vol. 1674, p. 32, 42, 44, 45; vol. 1902, p. 245-246; vol. 2341, p. 42; vol. 2342, p. 90-91).

(2) Lettre du sieur Hustin, 19 février 1702 (D. G., vol. 1539, p. 58).

(3) Lettre de Turgot, 21 mars 1711 (D. G., vol. 2340, p. 147).

(4) Lettre de Berwick, 26 septembre 1704 ; de Chamillart au duc de La Feuillade, 20 octobre 1705 (D. G., vol. 1789, p. 56. — Cangé, vol. 36, p. 46).

(5) Lettre de Trudaine et apostille, 21 mars 1711 (D. G., vol. 2340, p. 91).

Ils sont les premiers à exiger des recrues de belle qualité et à refuser impitoyablement les infirmes ou les malingres. Avant leur inspection, ils ne veulent pas de discussion entre les officiers et les représentants, des paroisses : Trudaine ordonne aux officiers d'accepter tous ceux qu'on leur amènera, « fussent-ils boiteux et bossus », se réservant de les réformer lui-même (1). En outre, ils sont unanimes à réclamer que l'on accepte des hommes « jeunes, quarrés et bienfacés », même s'ils n'ont pas les cinq pieds réglementaires, à un demi-pouce ou quelques lignes près. Le secrétaire d'État de la Guerre, leur faisant confiance, y consent, leur recommandant seulement de ne point prendre d'hommes d'une taille « beaucoup au-dessous », qui « dépareroient le reste de la troupe » (2). Ils usent avec discrétion de la permission.

Les officiers restent toujours libres d'ailleurs d'en appeler au secrétaire d'État en justifiant leurs plaintes et de lui transmettre l'état nominatif des hommes qu'ils estiment inaptes à la guerre. Toute réclamation correcte et fondée est sûre d'être bien accueillie et de recevoir la suite qu'elle comporte. Un officier qui, dans la généralité de Paris, présente à Chamillart quatre hommes impropres au service et qu'on veut l'obliger à accepter, attire un jour cet amical avertissement à Phélypeaux : « S'il m'étoit permis de gronder un des anciens intendans du royaume et de mes amys depuis longtemps, je le ferois de bon cœur et avec trop de raisons (3) ! »

En revanche, il faut maintes fois rappeler à l'ordre les officiers ; interdiction leur est faite sur un ton qui n'admet pas de répliques de se mêler de la levée ; on leur répète qu'ils ne sont pas chargés de l'inspection, mais de la conduite des

---

(1) 31 janvier 1705 (D. G., vol. 1902, p. 4, 6).

(2) Lettres de Turgot, Bernage, d'Herbigny, février-mars 1702 ; d'Orsay, mars 1711 (D. G., vol. 1605, p. 22, 61 ; vol. 1610, p. 172 ; vol. 2346, p. 178).

(3) Chamillart à Phélypeaux, 4 février 1705 (*Cangé*, vol. 36, p. 4.) Les offi ciers peuvent transmettre au secrétaire d'État un état nominatif des hommes qu'ils jugent mauvais. Sur une plainte d'un lieutenant du régiment d'Angoumois, en janvier 1703, on lit : « Escrire à cet officier comme on a fait à tous les autres qu'il peut me marquer sur un estat la quantité des soldats qu'on luy donnera, leur signal et les lieux d'où ils sont » (D. G., vol. 1700, p. 21).

recrues ; on leur enjoint d'accepter les hommes qu'on leur remet : « le capitaine n'aura aucune liberté de refuser les soldats (1). »

Une missive de Chamillart aux officiers envoyés en 1704 dans la généralité de Montauban précise bien d'ailleurs la volonté du gouvernement :

« Messieurs, le roy est informé des difficultés que vous faites de recevoir les recrues que M. Legendre, intendant de la généralité de Montauban, vous veut faire remettre. Sa Majesté, ne paroissant pas contente des différends prétextes dont vous vous servés pour rebuter ces hommes, m'ordonne de vous dire que son intention est que, sans en examiner aucun, vous receviés ceux qui seront donnés par mondit sieur Legendre et que vous partiés aussytost pour vous rendre où il vous est ordonné (2). »

En 1705, Bouville est blâmé d'avoir autorisé les officiers à examiner la taille de ses miliciens et on leur rappelle encore qu'ils n'ont à se mêler de rien (3).

Enfin quelques exemples faits à propos font réfléchir les coupables : on en renvoie d'office à leurs corps, « à leurs dépends » bien entendu ; on en emprisonne d'autres et ceux qui se sont laissé aller à insulter les intendants ou leurs représentants (4).

Malgré ces rigueurs, on n'arrive jamais à empêcher les chicanes des officiers, qui ne cessent d'ergoter et en 1711 comme à la première levée continuent à se montrer « d'une difficulté infinie ».

Quelle créance accorder à ces plaintes? Généralement,

(1) Chamillart à d'Harouys, février 1701 (D. G., vol. 1504, p. 207). Cette réponse se trouve sur toutes les lettres de réclamation et les rapports des intendant cités plus haut.
(2) Chamillart à Legendre, 6 février 1704 (D. G., vol. 1801, p. 144-145).
(3) Apostille sur lettre de Bouville, 24 janvier 1705 (D. G., vol. 1902, p. 234).
(4) Apostille sur lettre de d'Herbigny, 26 février 1702 ; lettres de et à Trudaine, mai-juillet 1705 (D. G., vol. 1610, p. 171 ; vol. 1902, p. 33, 34, 39). — Lettres de Chamillart, 23 avril et 3 mai 1701 ; de Vaubourg, 28 avril 1701 ; apostille sur lettre du subdélégué Hustin, 19 février 1702 (D. G., vol. 1497, p. 115, 130 ; vol. 1524, p. 285 ; vol. 1549, p. 58).

aucune. L'examen des miliciens fait à l'armée par les commissaires les réduit presque toutes à néant.

Certains intendants reçoivent de chaudes félicitations pour
leur contingent. En mai 1703, après l'arrivée des recrues de
milice, le prince de Vaudemont assure que « jamais on n'en a
veu en lieu du monde de sy belles ny en si bon état, au point
de pouvoir très difficilement le distinguer dans les vieux
corps » (1).

Une légère ombre au tableau parfois : en 1702, d'Artaignan
se plaint de l'état lamentable des hommes du détachement du
2ᵉ bataillon du régiment de Lorraine et demande qu'un blâme
soit infligé à l'intendant qui les a fournis, seul responsable,
selon lui, « puisque les officiers ont eu ordre de prendre tout
ce que les intendans leur ont donné, quoy qu'ils ayent peu
représenter » (2). Mais l'incorporation de ces gens remonte
alors à un an et l'intendant peut-il bien être rendu responsable de leur état? Deux intendants seulement méritent d'être
violemment pris à partie en 1703 ; ce sont Legendre, de Montauban, et Turgot, du Bourbonnais.

Tous les régiments se plaignent des hommes qui leur
viennent de la généralité de Montauban. « Je certifie, dit
M. de Mursay, avoir veu arrivé cent soixante cinq soldats de
recrue pour le premier bataillon du régiment de Mirabeau et
des cent soixante cinq soldats il n'y en a que dix de passables,
le reste n'estant propre pour aucune compagnie d'infanterie
de France. » Sur les 220 hommes destinés au régiment de la
Sarre, sans parler des 101 qui ont déserté en route, il y en a
17 « mauvais », 22 « médiocres », 36 « passables » et 42 « bons »
seulement. La première pensée de M. de Chartogne est que
les officiers d'escorte ont changé leurs hommes en route, ne
pouvant supposer que Legendre soit « assez malhabile homme
pour avoir chargé les officiers de pareils soldats que ceux
que l'on me mande de toutes parts qui sont arrivés, venant

(1) 1ᵉʳ mai 1703 (D. G., vol. 1684, p. 5).
(2) Lettres de et à d'Artaignan, 1ᵉʳ, 5 et 9 aVril 1702 (D. G., vol. 1552,
p. 7, 52, 90).

de sa généralité ». L'examen des états signalétiques dressés par l'intendant au départ est concluant : « Il est plus clair que le jour, certifie le duc de Vendôme lui-même, qu'il n'y a eu aucune malversation de la part des officiers. » Il affirme avoir lui-même constaté que toutes les recrues provenant de cette généralité sont « mauvaises et de mesme espèce ». Celles de Mirabeau « sont encore plus mauvaises que celles de la Sarre ; celles du Royal-Artillerie sont encore pires et l'on m'a mandé que celles de Rouergue estoient détestables. Voilà, Monsieur, ce que j'en sçay et la pure vérité ». Il se plaint également des miliciens de Turgot et ne mâche pas ses mots :

« On a été obligé de donner congé à plusieurs de ces malotrus et quand on leur demande s'il n'y avoit pas de garçons mieux tournés qu'eux dans leurs villages, ils répondent qu'il y en avoit plus de cinquante dans chacun, plus grands qu'eux de la teste. Trouvé bon, Monsieur, que je vous fasse remarquer que M. Legendre vous marque dans sa lettre qu'il a fait de son mieux pour le service du roy en ménageant pourtant les peuples : cet article seul vous doit faire voir qu'il y a eu bien plus d'attention à avoir de beaux laboureurs qu'à envoyer de beaux soldats. Toutes les autres recrues sont de la dernière beauté et dans celles du régiment de Grancey surtout, il y en auroit plus de cent soixante qui seroient receus dans le régiment des gardes. C'est un malheur pour MM. Turgot et Legendre d'estre les seuls parmi tant d'autres intendans qui n'ayent pas réussy. Le roy au moins en retirera de cela un avantage qui est qu'il y aura deux provinces de son royaume qui n'en seront que mieux de s'être défait de toute la canaille qu'elles nous ont envoyée. Je vous mande, Monsieur, la pure vérité puisque vous me l'avés ordonné. »

On voit la défense de Legendre. Il soutient obstinément d'ailleurs que les hommes ont été changés en route par les officiers. Cependant, comme l'année suivante, les officiers envoyés à Montauban se plaignent encore de leurs miliciens, Chamillart l'avertit que si un doute a pu subsister en 1703 sur ces réclamations, « rien ne justiffieroit davantage qu'elles estoient bien fondées, s'il en faisoit encore de pareilles » (1).

Ceci ne doit pas entacher l'intégrité du corps des intendants. Il est possible que certains aient eu trop de souci de
ménager les paysans de leur généralité. Ils n'oublient cependant pas leur devoir envers l'armée.

Au reste, à bien rechercher la raison des plaintes continuelles des officiers, on est vite convaincu que le bien du service n'a rien à voir avec leur attitude. Ils savent bien mettre
en avant l'intérêt du roi et protester hautement qu'il leur
appartient de voir si les recrues sont en état de servir. « Comme
on le voit aussi bien qu'eux, objecte d'Herbigny, et que ce
n'est ny le bien du service, ny un esprit de justice qui les fait
agir, il seroit bien triste que parce que pour vous obéir et
pour vous plaire je fais leur mestier, ils fussent en droit de
faire le mien et qu'ils fussent les juges de l'exécution de l'ordonnance (2). »

En soulevant tant de difficultés, ils cherchent d'abord à
prolonger leur séjour en province, où ils se trouvent mieux
qu'à l'armée. Lorsqu'ils recrutent eux-mêmes leurs hommes,
ils ont tout loisir de se délasser et s'amuser. Commandés pour
escorter les miliciens, ils ont à peine le temps de s'arrêter.
Ils sollicitent bien à leur arrivée quelque repos pour se remettre
des fatigues endurées « par le mauvais temps et les mauvais
chemins », et les intendants conviennent de bonne grâce qu'ils
y ont droit (3). En 1705, le roi leur accorde même une dizaine
de jours de repos (4). Mais la prolongation de leur séjour à la
ville n'est pas pour leur déplaire : se trouvant « très bien
dans leurs quartiers », ils n'ont nulle envie de les quitter si
vite, et, en chicanant sans trêve sur l'âge, la taille, la
provenance même des soldats, tâchent de « différer leur

(1) Lettres du duc de Vendôme, à Chartogne, certificats des inspecteurs, mars-
mai 1703 ; lettre de ot à Legendre, février 1704 (D. G., vol. 1683, p. 248-249,
278 ; vol. 1684, p. 11 ; vol. 1798, p. 339 ; vol. 1801, p. 191, 197).

(2) 26 février 1702 (D. G., vol. 1610, p. 171).

(3) Lettres de Courson, 28 février 1711 ; d'Herbigny, 18 décembre 1702
(D. G., vol. 2337, p. 159 ; vol. 1610, p. 188).

(4) Chamillart à Montbron, 20 janvier 1705 (D. G., vol. 1943, p. 42).

départ en retardant l'accomplissement des recrues » (1).

En avril 1705, Bouville découvre par exemple pourquoi le capitaine Bourdereau, du Royal-Artillerie, tient si fort à rester à Gien. Venu en janvier chercher 200 miliciens destinés au troisième bataillon de son régiment, il en refuse le quart, ces hommes étant selon lui « hors d'estat de pouvoir servir l'artillerie », l'intendant prenant n'importe qui, même « ceux qui se trouvent cagneux et boiteux ».

De réclamation en réclamation, il reste jusqu'en avril. Alors autre antienne, il se plaint de n'avoir point son effectif au complet. Chamillart impatienté interroge Bouville, qui lui apprend la vraie raison de ce retard. Le capitaine a fait une démarche auprès de lui pour obtenir un léger délai et il a témoigné tant de joie de se le voir accordé « qu'enfin je découvris, dit l'intendant, qu'il est amoureux à Gien et qu'il n'obmet rien pour n'en point partir sitost... Son envie d'esloigner son départ parut si fort à tous ceux qui estoient avec moy lorsqu'il me parla... qu'on ne pouvoit s'empescher de rire de ce, des agréemens de Gien et des dames qui y sont ».

Moins indulgent que Bouville aux faiblesses de cœur du capitaine, Chamillart songe seulement que « voicy le temps où les recrues sont nécessaires et rien ne contribuera tant à les faire déserter que de différer à les envoyer » et il lui ordonne de mettre en demeure de partir l'officier, sous peine de cassation, l'assurant du mécontentement du roi s'il avait « la complaisance de le laisser plus longtemps dans le pays » (2).

Mais les réclamations des officiers n'ont point toutes si aimable motif. Il en est qui trouvent gros avantages à refuser d'accepter des recrues. Ce doivent être les mêmes qui prétendent engagés à eux les garçons avant le tirage ou qui enrôlent des fils de bourgeois de préférence, bref ceux qui

(1) « J'ose Vous assurer, Monsieur, que les subdéléguez ont beaucoup à souffrir de la part de plusieurs officiers qui ne cherchent qu'à différer leur départ en retardant l'accomplissement des recrues »(lettre de La Bourdonnaye, 3 mars 1705. — D. G., vol. 1903, p. 33).

(2) Lettres du capitaine Bourdereau, de Bouville et de Chamillart, janvier-mai 1705 (D. G., vol. 1831, p. 34 ; vol. 1861, p. 45 ; vol. 1902, p. 261-263).

connaissent mille et une manières de remplir leur bourse.

Ceux-là ont accepté la forte somme pour déclarer quelque milicien inapte au service, refuser de l'accepter et essayer de le faire renvoyer chez lui. Le fait est fréquent et le gouvernement ne l'ignore point. Chamillart se plaint à deux reprises aux généraux des agissements de mauvais officiers envoyés dans les provinces qui retardent les levées « par des difficultez interressées entièrement contraires au bien du service » (1).

Les intendants dénoncent des faits scandaleux. En 1701, un capitaine du régiment de Brie est convaincu d'avoir reçu 250 livres du père d'un de ses miliciens pour le faire renvoyer. Un autre officier agit de même en Périgord en 1705. Cette même année, Trudaine réclame le rappel du capitaine de la Mousse qui le traite « avec la dernière insolence », réclame de l'argent aux consuls de tous les villages et refuse de reconnaître bons les gars qui lui en ont donné (2).

Dans la généralité de Poitou en 1711, des officiers du régiment de Charollois refusent 20 hommes sur 50 à Fontenay, 16 sur 18 à Niort. Roujault établit qu'ils ont reçu de l'argent « par le ministère des sergents ». Un de ces officiers disait ouvertement à qui voulait l'entendre « qu'il avait perdu un cheval et qu'il était bien juste que les paroisses lui rendissent » (3) ! Car beaucoup ne cachent même pas leur jeu : refusant tous ses miliciens, les officiers qui sont dans le département de M. d'Herbigny en 1702 ont le front de l'informer que leurs collègues de Chartres agiront comme eux. L'intendant ne peut qu'avertir Chamillart de ne pas tolérer « les effets d'un tel complot » (4).

En Bordelais, le capitaine Chavenel fait mieux encore : il juge qu'il ne tirerait pas assez des miliciens et spécule sur l'embarras des municipalités, obligées de remplacer les soldats non acceptés. Il refuse donc tous les hommes qu'on lui

(1) Lettres aux ducs de La Feuillade et de Berwick (*Cangé*, vol. 36, p. 46 et 103).
(2) Lettres de Vaubourg, Trudaine, La Bourdonnaye, etc. (D. G., vol. 1524, p. 285 ; vol. 1902, p. 33, 34, 39 ; vol. 1903, p. 33, 48-51).
(3) 16 mars 1711 (D. G., vol. 2337, p. 211).
(4) 26 février 1702 (D. G., vol. 1610, p. 171).

donne et demande de l'argent aux « collecteurs » pour les accepter. Son exemple n'est pas isolé (1).

En résumé, les plaintes des officiers sont *a priori* suspectes et elles se multiplient généralement en raison de la fermeté des intendants. « Si je n'avois pas eu, Monsieur, déclare Barentin à Chamillart, tant d'exactitude, vous n'auriés receu aucunes plaintes et les officiers qui prendront la liberté de vous escrire n'auroient pas été plus difficiles si j'avois voulu leur lâcher la bride (2). »

Pour ceux qui cherchent par leurs mauvaises raisons à retarder seulement leur départ, on se contente de les expédier au plus tôt, comme l'inflammable artilleur de Gien, et s'ils refusent, de la prison.

Ceux qui se laissent corrompre devraient en bonne justice être cassés. On y songe au début de la guerre et il est probable que l'on fit quelques exemples (3). Plus souvent, par une singulière indulgence, on ne leur inflige que de la prison.

L'on voit que l'assemblée des recrues ne se fait pas sans peine et l'on conçoit aisément que les intendants aient hâte de voir partir les miliciens.

**

Cependant on se préoccupe encore et non sans raison des possibilités de désertion en cours de route. Les étapes sont longues jusqu'à l'armée, la surveillance naturellement plus lâche, les occasions tentantes : nombreux sont les miliciens qui parviennent à s'enfuir en chemin.

Des mesures sont prises pour les en empêcher. Elles n'ont malheureusement pas tout l'effet désirable.

(1) Lettre de La Bourdonnaye, 6 féVrier 1706 (D. G. vol. 1986, p. 5-6). Cf, une plainte du même intendant, alors à Orléans, sur des faits du même genre qu'il reproche à des officiers du régiment de Vendôme le 27 mars 1711 (vol. 2346, p. 18).

(2) 28 féVrier 1702 (D. G., vol. 1565, p. 164).

(3) « Je Vous prie de vous informer bien exactement, écrit Chamillart à Pomereu en aVril 1701, si cet officier a pris de l'argent pour changer de bons soldats pour des médiocres et je Vous assure que je prendray l'ordre du Roy pour le faire casser » (D. G., vol. 1524, p. 257).

On se garde d'abord de former des convois trop importants. Il est exceptionnel que tous les miliciens d'une généralité destinés à un même corps soient mis en route à la fois. On préfère les acheminer par groupes de 50 hommes sous la conduite d'un officier et quelques soldats. La précaution est bonne et fait gagner du temps. Mais elle n'est point du goût des officiers dont le repos se trouve abrégé : Chamillart est obligé de menacer d'arrestation ceux qui refusent de partir dès qu'ils ont 50 hommes en état de marcher (1).

L'itinéraire soigneusement étudié est jalonné à l'avance, les étapes indiquées.

Toutes les fois qu'il est possible, on conduit les détachements par eau : les chances d'évasion sont ainsi diminuées. En 1701, les recrues levées sur la frontière pyrénéenne et dont on craint la désertion en cours de route sont embarquées sur des tartanes de Canet à Antibes (2). Les miliciens de l'Est à destination de l'armée d'Italie empruntent toujours la Saône, puis le Rhône jusqu'à Tarascon « affin de les soulager pendant leurs marches et en empescher la désertion ». De Tarascon, ils gagnent à pied Toulon, port d'embarquement.

On ne déroge à cette règle qu'en cas de force majeure, gelée ou inondation. En janvier 1702, le froid est terrible, « la Saône charrie et le Rhône est si bas qu'il pourroit se prendre » ; on presse donc la levée des recrues dans la région pour pouvoir utiliser les fleuves pendant qu'ils sont encore navigables (3).

Mais enfin, la majeure partie du contingent est bien obligée de faire route par terre presque tout le temps. Toutes les pré-

(1) Lettres de et à Bernage, janvier et décembre 1703 ; de Bignon, 23 décembre 1705 ; de Chamillart à Sourdis, 21 février 1704 (D. G., vol. 1674, p. 17, 21, 305 ; vol. 1792, p. 164 ; vol. 1840, p. 318).
(2) Lettres de d'Albaret et Quinson, 22 mai et 15 juin 1701 (D. G., vol. 1522, p. 97, 106).
(3) Chamillart à Ferrand et Guyet, 30 décembre 1702 ; au marquis de Rochebonne, 21 janVier 1703 ; à Pinon, 31 janVier 1707 ; lettres de La Badie, Guyet, Bernage, 1702-1703 (Cangé, vol. 35, p. 141.142, 148 ; vol. 36, p. 116. — D. G. vol. 1549, p. 6, 7 ; vol. 1611, p. 1 ; vol. 1674, p. 27, 30).

cautions sont prises alors pour resserrer la surveillance des convois.

On se méfie d'abord des traînards et des malades, qui, si on les abandonne, ne rejoindront sans doute pas. En 1701, « voulant donner moyen aux officiers de les conduire tous où ils doivent se rendre », le roi ordonne aux magistrats municipaux des villes du parcours où s'arrêtent les détachements, « de fournir deux chariots ou charettes bien attelées, qui iront seulement jusques au lieu suivant pour y porter les soldats qui pourront tomber malades ou qui seront incommodés ». Ils procurent aussi un cheval de selle à chaque officier (1).

Ces relais fonctionnent pendant toute la guerre, au moins partiellement. Les villes qui ont à les organiser sont remboursées de leurs frais tantôt par le roi, tantôt par les officiers.

En 1701, elles reçoivent de l'extraordinaire des guerres une indemnité journalière de 15 sols par cheval, voyage de retour payé. En 1704, dans la généralité de Paris, le gouvernement ne prend plus à sa charge que les dépenses de fourrage et il fournit en outre l'étape aux charretiers ; mais l'indemnité journalière est due par les officiers : ceux qui se refusent à la payer ne peuvent utiliser les voitures. En 1705 enfin, les frais de route et la location des véhicules sont couverts par une somme que l'on remet au départ à chaque officier, chef de détachement ; elle est calculée à raison de 15 livres par homme. L'argent non utilisé doit être rendu : Chamillart refuse de le laisser aux officiers, craignant qu'ils ne l'emploient à tout autre chose qu'aux besoins du service. Il n'ignore pas que déjà certains réalisent d'intéressantes économies en privant leur troupe de voitures pendant le voyage (2).

---

(1) Ordre du roi et circulaire aux intendants du 21 décembre 1701 (*Cangé*, vol. 35, p. 65 *bis*). — Cf. lettres de La Houssaye, 16 janvier 1702 ; Sanson, 24 février 1702 ; de Chamillart, 14 janvier 1702 (D. G., vol. 1551, p. 144 ; vol. 1579, p. 3 ; vol. 1562, p. 10).

(2) Apostille sur lettre de Sanson, 24 février 1702 ; ordre du roi du 6 janvier 1704 ; Chamillart à Le Blanc, 4 avril 1705 (D. G., vol. 1551, p. 144 ; vol. 1902, p. 146. — *Cangé*, vol. 35, p. 181). — Cf. au sujet du trafic des officiers d'escorte, lettres de Sanson, 5 février 1702, et du duc de La Feuillade, 7 mai 1706 (D. G., vol. 1551, p. 138 ; vol. 1966, p. 181).

Aux gîtes d'étapes, d'autres précautions sont prises. Les villes où stationnent les détachements doivent les loger en lieu sûr, dans des locaux fermés et gardés. Le service de garde est assuré par les archers ou la garde bourgeoise de l'endroit. Surcroît de précaution indispensable : en mars 1705, les consuls de Saint-Étienne ayant fait enfermer au troisième étage d'une maison une dizaine de miliciens de passage destinés au régiment de Beaujolais, jugent inutile de mettre des sentinelles ; en pleine nuit, ces hommes passent par le toit, gagnent le logis voisin et à six maisons de là, sautent dans la rue, « où l'on a trouvé beaucoup de sang répandu, s'estans sans doute presque tous fracassés » (1).

Rien n'est à négliger d'ailleurs pour la garde de ces gens dont l'audace désespérée trompe toute surveillance. En avril 1712, un détachement de miliciens de passage à Poitiers est enfermé en lieu sûr, entouré de 26 sentinelles de la milice bourgeoise ; deux sergents de l'escorte couchent en outre avec eux. Les hommes ont tôt fait de remarquer au fond de leur cachot une porte condamnée, dont les verrous ne tiennent que par des clous : les arracher est un jeu. Quelques-uns pénètrent alors dans un bûcher contigu, dont ils enfoncent la « couverture » ; il ne leur reste plus qu'à attendre la nuit pour sauter dans la prairie voisine. Dès sa tombée, un à un, ils disparaissent, sous l'œil des sergents. Presque toute la troupe se fût ainsi évadée, si les derniers, énervés par l'attente, ne s'étaient trop hâtés, éveillant, bien tard, l'attention de leurs gardiens. Les échevins prévenus lancent à la poursuite des fugitifs la compagnie montée de milice bourgeoise... trop tard sans doute (2).

Dans le cas présent, toutes les précautions ont été prises et la municipalité ne peut vraiment être mise en cause. Mais bien souvent, elle est responsable en partie de ces désertions. Il est des lieux où on s'obstine en effet à loger les miliciens de passage

(1) Lettres des échevins de Saint-Étienne et des officiers d'escorte, 4 mars 1705 (D. G., vol. 1896, p. 32, 33).
(2) Lettre de Roujault, 8 avril 1712 (D. G., vol. 2416, p. 113).

isolément, aux quatre coins de la ville, sous prétexte de « ne point accabler un seul hoste d'un tel nombre de soldats » (1). Comment les surveiller alors? On remarque que les désertions sont beaucoup plus nombreuses des miliciens logés dans ces conditions ; qu'elles sont exceptionnelles au contraire, lorsqu'on a la précaution de les enfermer ensemble, ou tout au moins de les réunir dans quelques granges ou cabarets proches les uns des autres (2). Exemple : un capitaine conduisant 100 hommes en 1705 les trouve « de la meilleure volonté du monde » jusqu'à Chartres, parce qu'on les a toujours logés ensemble ; de Chartres à la Charité, les syndics des paroisses s'obstinent à les disperser : il lui en déserte 60 ! Ceci peu après une circulaire de Chamillart enjoignant aux municipalités des lieux d'étape de loger les miliciens à proximité les uns des autres pour faciliter la surveillance des escortes et restreindre les chances de désertion (3).

Voysin est obligé, le 8 novembre 1711, de rappeler cette prescription. Il prie les intendants de donner l'ordre écrit aux « maires, échevins et consuls des villes et lieux d'étappes... de loger les soldats de recrues dans des maisons voisines les unes des autres et de proche en proche, si mieux n'aiment les placer dans une seule maison ou un même couvert, en leur y fournissant de la paille pour se coucher et du bois pour cuire leur manger ». Les subdélégués doivent veiller à l'exécution de cet ordre, dont le rappel prouve bien l'inobservation (4).

En cours de route enfin, le service d'escorte laisse parfois à désirer. Il est bien imprudent de confier à la garde d'un officier et de quelques sous-officiers une cinquantaine de gaillards vigoureux et parfaitement résolus à s'évader, même enchaînés ou les menottes aux mains. Si l'escorte est insuffisante, on peut s'attendre à du désordre.

(1) Lettre de Harouys, 19 juillet 1702 (D. G., vol. 1608, p. 206).
(2) Lettre de d'Angervilliers, 2 février 1705 (D. G., vol. 1901, p. 12).
(3) Lettre de Durepère, 20 mars 1705 ; circulaire aux intendants du 21 février 1705 (D. G., vol. 1861, p. 206. — Cangé, vol. 36, p. 13).
(4) Circulaire du 8 novembre 1711 (Cangé, vol. 38, p. 107).

En 1702, pendant l'étape d'Arras à Bapaume du détachement du 2ᵉ bataillon du régiment de Condé, le capitaine de
Fruminy fait, pour raison disciplinaire, attacher deux hommes.
Ceux-ci protestent bruyamment et reçoivent quelques coups
de canne. Aussitôt leurs camarades les délient et menacent
leurs gardiens. Il faut transiger avec eux, mais en arrivant
à Bapaume, quatre des meneurs sont jetés en prison et le
capitaine réclame l'exécution de l'un d'eux, convaincu d'un
complot d'évasion collective. En 1705, tous les hommes d'un
détachement auvergnat se révoltent et assaillent l'escorte.
Chaude alerte : ils « pensèrent assommer l'officier, les sergents
et les archers à coups de pierre ». A la faveur du désordre,
cinq parviennent à s'enfuir. Pour contenir les autres, il faut
en tuer un sur place (1).

Toutes les fois qu'on le peut donc, on renforce l'escorte.
On emploie d'anciens officiers retraités en province, des officiers qui regagnent l'armée ; on utilise surtout la maréchaussée (2).

Dès 1702, au moment des premiers départs à l'armée
d'Italie, les prévôts des maréchaux et leurs archers sont
employés, non pas à l'escorte même des détachements, mais
« pour estre sur les ailes de la route qu'ils tiendront et en
queue ». Ils les suivent ainsi de généralité en généralité et
chaque intendant organise leur service comme il l'entend.
En Provence, Lebret fractionne sa compagnie en trois brigades : l'une à Tarascon, l'autre à Saint-Remy, la dernière
« au lieu d'étappe le plus prochain de cette ville ». En outre,
les passages et routes conduisant en Suisse sont soigneusement gardés (3).

En 1711, ce service de patrouilles est à nouveau recom-

---

(1) Lettres du capitaine de Fruminy, 17 janvier 1702 ; de Le Blanc,
13 mars 1705 (D. G., vol. 1549, p. 20 ; vol. 1902, p. 141).
(2) Lettres de Pinon, 30 janvier 1704 ; Foucault, 5 février 1705 ; à d'Ableiges
et Le Blanc, janvier-février 1705 (D. G., vol. 1801, p. 124 ; vol. 1901, p. 15 ;
vol. 1902, p. 68, 133, 235).
(3) Lettres de Chamillart, 15 janvier 1702 ; Sanson, Maisonsel, Harouys,
Lebret, janvier-février (D. G., vol. 1561, p. 137 ; vol. 1562, p. 11 ; vol. 1581,
p. 31, 32 ; vol. 1595, p. 214, 226).

mandé : la maréchaussée doit battre la campagne et garder les routes sur le passage des miliciens (1).

Mais le plus souvent, les archers sont employés à l'escorte même des détachements. Quelques intendants prennent sur eux au début de la guerre d'en adjoindre, ou bien des commissaires, aux officiers d'escorte. Un ordre du roi du 11 janvier 1703 le prescrit pour les recrues de la généralité de Poitiers : les prévôts des maréchaux et officiers de robe courte de la province sont tenus de fournir, à toute réquisition de l'intendant Pinon, les archers nécessaires (2).

Dès lors, cela devient partout l'habitude : la maréchaussée prête main-forte aux officiers toutes les fois que l'on craint des tentatives de désertion. Une circulaire du 1er février 1708 ordonne de faire fournir des escortes d'archers « de ville en ville » pour la surveillance des recrues de milices de l'armée d'Espagne (3).

Cependant la maréchaussée, détournée de ses fonctions habituelles, a droit à une compensation. On la lui donne en argent. Elle reçoit l'étape pendant ses déplacements : ses lieutenants sont traités comme les lieutenants de cavalerie, ses exempts comme les maréchaux des logis et ses archers comme des maîtres, tant à l'aller qu'au retour. Tous reçoivent en outre une paye extraordinaire. Dans la généralité de Paris, d'accord avec Chamillart, Phélypeaux la fixe à 6 livres par jour pour les prévôts, 4 livres pour les lieutenants, 3 pour les exempts, 2 livres 10 sols pour les archers. D'après Roujault, les archers d'escorte touchent 30 sols par jour quand ils reçoivent l'étape, 3 livres quand ils ne l'ont pas (4).

---

(1) Circulaire du 9 février 1711. Cf. accusé de réception de Bâville, 22 février (D. G., vol. 2346, p. 169) ; lettre d'Ormesson, 7 mai 1711 (vol. 2345, p. 173).

(2) Lettres de Bignon, Lebret, Nointel, janVier-féVrier 1702 (D. G., vol. 1551 p. 79 ; vol. 1595, p. 212, 227 bis; vol. 1605, p. 35)) ; ordre du 11 janVier 1703 (Cangé, vol. 35, p. 146).

(3) Cf. Chamillart à Rochebonne, 3 mars 1706 et la circulaire (Cangé, vol. 36, p. 62 ; vol. 37, p. 13).

(4) Circulaire citée du 11 janVier 1703. Chamillart à Phélypeaux, 2 aVril 1704 (Cangé, vol. 35, p. 190). Lettre de Roujault du 12 juillet 1711 (D. G., vol. 2337, p. 218).

Tout cela coûte de grosses sommes : pour 17 archers commis à l'escorte des recrues d'Alençon en 1705, la dépense totale est de 1 620 livres. Mais, comme l'observe M. d'Angervilliers, le roi a tout avantage à supporter cette dépense « qui ne peut estre qu'utille pour son service » et il s'y résigne volontiers. Cependant sous le ministère de Voysin, Roujault, ayant observé que le budget de l'extraordinaire des guerres ne prévoit pas de fonds pour cet usage, s'entend avec le contrôleur général pour les prélever sur la taille de sa province (1).

De tels avantages permettent de demander beaucoup à la maréchaussée. On la rend responsable de ses fautes de service. En 1711, on refuse absolument d'accorder des dommages et intérêts à deux archers de Touraine, blessés et volés par les hommes qu'ils conduisaient (2).

Itinéraires choisis, véhicules pour les traînards, emprisonnement des miliciens à l'étape, surveillance étroite et renforcée pendant la marche, toutes ces précautions n'empêchent pas la désertion, qui décime les détachements en chemin. Il faut admettre que les recrues décidées à s'enfuir ont des complices : en fait elles trouvent bien des complaisances, non seulement parmi les officiers qu'elles rencontrent, mais aussi parmi ceux qui les escortent.

Le débauchage en cours de route des miliciens est en effet chose courante. Les officiers en recrue qui ne trouvent point de volontaires ou ne veulent pas se donner la peine d'en chercher, voyant passer ces théories de jeunes gens que leurs collègues emmènent, cèdent volontiers à la tentation d'en surprendre quelques-uns. Suivant les colonnes en marche, ils abordent les hommes à l'étape pour leur faire des offres tentantes ; certains les attirent dans les cabarets et les décident après boire. Les officiers des troupes montées sont coutumiers de ces pratiques et réussissent souvent, car les miliciens ne

____

(1) Lettres d'Angervilliers, 21 janVier 1704, 10 janVier 1704, 28 mars 1705 (D. G., vol. 1801, p. 84 ; vol. 1901, p. 3, 4, 52, 53).
(2) Lettre de ChauVelin du 16 septembre 1711 ; mémoire des archers et réponse (D. G., vol. 2347, p. 166-168).

résistent guère « aux offres qu'on leur fait de monter à cheval ». Tel capitaine de Toulouse-Cavalerie recrute tous les ans sa compagnie avec les miliciens de passage dans la région de Noyon ; sur 43 déserteurs, un officier d'escorte en a 34 de son fait (1).

Les plus prudents n'agissent point eux-mêmes. Ils emploient des « embaucheurs quy se trouvent dans les endroits où l'on passe ». Ce sont des soldats, ou des individus travestis en soldats, voire en officiers. Il est fort difficile dans ces conditions de découvrir l'identité de ces gens, lorsqu'on les arrête. De l'un d'eux, M. de Maisonsel écrit : « De deux choses l'une, ou cet homme est un fripon de déserteur, ou il est envoyé par les officiers du régiment du roy pour débaucher les recrues. de milice. L'un et l'autre sont également criminels (2). »

Ces individus *travaillent* de préférence dans les grandes villes, où les détachements font quelque séjour. Le relâchement de la surveillance rend plus sûr leur « mauvais commerce ». Ils s'adjoignent alors des artisans, paysans, cabaretiers, des femmes même (3).

Ce perpétuel harcèlement exaspère les officiers d'escorte qui cherchent à surprendre les coupables sur le fait avec la complicité de quelque garçon fidèle (4). Certains, hantés par la crainte de perdre leurs soldats, voient partout des suborneurs et se méprennent étrangement. Tel n'admet pas que deux de ses hommes, bien reçus dans une famille où il y a un militaire, lui offrent à dîner pour le remercier. Tel autre, de passage à Saint-Dizier le mardi-gras, accuse un camarade de rencontre d'avoir voulu lui enlever des hommes et d'avoir manqué causer une émeute des habitants qui l'auraient

---

(1) Lettres du capitaine de LaVal, d'Angervilliers et Ormesson, février-mai 1705, de Le Guerchois, 25 juin 1707 (D. G., vol. 1896, p. 45-46 ; vol. 1901, p. 22, 23, 251 ; vol. 2039, p. 276).

(2) Lettres d'un capitaine du régiment de Solre, 23 mars 1705 ; de Maisonsel, 23 février 1704. Chamillart à Phélypeaux, 1er février 1704 (D. G., vol. 1759, p. 354 ; vol. 1801, p. 132 ; vol. 1896, p. 232).

(3) Lettres de Guyet, Rochebonne ; Chamillart à d'AngerVilliers, Buisson, d'Orsay, 1704-1711 (D. G., vol. 1800, p. 78 ; vol. 1895, p. 163 ; vol. 1971, p. 140 ; vol. 2338, p. 8 ; vol. 2346, p. 196).

(4) Lettre de Bernage du 8 mai 1704 (D. G., vol. 1759, p. 143).

« eschigné »! Le tout se réduit à une dispute d'ivrognes, où
« il y a eu bien des coups de donnés de part et d'autre : tout
le monde s'en porte bien » (1).

Les peines sont sévères qui sont encourues par les débaucheurs de miliciens : cassation, privation de charge, emprisonnement d'une année. Les délateurs ont droit à leur congé
absolu et à une prime de 100 francs, s'ils sont fantassins, de
300 livres s'ils appartiennent aux troupes montées. Il va sans
dire qu'ils doivent rendre les hommes débauchés et l'ordonnance a sur ce point un effet rétroactif (2). Quelques officiers
cherchent bien à faire la sourde oreille, conservant ces gens
« sous prétexte de leur donner la subsistance dans leurs compagnies en attendant qu'ils puissent aller rejoindre les recrues
de milice dans les villes où elles ont été envoyées ». On coupe
court à ce manège par circulaire du 15 mars 1704 : Chamillart
ordonne aux commissaires de renvoyer aussitôt à leurs corps
les miliciens qui se trouveraient dans les troupes réglées, les
rendant responsables de toute infraction à cet ordre (3).

Comme toujours les ordonnances ne sont pas appliquées en
leur rigueur et les peines infligées sont plutôt bénignes ; ce
sont huit jours d'arrêt à un colonel, quinze jours de prison à
des capitaines. Une autre fois on menace seulement de prison
un officier qui a débauché quatre miliciens et on lui donne un
délai de huit jours pour les rendre. Les soldats débaucheurs
sont punis de même (4). On est plus sévère avec les « embaucheurs » qui n'appartiennent pas à l'armée. Six hommes d'un
détachement de passage ayant déserté à Lyon en 1705, M. de
Rochebonne fait, sur un simple soupçon, incarcérer « un hoste
du faubourg ». « Je l'y garderai mesme assez longtemps pour
faire un exemple quand mesme il seroit innocent, dit-il, pour

---

(1) Lettres de Haroüys et des officiers en cause, féVrier-aVril 1704 (D. G.,
vol. 1741, p. 246, 247, 253-256).
(2) Ordonnances des 22 janVier 1704 et 10 décembre 1705.
(3) Circulaire aux commissaires des guerres (Cangé, vol. 35, p. 188).
(4) Chamillart à d'Harouys, Ximenés, de La Vaisse, Rochebonne, d'Angervilliers, 1704-1705 (D. G., vol. 1741, p. 229 ; vol. 1743, p. 82 ; vol. 1760, p. 78 ;
vol. 1896, p. 4 ; vol. 1901, p. 22).

contenir ceux qui pourroient avoir envie de contribuer à l'évasion des soldats de milice. » Les femmes, inculpées de provocation de miliciens à la désertion, ne sont pas épargnées : les prisons de Limoges se ferment en 1711 sur Marguerite Petitgaud, qui a fait disparaître quelques miliciens ; on la relâche après le départ des recrues, « l'avertissant que si pareille chose lui arrivoit, elle seroit enfermée au pain et à l'eau pour le reste de ses jours » (1).

On témoigne vraiment trop d'indulgence aux officiers débaucheurs (2) et l'attitude des autorités à leur égard n'est pas faite pour les décourager. Même en sévissant, on n'arrive pas à les retenir. « Vous voyez, Monseigneur, écrit Maisonsel à Chamillart en février 1704, ce que la disette de soldats fait faire et la difficulté qu'il y a pour en avoir, puisque, contre tous vos ordres, il se trouve des gens assez hardis pour vouloir encore en débaucher. » Il propose comme remède de donner des miliciens aux armées de Flandre et Allemagne. « C'est un moyen sûr pour ruiner le royaume en fort peu de temps », lui répond le ministre ; car les officiers qui en reçoivent, dit-il, sachant bien, s'ils les perdent, « qu'il ne leur en coûtera rien pour en avoir d'autres », ne font rien pour les conserver, à tel point que le duc de Vendôme « propose luy même de n'en plus donner en Italie » (3).

Même négligence se constate trop souvent chez les officiers

(1) Lettres de et à Maisonsel, Guyet, Rochebonne, d'Angervilliers, d'Orsay 1704-1711 (D. G., vol. 1759, p. 354 ; vol. 1800, p. 78 ; vol. 1895, p. 163 ; vol. 1971, p. 140 ; vol. 2346, p. 196).
(2) Plaidoyer de l'intendant Bernage pour un colonel, pris en flagrant délit de débauchage, 8 mai 1704 : « Quoyque ce fait soit grave et des plus contraires au service du roy, on peut considérer que ce colonel est un jeune officier, gasté par le grand nombre de mauvais exemples qu'on voit en pareil cas et qui, se laissant emporter par l'envie de rendre sa compagnie complette, n'a pas cru qu'un moyen pratiqué par tant d'autres tirast à si grande conséquence. Cela joint avec sa prompte obéissance à remettre les soldats qu'on luy a demandé peut luy procurer quelque indulgence pour cette première faute et que Sa Majesté n'exerce pas envers luy toute la sévérité de son ordonnance à cet égard. Une plus légère punition, comme de quelque temps d'arrest, ne laisseroit pas de le corriger et d'apprendre aux autres à ne pas tomber en semblables fautes » (D. G., vol. 1759, p. 143).
(3) D. G., vol. 1759, p. 337, 338.

d'escorte. Leur attitude envers les hommes, les mauvais traitements qu'ils leur infligent parfois ne contribuent pas à leur
faire aimer le service.

En mars 1705, d'Harouys signale à la sévérité de Chamillart un lieutenant qui conduit un détachement de cent miliciens et ne fait que les maltraiter indignement. Il reçoit si mal
les observations qu'on doit l'arrêter pour ne pas lui permettre de « laisser de sanglantes marques de son passage ».
Les miliciens ne veulent plus entendre parler de marcher avec
lui.

Originaire de Provence, ancien abbé défroqué, chuchote-
t-on, il se signale partout par sa brutalité. A Épernay, après
avoir rossé ses miliciens à coups de canne, il gifle le valet du
subdélégué. Ce dernier le rappelant au calme, il lui demande
« d'un aire insultant où estoient nos livrées pour luy faire
connaître que ces gens sont à nous » et lui donne une bourrade,
lui reprochant « son gros ventre » de vigneron, incapable de
« faire raison » à un homme de sa qualité. Le subdélégué l'invite alors à se taire ; mais l'officier, le saisissant par un bouton
de son habit, commence à l'insulter : « Mordieu, je renye
Dieu ! b... de j... f...! je ne sortiray pas et je veux te f... mon
espée au travers du corps ! » Les archers l'appréhendent et
l'entraînent, vociférant menaces et blasphèmes : « Ah ! b... de
scélérat ! Tu souffre que des b... d'archers mettent la main
sur un homme de qualité comme moy ! Je renye Dieu, b...!
Tu ne périras jamais que de ma main ; deussay-je quitter le
régiment et mon employ, je viendrai ché toy t'assassiner,
lorsque tu y penseras le moins. »

Dans ses propos à l'intendant, il est à peine plus modéré.
Il lui déclare, dit celui-ci, « qu'il vouloit bien que je sçusse
qu'il n'y avoit aucune comparaison à faire de ses services
aux miens ny de sa naissance à la mienne, que vous m'ap-
prendriés qui il estoit et à faire mon devoir pour un homme
comme luy et beaucoup d'autres choses fort vives et

(1) Lettre d'Harouys du 4 mars 1705 et procès-verbaux (D. G., vol. 1905,
p. 167-169).

avec les tons et l'air du monde le plus extraordinaire ».

Tout ceci pour lui avoir reproché sa brutalité envers ses hommes ! On est réduit à l'envoyer en prison méditer sur son illustre naissance et à prier son colonel de faire assumer la conduite du détachement par un officier plus accommodant.

Tels soudards sont, à n'en pas douter, de merveilleux agents de désertion. Mais ils sont rares : bien plus nombreux sont les officiers qui sont au contraire trop bons avec leurs recrues.

Ce sont ceux qui ne reculent devant rien pour se procurer de l'argent, les mêmes évidemment qui, moyennant finances, cherchent lors de l'assemblée à faire libérer des miliciens. Cette fois, ils imaginent de leur vendre des congés. Personne ne l'ignore : « Ce que je trouve bien indigne, s'afflige Chamillart, c'est qu'il y a beaucoup d'officiers qui vendent leurs soldats ou qui les renvoyent chés eux pour de l'argent sous prétexte de désertion (1). »

Ces marchés se concluent en cours de route. Les exigences des officiers varient avec les ressources de leurs hommes ; il en est qui demandent un louis, d'autres 30, 60, 80 ou 150 livres ! Quand ils sont découverts, ils ne se soucient guère d'avouer les sommes qu'ils ont reçues : on les emprisonne pour le savoir. Beaucoup proposent le marché à leurs soldats : il est rare qu'ils essuient des refus. Cependant en 1701 un milicien refuse d'acheter sa liberté et, comme son capitaine veut cependant lui prendre sa bourse, il le tue « d'un coup de baston sur la teste » (2).

Les congés doivent être motivés, mais les officiers ne s'embarrassent pas pour si peu. Ils gratifient par écrit leurs hommes des maladies les plus variées, depuis le mal caduc jusqu'aux plus bénignes et aux plus imaginaires (3).

De plus adroits feignent d'avoir découvert un remplaçant et de le renvoyer pour observer l'ordonnance (1).

Bref, bien souvent, on peut craindre que « leur ayant remis de très bonnes compagnies, elles pourroient devenir mauvaises en route » (2), et quand on annonce à un intendant des cas de désertion, son premier mouvement est de défiance. « Je ne conçois pas, écrit Legendre en 1703, comment il a déserté un si grand nombre de soldats qui paressoient de bonne volonté. Il y a quelque chose à cela que je n'entends pas, je tacheray à l'éclaircir pour vous en rendre compte (3). »

Et ceci explique les mesures préventives et répressives prises contre les officiers d'escorte. Dès 1701, « pour prévenir le commerce que pouroient faire les officiers qui seront chargés de conduire les recrues », les intendants ont ordre de leur remettre au départ « un controlle qui contiene le nom, l'âge, le poil, la taille et la paye de chaque soldat, en sorte qu'on puisse les connoistre parfaitement par ce signal ». Ce contrôle est établi en double exemplaire, l'un destiné « au bataillon où ces soldats devront servir pour vérifier à leur arrivée si lesdits officiers les y auront conduits fidèlement et que, s'il en manque quelqu'un, ils puissent en dire la raison » (4). Des instructions complémentaires sont données aux intendants en 1705 pour l'établissement de ces états.

Par ailleurs, il n'est pas douteux que la mission de la maréchaussée soit à double fin : surveillance des recrues, mais aussi de leurs officiers. On recommande aux intendants de choisir, pour accompagner les officiers, des prévôts de confiance « pour estre témoins de leur conduite » (5).

Les militaires se passeraient sans doute fort bien de ces

---

(1) Lettre de Phélypeaux et copie du congé donné, mai 1704 (D. G., vol. 1801, p. 515).

(2) Lettre du commissaire Boyer, 25 aVril 1701 (D. G., vol. 1524, p. 323).

(3) Lettre de Legendre, 17 aVril 1703 (D. G., vol. 1605, p. 90).

(4) Lettres de Chamillart aux intendants, 1701-1702 (D. G., vol. 1497, p. 146 ; vol. 1503, p. 84 ; vol. 1564, p. 11 ; vol. 1583, p. 12 ; vol. 1579, p. 2 ; vol. 1612, p. 145).

(5) Chamillart à Legendre, 3 mars 1704 (D. G., vol. 1801, p. 256).

compagnons. En 1705, deux officiers d'escorte pour la généralité d'Alençon trouvent moyen de renvoyer les archers, au mécontentement de l'intendant. « Je connois le caractère de l'un et de l'autre de ces officiers et c'est ce qui me fait douter que cette recrue arrive à bon port. Ce n'est plus mon affaire, mais je ne laisse pas d'avoir du chagrin de voir que les soins que j'ay pris pour la rendre belle et la conserver deviennent inutiles (1). »

Car la crainte du châtiment n'arrive pas à les contenir. Quelques exemples sont faits cependant : on en casse, on en emprisonne. En mars 1704, le lieutenant du Passage ayant été arrêté pour avoir vendu 80 livres son congé à un milicien, Chamillart mande à M. de Norton :« Sa Majesté qui en veut faire un exemple m'ordonne de vous faire sçavoir que son intention est que vous fassiez prendre les armes à toute la garnison de Belfort, le cassiez à la teste des troupes, lui fassiez rendre cet argent dont vous m'envoyez une lettre de change du commis de l'extraordinaire des guerres payable à M. d'Angervilliers et le renvoyez ensuite en prison pour trois mois (2). »

Exemple salutaire, mais isolé et par cela même sans portée. La conduite de ces officiers eût mérité une répression plus énergique. Cette même année, M. de Maisonsel, s'emportant contre eux, la réclame : « Je suis sy en colère contre ces fripons (je vous demande pardon si je tranche le mot), que, si je croyois que l'année qui vient on fust obligé de faire encore pareille levée, je vous supplierois de trouver bon qu'on les avertit que le premier qui donnera congé à un soldat de milice sous quelque prétexte que ce soit sera remis en prison et deshonoré. » Et il termine sur ce cri d'indignation : *C'est une honte qu'il y ait aussy peu de sentiments d'honneur* (3) !

(1). Lettre d'Angervilliers, 9 mars 1705 (D. G., vol. 1901, p. 41).
(2). 6 mars 1704 (D. G., vol. 1760, p. 25).
(3). Lettre de Maisonsel, 6 aVril 1704 (D. G., vol. 1759, p. 406).

***

Encouragés déjà à déserter par l'attitude de leurs gardes, les miliciens sont encore soutenus par le sentiment de compassion générale qu'inspire leur sort aux gens du peuple. Lorsqu'ils désertent, il en est peu qui hésitent à regagner leur village, où plus que partout ailleurs ils se croient à l'abri, protégés qu'ils seront par la complicité de leurs voisins et amis.

Ordre est bien donné de les y arrêter sans pitié ; les intendants le rappellent et que les magistrats municipaux sont tenus de le faire, sous peine de destitution et de 300 livres d'amende (1). Presque toujours, on répugne à les livrer, témoin cette allégation, peut-être excessive quant aux sentiments personnels des intendants, de M. Le Guerchois : « Il faudroit que Mrs les intendans aimassent autant qu'ils le doivent le service du roi pour bien exécuter cet ordre, car je sçai que, dans les provinces, on est bien aise de voir revenir ces miliciens bien loin de les punir et que la plupart des gens contribuent à les cacher (2). »

Au moins ils leur témoignent une sympathie sincère : les archers qui viennent les arrêter sont copieusement injuriés par la foule, quand elle ne s'oppose pas par la force à l'accomplissement de leur mission. En 1704, à Ribemont en Soissonnais, le prévôt qui vient pour saisir un déserteur est insulté et les gens du village aident le garçon à s'enfuir. A leur tête, on remarquait le maire et les notables, accompagnés de leurs femmes. Dès 1701, on constate la mauvaise volonté que

---

(1) Ordonnance imprimée d'Harouys, 29 janVier 1702. Circulaire de Chamillart pour « empêcher la continuation de ce désordre » ; accusés de réception de Sanson et Bâville, août-septembre 1702 (D. G., vol. 1605, p. 20-21 ; vol. 1562, p. 152 ; vol. 1551, p. 151 ; vol. 1614, p. 204). — Cf. mesures prises par Bernage en féVrier-mars 1702 et le piètre résultat qu'il obtient. Il exprime l'avis de punir sévèrement les déserteurs et les syndics aussi, « cette séVérité estant absolument nécessaire pour empêcher ces désertions à l'aVenir » (vol. 1605, p. 59-60).
(2) 25 juin 1707 (D. G., vol. 2039, p. 276).

mettent les représentants des paroisses à rechercher les déserteurs (1).

Tenant compte de cet état d'esprit, le gouvernement en est réduit à offrir une prime de 30 livres à qui dénoncera ou contribuera à faire prendre un milicien déserteur. Il recommande qu'elle soit publiquement remise au dénonciateur « afin d'en exciter les habitans à se procurer pareille grâce ». On refuse d'abord de l'accorder aux archers qui opèrent les arrestations, Chamillart estimant avec quelque raison que ce faisant ils n'accomplissent que « leur devoir et il ne leur est rien dû » (2). Certains intendants insistent cependant pour qu'on leur attribue une gratification sur l'extraordinaire des guerres. « S'il y a une récompense attachée, il est certain qu'il ne paroistra pas un déserteur qui ne soit arresté ; si, au contraire, les consuls et archers sont obligés de le faire gratuitement, il est à craindre que cela ne ralentisse leur zèle. » On se rend à leurs raisons et on finit par accorder aux prévôts des maréchaux une gratification de 50 livres par arrestation ; lorsque les paroisses ne dénoncent point leurs déserteurs, ce sont elles qui la payent « pour n'avoir pas averty » (3). On refuse toutefois de faire le même traitement aux gabelous qui n'ont droit qu'aux 30 livres promises aux dénonciateurs. Certains officiers enfin ont le front de réclamer cette prime pour arrestation de leurs propres déserteurs. Chamillart fait justice de cette prétention, déclarant que, « quand les officiers prennent des déserteurs de leur troupe, il ne leur est rien dû » (4).

Mais bien des miliciens échappent aux poursuites ou qui ne sont point rentrés chez eux, ou qui restent cachés, ou encore qui, malgré les ordonnances, ne sont point originaires des paroisses qui les ont présentés, volontaires engagés à prix

(1) Lettre de d'Ormesson et jugement rendu par lui, mai 1705 ; de Bernage, 12 mars 1704 (D. G., vol. 1901, p. 252-253 ; vol. 1741, p. 49).

(2) Chamillart à d'Ormesson, avril 1704 et Ranchin, février 1706 (D. G., vol. 1801, p. 405 ; vol. 1966, p. 68).

(3) Lettres de et à Legendre, Ferrand..., juin-août 1704 (D. G., vol. 1798, p. 401, 404 ; vol. 1801, p. 610 ; vol. 1802, p. 177).

(4) Lettres d'Ableiges, 23 août 1705 ; de du Vivier, 2 novembre 1701 (D. G., vol. 1902, p. 113 ; vol. 1526, p. 113).

d'argent. Ces derniers, il faut les remplacer : c'est le châtiment des villages qui ont enfreint les ordres formels du roi (1). Le châtiment est juste mais donne à réfléchir : est-ce bien l'époque, au printemps ou au début de l'été, d'ordonner ainsi une levée supplémentaire, qui, comme les autres, fera déserter la campagne? Les intendants ne le pensent pas. Beaucoup expriment cette crainte d'une fuite générale, qui achèvera de dépeupler quelques provinces et en tout cas risquera fort de « troubler la moisson » (2). « Nous sommes dans une saison si précieuse pour les gens de la campagne, écrit Ferrand en juillet 1701, que c'est tout ruiner que d'y songer présentement ; les moissons sont assez de conséquence pour ne pas les troubler (3). » Bref, ils redoutent « que cela ne fasse beaucoup de désordre » et tout en comprenant fort bien les besoins de l'armée, n'osent rien promettre du succès de leurs efforts « à cause que c'est le temps de la moisson et que l'on aura plus de peine à les tirer des paroisses que dans tout autre saison » (4).

Ils se heurtent à une mauvaise volonté générale : en juillet 1701, Pomereu réclame cinq nouveaux miliciens, en remplacement numérique de ses déserteurs, au maire de Chaumont. Celui-ci, « maire perpétuel et chevalier d'honneur de cette ville, point subdélégué », attend au lendemain pour lui répondre : « Comme dans les affaires qui m'arrivent dans la ville, explique-t-il, mes réflexions ne se font jamais si bien qu'après mon sommeil, j'ai fait ce matin celles que je devois sur la lettre de M. l'intendant. » Leur résultat est qu'il refuse de remplacer les déserteurs et s'entête tout un mois dans sa résolution, malgré l'avis contraire de ses échevins, tant que Pomereu, excédé, souhaite « pour le service du roi qu'il n'y eut point à la tête d'un corps de ville comme Chaumont un

(1) Lettres de et à Foucault, Legendre, Courson, Bignon, BouVille, Miroménil, capitaine de Sucy, 1701-1702 (D. G., vol. 1526, p. 134, 149 ; vol. 1830, p. 312 ; vol. 1840, p. 251 ; vol. 1901, p. 82 ; vol. 1902, p. 273-275 ; vol. 2338, p. 117 ; vol. 2420, p. 5).
(2) Lettre d'Ableiges, 15 mai 1705 (D. G., vol. 1902, p. 101-102).
(3) Lettre de Ferrand, 25 juillet 1701 (D. G., vol. 1526, p. 221).
(4) Lettre de Courson, 7 avril 1705 ; Chamillart à Vendôme, 31 mars 1704 (D. G., vol. 1901, p. 62 ; vol. 1776, p. 265).

homme aussy factieux et autant brouillon que l'est ce maire »
Chamillart met fin à la comédie en faisant lever les cinq
hommes aux dépens de celui-ci (1).

La difficulté est donc sérieuse : en juillet 1701, Chamillart
a tenté de la prévenir en autorisant les communautés de la
généralité de Dijon et de tous les pays d'États à remettre aux
officiers 30 livres par homme à remplacer, en leur laissant le
soin de les trouver. On agit de même à Angoulême l'année suivante mais cette tolérance n'est ni générale ni définitive (2).
En juin 1705, Lebret ne peut obtenir qu'en place des déserteurs les paroisses de sa généralité versent une somme de
50 livres par homme. « Cet expédient n'est pas de mon goût »,
lui répond Chamillart, oubliant ou ne voulant pas se souvenir qu'en 1701, à la même demande du même intendant, il
avait répondu : « Cela est fort de mon goust (3). »

Les miliciens déserteurs encourent cependant des châtiments sévères. Assimilés aux déserteurs des troupes réglées,
jusqu'en 1705, ils risquent les galères avec ablation du nez
et des oreilles. L'ordonnance du 1er février 1705, contresignée
de Chamillart, — « la seule ordonnance rendue sous ce ministre
qui présente de l'utilité » (4) — remplace la peine des galères
par celle du fouet, de la marque à la fleur de lis et du carcan.
Bien des gens s'en étonnent et y voient un adoucissement du
châtiment ; Turgot est de ceux-là. « A la Tournelle criminelle
du Parlement de Paris où j'ay servy, lui répond Chamillart,
j'ay apris comme vous que la peine des gallères étoit au dessus
du fouet et de la fleur de lys, mais, sans décliner par les règles,

(1) Lettre de Pomereu, du maire et des échevins de Chaumont, juillet-
août 1701 (D. G., vol. 1526, p. 172-173, 240-245).
(2) Lettres à Lebret, Ferrand, Bernage, 1701-1702 (D. G., vol. 1517, p. 224 ;
vol. 1526, p. 221 ; vol. 1605, p. 66-68).
(3) Lettres des 29 août 1701 et 18 juillet 1705 (D. G., vol. 1517, p. 214, et
vol. 1904, p. 242-243).
(4) Merlet. N'aimant pas Chamillart il ajoute sans indulgence : « Elle fut sans
doute due à quelque commis qui voyoit bien. »

il m'a paru, aussy bien qu'à plusieurs de Mrs les intendans, que lès parens des soldats qui avoient tirés ou sur lesquels le sort est tombé pour la milice seroient plus touchez de les voir fustigez et marquez de la main du boureau dans le lieu de leurs habitations que d'entendre dire qu'ils doivent aller aux gallères, *où la plupart ne vont point;* et quand ils y seroient conduits, cela ne produiroit pas le même effet, un châtiment éloigné ne faisant presque aucune impression (1). » Il a compris alors qu'il n'arrivera pas à empêcher la désertion et à reprendre tous les coupables ; il ne se préoccupe plus que de faire de retentissants exemples.

Il reconnaît lui-même que l'ordonnance n'est point appliquée en sa rigueur jusqu'à cette date. Pour quelques exécutions solennellement faites, combien de fois se contente-t-on de renvoyer purement et simplement à leur corps les déserteurs repris? Les exécutions sont théâtrales et de nature certes à impressionner les soldats, Sa Majesté étant bien « persuadée qu'il n'y a que la crainte du châtiment qui les puisse contenir » (2). Voici le programme de l'une d'elles faite à Ypres en octobre 1704 : « Ledit conseil de guerre par advis uniforme ayant trouvé ledit Jean Derys suffisamment atteint ou convaincu dudit crime de désertion l'a condamné et condamne à estre ce jourd'huy mis sur les trois heures après midy, à l'heure de la garde montante, sur la grande place de cette ville, à la teste des troupes de cette garnison pour y estre dégradé des armes et mis entre les mains de l'exécuteur de la haulte justice pour y avoir les extrémitez du néez et des oreilles coupées, les cheveux rasés et marqué d'une fleur de lys sur chacque joue et ensuite remis dans les prisons pour estre condhuit aux galères perpétuelles et y servir Sa Majesté comme forçat, suivant et conformément aux ordonnances du roy (3). »

---

(1) Lettres des 24 et 28 février 1705 (D. G., vol. 1903, p. 189, 194).
(2) Secrétaire d'État, 6 mai 1706 (D. G., vol. 1982, p. 93).
(3) Lettre de Barentin, 18 octobre 1704. Ce jugement fut rendu public pour servir d'exemple (D. G., vol. 1741, p. 150-151).

Mais ce n'est évidemment pas une solution que d'envoyer tous les miliciens déserteurs aux galères : ils sont trop.

Au début de la guerre, on est porté à l'indulgence : pour toute punition, beaucoup de déserteurs sont simplement renvoyés à l'armée. C'est généralement le sort de ceux à qui les officiers ont vendu un congé et que l'on excuse : on leur fait même rendre parfois l'argent qu'ils ont déboursé pour l'obtenir. D'autres considérations interviennent : lorsqu'un déserteur témoigne de son repentir et est susceptible de faire « un des beaux hommes qui soient dans les trouppes », on consent à le renvoyer à son régiment, mais lié et garrotté en queue d'un détachement de recrues. Enfin, si la désertion n'est pas absolument prouvée, les hommes bénéficient du doute et n'encourent pas d'autre punition (1).

Mais il y a bientôt tant de déserteurs qu'il faut sévir ; on ne peut cependant pas les punir tous. Pour simplifier la procédure, on les traduit alors en conseil de guerre et on les fait juger par des officiers. Roujault représente en effet en mars 1703 que « s'il falloit que Mrs les intendans donnassent des jugements judiciaires sur ces affaires, il faudroit procéder par information, recollement et confrontation et ensuite juger dans un présidial au nombre de sept juges qu'ils ont encourus les peines de l'ordonnance, ce qui semble ne point convenir dans une affaire de cette nature qui est toute militaire ».

Après leur comparution en conseil de guerre, s'ils sont trop nombreux, on les fait *tirer au billet :* seul subit la peine celui qui tire le billet noir. Si l'un de ces hommes est manifestement plus coupable que ses camarades, récidiviste par exemple, point même n'en est besoin : c'est lui qui est frappé. Les autres sont condamnés à servir le roi en ses armées pendant un nombre

---

(1) Lettres de ou à Sanson, Bernage, Ferrand, Verdun, Phélypeaux, Pinon, 1702-1705 (D. G., vol. 1551, p. 143; vol. 1605, p. 64; vol. 1800, p. 239; vol. 1802, p. 328; vol. 1897, p. 118-120; vol. 1901, p. 310; vol. 1905, p. 21, 114).

d'années variable ; en 1711, ce temps est fixé à six ans (1).

Enfin on fait un très large usage des amnisties. La première est du 25 mai 1701 et « considérant qu'ils ont failli moins par mauvaise volonté que par ignorance, dans la seule pensée qu'ils ont eu d'obliger par leur absence les paroisses à nommer d'autres garçons en leur place pour servir dans lesdites milices », s'applique aussi bien aux réfractaires qu'aux déserteurs qui rejoignent avant le 1er juillet. Ceci prouve, remarque Merlet, « 1º que la désertion était la suite de l'effroy qu'avait causé la jonction projéttée des nouveaux bataillons de milice aux régiments de troupes réglées ; 2º qu'elle étoit très considérable ». Passe pour la deuxième observation mais non pour la première : à cette époque il n'était pas encore question de cette fusion.

L'annonce de cette amnistie inspire une singulière inquiétude à l'intendant Bouchu : « Ce seroit, dit-il, un grand embarras si cette ordonnance estoit exécutée de ceux à qui elle seroit connue, car je n'exagereray point en vous disant qu'il y a peut-estre plus de 1 000 déserteurs de cette espèce en Dauphiné et je sçay que dans les autres provinces il y en a encore davantage. Comment, sur quel fond et en quel ordre ce nombre d'hommes feroit-il le chemin du Dauphiné jusques à la garnison où sont allé les compagnies? et, suposé qu'ils s'y rendissent, le même embarras seroit au retour pour ceux qui, ayans esté nommez ou pris en l'absence des autres, devroient revenir chez eux (2). »

Cette préoccupation est louable ; il est à présumer malheureusement que l'événement ne l'ait pas justifiée et qu'il n'y ait pas eu sur les routes encombrement de miliciens rentrants. En tout cas, deux ans après, presque jour pour jour, le 28 mai 1703, une nouvelle amnistie est promulguée. Déjà en mars, Turgot a promis l'impunité aux miliciens de sa géné-

---

(1) Lettres de ou à Bernage, Roujault, Rouillé, Harouys, Ormesson, Legendre, Ravignan, 1702-1711 (D. G., vol. 1605, p. 64 ; vol. 1701, p. 101, 103 ; vol. 1741, p. 349 ; vol. 1802, p. 59 ; vol. 1884, p. 205 ; vol. 2338, p. 198).

(2) 6 juin 1701 (D. G., vol. 1517, p. 55).

ralité qui, pendant le mois d'avril, rejoindraient volontairement leurs corps, et Chamillart a ratifié sa décision (1).
L'amnistie qu'il décide peu après est valable pour tous les
miliciens déserteurs des appels de 1701, 1702 et 1703 qui
dans un délai de quinze jours contracteront un engagement
de quatre ans aux 1er et 2e bataillons des régiments Royal et
de la Couronne, aux 1ers bataillons de ceux de Sillery et de
Tessé destinés à l'armée du Rhin, avec promesse de libération si la paix est signée avant l'expiration des quatre ans.

M. d'Ormesson se montre, lui, sceptique quant au résultat
de cette amnistie, disant que les déserteurs de la milice étaient
de mauvais sujets qui n'avaient pas regagné leurs provinces (2).
Une dernière aministie est promulguée le 1er février 1705.

*
* *

Menaces, arrestations, condamnations, amnisties, rien n'a
prévalu contre la désertion des miliciens, « soldats forcez ».
En 1701, elle était formidable, s'il faut en croire Bouchu et il
ne paraît pas qu'il exagère. En 1711, lors de la dernière levée,
elle n'a pas diminué.

On aura une idée de ses ravages en feuilletant les contrôles
des détachements de milice pour l'armée d'Italie, établis à
leur passage à Lyon en 1705 ; du 17 mars au 9 mai, sur un
effectif total de 13 929 hommes partis des diverses généralités, ils accusent un chiffre de 3 071 déserteurs, plus
177 hommes restés en route pour maladie (3). Et Lyon est,
pour beaucoup de ces détachements, à moitié chemin à peine.
C'est le quart de leur effectif qui a déserté.

Impuissant à arrêter ce mouvement de désertion, le gouvernement s'en alarme fort. « Il me reste à désirer pour le bien
du service du roy, mande Chamillart à Phélypeaux, que vous

(1) 25 mars 1703 (D. G., vol. 1701, p. 94).
(2) 6 juin 1703 (D. G., vol. 1701, p. 114).
(3) Lettres et états périodiques (D. G., vol. 1878, p. 59, 71, 105 ; vol. 1896,
p. 237, 238, 526, 527, 554 ; vol. 1897, p. 102).

inspiriez par vos exhortations aux nouveaux soldats assez-de courage et de fermeté pour les engager à joindre les régiments pour lesquels ils sont destinez, car j'apprends que la désertion est grande de toutes parts et *c'est un grand mal qu'après tant de peines et de soins infinis, l'on ne puisse compter sur rien de certain!* » (1).

(1) 11 février 1705 (D. G., vol. 1901, p. 291).

CONCLUSION

Pendant la guerre de la Succession d'Espagne, l'armée se recrute par engagements volontaires et par appels.

Le mode normal de recrutement, c'est l'engagement volontaire. Les enrôlements sont faits par les officiers des troupes réglées pendant le quartier d'hiver annuel. Ces officiers, tenus, sous peine de sanctions disciplinaires et pécuniaires, de ramener un minimum de recrues, en tout cas d'avoir leurs compagnies complètes pour l'entrée en campagne, ont donc intérêt à bien s'acquitter de leur mission.

Malheureusement, le nombre des volontaires, suffisant autrefois à alimenter des troupes à effectif réduit, ne répond plus aux besoins des grandes armées, devenues nécessaires à la fin du dix-septième et au début du dix-huitième siècle. Aussi les racoleurs ont-ils souvent recours à la ruse et à la violence pour se procurer des soldats.

Le gouvernement condamne ces pratiques et menace de peines sévères les coupables mais il ne les frappe guère, car l'entretien difficile de ses troupes le préoccupe surtout et il n'ignore pas « que de tout temps, l'adresse, la surprise et la violence ont enrollé plus de soldats que les conventions et les marchés de gré à gré ». Le pays cependant supporte mal ces façons ; elles lui font haïr l'armée et lui inspirent des sentiments de peur, d'indignation et de révolte.

Insuffisant au point de vue militaire, le mode normal de recrutement, par les abus qu'il entraîne, dessert donc encore l'armée au point de vue moral.

327

Louvois, le premier, a envisagé la nécessité d'établir le service obligatoire. En 1688, il crée la milice.

Dans son esprit, les miliciens levés sur le pays doivent servir à rendre disponibles pour le combat les troupes réglées, occupées à l'arrière des armées ou à l'intérieur du royaume. Pendant la guerre de la Ligue d'Augsbourg, ils vont parfois au feu cependant. Mais, formés en unités spéciales, groupant gens d'une même région encadrés par des officiers du pays, ils constituent en somme une armée de deuxième ligne, absolument distincte des troupes réglées. Leur sort est donc relativement doux, pourtant ils acceptent mal le principe du service obligatoire et l'on ajoute à leur mécontentement en les gardant au service au delà de la durée légale. En rétablissant en 1701 le service obligatoire, Chamillart n'innove pas. La nouveauté sera l'amalgame de 1702, l'affectation régulière des miliciens aux troupes réglées. Encore qu'on n'en donne pas à toutes les armées, que le contingent annuel d'appelés soit infime et que la plupart des troupes continuent à se recruter par engagements volontaires, le pays accueille très mal cette innovation. Course à l'exemption, fraudes de tout genre, insoumission avant, désertion après le tirage, achats de remplaçants, sa mauvaise volonté n'est pas dissimulée.

Tout contribue à rendre la milice impopulaire.

Sa nouvelle affectation d'abord. Déjà hostile au principe du service obligatoire, du jour où il entraîne son incorporation aux troupes réglées, le paysan se révolte.

Au lieu de le protéger contre les racoleurs redoutés, voici que lui, l'homme du terroir, qui a tant souffert du passage des troupes qui dévastent les campagnes et foulent les moissons, on l'oblige à tout quitter pour les rejoindre et suivre ces aventuriers bien loin du royaume, en Espagne ou en Italie. Il regrette alors le temps de la précédente guerre où, forcé de partir, il s'en allait au moins avec ses amis et voisins, où ses chefs lui étaient familiers, où il avait enfin l'espoir de revenir en hiver au pays.

Nous ne parlons que du paysan, car c'est lui surtout qui est pris par la milice ; nous touchons ici au plus grave défaut du service obligatoire du temps et qui a le plus contribué à le rendre impopulaire : l'inégalité de répartition des charges militaires. Nobles et bourgeois ignorent la milice ; elle ne pèse que sur le peuple et principalement sur celui des campagnes. Le contingent annuel n'est jamais très élevé, mais il est toujours fourni par la même classe ; le paysan sait que si une année il échappe au service, l'autre il sera pris. Les levées vident fermes et métairies, au détriment de la culture et des récoltes. Cette pensée révolte encore le paysan, qui a conscience de faire besogne utile et ne comprend pas qu'on l'arrache au travail de la terre : que ne prend-on à sa place les oisifs et les fainéants qui ne produisent rien? Encore s'il était sûr, son temps fait, de revenir chez lui ! Mais il sait bien, dès le début de la guerre, qu'on le retiendra indéfiniment à l'armée, qu'il doit perdre l'espoir, tant qu'on se battra, de revoir son clocher. Toujours les mêmes qui partent pour ne jamais revenir : voilà le principal grief du peuple contre la milice.

Le roi s'est-il rendu compte personnellement de l'impopularité de la milice? Il ne le semble pas. Une fort belle page de Saint-Simon nous apprend la basse flatterie des courtisans empressés à lui mentir : « On berçoit le roi de l'ardeur des peuples à y entrer ; on lui en montroit quelqu'échantillon de deux, de quatre, de cinq à Marly, en allant à la messe, gens bien trayés, et on lui faisoit des contes de leur joie et de leur empressement. J'ai entendu cela plusieurs fois et le roi les rendre après en s'applaudissant, tandis que moi, par mes terres et par tout ce qui s'en disoit, je savois le désespoir que causoit cette milice jusque-là que quantité se mutiloient eux-mêmes pour s'en exempter. Ils crioient et pleuroient qu'on les menoit périr et il est vrai qu'on les envoyoit presque toutes en Italie, dont il n'en étoit jamais revenu un seul. Personne ne l'ignoroit à la cour : on baissoit les yeux en écoutant ces mensonges et la crédulité du roi et après, on s'en disoit tout bas ce qu'on pensoit d'une flatterie si ruineuse (1). »

(1) *Mémoires* de SAINT-SIMON, édition Boislisle, XIII, p. 169-170.

Car les levées annuelles ont des conséquences désastreuses : elles dépeuplent les provinces et provoquent l'abandon des cultures. Il faut bien recruter l'armée, mais on ne peut se désintéresser de la prospérité du royaume. Or, qui donc s'inquiète de concilier les exigences de la situation militaire avec le ravitaillement du pays?

Ce n'est pas le pouvoir central, qui ne se préoccupe que de l'armée et ne pense qu'à lui procurer à tout prix les milliers d'hommes qui lui sont nécessaires, sans réfléchir à la répercussion du service obligatoire sur la situation agricole.

Ce ne sont pas les officiers, à qui il importe peu de conserver les miliciens et de les acclimater au service, puisqu'ils n'ont point la peine de les enrôler et que tous les ans on leur en donne de nouveaux ; il ne leur coûte que d'aller les chercher. Loin de compatir aux misères du peuple et d'épouser les intérêts réels du roi, préoccupés seulement des leurs, arrogants et hautains, quand ils n'aident pas les miliciens à se soustraire à leur devoir, ils contribuent à leur faire détester le service.

Leur valeur morale a beaucoup baissé. A soldats improvisés, officiers de fortune : il s'est introduit dans leur corps de bien médiocres éléments et il manque alors la ferme main d'un Le Tellier ou d'un Louvois pour les contenir et les discipliner. Les historiens ont raison qui attribuent au manque d'homogénéité et à la mauvaise qualité des cadres les revers de cette guerre.

Seuls les intendants, en contact permanent avec le peuple, se préoccupent des effets de ce recrutement intensif et, tout en faisant de leur mieux pour satisfaire aux besoins de l'armée, s'inquiètent du désarroi des populations et de la désorganisation des cultures.

L'on est confondu de l'activité de ces administrateurs admirables qui, pour mener à bien une tâche écrasante, faire face à d'innombrables difficultés, contenter le roi et vaincre la mauvaise volonté têtue des campagnards, sont seuls. L'inertie des autorités municipales vient à chaque instant contrarier leurs efforts ; leurs auxiliaires, les subdélégués,

manquent d'autorité réelle. Cependant ils ne se découragent
pas : trouvant moyen de veiller à tout, encourageant ici,
réprimandant là, et tenant toujours le gouvernement au
courant, ils sont vraiment les maîtres de leur département. Il
est rare qu'il y ait à stimuler leur zèle et si le secrétaire d'État
le fait parfois, c'est sans conviction et plutôt pour créer une
émulation profitable au service du roi que pour exprimer un
mécontentement qui serait vraiment injustifié. Loin de Versailles, ces serviteurs dévoués n'ont rien des courtisans ; ils
gardent leur franc-parler et ne cachent pas leur façon de
penser. Ils sont nombreux qui désapprouvent ces levées perpétuelles, qui dépeuplent le royaume et accélèrent la misère
des provinces, et ils le disent. Mais quand ils ont parlé, ils
retournent à la tâche et tout en désespérant du résultat
n'épargnent rien pour y aboutir. En vérité, dans la débâcle de
cette fin de règne, les intendants, mus par un rigide sentiment
du devoir, apparaissent comme les derniers gardiens de
l'ordre et de l'autorité.

* *

Qu'a-t-on fait pour essayer de faire accepter au pays le
service obligatoire? Rien, et tout pour l'en dégoûter ; on ne
s'est même pas rendu absolument compte de son utilité. En
bernant le peuple de promesses qu'il savait ne pouvoir tenir,
comme de l'assurer chaque année que cette levée serait la
dernière ou que les appelés seraient exactement libérés, le
gouvernement n'a fait qu'exaspérer sa révolte. Quand l'impopularité de la milice l'a par trop inquiété et alors que la
situation militaire devenait dangereuse, il l'a supprimée et
remplacée par un impôt. Il a privé alors l'armée d'une ressource précieuse : en dépit de l'insoumission, de la désertion
et des troubles, la milice lui fournissait périodiquement un
contingent de recrues appréciable. En 1701, elle a sauvé
l'armée d'Italie. Les militaires qui, en 1711, ont réclamé son
rétablissement avaient le sentiment de son utilité et ils ont
eu alors une heureuse inspiration : la dernière levée a servi

à recruter les régiments qui devaient être victorieux à Denain.

Le service obligatoire était donc susceptible de donner de bons résultats. S'ils n'ont pas été meilleurs à cette époque, la faute en est à un vice de principe : l'inégalité des classes de la société devant l'impôt du sang. Seul le peuple est appelé à l'armée ; il a conscience d'une injustice et elle lui est intolérable. Il est remarquable, à ce sujet, que les nombreux réformateurs qui proposent alors au roi de lui trouver des soldats réclament tous une plus équitable répartition des charges militaires.

On pouvait certes réparer des injustices choquantes ; on ne pouvait toutefois aboutir à l'équité absolue. Toute réforme dans le sens de l'égalité des charges, aussi bien militaires que civiles, est interdite par les mœurs et les idées de l'ancien régime. La Révolution marquera un premier progrès ; mais l'égalité devant l'impôt du sang n'existera vraiment qu'à l'époque moderne. Elle entraînera alors la disparition des troupes mercenaires et permettra la formation d'immenses armées nationales.

A la fin de son règne, sous la pression des circonstances, Louis XIV a tenté de grossir ses effectifs en versant des appelés dans son armée de métier. Il n'a pas obtenu de résultats décisifs, mais son initiative mérite d'être retenue : de son temps, auquel nous devons l'essentiel de notre organisation militaire moderne, date un premier essai d'armée nationale.

FIN

TABLE DES MATIÈRES

333

CHAPITRE VI

L'ASSEMBLÉE ET LE DÉPART DES MILICIENS

PARIS. — TYPOGRAPHIE PLON-NOURRIT. ET Cⁱᵉ, 8, RUE GARANCIÈRE. — 26755.